Schriftenreihe:
Kooperative Sicherheitspolitik in der Stadt
Herausgegeben von Prof. Dr. Bernhard Frevel

Frauke Reichl

Sicherheitsgefüge zwischen Staat und Zivilgesellschaft:

Eine theoretische Konzeptualisierung ihres Verhältnisses und empirische Untersuchung lokaler Sicherheitsbündnisse

GEFÖRDERT VOM

ISSN 2194-3923
ISBN 978-3-86676-825-3

Verlag für Polizeiwissenschaft
Prof. Dr. Clemens Lorei

Bibliografische Information der Deutschen Nationalbibliothek
Die Deutsche Nationalbibliothek verzeichnet diese Publikation in der Deutschen Nationalbibliografie; detaillierte bibliografische Daten sind im Internet über http://dnb.d-nb.de abrufbar.

Verlag für Polizeiwissenschaft, Prof. Dr. Clemens Lorei
Eschersheimer Landstraße 508 • 60433 Frankfurt
Telefon/Telefax 0 69/51 37 54 • verlag@polizeiwissenschaft.de
www.polizeiwissenschaft.de

Printed in Germany

Politikwissenschaft

Dissertationsthema

Sicherheitsgefüge zwischen Staat und Zivilgesellschaft: Eine theoretische Konzeptualisierung ihres Verhältnisses und empirische Untersuchung lokaler Sicherheitsbündnisse

Inaugural-Dissertation
zur Erlangung des Doktorgrades Dr. phil.
im Fachbereich Erziehungswissenschaft und Sozialwissenschaften
der Westfälischen Wilhelms-Universität Münster

Vorgelegt von
Frauke Reichl
aus Osnabrück
2023

Dekan: (Name der Fachbereichsdekanin/des Fachbereichsdekans)	Prof. Dr. Thorsten Quandt
Vorsitzender: (Name der Vorsitzenden/des Vorsitzenden des Promotionsausschusses)	Prof. Dr. Armin Scholl
Erster Gutachter:	Prof. Dr. Bernhard Frevel
Zweiter Gutachter:	Prof. Dr. Matthias Freise
Tag der mündlichen Prüfung (Disputation): (wird nach der Prüfung handschriftlich eingesetzt)	24.08.2023
Tag der Promotion: (wird nach der Prüfung handschriftlich eingesetzt)	24.08.2023

Editorial

Zwar seltener als zum Beispiel im Vereinigten Königreich, in den Niederlanden und insbesondere den USA haben dennoch auch in Deutschland verschiedene Formen der Mitwirkung von Bürger:innen an Sicherheits- und Ordnungsarbeiten an Bedeutung gewonnen. Neben dem Engagement z.B. in Kriminalpräventiven Räten ist hier vor allem die in den Städten und Gemeinden sichtbare Form der Bestreifung und Präsenz im öffentlichen Raum von Relevanz. Hier agieren Freiwillige – mit mehr oder minder großer Einbindung, Billigung oder kritischer Betrachtung durch die Polizei –, um Sicherheit zu fördern und das Sicherheitsempfinden der Bevölkerung zu steigern. Bislang sind die verschiedenen Formen, wie z.B. Freiwillige Polizeidienste, Sicherheitswachten oder Sicherheitspartnern, und Zielsetzungen (u.a. Stärkung informeller Sozialkontrolle, Einbruchsprävention, Verbesserung des Sicherheitsempfindens, Gemeinwesenförderung) solcher Gruppierungen sowie ihr Verhältnis zum Staat und ihrer Polizei nur wenig wissenschaftlich untersucht.

Frauke Reichl, ehemalige wissenschaftliche Mitarbeiterin im Forschungsprojekt „Pluralisierung lokaler urbaner Sicherheitsproduktion – interdisziplinäre Analysen für ein kontextadäquates, legitimes, effizientes und effektives plurales Polizieren (PluS-i)" untersucht in ihrer Dissertation mit theoretischen Bezügen zu politologischen Perspektiven auf Ehrenamt, Vigilantismus und Gouvernemantalität / Security Governance das Verhältnis polizierender Bürgergruppen zum Staat, wobei sie die Dimensionen „Verhältnis zur Gewalt", „institutionelle Anbindung zur Polizei" und die „normative Ausrichtung" ins Zentrum der explorativen empirischen Studie stellt.

Die Arbeit konzentriert sich auf Bürger:innengruppen, die mit mehr oder minder guter Kommunikation bis Kooperation grundsätzlich akzeptierend zu Polizei und zum Staat stehen. Aber die theoretischen Einordnungen, zeigen auch Analysezugänge zu Organisationen auf, die z.B. als Bürgerwehren eher staatsablehnend und demokratiekritisch, gewaltaffin und nach eigenem „Rechtsempfinden" agieren. So gelingt es Frauke Reichl Forschungslücken zu schließen und zugleich neue Untersuchungsimpulse zu setzen.

Münster, im Herbst 2023 Bernhard Frevel

Danksagung

Die vorliegende Dissertation ist im Rahmen des Nachwuchsforschungsprojektes „Pluralisierung lokaler urbaner Sicherheitsproduktion – interdisziplinäre Analysen für ein kontextadäquates, legitimes, effizientes und effektives plurales Polizieren“ an der Universität Münster entstanden. An dieser Stelle möchte ich all jenen Menschen meinen herzlichen Dank aussprechen, die mich in den vergangenen Jahren beim Erstellen der Arbeit unterstützt haben und ohne die eine Fertigstellung dieser Arbeit so nicht möglich gewesen wäre.

Ein großer Dank gilt dabei meinen Gesprächspartnerinnen und Gesprächspartnern, ohne deren Interesse und Bereitschaft teilzunehmen der empirische Teil der Arbeit nicht hätte entstehen können.

Zudem möchte ich Prof. Dr. Bernhard Frevel für die hervorragende Betreuung, die fördernde, konstruktive und wertschätzende Begleitung während des gesamten Prozesses danken. Prof. Dr. Matthias Freise danke ich für das spontane Engagement und die Bereitschaft zur Erstellung des Zweitgutachtens.
Einen besonderen Dank möchte ich zudem Prof. Dr. Andrea Schneiker aussprechen: für die Anmerkungen, kritischen Fragen, motivierenden Worte und den produktiven Austausch, aus dem ich viel lernen durfte.

Des Weiteren gilt mein Dank meinen Kolleginnen und Kollegen aus dem PluS-i-Team, die mich von der ersten Themenfindung bis zum finalen Korrekturlesen unterstützten und motivierten. Darüber hinaus möchte ich mich bei Nathalie Hirschmann und Tobias John zudem für die Schaffung sehr guter Rahmenbedingungen für das Verfassen der Arbeit bedanken.

Meinen Freundinnen und Freunden möchte ich für die motivierenden Worte, insbesondere aber für die schöne Zeit neben der Arbeit danken.

Mein größter Dank gilt schließlich meinen Eltern, Peter und Elke Reichl, für die immerwährende Unterstützung und Bestärkung und Matti Leive für die Ermutigung, Gelassenheit und Zuversicht in jeder Hinsicht.

Münster, im Herbst 2023 Frauke Reichl

Inhaltsverzeichnis

1 Einleitung

Die Pluralisierung der Sicherheitsproduktion und auch spezifischer die Pluralisierung des Polizierens sind zentrale Entwicklungen der letzten Dekaden in der Sicherheits- und Ordnungsarbeit in deutschen Kommunen. Die Pluralisierung des Polizierens meint den Umstand, dass neben der Polizei weitere staatliche wie nicht-staatliche Akteure, kommunale Ordnungsdienste, gewerbliche Sicherheitsunternehmen und auch Bürger:innen[1] Streifen- und Kontrolltätigkeiten bzw. sichtbare Präsenz im öffentlichen Raum zur Herstellung von Sicherheit und Ordnung übernehmen (vgl. Hirschmann und John 2019). Die Herstellung von Sicherheit und Ordnung ist also insgesamt im Wandel (vgl. auch Loader 2000; Frevel 2015; Frevel und Wendekamm 2017). Dieser Wandel wird von Diskussionen begleitet, was Aufgabe des Staates ist und was nicht und welche an bspw. private oder gewerbliche Akteure übertragene Aufgaben das Gewaltmonopol des Staates herausfordern oder herausfordern könnten (vgl. auch Frevel 2015; Pitschas 2004; Stienen 2011). Weitere Diskussionen in der sozialwissenschaftlichen Sicherheitsforschung im Kontext des Wandels thematisieren zudem Tendenzen zu einer Responsibilisierung von Individuen im Bereich der Sicherheitsproduktion und zu einer Versicherheitlichung. Ersteres meint die Betonung oder auch Verschiebung der Verantwortlichkeit der Individuen für ihre eigene Sicherheit (vgl. auch Garland 1996, S. 452). Unter letzterem wird u.a. die Behandlung von Problemen unter dem Überbegriff der Sicherheit, die zuvor nicht als sicherheitsrelevant gedeutet wurden, verstanden (Frevel und John 2014, S. 345).

Diskurse um bürgerschaftliches Engagement und Zivilgesellschaft zeigen zudem, dass mit aktiven also bspw. ehrenamtlich engagierten Bürger:innen staatlicherseits große Erwartungen verbunden werden, wie eine Verbesserung staatlich defizitärer input-orientierter Authentizität und output-orientierter Effektivität[2] (Zimmer 2003, 75, 83). Die Zivilgesellschaft umfasst dabei einen breiten Bereich: von Mitgliederorganisationen über Dienstleister und Interessenvertretungsorganisationen bis hin zu Stiftungen (Zimmer 2003, S. 77). Bürgerschaftliches Engagement im Bereich von Sicherheit und Ordnung ist bspw. in Form von Freiwilligen Feuerwehren

---

1 Der hier verwendete Genderdoppelpunkt inkludiert alle Geschlechter.

2 Die Unterscheidung zwischen input- und output-Legitimität geht auf Fritz Scharpf zurück (vgl. Scharpf 1999).
Kurz zusammengefasst meint die hier aufgegriffene Output-Perspektive die Effektivität bzw. Effizienz politischer Maßnahmen, die Input-Perspektive die Partizipation von Bürger:innen, durch die deren Wille implementiert wird (vgl. auch Freise 2012; Reichl 2022).

oder dem Technischen Hilfswerk sichtbar, aber auch im Bereich der Kriminalprävention umgesetzt. Letzteres zeigt sich bspw. in kriminalpräventiven Räten, in Sicherheitsarrangements oder Bündnissen, wenn dort auch zivilgesellschaftliche Akteure vertreten sind (vgl. bspw. Frevel et al. 2009; Frevel 2012; Freise 2012; Tausendteufel 2014; Negnal und Kiefer 2017). Neben diesen Möglichkeiten oder Ausprägungen des bürgerschaftlichen Sicherheitsengagements ist auch das Polizieren durch Bürger:innen zu beobachten.

Das Polizieren durch Bürger:innen kann verschiedene Ausprägungen annehmen. Es gibt ehrenamtliches Polizieren (Reichl 2019b, S. 218), bei dem Bürger:innen im Auftrag der Polizei uniformiert Streife in öffentlich zugänglichen Räumen laufen. Dieses findet in Freiwilligen Polizeidiensten, Sicherheitswachten oder in Form der Sicherheitspartner Brandenburg statt (vgl. bspw. Wurtzbacher 2004; Fickenscher 2006; vgl. auch Hirschmann und Groß 2012). Zudem gibt es Gruppen, die ohne eine solche institutionalisierte Einbindung in die staatliche Sicherheitsproduktion Streife gehen. Diese lassen sich wiederum in Gruppen differenzieren, die durch die Polizei toleriert werden oder mit denen kooperiert wird (vgl. bspw. Hohmeyer 2000; Birenheide 2009), und Gruppen, die aufgrund ihrer Gewalttätigkeit bzw. ihres vigilanten Handelns, was knapp zusammengefasst die eigenmächtige, zumeist gewaltsame Sanktionierung von aus Sicht der Vigilant:innen unerwünschtem Verhalten meint (Reichl 2019b, S. 220, vgl. ausführlich Kapitel 4), und/oder aufgrund von Demokratiefeindlichkeit durch den Staat mit Verweis auf das staatliche Gewaltmonopol abgelehnt werden (vgl. auch Quent 2016a, 2016b). Zwischen Gruppen, die ehrenamtlich im Auftrag der Polizei polizieren, und Gruppen, die durch die Polizei abgelehnt werden, gibt es also Formen, die weder polizeilich beauftragt sind noch gegen den Willen der Polizei polizierend tätig werden. Diese Form polizierender Bürgergruppen agieren mit der Zustimmung oder Duldung der Polizei. Sie haben sich in ihren lokalen Kontexten etabliert, im Sinne von mehrjähriger Tätigkeit und grundsätzlicher Akzeptanz im öffentlichen Diskurs, und zur Gewaltlosigkeit verpflichtet (vgl. bspw. Hohmeyer 2000). Dabei können die Grenzen zwischen solchen verschiedenen Formen bürgerschaftlichen Polizierens allerdings auch fließend sein. So hält Wurtzbacher (2004) auch fest, dass die Verbindung von Bürgerengagement mit Sicherheit und Ordnung, im Gegensatz zu Engagement in anderen Bereichen, häufig mit Skepsis betrachtet werde (Wurtzbacher 2004, S. 11).[3]

[3] Mit Blick auf rechtspopulistische oder -extremistische Phänomene berechtigterweise. So schreibt Bescherer 2017: „Wie berechtigt die Bedenken sind, zeigt nicht zuletzt der zunehmende Rechtspopulismus, der sich auf die ‚Ängste und Sorgen der Menschen‘ stützen kann. Die Kritik macht es sich jedoch zu einfach, wenn sie bürgerschaftliches

Dabei zeigt sich im öffentlichen und wissenschaftlichen Diskurs bezüglich bürgerschaftlichen Polizierens zwar einerseits ein breiter Konsens, dass diesem Grenzen gesetzt sind, polizierende Bürgergruppen also z. B. keine Gewalt anwenden oder polizeiliche Aufgaben übernehmen dürfen. Andererseits werden Grenzen aber kaum weitergehender reflektiert: Außerhalb illustrativer empirischer Beispiele sind konzeptionelle Überlegungen zu den Spektren, innerhalb derer Möglichkeiten und Grenzen bürgerschaftlichen Polizierens ausgehandelt werden, bislang lediglich in Ansätzen oder implizit vorhanden (vgl. Wurtzbacher 2005; Bescherer und Wetzel 2017; Butcher 2019) und stellen somit bislang eine Forschungslücke dar. So fasst Butcher (2019), wenn auch für „citizen patrols" in Großbritannien, zusammen, dass diese ein „under-researched and seemingly over-generalised phenomenon" (Butcher 2019, S. 6) darstellen.

Dabei berührt auch das Phänomen der weder ehrenamtlich noch vigilant polizierend tätigen Gruppen die Frage nach der Herstellung von Sicherheit und Ordnung zwischen Staat und Zivilgesellschaft und ist damit ebenfalls eingebettet in die angerissenen Diskussionen um staatliche Zuständigkeiten und Aufgaben, um Responsibilisierung und Versicherheitlichung und, betrachtet man die von Johnston (2001) zusammengefasste Ambivalenz zwischen bürgerschaftlichem Engagement und Vigilantismus, potenziell auch bezüglich des staatlichen Gewaltmonopols:

> „One particular problem for government is that by mobilising the public to engage in acts of responsible citizenship, alternative modes of 'autonomous' citizenship might also be encouraged, typically in the form of vigilantism." (Johnston 2001, S. 967)

Auch das Polizieren durch Bürger:innen kann neben dem gewerblichen, kommunalen und subpolizeilichen Polizieren zu einem Wandel der Sicherheitsarbeit führen, es beeinflusst und berührt die originär staatliche Zuständigkeit für die Sicherheitsproduktion. Dennoch hat das Verhältnis zwischen Staat und Zivilgesellschaft im Bereich des Polizierens in Deutschland bislang kaum wissenschaftliche Beachtung gefunden. An dieser Forschungslücke setzt das Erkenntnisinteresse der vorliegenden Arbeit an: Die Untersuchung des Verhältnisses von Staat und Zivilgesellschaft im Bereich der Sicherheitsproduktion, genauer bezüglich der Tätigkeit des Polizierens. Sie entstand im Rahmen des BMBF-Nachwuchsforschungsprojektes „Pluralisierung lokaler urbaner Sicherheitsproduktion – interdisziplinäre Analysen

Engagement im Kontext von Sicherheitsfragen auf patrouillierende Bürgerwehren oder anti-islamische Proteste reduziert" (Bescherer 2017, S. 301).

für ein kontextadäquates, legitimes, effizientes und effektives plurales Polizieren (PluS-i)“[4].
Um zunächst das breite Feld des Polizierens durch Bürgergruppen vom ehrenamtlichen bis zum vigilanten Polizieren trotz möglicher fließender Übergänge strukturieren und differenzieren zu können und damit einer übermäßigen Verallgemeinerung (Butcher 2019, S. 6) entgegenzuwirken, gleichzeitig aber bereits das Erkenntnisinteresse, die Untersuchung des Verhältnisses zwischen Staat und Zivilgesellschaft im Bereich der Sicherheitsproduktion, einzubeziehen, lautet die erste Frage:

- Wie lässt sich das Verhältnis polizierender Bürgergruppen zum Staat konzeptualisieren?

Allerdings soll die vorliegende Arbeit nicht auf der konzeptionellen Ebene verbleiben, sondern darüber hinaus konkrete lokale Aushandlungsprozesse zwischen privaten und staatlichen Akteuren, also polizierenden Bürgergruppen und der Polizei, betrachten, um einen genaueren Einblick jenseits einer theoretischen Strukturierung des breiten Felds zu ermöglichen. Ruhnau und Liebhart (2019) sprechen hier von einer „beidseitigen Inanspruchnahme“ und fassen zusammen:

> „Der Staat […] hat das Gewaltmonopol und ist zugleich auf eine kooperative Bürgerschaft angewiesen – in diesem Spannungsfeld werden die jeweiligen Handlungskompetenzen und Deutungshoheiten verschoben und verhandelt.“ (Ruhnau und Liebhart 2019, S. 107)

Abrahamsen und Williams (2009) nutzen den Begriff der ‚global security assemblages‘ und meinen damit: „settings where a range of different global and local, public and private security agents and normativities interact, cooperate and compete to produce new institutions, practices, and forms of security governance“ (Abrahamsen und Williams 2009, S. 3). Auch wenn der Kontext ihrer Studie ein anderer ist, die Autor:innen die Privatisierung im Sinne der Übernahme sicherheitsrelevanter Aufgaben durch gewerbliche Sicherheitsdienstleister unter globaler Perspektive untersuchen, lässt

[4] Das Nachwuchsforschungsprojekt PluS-i wurde von 2017-2022 im Rahmen der Bekanntmachung „Nachwuchsförderung durch interdisziplinären Kompetenzaufbau“ des Rahmenprogramms der Bundesregierung „Forschung für die zivile Sicherheit 2012-2017“ (www.sifo.de) gefördert. Angesiedelt am Institut für Politikwissenschaft der WWU Münster beschäftigten sich Wissenschaftler:innen verschiedener Disziplinen multiperspektivisch mit dem heterogenen Wandel der lokalen Sicherheitsproduktion in urbanen Räumen. Dabei stand das plurale Polizieren im Fokus, welches, so die Grundannahme von PluS-i, kontextadäquat, legitim, effizient und effektiv sein muss, um langfristig einen Beitrag zur Inneren Sicherheit leisten zu können (vgl. www.plus-i.de).

sich für bürgerschaftliches Polizieren der Begriff des Sicherheitsgefüges (‚security assemblage') heranziehen. Die empirisch zu beantwortenden Fragen sind daher:

- Wie stellt sich das Verhältnis zwischen etablierten polizierenden Bürgergruppen und der Polizei im lokalen Sicherheitsgefüge dar?
- Wie konnten sich die Gruppen etablieren?

Erstere Frage lässt sich noch konkretisieren, indem gefragt wird, was für Sicherheitsgefüge zu beobachten sind und wie zivilgesellschaftliche und staatliche Sicherheitsakteure hinsichtlich der, in diesem Fall, Praktiken des Polizierens agieren (Abrahamsen und Williams 2009, S. 3). Die Entscheidung für die empirische Betrachtung etablierter, d.h. längerfristig aktiver Gruppen, liegt darin begründet, dass ein bestehendes Verhältnis zwischen ihnen und der Polizei analysiert werden kann und nicht lediglich ein punktueller Kontakt. Dies ist bspw. der Fall, wenn Bürger:innen überlegen, eine solche Gruppe zu gründen, die sich dann aber nicht etabliert bzw. nur kurzfristig auftaucht, sodass es gar nicht erst zu Aushandlungsprozessen hinsichtlich der Praktiken der Gruppen kommt.
Zur Beantwortung aller oben aufgeworfenen Forschungsfragen werden unterschiedliche theoretische Ansätze und Grundlagen herangezogen. Die Beschäftigung mit Ansätzen zur Zivilgesellschaft und bürgerschaftlichem Engagement bieten einen ersten theoretischen Zugriff auf das Polizieren durch Bürger:innen. Die bereichslogische Unterscheidung zwischen der Sphäre Staat und Zivilgesellschaft ermöglicht eine Fokussierung der Überschneidungsflächen und Grenzen zwischen Staat und Zivilgesellschaft. Zudem zeigt die Beschäftigung mit dem normativ-handlungsbezogenen Verständnis von Zivilgesellschaft deren normative Prägung. Dabei werden ‚unzivile' Handlungsweisen nicht mehr als zivilgesellschaftliches bzw. bürgerschaftliches Engagement bezeichnet (Gosewinkel et al. 2004, S. 11–12). Die normative Prägung gilt es zu reflektieren, sie ermöglicht es vor allem, nach Normen sowie Ambivalenzen bzw. Spannungsverhältnissen zu fragen. So befindet sich das Polizieren im Vergleich zu anderen Formen bürgerschaftlichen Engagements eben in einem Spannungsfeld zwischen staatlicher und bürgerschaftlicher Sicherheitsproduktion, wodurch es eher zu Abstimmungen und Aushandlungsprozessen zwischen den jeweiligen Akteuren – in der vorliegenden Arbeit zwischen Polizei und Gruppen – kommt.
Neben der theoretischen Aufarbeitung von Zivilgesellschaft und bürgerschaftlichem Engagement ist aber eine explizite Beschäftigung mit dem Themenkomplex Staat und Sicherheitsproduktion notwendig, denn bürgerschaftliches Polizieren kann auch als bürgerschaftliches Engagement, also

als nicht vigilantes Polizieren, in den Bereich originär staatlicher Zuständigkeit hineinreichen. Daher erfolgt die Auseinandersetzung mit theoretischen Ansätzen zur Monopolisierung der Gewalt: Die theoretischen Überlegungen Hobbes zum Leviathan sowie die Überlegungen Max Webers zur legitimen Herrschaft und dem Staat als jene menschliche Gemeinschaft, die „das Monopol legitimer physischer Gewalt für sich (mit Erfolg) beansprucht" (Weber 1985 [1922], S. 822), werden betrachtet. Daran schließen sich sowohl die Beschäftigung mit dem Sicherheitsbegriff und seiner Erweiterung bzw. dem Phänomen der Versicherheitlichung als auch die Betrachtung des Staatszwecks Sicherheit und des Gewaltmonopols an.
Eine alternative Perspektive auf Staat, Zivilgesellschaft und Sicherheitsproduktion ermöglichen die Überlegungen von Michel Foucault zur Gouvernementalität. Diese sowie ihre Weiterentwicklung in den Governmentality Studies bieten Vokabular und Perspektiven zur Analyse des Verhältnisses von Staat und Zivilgesellschaft bzw. in diesem Fall der Polizei und polizierenden Gruppen, wobei der Antagonismus zwischen Staat und (Zivil)Gesellschaft aufgelöst wird.
Die kontrovers geführte Debatte darüber, welche Auswirkungen eine Pluralisierung der Sicherheitsproduktion und polizierende Akteure auf das Gewaltmonopol haben, wird auf Basis der erarbeiteten Perspektiven zum Gewaltmonopol und der Gouvernementalität noch einmal aufgearbeitet. Denn auch wenn keine Unterminierung des Gewaltmonopols diagnostiziert werden kann, befinden sich staatliches Gewaltmonopol, der Staatszweck Sicherheit und das Polizieren durch nicht staatliche und damit auch bürgerschaftliche Akteure in einem Feld, in dem eine Aushandlung von Aufgaben, Kompetenzen und staatlicher Kontrolle stattfindet.
Um zudem auch die Grenze(n) des Handelns durch polizierende Bürgergruppen explizit betrachten zu können, wird als weiterer theoretischer Bezugspunkt der Vigilantismus herangezogen, der nicht unter bürgerschaftlichem Engagement gefasst wird, jedoch eine Nähe zum Polizieren durch Bürger:innen aufweisen kann (vgl. auch Johnston 2001, S. 967; Marx und Archer 1976, S. 131). Vigilantismus wird in der vorliegenden Arbeit verhältnismäßig ausführlich behandelt mit Blick darauf, dass im empirischen Teil keine vigilanten Gruppen untersucht werden. Die Ausführlichkeit wurzelt darin, dass in der Vigilantismusforschung das Verhältnis vigilanter Gruppen zum Staat eine zentrale Stellung einnimmt. Dabei stellen die Ansätze zum Vigilantismus zusammen mit den weiteren theoretischen Ansätzen die Grundlagen zur Entwicklung eines Konzepts zur Verortung unterschiedlicher polizierender Bürgergruppen dar und vigilantes Polizieren dient hier auch zur Abgrenzung verschiedener Formen polizierender Bürgergruppen. Zum anderen beinhalten die Ansätze zum Vigilantismus Perspektiven und Begriffe, die auch für nicht vigilante polizierende Bürgergruppen relevant sein können und im empirischen Teil der Arbeit aufge-

griffen werden – so ist die Kategorisierung bzw. Differenzierung der Praktiken der Gruppen aus dieser Forschung inspiriert. In der wissenschaftlichen Beschäftigung mit polizierenden Bürgergruppen findet sich zudem immer wieder eine Beschäftigung mit dem Begriff des Vigilantismus bzw. ein Rückgriff auf die Vigilantismusliteratur (bspw. Marx und Archer 1976; Williams 2005; Schmidt-Lux 2018). In dieser Arbeit werden die Perspektiven aus der Vigilantismusliteratur insgesamt also systematisch nutzbar gemacht zur Betrachtung des Verhältnisses zwischen polizierenden Bürger:innen und staatlichen Akteuren.

Auf Basis dieser unterschiedlichen Perspektiven und theoretischen Ansätze, dem bürgerschaftlichen Engagement und der Zivilgesellschaft, der Sicherheitsproduktion und dem Staat, den Überlegungen zur Gouvernementalität sowie den Ansätzen zum Vigilantismus, wird ein mehrdimensionales Konzept entwickelt, mithilfe dessen polizierende Bürgergruppen im Verhältnis zum Staat verortet werden können. Dieses Konzept ist dabei die Antwort auf die erste Forschungsfrage nach einer Konzeptualisierung des Verhältnisses polizierender Bürgergruppen zum Staat.

Darüber hinaus wird die Konzeptualisierung zur Fallauswahl für den empirischen Teil der Arbeit herangezogen, denn mithilfe der dem Konzept zugrundeliegenden Dimensionen wurde eine bestimmte umgrenzte Form polizierender Bürgergruppen ausgewählt: Gruppen, die keine Gewalt anwenden und nicht robust ausgestattet sind, die keine institutionalisierte, formalisierte Anbindung an die Polizei aufweisen und die in ihrer normativen Ausrichtung an rechtsstaatlichen Gesetzen orientiert sind. Aufgrund der bislang als gering zu beschreibenden Studienlage zu polizierenden Bürgergruppen in Deutschland und insbesondere zu den hier interessierenden weder als ehrenamtlich, also bspw. Freiwillige Polizeidienste oder Sicherheitswachten, noch als vigilant zu kategorisierenden Gruppen wurde ein explorativer qualitativer methodischer Zugang gewählt. Dazu wurden sieben Gruppen ausgewählt, die diese Kriterien erfüllen und die gleichzeitig als etabliert, im Sinne langjähriger Tätigkeit, zu beschreiben sind. Mit den Gruppenmitgliedern sowie mit ihren lokalen polizeilichen Ansprechpartner:innen wurden offene Leitfadeninterviews geführt, die mithilfe eines induktiv-deduktiv entwickelten Kategoriensystems in Anlehnung an Schreier (2012) ausgewertet und analysiert wurden. Für die Analyse der Interviews wurde erneut auf die im theoretischen Teil der Arbeit dargestellten Ansätze zurückgegriffen. Dieses Vorgehen hat den Vorteil, dass zwar mithilfe des im ersten Teil der Arbeit entwickelten Konzepts eine kriteriengeleitete Auswahl von Gruppen möglich war. Das Konzept wird aber nicht ausschließlich deduktiv am empirischen Material getestet, sondern es wurde Offenheit gegenüber der Empirie und der Spezifika behalten, die nicht alle in einem theoretischen Konzept gefasst werden können, sodass ein induktives Vorgehen notwendig war – auch wenn die Dimensionen des Kon-

zepts abschließend herangezogen und reflektiert werden. Die verschiedenen im empirischen Teil der Arbeit betrachteten Aspekte – der Aufbau, die Gründung(sphasen), die Motive, die Praktiken und Ziele der Gruppen – verdeutlichen, wo überall eine Abstimmung mit der Polizei stattfand und wie wichtig der Polizeikontakt für die Gruppen und ihre Praxis ist. Auf Grundlage dieser empirischen Aufarbeitung konnte schließlich das Verhältnis der staatlichen und zivilgesellschaftlichen Akteure, der Polizei und der Gruppen, als Sicherheitsbündnisse analysiert werden.
Bevor aber nachfolgend zunächst die Theorie, daraus abgeleitet das Konzept zur Verortung polizierender Bürgergruppen im Verhältnis zum Staat und daran anschließend der empirische Teil der Arbeit entwickelt werden, erfolgt zunächst eine Aufarbeitung des Forschungsgegenstands polizierende Bürgergruppen. Der Begriff des Polizierens eignet sich zwar ideal zur Abgrenzung bürgerschaftlichen Polizierens von anderen Formen bürgerschaftlichen Sicherheitsengagements, ist aber im deutschsprachigen öffentlichen und wissenschaftlichen Diskurs (noch) nicht so verbreitet, wie dies bspw. im englischsprachigen Raum mit dem Begriff ‚policing' der Fall ist. Daher erfordert er eine Diskussion und Definition. Nach der Beschäftigung mit dem Begriff Polizieren sowie verschiedenen Formen polizierender Bürgergruppen erfolgt zudem die Darstellung des (geringen) Forschungsstands zu diesem Phänomen, was noch einmal die Forschungslücke verdeutlicht, in der die vorliegende Arbeit angesiedelt ist.

1.1 Forschungsgegenstand

Nachfolgend wird zunächst der Forschungsgegenstand polizierende Bürgergruppen differenziert dargestellt, wobei zunächst eine Aufarbeitung des Begriffs Polizieren erfolgt und daran anschließend verschiedene gängige Bezeichnungen polizierender Bürgergruppen aufgegriffen werden.

1.1.1 Der Begriff des Polizierens

Zunächst muss festgehalten werden, dass die Entwicklung des Terminus ‚polizierende Bürgergruppe' aus dem Forschungsprojekt PluS-i inspiriert ist, da in diesem in polizeiliches, kommunales, subpolizeiliches, gewerbliches und eben auch bürgerschaftliches Polizieren differenziert wurde und somit die Pluralisierung des Polizierens abbildbar und analysierbar wurde (vgl. auch John et al. 2018; Hirschmann und John 2019; John und Hirschmann 2020a, 2020b). Dabei zeigte sich, dass die Bezeichnung der polizierenden Bürgergruppe(n) präzise ein Phänomen greift, dessen Besonderheit die (sichtbare) Präsenz von Bürger:innen bzw. Bürgergruppen im öffentlich zugänglichen Raum ist, durch die sie Sicherheit oder Ordnung (wieder)

herstellen wollen. Jedoch ist der Begriff des Polizierens in der Forschung nicht einheitlich definiert und Autor:innen nutzen unterschiedliche Definitionen für verschiedene Phänomene, die unter dem Begriff Polizieren gefasst werden können. Polizieren wird dabei im deutschen Sprachraum bislang, verglichen mit dem englischen policing, selten verwendet. Policing wird zudem häufig mit „Polizeiarbeit" übersetzt (van Elsbergen 2004b, S. 16), was, wie im Folgenden zu sehen sein wird, nicht trifft. Denn gerade die Unterscheidung der Konzepte Polizei und Polizieren ist für das Verständnis der sich verändernden Sicherheitslandschaft, in der verschiedene Akteure polizierend tätig sind, zentral (Rogers 2017, S. 18).
Im Folgenden wird also zunächst begründet, warum polizieren bzw. policing nicht (mehr) ausschließlich für polizeiliches Handeln genutzt wird, um dann verschiedene Definitionen vorzustellen und das Heranziehen der dieser Arbeit zugrundliegenden Definition zu begründen.

1.1.1.1 Polizei, Polizieren & die Pluralisierung polizierender Akteure

Zunächst wurde der Begriff policing für die Tätigkeiten der Polizei verwendet, wobei ein zentrales Kriterium der Unterscheidung des policing von anderen Tätigkeiten die legitimierte Nutzung von Gewalt darstellte (Jones und Newburn 2006, S. 1). So schreibt Loader (2000): „thinking about policing have for the better part of two centuries been closely associated with particular state-centred modes of theorizing government" (Loader 2000, S. 325), wobei das definierende Element des modernen Staates dessen auf die Polizei übertragenes Gewaltmonopol ist (Loader 2000, S. 325). Bittner (1970), der sich mit der Funktion der Polizei in der modernen Gesellschaft auseinandersetzt, beschreibt dahingehend die Rolle der Polizei: „In sum, the role of the police is to address all sorts of human problems when and insofar as their solutions do or may possibly require the use of force at the point of their occurrence" (Bittner 1970, S. 44). Damit definiert er nicht den Begriff des Polizierens, sondern zeigt auf, was am polizeilichen Polizieren charakteristisch ist (so auch Jones und Newburn 1998, S. 13).
Mit der Pluralisierung der Sicherheitsproduktion (Frevel und Wendekamm 2017) nehmen aber neben der Polizei weitere Akteure Tätigkeiten wahr, die mit dem Begriff Polizieren beschrieben werden können. Die gewerbliche Sicherheit (u.a. Hirschmann 2015; Crawford 2014) wie auch kommunale Ordnungsdienste (u.a. Floeting 2014; Balzer 2018) sowie Bürger:innen, letztere bspw. in Form von Freiwilligen Polizeidiensten (u.a. Schneider 2004; Fickenscher 2006) oder Nachbarschaftswachen bzw. Neighbourhood Watches (u.a. Birenheide 2009; Lub 2018a), sind hier zu nennen. Poliziert wird also durch behördliche, gewerbliche und (zivil)gesellschaftliche Akteure:

> „We can no longer adequately make sense of policing (if, indeed, we ever could) as the attempt of a sovereign body (the state) to exercise

> control over a bounded territory by means of a single institution (the police) in which is vested a monopoly over the use of legitimate violence – significant though that body and that institution are likely to remain." (Loader 2000, S. 324)

Doch auch unabhängig von den gegenwärtigen Pluralisierungstendenzen ist das Konzept des Polizierens historisch gesehen älter als die Polizei. So haben Gesellschaften auch ohne formalen bzw. institutionalisierten Polizeiapparat existiert und es wurde durch verschiedene Prozesse und institutionelle Arrangements poliziert (Rogers 2017, S. 3).[5] Auch Crawford (2009) betont: „Until the eighteenth and early nineteenth century in Europe, 'policing' referred to a much more general schema of governance" (Crawford 2009, S. 147) und Rawlings (2009) hält fest, dass die Geschichte der Polizei nicht die Geschichte des Polizierens sei und vice versa (Rawlings 2009, S. 67). Zedner (2006), die Parallelen zwischen dem Polizieren und der Kriminalitätskontrolle des 18. Jahrhunderts und heutigen Entwicklungen in diesem Bereich herausarbeitet, argumentiert sogar: „the symbolic monopoly on policing asserted by the modern criminal justice state may just be a historical blip in a longer-term patttern of multiple policing providers and markets in security" (Zedner 2006, S. 78).

Festgehalten werden kann für das nächste Kapitel, dass eine Entkopplung der Begriffe Polizei und Polizieren sowohl aufgrund zeitgenössischer als auch aufgrund historischer Entwicklungen wichtig ist, um die Entwicklungen und Phänomene im Bereich der Sicherheitsproduktion differenziert betrachten zu können. Darauf aufbauend werden im nächsten Kapitel Definitionen des Polizierens vorgestellt und diskutiert.

1.1.1.2 Definitionen von Polizieren

Jones und Newburn (1998) beschäftigen sich ausführlich mit der definitorischen Bestimmung von policing. So könne policing im allgemeinen Verständnis zum einen Strafverfolgung, Ermittlungen und friedenserhaltende Maßnahmen durch die Polizei umfassen, zum anderen aber auch Aktivitäten (informeller) sozialer Kontrolle. Policing im letzteren Verständnis wird dann auch durch Lehrer:innen, Arbeitgeber:innen und eine weitere breite Anzahl an Personen, auch Polizeibeamt:innen, ausgeübt. Allerdings weisen die Autoren darauf hin, dass die Heranziehung des policing Begriffs zur Beschreibung breiterer Phänomene sozialer Kontrolle zu Verwirrung in der wissenschaftlichen Debatte geführt habe (Jones und Newburn 1998, S. 2). Sie selbst sprechen sich dafür aus, eher enge Definitionen zu entwickeln, da

[5] Zedner 2006 beschreibt bspw. für das Großbritannien des 18. Jahrhundert einen extensiven Sicherheitsmarkt, in dem es bezahlte Wachmänner und „thief-takers" gab sowie die Selbsthilfe, die in informellen Netzwerken zur Kriminalitätskontrolle als wesentlicher Wert galt (Zedner 2006, 83, 88).

diese greifbare Bezugspunkte lieferten, die kritisiert werden können, sodass darauf aufbauend Definitionen verbessert werden könnten. Bezogen auf das Definieren des Begriffs policing sei dies zentral, da bislang entweder vermieden wurde, überhaupt eine explizite Definition vorzulegen, oder Definitionen so breit gefasst seien, dass sie als Konzept bedeutungslos werden (Jones und Newburn 1998, S. 16).

Für die Entwicklung ihrer eigenen Definition fragen Jones und Newburn (1998), da sie an Aktivitäten formellerer Einrichtungen im Kontext von Regulierungen, Ermittlungen und Strafverfolgung, also an spezifischeren Aktivitäten als sozialer Kontrolle, interessiert sind: „which activities fall within what we consider to be ‚policing', and how are these to be distinguished from the myriad forms of regulation and social control that permeate almost every aspect of our lives?" (Jones und Newburn 1998, S. 18). Daraus ergibt sich die folgende Definition von policing:

> „Our focus is those organized forms of order maintenance, peacekeeping, rule of law enforcement, crime investigation and prevention and other forms of investigation and associated information-brokering – which may involve a conscious exercise of coercive power – undertaken by individuals or organizations, where such activities are viewed by them and/or others as central or key defining part of their purpose." (Jones und Newburn 1998, S. 18–19)

Auch Crawford (2009) nutzt diese Definition und identifiziert darauf aufbauend vier Schlüsselelemente des Polizierens: vorsätzliches Handeln oder ein zielgerichteter Zweck, das bewusste Ausüben von Macht oder Autorität („power and authority") durch ein Individuum oder eine Organisation[6], Ausrichtung auf die Durchsetzung von Regeln oder Normen, die Förderung von Ordnung oder die Gewährleistung von Sicherheit und das Streben nach der Ausrichtung auf die Gegenwart und/oder Zukunft (Crawford 2009, S. 149). Neben dem Polizieren durch die Polizei sowie gewerbliche, kommunale oder bürgerschaftliche Akteure ergänzt der Autor, dass das Polizieren auch ein Produkt technischer Errungenschaften wie bspw. Überwachungskameras ist oder in die architektonische Gestaltung einfließt (Crawford 2009, S. 148).

Die Definitionen von Crawford (2009) und Jones und Newburn (1998) grenzen das Polizieren von (informeller) sozialer Kontrolle ab, was für die hier betrachteten Gruppen zentral ist. Denn es sollen nicht alle Bürgerinitiativen oder -gruppen, die in irgendeiner Weise (informelle) soziale Kontrolle ausüben, in den Blick genommen werden. In den Definitionen sind zu-

6 Wobei das „bewusste Ausüben von Macht und Autorität" durchaus zu hinterfragen ist. Reicht es, wenn polizierende Akteure das Gefühl haben, Macht und Autorität auszuüben, oder müsste dies objektiv vorhanden sein? Dies wäre nur eine konkrete Frage, die sich hier anschließt.

dem weitere Aspekte enthalten, die auch für Gruppen, die hier beleuchtet werden, relevant sein können; bspw. die Durchsetzung von Regeln und Normen oder auch die Kriminalprävention. Allerdings umfassen sie nicht explizit den Aspekt der (sichtbaren) Präsenz und beinhalten zudem weitere, konkrete Kriterien, die nicht per definitionem für die hier betrachteten Bürgergruppen gelten müssen: bspw. das bewusste Ausüben von Macht oder ‚crime investigation'. Zudem lassen sich mithilfe dieser Definitionen Bürgergruppen, die zwar im Rahmen von Sicherheitsproduktion und Kriminalitätskontrolle aktiv sind, dies aber in Form der Organisation von Informationsveranstaltungen oder der Beteiligung an kriminalpräventiven Räten ausführen, also nicht Streife laufen bzw. Präsenz zeigen, nicht abgrenzen. Eine Definition, die das hier betrachtete Phänomen erfassen soll, muss diesen Aspekt also explizit aufgreifen bzw. herausstellen.
Dies tun Bayley und Shearing (1996), die mit policing „all explicit efforts to create visible agents of crime control, whether by government or by nongovernmental institutions" (Bayley und Shearing 1996, S. 586) fassen.
Van Elsbergen (2004b) verweist hinsichtlich des Polizierens auf Bayley und Shearing (1996) und den Aspekt der Sicherheitsproduktions-Funktion (bzw. „crime control" bei Bayley und Shearing (1996)) sowie auf die Definition des Polizierens von Lustig 1996[7], die Polizieren äußerst breit als „Das Herstellen einer Situation ohne Bedrohung" (zitiert in van Elsbergen 2004b, S. 16) auffasst. Allerdings führt van Elsbergen (2004b) selbst den Begriff der Kustodialisierung für verschiedene Dienste ein, die eine Kustodialfunktion übernehmen, was bedeutet, dass Bewachungs- und Beaufsichtigungsaufgaben übernommen werden. Der Begriff geht auf den lateinischen Begriff custos für Wächter, Hüter, Aufseher zurück (van Elsbergen 2004b, S. 15). Ein Kustodialisierungsdienst ist also ein „in bestimmter Weise institutionalisierter Zusammenschluss von Personen zu einer Gruppe, die sich auf Grundlage der Motivation, Schutz und Sicherheit zu erzeugen, in der Öffentlichkeit zeigen und v.a. durch die Tätigkeit des Patrouille-Laufens in Erscheinung treten" (van Elsbergen 2004b, S. 15). Auch wenn Abgrenzungen zwischen verschiedenen Kustodialisierungsdiensten vorgenommen werden müssten, teilten sie die Grundfunktion des Kustodialisierens (van Elsbergen 2004b, S. 15).
Im Vergleich zum Polizieren gehe das Kustodialisieren dabei nicht ganz so weit[8], sondern sei „auf das Bewachen, das Beobachten, Ausüben von sozialer Kontrolle begrenzt. Die Sicherheit mag beim Polizieren wiederhergestellt werden, beim Kustodialisieren jedoch nicht. Der Kustodialisierung

[7] Lustig, Sylvia (1996): Die Sicherheitswacht im Rahmen des Bayerischen Polizeikonzepts (unveröffentlichte Diplomarbeit), München (zitiert in van Elsbergen 2004b).

[8] Eine absolute Trennschärfe zwischen dem Kustodialisieren und Polizieren sei allerdings schwierig (van Elsbergen 2004b, S. 16).

haftet eher eine symbolische Wirkung an“ (van Elsbergen 2004b, S. 16) und sie „beinhaltet eher die Überwachungskomponente von sozialem Geschehen und sozialen Auffälligkeiten in der Öffentlichkeit“ (van Elsbergen 2004b, S. 16).
Die Definitionen von Polizieren durch Bayley und Shearing (1996) bzw. des Kustodialisierens von van Elsbergen (2004b) schließen also die Kriminalitätskontrolle bzw. Sicherheitsproduktion sowie die Bestreifung/Sichtbarkeit der Akteure ein.
Es lässt sich jedoch insbesondere anhand von zwei weiteren Aspekten zeigen, dass die Definition von Hirschmann und John (2019) das hier betrachtete Phänomen in seiner Spezifik besonders gut greift.

> „Polizieren meint [...] die a) personelle Bewachung und/oder b) personelle Bestreifung und/oder c) sichtbare technische Überwachung öffentlicher und halböffentlicher Räume sowie unmittelbar daraus resultierende Maßnahmen. Dabei ist das Polizieren mit der Aufgabe der Aufrechterhaltung oder Herstellung von Sicherheit und Ordnung verbunden, gleichwohl wie und von wem Sicherheit und Ordnung definiert werden.“ (Hirschmann und John 2019, S. 4)

So werden in ihrer Definition zum einen die aus dem Polizieren *resultierenden* Maßnahmen aufgenommen. Somit kann u.a. Gewaltanwendung ein Teil des Polizierens darstellen (wenn bspw. ein vermeintlicher Einbrecher gestellt wird), dies muss aber nicht der Fall sein – und auch ist das Stellen eines Einbrechers nicht zwangsläufig Polizieren, wenn diesem Stellen keine Bestreifung bzw. Präsenz vorausgegangen ist. Die daraus resultierenden Maßnahmen erlauben also diverse Handlungen unter den Begriff des Polizierens zu fassen, allerdings nur in Folge des Bestreifens bzw. der Präsenz.
Zum anderen ist die explizite Offenhaltung des Sicherheitsbegriffs zentral: Es geht darum, wie die polizierenden Bürgergruppen Sicherheit bzw. Sicherheitsproduktion begreifen und interpretieren oder u.U. sogar instrumentalisieren, was insbesondere in Abgrenzung zu den Überlegungen von van Elsbergen (2004b) relevant ist, denn van Elsbergen (2004b) differenziert Kustodialisieren und Polizieren über einen objektiven Sicherheitsbegriff (s.o.).
Insgesamt ist die Definition von Hirschmann und John (2019) somit eng genug, um die Besonderheit des hier betrachteten Phänomens polizierende Bürgergruppen zu fassen und von anderen Formen der Tätigkeiten von Bürger:innen im Bereich der Sicherheit, sowohl formelles Engagement als auch (informelle) soziale Kontrolle, abzugrenzen, und breit genug, um unterschiedliche Praktiken des Polizierens zu fassen.
Ergänzt werden kann allerdings, dass das hier untersuchte Polizieren, also ein Polizieren nach der Definition von Hirschmann und John (2019), zudem dem *policing below government* nach Loader (2000) zuzuordnen ist. So kategorisiert Loader (2000) die Vielzahl zeitgenössischer polizierender

Akteure anhand ihres Verhältnisses zum Staat bzw. zur Regierung. Das *policing by government* umfasst Polizieren durch die Behörden, also Polizei und Kommunen. Das *policing through government* beschreibt Dienstleistungen des Polizierens, für welche die Regierung andere Akteure/Dienstleister beauftragt. Das *policing above government* bezieht sich auf den Komplex des Polizierens, der über der Regierung, also entweder international zwischen Staaten oder in neuen supranationalen Strukturen, stattfindet. *Policing beyond government* ist auf den wachsenden Markt gewerblicher Sicherheitsunternehmen bezogen, die in verschiedenen Formen polizierend tätig sind, insbesondere um den Schutz von Privateigentum bzw. „mass private property" (Shearing und Stenning 1983, S. 496), bspw. Einkaufszentren oder auch Wohngebiete, zu gewährleisten. Schließlich meint das *policing below government* jegliche Formen von Bürgeraktivitäten in der Sicherheitsproduktion, von unter staatlicher Aufsicht agierenden Gruppen bis hin zu reaktivem Vigilantismus (Loader 2000, S. 326–328).

Eine konkrete Betrachtung von in Deutschland existierendem *policing below government*, also von polizierenden Bürgergruppen, erfolgt im nächsten Kapitel.

1.1.2 Formen polizierender Bürgergruppen in Deutschland

Die Beschäftigung mit polizierenden Bürgergruppen steht vor der Herausforderung, dass damit verbundene Schlüsselbegriffe wie ehrenamtlich Polizierende, also in die Polizei eingebundene Bürger:innen, Nachbarschaftswachen und Bürgerwehren, also autonomer agierende Gruppen, nicht definiert sind. In der deutschsprachigen Wissenschaft gibt es wenig Forschung in diesem Bereich (vgl. auch *Kapitel 1.2 Forschungsstand*) und in der journalistischen Berichterstattung werden die Begriffe uneinheitlich verwendet. So werden die Sicherheitspartner Brandenburg, die Freiwilligen Polizeidienste und Sicherheitswachten z. T. ebenso als Bürgerwehr bezeichnet (Kremming 2016; Schulte von Drach 2016) wie politisch rechte oder rechtsextreme Gruppen (Doeleke 2016; Baeck 2015; Gensing 2015; Meisner 2016; Speit 2017; Quent 2016a), die sich teilweise selbst als Bürgerwehr bezeichnen.[9] Und auch in der politischen Debatte wird insbesondere

[9] Allerdings zeigt die Untersuchung einer Bürgerwehr der NPD, die sich nicht als solche bezeichnen will, dass offensichtlich auch rechtsextreme Gruppen sich zum Teil nicht als Bürgerwehr bezeichnen (Bust-Bartels 2021, S. 233–234). Hinzuzufügen ist zudem, dass nicht alle polizierenden Bürgergruppen, die sich als Bürgerwehr bezeichneten, dem rechtsextremen Spektrum zuzuordnen sind oder waren. Jedoch verwundert es nicht, dass das Mitglied einer selbstständigen polizierenden Bürgergruppe in Brandenburg betont, die Gruppe sei eine „Bürgerstreife […]. Wir sind ja nicht rechts" (Thurm 2016).

der Begriff Bürgerwehr in unterschiedlicher Weise angewandt und es werden Versuche der Abgrenzung und Differenzierung unternommen (vgl. beispielhaft Landtag Brandenburg 2015, S. 353; Schleswig-Holsteinischer Landtag 2015, S. 7055–7072; Landtag Nordrhein-Westfalen 2014, S. 43–46).

Insgesamt muss vor der Verwendung der verschiedenen Bezeichnungen für polizierende Bürgergruppen eine Bestimmung bzw. Erläuterung der zentralen Begriffe und existierenden Formen polizierender Bürgergruppen erfolgen.

1.1.2.1 Ehrenamtlich Polizierende

Ehrenamtliches Polizieren ist in Deutschland in fünf Bundesländern in verschiedenen Formen ermöglicht. Es gibt die Freiwilligen Polizeidienste (FPD) in Baden-Württemberg und Hessen sowie die Sicherheitswachten in Sachsen und Bayern. Zudem gibt es die Sicherheitspartner in Brandenburg. Die unterschiedlichen Dienste weisen trotz z. T. gleicher Bezeichnungen Unterschiede in ihrer Ausgestaltung auf. Während der Freiwillige Polizeidienst in Baden-Württemberg im Kontext des Kalten Krieges etabliert wurde, wurden die anderen Formen in den 1990er Jahren bzw. 2000 (FPD Hessen) im Rahmen von Programmen zur Stärkung der inneren Sicherheit eingeführt. Die Sicherheitspartner sind zudem nicht in dem Maße in die Polizei eingebunden wie die anderen Dienste und auch nicht mit robuster Ausrüstung (wie Pfefferspray, FPD Hessen, Sicherheitswachten Sachsen und Bayern) oder einer Waffe (FPD Baden-Württemberg) ausgestattet. Die unterschiedlichen Befugnisse lassen sich in umfassende polizeiliche Befugnisse (FPD Baden-Württemberg), bestimmte, genau festgelegte Befugnisse (FPD Hessen, Sicherheitswachten Sachsen und Bayern) und keine polizeilichen Befugnisse (Sicherheitspartner Brandenburg) einteilen (Fickenscher 2006, S. 34–35). Insgesamt ist aber allen Diensten gleich, dass die Ehrenamtlichen erkennbar als polizierende Akteure im öffentlich zugänglichen Raum präsent sind. Zudem sind sie explizit gesetzlich legitimiert – sie alle sind auf Grundlage eines Gesetzes etabliert worden.

Auch wenn es somit Unterschiede in der konkreten Ausgestaltung der Dienste gibt, werden ehrenamtlich Polizierende in dieser Arbeit wie folgt verstanden: *Ehrenamtlich Polizierende sind, ein- oder angebunden in/an die Polizei, explizit gesetzlich legitimiert aktiv im Bereich der Sicherheit und Ordnung und damit in einem der in fünf Bundesländern existierenden Dienste des ehrenamtlichen Polizierens aktiv.*

Nachfolgend werden die verschiedenen Formen ehrenamtlichen Polizierens vorgestellt.

1.1.2.1.1 Der Freiwillige Polizeidienst in Baden-Württemberg

Der Freiwillige Polizeidienst wurde 1963 in Baden-Württemberg eingeführt und ist damit der älteste, noch aktive Dienst des ehrenamtlichen Polizierens in Deutschland.[10] Die Einführung des Dienstes erfolgte im Kontext einer Phase des Wirtschaftswachstums, die mit einem Arbeitskräftemangel im öffentlichen Dienst, also auch in der Polizei, einherging. In der instabilen politischen Lage sollten deswegen Ehrenamtliche als Reservekräfte „für vermeintliche außen- und innenpolitische Bedrohungen" (Hirschmann und Groß 2012, S. 26) aufgestellt werden. Es wurde aber auch ermöglicht, Polizeifreiwillige nicht nur in Notstandssituationen einzusetzen (vgl. auch Ehm 2005, S. 25–30; Hirschmann und Groß 2012, S. 26–27):

> „Der Freiwillige Polizeidienst wird zur Dienstleistung aufgerufen, wenn die Polizei ihr nach § 1 des Polizeigesetzes obliegenden Aufgaben mit den vorhandenen Beamten des Polizeivollzugsdienstes vorübergehend nicht erfüllen kann." (§ 5 Abs. 1 FPolDG)

Ein Bedarf an Ehrenamtlichen bestand nachfolgend stets, denn der Personalmangel wurde in der Polizei zwar wahrgenommen, die Schaffung weiterer Stellen war jedoch schwierig realisierbar (Hirschmann und Groß 2012, S. 26).

Nach dem Mauerfall wurde das Modell des Freiwilligen Polizeidienstes immer stärker hinterfragt, sodass eine veränderte Außendarstellung notwendig wurde und eine verstärkte Betonung der demokratiefördernden, gesellschaftlich-staatsbürgerlichen Seite dieses ehrenamtlichen Engagements erfolgte (Hirschmann und Groß 2012, S. 27; Ehm 2005, S. 27–28). Eine Schwerpunktverlagerung bezüglich des tatsächlichen Einsatzes erfolgte schließlich 1998 mit der Konzeption zur „Neuorientierung des Freiwilligen Polizeidienstes in Baden-Württemberg". Damit sollte u.a. mehr Wert auf die sichtbare Präsenz gelegt werden – insbesondere in „Angsträumen" wie „Kinderspielplätze[n], Schulen, Kindergärten, Parkhäuser[n] und öffentliche[n] Anlagen" (Stienen 2011, S. 167). Der Einsatz von Doppelstreifen, bestehend aus einem Angehörigen des Freiwilligen Polizeidienstes und einem voll ausgebildeten Polizeibeamten (Stienen 2011, S. 167), wurde 2013 abgeschafft und die Freiwilligen werden derzeit maßgeblich bei Veranstaltungen bspw. bei der Verkehrsregelung bei Volksfesten, Umzügen oder sonstigen Events sowie in der Präventionsarbeit eingesetzt (Landtag von Baden-Württemberg 2016, S. 4).

[10] In Berlin wurde bereits 1961 eine Polizeireserve eingeführt. Verschiedene Skandale um Rekrutierungspraktiken sowie rechtsextreme und kriminelle Mitglieder führten schließlich zur Umänderung in einen „Freiwilligen Polizeidienst" 1999. 2002 wurde der Freiwillige Polizeidienst dann aber im Rahmen des Haushaltsentlastungsgesetzes von SPD und PDS abgeschafft (vgl. Kutscha 2004, S. 226–229).

Nachdem die grün-rote Landesregierung 2011 das Auslaufen des Freiwilligen Polizeidienstes beschlossen hatte, wurde von der grün-schwarzen Landesregierung angekündigt, ein neues Konzept für den Freiwilligen Polizeidienst zu entwickeln. Umstritten ist dabei insbesondere die Bewaffnung (Schwarz 2018). Als einziger Dienst des ehrenamtlichen Polizierens ist der Freiwillige Polizeidienst Baden-Württemberg mit einer Schusswaffe ausgestattet und hat „bei der Erledigung ihrer polizeilichen Dienstverrichtungen Dritten gegenüber die Stellung von Polizeibeamten im Sinne des Polizeigesetzes“ (§6 FPolDG Abs. 1). Zudem tragen die Ehrenamtlichen eine Polizeiuniform, die sich lediglich an den Schulterklappen von der Uniform der hauptamtlichen Polizist:innen unterscheidet – anstelle der Sterne sind bei den Ehrenamtlichen blaue Schrägstriche aufgenäht.
Die Schulung für die Ehrenamtlichen[11] umfasste ein zweiwöchiges Grundausbildungsseminar sowie die daran anschließende Einführungsverwendung – 44 Theoriestunden, 40 Praxisstunden, 16 Stunden Schusswaffentraining, 32 Stunden bedarfsorientierte Praxiseinführung sowie 18 Stunden Fortbildung pro Jahr wurden hierfür veranschlagt (Hirschmann und Groß 2012, S. 29). Im theoretischen Teil wurden die Freiwilligen in verschiedene Rechtsbereiche eingeführt wie Grundrecht, allgemeine Polizeirechte, materielles Strafrecht, Strafprozessrecht, Verkehrsrecht und formelles und materielles Ordnungswidrigkeitenrecht, im praktischen Teil wurden Standardsituationen sowie der Umgang mit Zwangsmitteln geübt (Ehm 2005, S. 56–57).

1.1.2.1.2 Die Sicherheitswacht in Bayern

Die bayerische Sicherheitswacht wurde 1994 auf Grundlage des Sicherheitswachterprobungsgesetzes (Stienen 2011, S. 160) und 1996 landesweit auf Grundlage des Sicherheitswachtgesetzes (SWG) eingeführt (van Elsbergen 2004a, S. 196; Hirschmann und Groß 2012, S. 20). Dabei wurde betont, dass der „Unkultur des Wegschauens“ eine „Kultur des Hinschauens“ entgegensetzt werden solle (Hitzler 1996, S. 34–35). 2016 hat die Bayerische Staatsregierung im Rahmen des Konzepts „Sicherheit durch Stärke“ eine Ausweitung auf 1500 in der Sicherheitswacht mitwirkende Personen beschlossen (Bayerisches Staatsministerium des Innern, für Bau und Verkehr 2016). Art. 2 SWG regelt, dass die Angehörigen der Sicherheitswacht „in ihrer Dienstzeit die Polizei bei der Erfüllung ihrer Aufgaben, insbesondere im Zusammenhang mit der Bekämpfung der Straßenkriminalität“, unterstützen. Auf ihrer Internetseite erläutert die Polizei Bayern, dass die Sicherheitswacht als „Augen und Ohren“ der Polizei fungiert (Polizei Bayern 2019b). Dazu laufen sie Streife, informieren bei verdächtigen Vor-

[11] Sie ist entsprechend der unsicheren Situation zur Zukunft des Freiwilligen Polizeidienstes ausgesetzt, da derzeit keine neuen Freiwilligen eingestellt werden.

kommnissen die Polizei oder greifen im Ausnahmefall selbst ein, sind Ansprechpartner:innen für Bürger:innen und sollen das Sicherheitsgefühl stärken (Bayerisches Staatsministerium des Innern, für Sport und Integration 2019, S. 2).
Ausgestattet sind die Angehörigen der Sicherheitswacht mit einem Funkgerät, einem Reizstoffsprühgerät, einem Erste-Hilfe-Set, einer Taschenlampe und einem Dienstausweis (Bayerisches Staatsministerium des Innern, für Sport und Integration 2019, S. 2). Ihre Bekleidung besteht aus einem dunkelblauen Polohemd oder einer dunkelblauen Einsatzjacke mit dem Aufdruck „Sicherheitswacht" (Polizei Bayern 2019c).
Durch das SWG sind die Angehörigen der Sicherheitswacht befugt, Befragungen und Identitätsfeststellungen durchzuführen, personenbezogene Daten an die Polizei und Gemeinden zu übermitteln und Platzverweise zu erteilen (Polizei Bayern 2019a, Art. 4, 5, 6, 7 SWG). Die Ausbildung umfasst 40 Unterrichtsstunden. Die Inhalte umfassen Grundlagen zum Straf- und Eingriffsrecht sowie Dienstkunde (Hirschmann und Groß 2012, S. 22).

1.1.2.1.3 Die Sicherheitspartner in Brandenburg

Die Sicherheitspartner in Brandenburg wurden 1994 in Form eines Modellprojekts an zehn Orten und 1995 durch den Erlass „Sicherheit in Städten und Gemeinden des Landes Brandenburg durch den Ausbau der konzertierten Aktion ‚Kommunale Kriminalverhütung KVV'" landesweit etabliert (Stienen 2011, S. 162; Minister des Innern 11.10.1995; Newiger 1995). Der Kontext der Einführung war ein Anstieg der registrierten Straftaten in Brandenburg Anfang der 1990er Jahre. Daraufhin entstanden diverse Bürgerinitiativen, die sich zum Teil zu Bürgerwehren weiterentwickelten. So sollte durch die Sicherheitspartner auch „eine Kontrolle und positive Einflussnahme auf die ‚sogenannten Bürgerwehren'" geleistet werden (Newiger 1995, o.S.; Stienen 2011, S. 162).
Der Erlass von 1995 wurde 2017 durch das „Eckpunktepapier Kommunale Kriminalprävention" und den Erlass „Sicherheitspartner des Landes Brandenburg", in dem der Wille zur Fortführung der Sicherheitspartnerschaften betont wird, abgelöst (Ministerium des Innern und für Kommunales Brandenburg 01.06.2017). Tätigkeitsfelder der Sicherheitspartner umfassen das Zeigen von Präsenz „in subjektiv wahrgenommenen Räumen der Verunsicherung (z.B. in Parks, an Bahnhöfen); Präventive Rundgänge zur Verhinderung von Einbruchskriminalität in Schwerpunktbereichen; Weitergabe von Informationen zur Kriminalprävention [...]; Orientierungs-/Alltagshilfe für Zuwanderer/Flüchtlinge; Begleitung von Kindern auf Schulwegen; Unterstützung der Kommune zur Veranstaltungssicherung; Feststellung von Gefahrenpunkten im Straßenverkehr [...] und Mitteilung von Störungen im Wohnumfeld [...]" (Ministerium des Innern und für Kommunales Brandenburg 01.06.2017, S. 4). Dabei sollten die Sicherheitspartner zur objektiven

Sicherheitslage („wirkungsvolle Kriminalitätsbekämpfung“) als auch zum subjektiven Sicherheitsempfinden („Herstellung des Sicherheitsgefühls im Gemeinwesen“) positiv beitragen (Ministerium des Innern und für Kommunales Brandenburg 01.06.2017, S. 1).
Ausgestattet sind die Ehrenamtlichen in Brandenburg mit einer Funktionsjacke mit dem Aufdruck „Sicherheitspartner“ und einem Lichtbildausweis. Des Weiteren können Zuwendungen in Höhe von bis zu 150 Euro für weitere Kleidung (bspw. Warnwesten) oder Ausrüstungsgegenstände (bspw. Taschenlampen, Rucksäcke, Trillerpfeife und Funkgerät[12]) beantragt werden (Land Brandenburg 2019). Mit Pfefferspray werden die Ehrenamtlichen nicht ausgestattet und Waffen dürfen explizit nicht mitgeführt werden. Zudem haben die Sicherheitspartner keine erweiterten Befugnisse (Polizeipräsidium Land Brandenburg 2017, S. 9–10) und auch eine Ausbildung bzw. Schulung mit einer bestimmten Stundenzahl ist nicht vorgesehen.
Im Gegensatz zu den anderen Diensten ehrenamtlichen Polizierens werden die Sicherheitspartner nicht direkt von der Polizei eingesetzt. Stattdessen müssen sich Bürger:innen bei Bedarf selbst organisieren, auf einer Einwohnerversammlung Bürger:innen als Sicherheitspartner auswählen und daran anschließend einen Antrag bei der zuständigen Polizeiinspektion stellen, die die vorgeschlagenen Sicherheitspartner prüft[13] und schließlich „bestellt“ (Polizeipräsidium Land Brandenburg 2017, S. 7).

1.1.2.1.4 Die Sicherheitswacht in Sachsen

Die Sächsische Sicherheitswacht wurde 1998 auf Grundlage des Sächsischen Sicherheitswachterprobungsgesetzes und des sich daran anschließenden Sächsischen Sicherheitswachtgesetzes (SächsSWG) (Stienen 2011, S. 163–164) eingeführt, wobei sich an der bayerischen Sicherheitswacht orientiert wurde (Sächsisches Staatsministerium des Innern 1996; Sächsischer Landtag 1997).
Hirschmann und Groß (2012, S. 23) halten fest, dass ein konkreter Aufgabenkatalog für die Sächsische Sicherheitswacht nicht gegeben ist, sie allgemein Streifentätigkeiten durchführt (§ 2 SächsSWG) und als Ansprechpartnerin für Bürger:innen fungieren (Polizei Sachsen o.J.; Hirschmann und Groß 2012, S. 23). Zudem soll bei verdächtigen Vorkommnissen die Polizei gerufen oder anlassbezogen selbst eingeschritten werden, sicherheitsrelevante Hinweise sollen entgegengenommen und an die Polizei weitergeleitet werden. Die Erhöhung des Sicherheitsgefühls bei der Bevölkerung ist dabei ein explizit benanntes Ziel (Polizei Sachsen o.J.).
Die Ausstattung der Ehrenamtlichen in der sächsischen Sicherheitswacht umfasst ein Reizstoffsprühgerät, ein Funkgerät, einen Dienstausweis sowie

12 Allerdings kein Polizeifunk.

13 Prüfung beim Bundeszentralregister/Polizeiliches Führungszeugnis.

eine dunkelblaue Jacke mit dem Aufdruck „Sächsische Sicherheitswacht“, eine Basecap und ein Polohemd (Polizei Sachsen o.J.). Während der Ausübung ihres Ehrenamts dürfen Angehörige der Sicherheitswacht Personen befragen, die Identität von Personen feststellen und Platzverweise aussprechen, wenn von Personen Gefahr oder Störung ausgeht, und Sachen sicherstellen (Polizei Sachsen o.J.; § 4, § 5, § 6, § 7 SächsSWG). In der 50 Unterrichtseinheiten umfassenden Ausbildung werden die Ehrenamtlichen „in ausgewählte Rechtsgebiete eingewiesen, lernen [...] die Aufgaben und den Dienstbetrieb der Polizei kennen und erhalten praktische Hinweise für ihre künftige Tätigkeit.“ (Polizei Sachsen o.J.).

1.1.2.1.5 Der Freiwillige Polizeidienst in Hessen

Der Freiwillige Polizeidienst in Hessen wurde 2000 auf Grundlage des „Gesetzes für die aktive Bürgerbeteiligung zur Stärkung der Inneren Sicherheit (Hessisches Freiwilligen-Polizeidienst-Gesetz-HFPG)“ nach einem „Law und Order -Wahlkampf“ (Stienen 2011, S. 165) von der CDU eingeführt.[14] Damit ist er der jüngste der großflächig eingeführten Dienste[15] ehrenamtlich Polizierender und konnte sich bei der Ausgestaltung auf die Erfahrungen in anderen Bundesländern stützen (vgl. auch Kreuzer und Schneider 2002).

Die Ehrenamtlichen im Freiwilligen Polizeidienst in Hessen werden für verschiedene Bereiche eingesetzt: „1. Bei der vorbeugenden Bekämpfung von Straftaten, 2. Bei der Überwachung des Straßenverkehrs, 3. beim polizeilichen Streifendienst, 4. Beim polizeilichen Ermittlungsdienst, 5. Bei der Sicherung und dem Schutz von Gebäuden und öffentlichen Anlagen, 6. Bei der Erforschung von Ordnungswidrigkeiten“ (§ 1 Abs. 1 HFPG). Zusammenfassend geht es um das Zeigen von Präsenz, das Beobachten und Melden von Eindrücken hinsichtlich der öffentlichen Sicherheit und Ordnung und um das Führen von vorbeugenden Gesprächen mit Bürger:innen (Polizei Hessen 2018). Das Ziel dabei ist, „die objektive und subjektive Sicherheitslage im Bereich der Städte und Gemeinden weiter zu verbessern.“ (Polizei Hessen 2018).

Die Ausstattung der Freiwilligen umfasst ein Mobiltelefon, Pfefferspray und eine blaue Uniform mit dem Schriftzug „Freiwilliger Polizeidienst“ (Polizei Hessen 2018). Während ihrer ehrenamtlichen Tätigkeit haben sie

---

[14] Neben der Einführung des Freiwilligen Polizeidienstes warb die CDU mit der Einführung privater Haftanstalten, für eine Verschärfung des Ausländer- und Polizeirechts und für die Erhöhung der Polizeipräsenz (vgl. Stienen 2011, S. 164–165).

[15] 2007 wurde in acht Städten und Gemeinden in Niedersachsen der „Freiwillige Ordnungs- und Streifendienst“ eingeführt, der aber nicht landesweit ausgeweitet wurde. Derzeit scheint er nur noch vereinzelt in Kommunen umgesetzt zu sein (vgl. Hansestadt Stade o. J.; o.A. 2017).

die Befugnis zur Befragung, zur Erhebung personenbezogener Daten, zum Prüfen von Berechtigungsscheinen, zur Durchführung von Sicherstellungen und zum Aussprechen von Platzverweisen (Stienen 2011, S. 165). Die Ausbildung der Ehrenamtlichen umfasst 50 Stunden und beinhaltet rechtliche Aspekte, psychologische und taktische Grundlagen, Eigensicherung und die Handhabung der Einsatzmittel (Polizei Hessen 2018).
Die Einführung des Freiwilligen Polizeidienstes wurde in seiner Pilotphase in vier Städten[16] durch Kreuzer und Schneider (2002) wissenschaftlich begleitet. In ihrer Studie halten die Autoren u.a. fest, dass der FPD eine Entlastungsfunktion für die Polizei bei Zeitlagen[17], „insbesondere bei Absperrungen und verkehrslenkenden Maßnahmen" (Kreuzer und Schneider 2002, S. 37) habe und von der Bevölkerung allgemein befürwortet werde, auch wenn eine erhöhte „Diskussionsfreudigkeit" bzgl. getroffener Maßnahmen von Polizeifreiwilligen zu konstatieren sei (Kreuzer und Schneider 2002, S. 45).[18] Des Weiteren konnte keine unverhältnismäßige Belastung der Polizei durch die Tätigkeiten des FPD festgestellt werden und Bürger:innen nähmen den FPD als ihr subjektives Sicherheitsgefühl stärkend wahr. Zudem würde die Möglichkeit des ehrenamtlichen Engagements durch Bürger:innen genutzt (Kreuzer und Schneider 2002, S. 67). Kritisch angemerkt wurde u.a., dass Eigengefährdungen nicht auszuschließen seien und dass bei einem Teil der Freiwilligen das ‚Präsenz zeigen – Beobachten – Melden' nicht „im Vordergrund des Selbstverständnisses" (Kreuzer und Schneider 2002, S. 69) stehe, sondern „vor dem Wunsch Polizeiarbeit zu machen, in den Hintergrund gerät" (Kreuzer und Schneider 2002, S. 68). Insgesamt votieren die Autoren nicht eindeutig für oder gegen den FPD, machen jedoch deutlich, dass die Stärken des Modells in der Stärkung des Sicherheitsgefühls und der Kommunikation mit Bürger:innen liegen, sodass die Zielvorgaben dahingehend formuliert werden sollten (Kreuzer und Schneider 2002, S. 69–70).

1.1.2.2 Nachbarschaftswache & -streife

Der Begriff der Nachbarschaftswache ist angelehnt an die in den USA deutlich weiter verbreiteten „Neighbourhood Watches". Diese entstanden aus der in den 1960er Jahren populärer werdenden Überzeugung, Bür-

---

16 Fulda, Marburg, Offenbach und Wiesbaden.

17 Zeitlagen meint, dass sich auf bestimmte Ereignisse vorbereitet werden kann, eine Planung erfolgen kann, während Sofortlagen plötzlich entstehen und einen direkten Einsatz erfordern (Bielicki 2019).

18 So gibt es hier eine Diskrepanz zwischen der Akzeptanz der Bürger:innen des Freiwilligen Polizeidienstes als Unterstützung für die Polizei bei gleichzeitig eingeschränkter Akzeptanz von Weisungen durch den Freiwilligen Polizeidienst. (Kreuzer und Schneider 2002, S. 44–47).

ger:innen stärker in die Kriminalprävention einzubinden (Bennett et al. 2006, S. 437). In den 1980er Jahren stellt Rosenbaum (1987) bereits eine Hochphase der „community crime prevention“ in den USA fest, da diese Idee der Einbindung von Bürger:innen in die Kriminalprävention Unterstützung von Seiten der Polizei, den Medien, der Öffentlichkeit, der Regierung und auch aus der Wissenschaft erhalte (Rosenbaum 1987, S. 103). Während es zwar Definitionen von „community crime prevention“ gibt, die auch Freizeitprogramme für Jugendliche sowie architektonische Umgestaltungen darunter fassen, sei der Kern doch „Block Watch, Operation ID (engraving property), and home security surveys“ (Rosenbaum 1987, S. 104). Während es bei Operation ID um Diebstahlsvorbeugung geht[19] und home security surveys Sicherheitslücken am Haus feststellen sollen[20], ist Block Watch ein Synonym von Neighbourhood Watch.[21] Rosenbaum (1987) definiert Neighbourhood Watches im Kern als

> „citizens coming together in relatively small groups (usually block clubs) to share information about local crime problems, exchange crime prevention tips, and make plans for engaging in surveillance (‘watching’) of the neighbourhood and crime-reporting activities” (Rosenbaum 1987, S. 104).

Noch allgemeiner beschreibt Lub (2018a) Neighbourhood Watches:

> „Neighbourhood Watch is a form of community crime prevention which aims to contribute to the safety and quality of life in residential areas.” (Lub 2018a, S. 4)

Die New York State Police unterscheidet zwischen Neighbourhood Watches und citizen patrols (Nachbarschaftsstreifen):

> „A citizens’ patrol is made up of volunteers who walk or drive through the community and alert police to crime and questionable activities. Not all Neighborhood Watches need a citizens’ patrol.” (New York State Police o.J.)

Während Rosenbaum (1987) als eine weitere Aktivität von Neighbourhood Watches noch auf die Telefonkette für Überwachung und Hilfeleistungen hinweist, beschreibt u.a. Lub (2018a) zeitgenössische im Rahmen von Neighbourhood Watches eingerichtete WhatsApp-Gruppen in den Niederlanden, in denen Informationen ausgetauscht werden, bspw. um Einbrüche zu verhindern (Lub 2018a, S. 14; Rosenbaum 1987, S. 104).

---

19 vgl. auch OU Police Departement 2013.

20 vgl. bspw. Mahwah Police Department o.J.

21 Weitere Bezeichnungen sind apartment watch, home watch, citizen alert, community watch (vgl. Bennett et al. 2006, S. 437).

Sind die Gruppenmitglieder aber tatsächlich auf Streife, werden ihre Aufgaben mit dem Identifizieren und Melden von verdächtigen Handlungen und unsicheren Situationen an die Polizei, dem Informieren von Anwohner:innen zu Sicherheitsthemen und dem Melden von „physical or social signs of disorder to local authorities" (Lub 2018a, S. 4) beschrieben – physische Zeichen von disorder umfassen dabei bspw. Müll oder defekte Straßenbeleuchtung, soziale Zeichen bspw. „trouble-some youth" (Lub 2018a, S. 4).

Insgesamt scheint diese Idee der Nachbarschaftswache als eine Plattform für Austausch zu Kriminalität und Sicherheit, unter der verschiedene Ansätze und Aktivitäten gefasst werden, auch für deutsche Nachbarschaftswachen zu stimmen. So gab es in den 1980er Jahren die Schwerpunktaktion „Nachbarn schützen Nachbarn" im „Kriminalpolizeilichen Vorbeugungsprogramm", wobei es in erster Linie um Verhaltenstipps und technische Beratung ging. Die bundesweite Aktion „Vorsicht! Wachsamer Nachbar!" wurde ursprünglich 1996 durch die Innenministerkonferenz, den Städte- und Gemeindebund, den Deutschen Städtetag, den Verband der Schadensversicherer und die Polizei initiiert, wobei nachbarschaftliche Aufmerksamkeit und gegenseitige Verantwortung im Kontext der Kriminalitätsverhütung im Gemeinwesen fokussiert werden sollten (Hohmeyer 2000).[22]

So beschreibt auch Hohmeyer (2000) Nachbarschaftswachen und -initiativen als heterogenes Feld aus Gruppen, die sich lediglich auf erhöhte Wachsamkeit verständigen, bis zu Gruppen, die auf Rundgängen, ähnlich wie Lub (2018a) dies für niederländische Neighbourhood Watches beschreibt, beratend zur Seite stehen, Tatgelegenheiten erkennen und beseitigen sowie, aus Sicht der Polizei, für ein erhöhtes Sicherheitsgefühl sorgen sollen (Hohmeyer 2000).

Zwar sind diese Zusammenschlüsse in Deutschland insgesamt nicht so weitverbreitet wie in den Niederlanden oder gar den USA, Berichte zu Nachbarschaftswachen, die in WhatsApp-Gruppen, im Rahmen von Informationsveranstaltungen oder auch tatsächlich in Form von Streifengängen aktiv sind, finden sich aber immer wieder (bspw. Thor 2014; Frigelj 2018; Ronge 2017).

Trotz der Unterschiede in den Ausprägungen der Nachbarschaftswachen, Streifengänger oder reines Netzwerk zum Informationsaustausch, sind Nachbarschaftswachen grundsätzlich eher staatsnah, allerdings nicht explizit gesetzlich legitimiert, und nicht robust ausgerüstet. Um polizierende Bürgergruppen von allgemeinen Nachbarschaftswachen abgrenzen zu können, erscheint der Begriff Nachbarschaftsstreife passend. Nachbarschafts-

22 Aufkleber mit der Aufschrift „Vorsicht! Wachsamer Nachbar" sind auch heute noch bspw. an Briefkästen zu finden und werden von der Polizei kostenlos ausgegeben (vgl. Polizeiliche Kriminalprävention der Länder und des Bundes o.J.).

streifen werden verstanden als *polizierende Bürger:innen, die sich zusammengeschlossen haben, um ohne robuste Ausrüstung und durch Kontaktaufnahme mit der Polizei für mehr Sicherheit an ihrem Wohnort zu sorgen.*

1.1.2.3 Bürgerwehr

Im Gegensatz zum Begriff der Nachbarschaftswache oder -streife ist „Bürgerwehr“ ein historischer deutscher Begriff, dessen Übersetzung in das Englische schwierig ist. So wird Bürgerwehr durch gängige Wörterbücher bspw. als militia, civic (home) guards, crime watch oder vigilante group übersetzt, wobei militia und civic guards auch als historische Begriffe gekennzeichnet sind (PONS Wörterbuch 2018; Langenscheidt Wörterbuch 2018). Schmidt-Lux (2018) weist aber darauf hin, dass „[v]ieles von dem, was in Deutschland als Bürgerwehr diskutiert wird, [...] sich in englischsprachigen Texten zu vigilante groups“ (Schmidt-Lux 2018, S. 135) findet. Bei der Bestimmung dessen, was unter dem Begriff der Bürgerwehr gefasst werden soll, wird sich nachfolgend aber auf die deutsche Forschung gestützt.

Vollert (2014) nutzt den Begriff der Bürgerwehr zur Beschreibung von Bürgergruppen, die seit dem 13. Jahrhundert in Deutschland „in unterschiedlicher Form und mit unterschiedlichen Bezeichnungen [...], ihre Stadt unter Nutzung der mittelalterlichen Befestigung bei einem Angriff verteidigen sollten“ (Vollert 2014, S. 32). Aufgrund des Bedeutungsverlusts der Stadtmauern durch die Entwicklung der Waffentechnik und die den Bürgerwehren weit überlegenen stehenden Heere verloren Bürgerwehren ihre Bedeutung, auch wenn sie in einigen Städten die Polizeiaufgaben übernahmen und in anderen z.T. die reguläre Armee darstellten und von Berufsoffizieren geführt wurden (Vollert 2014, S. 33).

In Reaktion auf die revolutionären Bestrebungen im 19. Jahrhundert entstanden in verschiedenen Städten erneut Bürgerwehren; Schmidt-Lux (2018) spricht auch von einer „Blütezeit der Bürgerwehren“ (Schmidt-Lux 2018, S. 134). Diese waren aber wenig erfolgreich, da es den gewählten oder ernannten „Offizieren“ an militärischer Erfahrung fehlte und die Bürgerwehren unzureichend bewaffnet waren (Vollert 2014, S. 34). Zum Ende des 1. Weltkriegs gab es in einigen Städten schließlich ebenfalls Versuche, die öffentliche Sicherheit durch Bürgerwehren zu erhöhen, die sich aber nicht dauerhaft etablierten (Vollert 2014, S. 35).[23]

Heutige folkloristische Bürgerwehren erinnern an historische Bürgerwehren und treten bspw. bei Karnevalsveranstaltungen, bei Festzügen oder

23 So war es aber bspw. die ‚Wilmersdorfer Bürgerwehr‘, die Rosa Luxemburg und Karl Liebknecht nach Ende des 1. Weltkriegs festnahm und an die Freikorps-Division übergab (Quent 2016a, S. 6).

auch bei besonderen Lebensereignissen ihrer Mitglieder auf (Vollert 2014, S. 33; Kranz 1995, S. 190).
Der historische Begriff der Bürgerwehr ist also mit dem Militär und mit der Idee der Verteidigung durch die Bürger sowie auch mit einer damit einhergehenden Bewaffnung von Bürgern verbunden.[24] Daran angelehnt ist auch die im Duden enthaltene Definition von ‚Bürgerwehr': „Gesamtheit der von Bürgern einer Gemeinde gebildeten bewaffneten Einheiten" (Duden.de 2018). Aber auch heute noch wird der Begriff, wie bereits deutlich wurde (s.o.), für zeitgenössische Bürgerzusammenschlüsse im Bereich der Sicherheit verwendet – sowohl als Selbst- wie auch als Fremdbezeichnung (vgl. auch Schmidt-Lux 2018, S. 135).[25]
Quent (2016b) fasst einerseits sehr verschiedene Gruppen, die im Rahmen von Sicherheitsarbeit aktiv sind – von ehrenamtlich Polizierenden bis zu vigilantistischen Gewaltgruppen – unter dem Begriff der ‚Bürgerwehr' (Quent 2016b, S. 87). Andererseits hält er fest, dass die Selbstbezeichnung von Gruppen als Bürgerwehr auch eine Form politischen Protests darstellen könne, und schreibt: „Bürgerwehren sind daher zu verstehen als subtilster Ausdruck einer rechten sozialen Bewegung – des Vigilantismus" (Quent 2016b, S. 88). Des Weiteren betont Quent (2016a):

> „Anders als im 19. Jahrhundert, als Bürgerwehren auf Erlass zur Bewaffnung gegründet wurden, entstehen die modernen Bürgerwehren der letzten Jahre meist ohne Auftrag der Herrschenden und oft sogar entgegen den ausdrücklichen Warnungen von Politik und Polizei, bei der das zentrale Gewaltmonopol liegt." (Quent 2016a, S. 6)

Schmidt-Lux (2018) definiert Bürgerwehren als „nicht-staatliche Kollektivakteure im Feld von Sicherheit, Recht und Gewalt" (Schmidt-Lux 2018, S. 132). Zu den eine Bürgerwehr konstituierenden Elementen zählt er zudem ihren Charakter als nicht-staatlichen Akteur, den Einsatz oder zu-

---

24 Die Bewaffnung ist übrigens auch bei den folkloristischen Bürgerwehren ein zentrales Element. So beschreibt Kranz (1995), dass die Existenz der historischen badischen Bürgerwehren 1976 dadurch bedroht war, dass die Eigentumsverhältnisse in Bezug auf die von ihnen genutzten historischen Waffen nicht eindeutig war. Kranz (1995) fasst zusammen: „Eine Wehr ohne Waffen? Damit wären die Wehren ihrer wichtigsten Utensilien beraubt worden" (Kranz 1995, S. 185).

25 Vgl. auch Hoffmann 2019, die festhält, dass unabhängig davon, dass „die militärische Aufgabe wieder bei der staatlichen (und nun auch demokratisch legitimierten) Armee und später bei der Polizei gesehen" (Hoffmann 2019, S. 17) wurde und militärische Bürgerwehren verschwanden, der Begriff der Bürgerwehr blieb, heute jedoch statt des militärischen Aspekts „nur noch den Selbstschutzaspekt durch Private beschreibt" (Hoffmann 2019, S. 17).

mindest die Androhung von Gewalt sowie den Anspruch auf Gewährleistung von Sicherheit und sozialer Ordnung (Schmidt-Lux 2018, S. 134). Eine weitere Definition bezüglich zeitgenössischer Bürgerwehren findet sich bei Hoffmann (2019), die unter Bürgerwehren wertneutral alle polizierenden Bürgergruppen fasst, da sie Bürgerwehren versteht als „ein[en] in der Regel auf Zeit angelegte[n] Zusammenschluss privater Personen, die in (selbst-)organisierter Form die Über- oder Bewachung eines bestimmten abgegrenzten öffentlichen Raumes durch demonstrative Wachsamkeit zum Zwecke des (präventiven) Schutzes vor sozial unerwünschtem Verhalten anderer Personen für sich beanspruchen oder übernehmen“ (Hoffmann 2019, S. 34). Bust-Bartels (2021) erweitert diese Definition um die Motivationen der Mitglieder und hält fest: „Eine Bürgerwehr ist ein Zusammenschluss privater Personen, die auf eine wahrgenommene Unsicherheit reagieren und im öffentlichen Raum demonstrativ Präsenz zeigen, um deviantes Verhalten anderer Bürger*innen zu sanktionieren und eigene Privilegien zu verteidigen“ (Bust-Bartels 2021, S. 25).
Eine kursorische Analyse von Medienberichten und Parlamentsdokumenten zeigt, dass Bürgerengagement im Bereich von Sicherheit und Ordnung häufig mit Abgrenzungsbemühungen zu ‚Bürgerwehren‘ einhergeht – so auch bei den Anwohnenden am Brüggener Deichweg, über die in der Westdeutschen Zeitung berichtet wird:

> „Keinesfalls sollten sich Nachbarn zusammentun, um Einbrecher zu observieren. Das wollen auch Kunstmann und seine Nachbarn nicht. ‚Wir sind keine Bürgerwehr‘, betont der Brüggener. Die Gruppe diene allein dazu, Nachbarn zu warnen und ihnen in Notlagen zu helfen.“ (Ronge 2017)

Auch in Berichten zu tatsächlich polizierenden Nachbarschaftsstreifen wird zum Teil Wert daraufgelegt, nicht als Bürgerwehr bezeichnet zu werden, wie bei der Bürgerinitiative „Mehr Sicherheit für Großhansdorf“, über die in den Lübecker Nachrichten berichtet wird:

> „Hört er das Wort ‚Bürgerwehr‘, wird Joachim Kube aus Großhansdorf allerdings böse. ‚Wir sind keine Miliz, wir maßen uns keinerlei Polizeirechte an — wir sind die zusätzlichen Augen und Ohren der Polizei‘, erklärt Kube, der der Bürgerinitiative „Mehr Sicherheit für Großhansdorf“ vorsitzt.“ (Vogt 2015)

Zudem werden die Sicherheitswachten und Freiwilligen Polizeidienste z. T. ebenfalls explizit von Bürgerwehren abgegrenzt. So verweisen Hirschmann und Groß (2012) auf das Hessische Ministerium des Innern und für Sport, das betont, der Freiwillige Polizeidienst sei keine Bürgerwehr, sondern ein Angebot für Bürger:innen, die sich für öffentliche Sicherheit engagieren wollen (Hirschmann und Groß 2012, S. 24–25). Eine ähnliche Aussage lässt sich bei der Polizei Bayern finden, die schreibt, dass die Sicherheits-

wacht keine Bürgerwehr, also „kein autarker und quasi nebenstaatlicher Zusammenschluss […], sondern ein vom Staat gewolltes, geregeltes und beaufsichtigtes Bündnis zur Stärkung des Gemeinwesens“ (Polizei Bayern 2019d) sei. Im Leitfaden für die Sicherheitspartner Brandenburg wird zudem erläutert: „Nach vorangegangenen Pilotversuchen regelte das Innenministerium mit einem Erlass vom 11. Oktober 1995 erstmals die Bildung von Sicherheitspartnerschaften und die Tätigkeit von Sicherheitspartnern. Dabei ging es von vornherein weder um die Installation von Hilfspolizisten noch um die Schaffung bewaffneter ‚Bürgerwehren‘“ (Polizeipräsidium Land Brandenburg 2017, S. 5).[26]
Insgesamt erfolgt für diese Arbeit, ausgehend vom historischen Bürgerwehrbegriff, der ein Gewaltpotential durch die Bewaffnung impliziert, eine Orientierung an den eine Bürgerwehr konstituierenden Elementen nach Schmidt-Lux (2018, S. 134), da sich hier eine deutliche Abgrenzung zu anderen Formen polizierender Bürgergruppen findet. Bürgerwehren werden daher verstanden als *polizierende Bürger:innen, die sich zusammengeschlossen haben, um unabhängig von der Polizei und unter Einsatz oder Androhung von physischer Gewalt angeben, für Sicherheit sorgen zu wollen.*

1.1.3 Der Forschungsgegenstand polizierende Bürgergruppen

Insgesamt ist der Begriff *polizierende Bürgergruppen* dahingehend breit gefasst, dass er ein weites Spektrum an Gruppen, von ehrenamtlich Polizierenden mit expliziter gesetzlicher Legitimierung bis hin zu Bürgerwehren, umfasst. Dabei erfassen die hier vorgestellten und definierten Begriffe nicht alle existierenden polizierenden Bürgergruppen. So wurden die Begriffe deswegen herausgegriffen, weil sie im Kontext polizierender Bürgergruppen immer wieder auftauchen und diese Arbeit somit anschlussfähig an Debatten um bürgerschaftliches Polizieren ist.
Eingegrenzt ist der Forschungsgegenstand dahingehend, dass Gruppen, die nicht polizierend im Sinne der hier vorliegenden Definition auftreten, ausgeschlossen werden. Bürgerinitiativen, die sich in kriminalpräventiven Räten einbringen, die in Kooperation mit der Polizei Präventionsveranstaltungen zu Sicherheitsthemen organisieren oder auch Bürger:innen, die sich ausschließlich in WhatsApp Gruppen organisieren, um Beobachtungen im eigenen Ort mitzuteilen und sich auszutauschen, werden nicht betrachtet, wenn sie nicht zusätzlich polizierend auftreten. Auch andere, virtuelle Phä-

26 Allerdings sei an dieser Stelle erneut darauf verwiesen, dass auch gewaltbereite Gruppen eine semantische Abgrenzung vornehmen. Die durch Bust-Bartels untersuchten Schutzzonen-Streifen der NPD, die mit CS Gas und zum Teil mit Messern bewaffnet sind (Bust-Bartels 2021, S. 241), wollten nicht als Bürgerwehr bezeichnet werden (Bust-Bartels 2021, S. 233–234).

nomene wie ‚cyber-sleuthing' (vgl. Nhan et al. 2017), digitaler Vigilantismus bzw. Digilantismus (vgl. Trottier 2017; Reichl 2019a; Arfsten 2020) oder ausschließlich virtuell gegründete, aber nie polizierend tätig gewordene Bürgerwehren (Quent 2016a), werden nicht betrachtet.[27] Hier geht es um das Polizieren im realen öffentlich zugänglichen Raum. Zudem werden gewerbliche Sicherheitsunternehmen abgegrenzt, denn es wird das unentgeltliche Polizieren durch Bürger:innen fokussiert, bei denen ein monetärer Vorteil nicht vorhanden ist oder mindestens nicht im Vordergrund steht und ein kommerzielles Interesse ausgeschlossen ist.[28]
Bevor theoretische Ansätze betrachtet werden, die im Kontext polizierender Bürgergruppen relevant sind, erfolgt zunächst ein Überblick über den Forschungsstand zu polizierenden Bürgergruppen in Deutschland.

1.2 Forschungsstand

Eine wissenschaftliche Beschäftigung mit dem Phänomen polizierende Bürgergruppen ist in Deutschland bislang gering. Dennoch lassen sich einige Studien finden, die sich mit dem Phänomen, wenn auch nicht unter der hier genutzten Bezeichnung, befassen. Zum ehrenamtlichen Polizieren gibt es empirische oder juristische Aufarbeitungen sowie Evaluations- und Begleitstudien. Fickenscher (2006) nähert sich den unterschiedlichen Formen ehrenamtlichen Polizierens unter rechtswissenschaftlichen Fragestellungen. Hirschmann und Groß (2012) geben ebenfalls einen Überblick über die verschiedenen Dienste und betten diese, ebenso wie Stienen (2011), in den weiteren Kontext der Pluralisierung der Sicherheitsproduktion ein (Hirschmann und Groß 2012; Stienen 2011). Eine kürzere kritische Übersicht zum ehrenamtlichen Polizieren geben zudem Pütter und Kant (2000). Überdies gibt es Betrachtungen, in denen ein konkreter Dienst fokussiert wird (zur bayerischen Sicherheitswacht Hitzler 1993, 1996; Behring et al. 1996; Göschl und Milanés 1997; zu den Sicherheitspartnern in Brandenburg Newiger 1995; vgl. auch van Elsbergen 2004c). In weiteren umfangreicheren Studien ist ebenfalls eine schwerpunktmäßige Beschäftigung mit

27 Allerdings ist zu betonen, dass Phänomene im virtuellen Raum keineswegs zwangsläufig virtuell bleiben, sondern reale Konsequenzen haben (können), und eine Auflösung der „online–offline distinction" festzustellen ist (Reichl 2019a, 131, 133).

28 Zwar werden ehrenamtlich Polizierenden Aufwandsentschädigungen gezahlt: von 30 Euro im Monat bei den Sicherheitspartnern bis hin zu 8 Euro die Stunde bei der bayerischen Sicherheitswacht. Dennoch kann aufgrund der Höhe dieser Aufwandsentschädigungen und auch der Einschränkungen (bei FPD und Sicherheitswachten) bezüglich der Stundenanzahl pro Monat davon ausgegangen werden, dass der monetäre Vorteil zumindest nicht im Vordergrund steht.

einem konkreten Dienst gegeben (Ehm 2005; Kreuzer und Schneider 2002; Wurtzbacher 2004; Pitz 2013).
Wissenschaftliche Auseinandersetzungen mit polizierenden Bürgergruppen in Deutschland, die kein ehrenamtliches Polizieren darstellen, sind allerdings noch weniger zu finden. Zudem zeigen sich polizierende Bürgergruppen und Bürgerwehren als „interdisziplinärer Forschungsgegenstand" (Bust-Bartels 2021, S. 13; so auch Hoffmann 2019, S. 9), der aus unterschiedlichen theoretischen Perspektiven betrachtet werden kann: unter Bezugnahme auf bürgerschaftliches Engagement (vgl., wenn auch kritisch, Birenheide 2009), auf Vigilantismus (vgl. Schmidt-Lux 2012, 2013a, 2013b, 2017a, 2017b, 2018; Quent 2015, 2016a, 2016b; Ruhnau und Liebhart 2019), im Kontext kriminologischer Fragestellungen (Hoffmann 2019) sowie im Rahmen der Frage nach Versicherheitlichungsprozessen (Bust-Bartels 2021). Umfangreiche Studien zu polizierenden Bürgergruppen und Bürgerwehren in Deutschland stellen dabei drei Dissertationen sowie die Forschung von Thomas Schmidt-Lux dar.
So analysiert Nina Marie Bust-Bartels in ihrer Dissertation drei unterschiedliche Bürgerwehren in Form von qualitativen Einzelfallstudien unter den Fragestellungen: „Sind Bürgerwehren Akteure im Versicherheitlichungsprozess?" und „Welche politischen und persönlichen Motivationen bewegen die Mitglieder, sich einer Bürgerwehr anzuschließen?" (Bust-Bartels 2021, S. 14). Die untersuchten Einzelfälle sind Fallbeispiele für drei von ihr identifizierte Typen „zeitgenössischer Bürgerwehren" (Bust-Bartels 2021, S. 141), die sie anhand des Institutionalisierungsgrads, des Verhältnisses zum Staat und der politischen Strategie differenziert (Bust-Bartels 2021, S. 96). Die mithilfe von teilnehmender Beobachtung und strukturierten Leitfadeninterviews ethnografisch untersuchten Bürgerwehren werden als institutionalisierte („Bürgerstreife Harzberg" (Bust-Bartels 2021, S. 161–185)), autonome („Bürgerstreife Weißensee", (Bust-Bartels 2021, S. 187–210)) und aktivistische („Schutzzonen-Streife der NPD" (Bust-Bartels 2021, S. 211–245)) Bürgerwehren gefasst. Dabei kann sie u. a. aufzeigen, wie diese verschiedenen Typen von Bürgerwehren in Versicherheitlichungsprozessen agieren und zu ihnen beitragen und für ihre Mitglieder einen Mechanismus zur „Stabilisierung fragiler Identitäten marginalisierter Männlichkeit" (Bust-Bartels 2021, S. 267) bieten.
Die Dissertation von Anika Hoffmann stellt, so die Autorin, einen Versuch dar, sich der „Frage nach der Bedeutung von abweichendem Verhalten als kriminologisches Grundlagenphänomen zu widmen bzw. die Frage nach der Bedeutung abweichenden Verhaltens für die eigene Disziplin ‚neu' zu stellen" (Hoffmann 2019, S. 7). Dabei dient das Phänomen Bürgerwehren als ein Beispiel, „um aufzuzeigen, warum kriminologische Fragestellungen (trotz sinkender Kriminalitätsrate) auch heute noch in Deutschland aktueller denn je sind" (Hoffmann 2019, S. 8).

Almut Birenheide schließlich geht in ihrer Dissertation der Frage nach: „Wie kommt es, dass Bürgerinnen und Bürger die Verantwortung für die eigene Sicherheit nicht mehr nur dem Staat überlassen, sich freiwillig organisieren und für die Sicherheit in ihrem Wohnort einsetzen?“ (Birenheide 2009, S. 8). Die Existenz der von ihr ethnografisch und mittels qualitativen Leitfadeninterviews untersuchten polizierenden Bürgergruppe „Mehr Sicherheit für Großhansdorf e.V.“ erklärt sie dabei vor dem Hintergrund veränderter bzw. sich verändernder sozialer, ökonomischer und kultureller Bedingungen, die Einfluss auf die Wahrnehmung von Sicherheit und Risiko sowie das Sicherheitsgefühl haben. Dabei identifiziert sie die Gruppe als Sicherheitscommunity, die „die politische Technologie des verantwortlich gemachten Individuums, die gestiegene Bedeutung der Selbstführung und des bürgerschaftlichen Engagements“ (Birenheide 2009, S. 239) verkörpert.

Diese drei Dissertationen sind also die wenigen umfangreichen wissenschaftlichen Arbeiten, die in Deutschland zum Phänomen polizierender Bürgergruppen existieren; sie betrachten unterschiedliche Gruppen unter verschiedenen Perspektiven und Fragestellungen. Was hier bislang ausgeklammert ist, ist eine ausführliche konzeptionelle und empirische Untersuchung des Verhältnisses zwischen den (zivil)gesellschaftlichen Akteuren, den Bürger:innen, und den staatlichen Akteuren, speziell der Polizei, im Bereich der Sicherheitsproduktion (wie auch immer Sicherheit von den unterschiedlichen Akteuren definiert wird).[29]

Zumindest die Beschäftigung mit dem Verhältnis von vigilanten Gruppen und dem Staat ist aber in den Arbeiten von Schmidt-Lux zu finden, weshalb seine Ausführungen und theoretischen Ansätze bzw. seine Typologie im Kontext der theoretischen Aufarbeitung des Vigilantismus genauere Betrachtung erfahren und auch im empirischen Teil angepasst herangezogen werden.

---

[29] Birenheide 2009 geht an verschiedenen Stellen auf das Verhältnis zwischen Polizei und der von ihr untersuchten Gruppe ein (vgl. bspw. Birenheide 2009, 191-193, 197-198, 209, 223), das Verhältnis steht jedoch nicht im Fokus. Die Arbeit von Hoffmann 2019 bietet zudem eine umfangreiche Beschäftigung mit dem staatlichen Gewaltmonopol und Bürgerwehren, jedoch stehen auch hier andere Fragestellungen als jene nach dem Verhältnis zwischen Staat und (Zivil)Gesellschaft im Kontext der Sicherheitsproduktion im Vordergrund. Bust-Bartels 2021 nutzt für eine durch sie erstellte Typologie zwar ebenfalls das Verhältnis zum Staat als eine Dimension zur Verortung von Bürgerwehren und weist auf die Bedeutung des Staates bzw. des Einbezugs der staatstheoretischen Ebene hin (Bust-Bartels 2021, S. 54), da es für ihr Forschungsinteresse aber nicht notwendig ist, die Perspektive der staatlichen Sicherheitsorgane einzubeziehen, zieht sie kein Datenmaterial aus polizeilichen Quellen hinzu (Bust-Bartels 2021, S. 90).

Während die Studienlage zu bürgerschaftlichem Polizieren in Deutschland gering ist, gibt es eine umfangreichere Beschäftigung damit in anderen europäischen Staaten wie Großbritannien und den Niederlanden (vgl. u.a. Sagar 2005; Williams 2005; van Steden et al. 2011; van der Land 2014; Lub 2018a, 2018b; Butcher 2019; Pridmore et al. 2019; Schreurs 2019; Westall 2019). Dies scheint auch darin begründet zu liegen, dass das Phänomen bürgerschaftlichen Polizierens in Deutschland ein vergleichsweise wenig verbreitetes Phänomen ist. Dennoch hält auch Butcher in seiner Dissertation zu „volunteer citizen patrol activities“ (Butcher 2019, S. 6) in Großbritannien fest:

> „Given that the conceptual foundation for citizen patrols lacks, it is not necessarily surprising that scholarship has only begun to scratch at the surface of analytical and empirical investigation.“ (Butcher 2019, S. 4)

Eben dies ist Ziel der vorliegenden Arbeit: die konzeptionelle wie auch empirische Beschäftigung mit polizierenden Bürgergruppen und ihrem Verhältnis zum Staat. Dazu werden nachfolgend theoretische Ansätze, die im Kontext polizierender Bürgergruppen relevant sind, aufgearbeitet. Zunächst erfolgt eine Beschäftigung mit dem Konzept der Zivilgesellschaft und bürgerschaftlichem Engagement.

2 Zivilgesellschaft & bürgerschaftliches Engagement

Zivilgesellschaft und bürgerschaftliches Engagement wie auch weitere mit ihnen verbundene Konzepte und Begriffe, wie soziales Kapital und auch das Ehrenamt, haben gemeinsam, dass sie jeweils Gegenstand kontroverser Debatten und nicht eindeutig definiert sind (vgl. für die unterschiedlichen Begriffe beispielhaft Braun 2011, S. 53; Zimmer und Vilain 2005, S. 3; Schmidt 2007, S. 11; Stricker 2011, S. 163). Gleichzeitig haben politische und gesellschaftliche Akteure aber Erwartungshaltungen an bürgerschaftliches Engagement und Zivilgesellschaft (Olk und Hartnuß 2011a, S. 147) und die Begriffe erfahren zum Teil eine normative Prägung.
Nachfolgend findet deshalb eine Auseinandersetzung mit den verschiedenen Begriffen und Konzepten statt, die vor allem darauf fokussiert, welche Perspektiven sie im Kontext des hier betrachteten Phänomens des bürgerschaftlichen Polizierens eröffnen können. Dazu wird zunächst das Konzept der Zivilgesellschaft beleuchtet, um daran anschließend Formen zivilgesellschaftlichen Handelns, nämlich das bürgerschaftliche Engagement und Ehrenamt, zu betrachten. Festhalten lässt sich, dass polizierende Bürgergruppen in der ‚realen Zivilgesellschaft' zu verorten sind, wobei das Polizieren bürgerschaftliches Engagement darstellen kann, aber nicht muss. Insbesondere liefern diese Ansätze eine Perspektive zur Betrachtung der Schnittstellen bzw. Überschneidungsflächen staatlichen und zivilgesellschaftlichen Handelns.

2.1 Zivilgesellschaft

Zivilgesellschaft ist ein präsenter Begriff in der politischen, wissenschaftlichen und gesellschaftlichen Diskussion. Zimmer und Vilain (2005) beschreiben Zivilgesellschaft als einen „Shootingstar unter den sozialwissenschaftlichen Konzepten" (Zimmer und Vilain 2005, S. 3). Dabei geht es in der Zivilgesellschaftsdebatte u.a. um die Relevanz bürgerschaftlichen Engagements zur Weiterentwicklung moderner Demokratien (Zimmer und Vilain 2005, S. 22). Allerdings geht mit dem Begriff auch eine Schwammigkeit einher und er wird zur „Allzweckwaffe im wissenschaftlichen, politischen und journalistischen Tagesgeschäft" (Schmidt 2007, S. 11), da der Terminus „offensichtlich nicht klar umrissen und vielfältig einsetzbar" (Schmidt 2007, S. 13) ist.[30] Mit Förderung der Zivilgesellschaft ist u.a. die

30 Im Kontext der Diskussion um Zivilgesellschaft wird auch immer wieder der Begriff Bürgergesellschaft genannt. Auch wenn dieser ebenfalls debattiert wird, soll diese Kontroverse hier nicht aufgenommen werden. Bürgergesellschaft fasst Strachwitz in seinem Sondervotum im Bericht der Enquete-Kommission „Bürgerschaftliches Engagement"

Hoffnung verbunden, eine Antwort auf defizitäre input-orientierte Authentizität und output-orientierte Effektivität des Staates zu sein (Zimmer 2003, S. 75) und Freise (2016) schreibt: „Der Begriff mäandert permanent zwischen empirischer Faktizität und demokratischer Utopie“ (Freise 2016, S. 7).

Gosewinkel und Reichardt (2003) fassen zusammen:

> „Insgesamt hat das Konzept Zivilgesellschaft in mehrfacher Hinsicht eine Expansion erlebt. Es entwickelte sich von der politischen Forderung zum Objekt wissenschaftlicher Forschung, von der Zustandsbeschreibung der Gegenwart zu einem Gegenstand historischer Analyse, vom antidiktatorischen Kampfbegriff zu einer weltweiten Forderung nach Durchsetzung einer liberalen und demokratischen Gesellschaftsordnung.“ (Gosewinkel und Reichardt 2003, S. 1)

Kocka (2003) zeichnet diese Begriffsgeschichte nach, die schon bei Aristoteles begann, wobei dem Begriff Zivilgesellschaft unterschiedliche Bedeutungen zugeschrieben wurden. Dabei war damit allerdings fast immer die Sphäre jenseits der Familie bzw. des Hauses gemeint und er wurde, oft normativ und emphatisch, auf das Gemeinwesen bezogen (Kocka 2003, S. 29). In der Aufklärung war der Begriff Zivilgesellschaft positiv besetzt, er stand für eine Utopie:

> „Der Begriff stand für den damals utopischen Entwurf einer zukünftigen Zivilisation, in der die Menschen als mündige Bürger friedlich zusammen leben würden, als Privatpersonen in ihren Familien und als Bürger (citizens) in der Öffentlichkeit, selbständig und frei, kooperierend, unter der Herrschaft des Rechts, aber ohne Gängelung durch den Obrigkeitsstaat, mit Toleranz für kulturelle, religiöse und ethnische Vielfalt, aber ohne allzu große soziale Ungleichheit, jedenfalls ohne ständische Ungleichheit herkömmlicher Art.“ (Kocka 2003, S. 30)

Definiert wurde der Begriff damit in Absetzung zum absolutistischen Staat, wobei Kocka darauf hinweist, dass dieses Konzept von Zivilgesellschaft der Wirklichkeit weit voraus war und blieb.

Im 19. Jahrhundert und im Kontext der Industrialisierung kam es zu einem neuen Verständnis. Zivilgesellschaft wurde nun als bürgerliche Gesellschaft der Bourgeoisie verstanden und der Begriff der bürgerlichen Gesellschaft, polemisch und kritisch gebraucht, ersetzte jenen der Zivilgesellschaft (Kocka 2003, S. 30). Erst seit den 1980er Jahren kam der Begriff der

---

knapp zusammen: „Bürgergesellschaft ist nicht Zustands- oder Lebensumstandsbeschreibung, sondern die Vision einer Gesellschaftsverfassung als Gegenmodell zum gegenwärtigen Versorgungs- und Verwaltungsstaat. Leitidee einer bürgerschaftlichen Vision ist aus liberaler Sicht die gesellschaftliche Selbstorganisation“ (Enquete-Kommission "Bürgerschaftliches Engagement" 2002, S. 25).

Zivilgesellschaft wieder auf – insbesondere im Kontext der osteuropäischen staatlichen Transformationsprozesse.[31]
Wird heute der Begriff Zivilgesellschaft genutzt, liegen ihm zumeist noch immer verschiedene Verständnisse zugrunde. Eine Unterscheidung dieser Verständnisse ist die Beschreibung als normativ-handlungslogischen und/oder bereichslogischen Ansatz von Zivilgesellschaft.

2.1.1 Definitionen von Zivilgesellschaft

Gosewinkel et al. (2004) beschreiben die normativ-handlungslogische Definition von Zivilgesellschaft, indem sie danach fragen, welcher Typus sozialen Handelns für die Zivilgesellschaft dominant ist. Dies sei erstens die Selbstorganisation und Selbstständigkeit, zweitens das Handeln im öffentlichen Raum, drittens das friedliche Handeln und viertens der Gemeinwohlbezug. Zum Handeln im öffentlichen Raum gehöre dabei auch „der Austausch, die Diskussion, die Verständigung, aber auch der Konflikt in der Öffentlichkeit […] – und damit die Anerkennung von Vielfalt und Heterogenität“ (Gosewinkel et al. 2004, S. 11). Das friedliche Handeln umfasst auch Proteste und Konflikte, jedoch nicht-gewaltsamer und nicht-militärischer Art und der Gemeinwohlbezug meint soziales Verhalten, das zwar in individuellen spezifischen und partikularen Interessen und Erfahrungen wurzelt, sich aber auch auf das allgemeine Wohl bzw. allgemeinere Dinge, wie auch immer unterschiedliche Akteure diese/s definieren, bezieht (Gosewinkel et al. 2004, S. 11).

> „Damit steht in Verbindung, dass im Wort Zivilgesellschaft oft Zivilität mitschwingt, also die Erinnerung an eine Kultur des mündigen, friedlichen, selbstständigen, nicht egoistischen oder doch nicht nur egoistischen Denkens, Handelns und Kommunizierens.“ (Gosewinkel et al. 2004, S. 11–12)

Schmidt (2007) weist darauf hin, dass ein normatives handlungsbezogenes Konzept zivilgesellschaftlichen Handelns den Akteuren ein hohes Maß an Integrität und tugendhaftem Verhalten abverlange, was praktisch und auch für die Forschung mit zahlreichen Problemen einhergehe hinsichtlich der Grenzen zivilgesellschaftlichen Handelns und dessen Anerkennung sowie Abwägungsfragen zum Einsatz von Gewalt, bspw., wenn das Gemeinwesen bedroht ist (Schmidt 2007, S. 16). So gibt es Ambivalenzen hinsichtlich

[31] Vgl. für eine ausführliche Aufarbeitung der theoretischen Begriffsgeschichte der Zivilgesellschaft auch Adloff 2005. Klein 2011 weist zudem auf die Eigenständigkeit der westlichen Zivilgesellschaftsdebatte hin und hält fest: „Einer der am weitesten verbreiteten Missverständnisse in der Rezeption des Zivilgesellschaftsdiskurses ist die Auffassung, er habe seine maßgeblichen Impulse vor allem aus Ostmitteleuropa erhalten“ (Klein 2011, S. 33).

von Eigeninteressen und ‚Gemeinwohlrhetorik', von Teilhabe und Exklusion und von damit verbundenen Voraussetzungen für zivilgesellschaftliches Engagement (Schmidt 2007, S. 16). Schmidt plädiert für eine Bewusstmachung der Ambivalenzen. So könne die Reflexion dieser Ambivalenzen differenzierte Analysen erlauben und zwingen, genauer hinzuschauen und Fragen zu stellen:

> „Wer gehört zur Zivilgesellschaft, wer wird ausgeschlossen; wo öffnet sich zivilgesellschaftliches Engagement für Akteure jenseits der Sozialgruppe der Bürger und des Bürgertums? Welche Interessen werden verfolgt, welche sind vorgeschoben?" (Schmidt 2007, S. 17)

Zivilgesellschaft kann zudem bereichsbezogen verstanden werden. Dieses bereichsbezogene Verständnis von Zivilgesellschaft kann die normativen Schwierigkeiten ausklammern, „indem [es] die Zivilgesellschaft einem bestimmten Bereich innerhalb des gesellschaftlichen Gefüges zuordnet: Die Zivilgesellschaft findet jenseits des Staates, außerhalb der Wirtschaft und abseits der Privatsphäre statt" (Schmidt 2007, S. 17).[32]

Schmidt (2007) merkt hinsichtlich des bereichslogischen Verständnisses allerdings zwei Kritikpunkte an. So seien erstens die starr gezogenen Grenzen zwischen den Bereichen tatsächlich deutlich „poröser und durchlässiger" (Schmidt 2007, S. 17) und er schlägt vor, nicht von exakten Grenzen der Zivilgesellschaft auszugehen, sondern vielmehr „entlang der Grenzen nach Überschneidungsflächen zu suchen und entsprechend zu fragen, wie viel Staat, Wirtschaft und Privatheit eine Zivilgesellschaft für ihr Funktionieren braucht" (Schmidt 2007, S. 18).

Der zweite Kritikpunkt bezieht sich auf das Abstrahieren von Inhalten, wodurch eine gewisse Beliebigkeit des Begriffs der Zivilgesellschaft entsteht (Schmidt 2007, S. 18). Als Beispiel zieht Schmidt (2007) neonazistische Gruppen in Regionen heran, in denen Neonazis als zivilgesellschaftliche Akteure agierten, „wenn sie Veranstaltungen für Jugendliche organisieren, ein soziales Netzwerk für Arbeitslose bieten oder zu politischem Engagement aufrufen" (Schmidt 2007, S. 18). Schmidt hält hinsichtlich dieses Zivilgesellschaftsverständnisses fest, dass zwar auf die normative Ebene zurückgegriffen werden könne, um antidemokratisches Engagement ‚herauszudefinieren', jedoch lasse sich hieran auch zeigen, dass „Zivilgesellschaft nicht per se ein Projekt ist, das zur ‚besseren Gesellschaft' führt oder auf dieser beruht, sondern ‚das Dunkle' in sich tragen kann" (Schmidt 2007, S. 18–19).

[32] Dabei ist hinzuzufügen, dass die Zivilgesellschaft im 18. Jahrhundert von Autoren wie Adam Smith noch keine Abgrenzung vom Markt erfuhr – dieser war noch nicht weit entwickelt: „Der Markt, die Wirtschaftsbürger, die Konkurrenz, der Kapitalismus – das waren Bündnispartner" (Kocka 2003, S. 31).

Die beiden hier vorgestellten Definitionen[33] können also auch verbunden sein: So baut die Frage, welcher Typus sozialen Handelns in der Zivilgesellschaft dominant ist, auf der bereichslogischen Unterscheidung auf – in den anderen Bereichen dominieren marktlogische, herrschaftlich-politische oder Handlungsmodi des privaten Lebens, wobei Gosewinkel et al. (2004) betonen, dass der zivilgesellschaftliche Typus sozialen Handelns in den anderen Sphären nicht ganz fehle; er dominiert jedoch nicht (Gosewinkel et al. 2004, S. 12).[34]

> „Demnach zählen gewaltträchtige, gewaltsame oder die Legitimität des Pluralismus in anderer Weise verneinende Initiativen, Gruppen und Organisationen nicht zur Zivilgesellschaft. Denn sie verletzen zentrale Grundmerkmale zivilgesellschaftlichen Handelns, während sie andere erfüllen." (Gosewinkel et al. 2004, S. 12)

Somit definieren Gosewinkel et al. (2004) also die „dunklen Seiten der Zivilgesellschaft" (Roth 2003) aus dem Zivilgesellschaftsverständnis heraus.[35]

Hinsichtlich des normativ-handlungslogischen Verständnisses wurde bereits mit Schmidt (2007) darauf hingewiesen, dass es Ambivalenzen hinsichtlich von Eigeninteressen und ‚Gemeinwohlrhetorik', von Teilhabe und Exklusion gibt (s. o.). Bevor nachfolgend ein Überblick zu Überlegungen

---

33 Kocka definiert Zivilgesellschaft in dreifacher Weise und beschreibt sie zudem als utopisches Projekt, das, wenn auch in höherem Maße als in früheren Gesellschaften, noch immer ein nicht voll erfülltes Versprechen darstelle (Kocka 2003, S. 33). So fasst er zusammen, dass der Typus sozialen Handelns und die gesellschaftliche Selbstorganisation sich nur dann nachhaltig etablieren, wenn sich auch die sozialen, ökonomischen, politischen und kulturellen Bedingungen wandeln. So habe sich Zivilgesellschaft oftmals im Kontext von Kritik, „an obrigkeitlicher Gängelung und Unterdrückung, […] an überlieferten Formen der Ungleichheit, im Widerstand gegen die Überwältigung durch den siegreichen Kapitalismus wie im Gegenzug gegen die Fragmentarisierung und Entsolidarisierung der Gesellschaft" (Kocka 2003, S. 32), durchgesetzt.

34 Zudem schreiben die Autoren, solange sich „staatliche Organe und ihre Beamten, Unternehmen und ihr Personal, Familien und Stämme dieses Handlungstypus bedienen, sind sie als Akteure der Zivilgesellschaft aktiv" (Gosewinkel et al. 2004, S. 12).

35 Eine weitere Verbindung zwischen bereichslogischer und handlungsbezogen-normativer Definition ist dahingehend möglich, dass ein „normativer Minimalkonsens" bestehe, also bspw. Toleranz, Fairness und Gewaltlosigkeit im bereichslogischen Verständnis verankert wird (Gosewinkel 2003, S. 5). Zudem weist Gosewinkel 2003 darauf hin, dass auch die bereichslogische Definition eine gewisse Normativität in sich trage, denn „bereits in der Benennung und Unterscheidung von Sphären […] liegt eine normativ beeinflusste Behauptung der Trennbarkeit jener Sphären und ihrer je verschiedenen Qualität" (Gosewinkel 2003, S. 6).

hinsichtlich der Ambivalenzen und Spannungsverhältnisse (so auch Schmidt 2007, S. 16) im Kontext von Zivilgesellschaft gegeben wird, wird soziales Kapital genauer betrachtet: Ein eng mit den Überlegungen und Ansätzen zur Zivilgesellschaft verknüpfter Ansatz.

2.1.2 Zivilgesellschaft & soziales Kapital

Die Beschäftigung mit sozialem Kapital ist hier also sinnvoll, weil der Ansatz mit den Überlegungen zur Zivilgesellschaft eng verknüpft ist: Als Ausfluss einer starken Zivilgesellschaft werden in die Bildung von sozialem Kapital zum Teil ebenfalls hohe Erwartungen gesetzt, wobei es ebenso wie die Zivilgesellschaft nicht frei von Ambivalenzen ist.

Soziales Kapital ist ein Begriff bzw. Konzept, welchem die Autoren Robert Putnam, James Coleman und Pierre Bourdieu in den 1990er Jahren große Popularität sowohl in den Sozialwissenschaften als auch in der Alltagssprache verschafften (Kriesi 2007, S. 1).

Pierre Bourdieu versteht unter sozialem Kapital „die Gesamtheit der aktuellen und potentiellen Ressourcen, die mit dem Besitz eines dauerhaften Netzes von mehr oder weniger institutionalisierten *Beziehungen* gegenseitigen Kennens oder Anerkennens verbunden sind; oder anders ausgedrückt, es handelt sich dabei um Ressourcen, die auf der *Zugehörigkeit zu einer Gruppe* beruhen“ (Bourdieu 1983, S. 190–191). Damit betrachtet Bourdieu soziales Kapital als Zusammensetzung aus Ressourcen „zu welchen individuelle Akteure dank ihrer sozialen Beziehungen Zugang erhalten“ (Kriesi 2007, S. 2).[36]

James Coleman „definiert Sozialkapital funktional als sozialstrukturelle Ressourcen, welche individuellen oder kollektiven Akteuren die Durchsetzung ihrer Interessen erleichtern“ (Kriesi 2007, S. 2). Positive Auswirkungen sozialen Kapitals ergeben sich bei Coleman und bei Bourdieu dabei für die Individuen, Coleman versteht es aber zudem als öffentliches Gut, also als etwas, was nicht nur positive Auswirkungen für Individuen, sondern auch für die soziale Gemeinschaft insgesamt habe (Kriesi 2007, S. 3).

Am einflussreichsten war der Sozialkapitalansatz von Putnam (1993) (vgl. auch Steffen 2009, S. 33; Fuchs 2020, S. 10) den er in einer Studie zu Italien entwickelt und in der er aufzeigt, dass der Norden Italiens über soziales Kapital verfügt und ökonomisch und politisch erfolgreicher ist als der Süden Italiens, der weniger Vereine und Initiativen, weniger Sozialkapital, aufweist (Putnam 1993; Adloff 2005, S. 71).[37] Unter sozialem Kapital versteht Putnam „Vertrauen, Normen und soziale Netzwerke, die Handlungs-

---

[36] Neben dem sozialen Kapital entwickelt Bourdieu das ökonomische und kulturelle Kapital (Bourdieu 1983).

[37] Putnams Studie und Sozialkapitalansatz wurden umfangreich kritisiert und sind umstritten. Für eine ausführliche Übersicht über die Kritik vgl. Kriesi 2007, S. 7–13.

koordination ermöglichen und damit in der Lage sind, Gesellschaft gewissermaßen ‚erfolgreicher' zu machen" (Adloff 2005, S. 71–72). Sein Bezugspunkt sind nicht mehr individuelle Akteure, sondern Gemeinschaften im Sinne von Städten, Regionen oder Ländern (Kriesi 2007, S. 5). Indikatoren des Sozialkapitalbegriffs nach Putnam sind Netzwerkbeziehungen, generalisiertes bzw. soziales Vertrauen und generalisierte Reziprozitätsnormen[38] (Fuchs 2020, S. 33). Das durch Normen der Reziprozität und soziale Netzwerke generierte Vertrauen, das auf individueller Ebene entstandene Vertrauen, „wirkt darüber hinaus als generalisiertes Vertrauen auch positiv in größere soziale Einheiten zurück" (Zimmer und Vilain 2005, S. 20; Putnam 1993, S. 171).[39] Fuchs (2020) weist aber darauf hin, dass die Indikatoren in einer wechselseitigen Beziehung zueinander stehen – durch Netzwerke kann Vertrauen und Reziprozität erzeugt werden, andererseits können die „empathischen Fähigkeiten der Netzwerkbeteiligten, wie sie die Indikatoren Vertrauen oder Reziprozität wiedergeben, stabile und funktionsfähige Netzwerke hervorbringen" (Fuchs, S. 34).[40]

> „The harmonies of a choral society illustrate how voluntary collaboration can create value that no individual, no matter how wealthy, no matter how wily, could produce alone. In the civic community associations proliferate, memberships overlap, and participation spills into multiple arenas of community life." (Putnam 1993, S. 183)

---

38 Generalisierte Reziprozität meint dabei, knapp zusammengefasst, die generalisierte Erwartungssicherheit eines Gebens und Nehmens (vgl. auch Kriesi 2007, S. 4–5).

39 Nach Putnam kann soziales Kapital damit auch erklären, dass Kooperation stattfindet bzw. warum unkooperatives Handeln nicht so häufig vorkommt, wie die Spieltheorie voraussagt. Dabei zeigt Putnam die Schwierigkeiten des Einsatzes einer dritten Partei wie sie auch Hobbes mit dem Leviathan (vgl. *Kapitel 3.1 Der „Leviathan – theoretische Überlegungen zum staatlichen Gewaltmonopol*) entwirft. Das Setzen auf eine dritte Partei, die die Einhaltung eines Vertrages überwacht, erscheint ineffektiv, teuer und unerfreulicher als andere Methoden zur Herstellung von Vertrauen. Hinzukommt, dass die dritte Partei selbst vertrauenswürdig und nicht von eigenen Interessen geleitet sein muss (Putnam 1993, S. 165–167). Putnam schreibt somit: „Spontaneous cooperation is facilitated by social capital" (Putnam 1993, S. 167).

40 Putnam beschreibt hier einen virtuous und einen vicious circle: Bestände sozialen Kapitals, also Vertrauen, Normen und Netzwerke sind selbstverstärkend. Die „virtuous circles" resultieren in einem sozialen Gleichgewicht mit hohen Leveln an Kooperation, Vertrauen, Reziprozität und zivilgesellschaftlichem Engagement – diese Merkmale definieren die „civic community". Andererseits können diese Eigenschaften fehlen, und zwar in der „uncivic community". Abtrünnigkeit, Misstrauen, Ausbeutung, Isolation, Unordnung und Stagnation verstärken sich gegenseitig zu „vicious circles" (Putnam 1993, S. 177).

Hermann (2009) weist darauf hin, dass „[f]ür eine theoretisch reflektierte Anwendung des Sozialkapitalkonzepts [...] eine Systematisierung notwendig“ (Hermann 2009, S. 182) ist, die er vornimmt, indem er zwischen dem Sozialkapital eines Individuums und dem Sozialkapital der Gesellschaft unterscheidet. Ersteres umfasst soziale Kontakte, die Einbindung in Netzwerke, zwischenmenschliches Vertrauen und soziale Kompetenz, letzteres umfasst Vertrauen von Bürger:innen in Institutionen und gesellschaftliche Normen (Hermann 2009, S. 182).

Insgesamt werden soziales Kapital bzw. die Auswirkungen sozialen Kapitals auf die Individuen und die Gesellschaft zumeist positiv gesehen (so auch Fuchs 2020, S. 31). Die Debatte um soziales Kapital zeigt, dass dieses Verschiedenes leisten soll: „soziale Integration durch verlässliche Beziehungen und soziale Netzwerke fördern, ökonomische Entwicklungen durch Kooperationsbereitschaft und Vertrauen jenseits von Vertragsverhältnissen unterstützen und demokratische Potenziale durch Selbstorganisation, Gemeinsinn und politisches Vertrauen stärken“ (Roth 2003, S. 59).

In soziales Kapital bzw. dessen Bildung werden damit also zum Teil große Erwartungen gesetzt (Roth 2003, S. 59). Klein und Rohde (2003) schreiben allerdings[41]:

> „Allzu selbstverständlich wird jedoch zumeist auf politisch wie sozial integrative Effekte der Zivilgesellschaft – das berühmte ‚soziale Kapital' verwiesen. Nicht nur die segregativen Effekte der Zivilgesellschaft und die Gleichzeitigkeit ziviler wie unziviler Entwicklungen, sondern auch die Ungleichheiten in der Zivilgesellschaft werden dabei oftmals unterschlagen.“ (Klein und Rohde 2003, S. 2).[42]

---

41 Michel 2005 zeigt zudem auf, dass die Betonung sozialen Kapitals als „Ressource des sozialen Aufstiegs von der gesellschaftlichen Notwendigkeit [entbinde] die ökonomischen Ursachen und Implikationen von Marginalisierung zu bekämpfen“ und verweist auf Sozialraumanalysen, die zeigen, „dass Stadtteile ihre BewohnerInnen auf materieller, symbolischer, sozialer und politischer Ebene benachteiligen können und so etwa der ökonomische Mangel, verbunden mit einer Infrastruktur, die kaum für den Austausch mit anderen Quartieren sorgt, Stigmatisierung von Quartieren und ihrer Bevölkerung und fehlende politische Repräsentation, kaum zu einem mobilisierbaren und austauschbaren sozialen Kapitel führen“ (Michel 2005, S. 113).

42 Putnam differenziert allerdings auch zwischen bonding und bridging social capital. Brückenbildendes Sozialkapital bezieht sich auf Kooperationen von Personen, die sich weniger gut kennen. Heterogene Gruppenzusammensetzungen verringern den Abstand zwischen sozialen und gesellschaftlichen Gruppen, sodass dieser Form sozialen Kapitals eine wichtige Funktion für die Gemeinschaft zugeschrieben wird. Bindendes Sozialkapital bezieht sich zumeist auf Kooperationen homogener Gruppen, bspw. auf Bekannte, Verwandte und Freunde, wobei der Ähnlichkeit der Gruppen gesellschaftliche

2.1.3 Spannungsfelder der Zivilgesellschaft

Insgesamt ist die Zivilgesellschaft somit auch nicht als Garant für Demokratie zu sehen (so auch Pollack 2003). Roth (2003, S. 61) unterscheidet zwischen dem normativen Konzept der Zivilgesellschaft und der ‚realen Zivilgesellschaft' und betrachtet konzeptionelle und empirische Schwächen, wenn Ersteres als Grundlage zur Erforschung von Letzterem gemacht wird. Dabei nennt er zwei zu überprüfende Hypothesen: die Sozialisations- und die Transferhypothese. Die Sozialisationshypothese besagt, dass Assoziationen als Orte zur Einübung demokratischer Tugenden gelten, die Transferhypothese besagt, dass diese erlernten Tugenden sich positiv auf prosoziale Einstellungen, politisches Vertrauen und demokratische Beteiligungen auswirken.[43] Roth verweist dabei auf Gruppen, die anti-zivile Werte vertreten; bspw. rechtsextreme Gruppen, die Hass, Intoleranz und Antisemitismus verbreiten, deren Mitglieder innerhalb ihrer Gruppe aber dennoch soziales Kapital aufbauen (Roth 2003, S. 61–62). Zudem trug das große Vereins- und Assoziationswesen der Weimarer Republik zur Stärkung antidemokratischer Tendenzen bei:

> „Der politische Mehrwert, der in zivilgesellschaftlichen Zusammenschlüssen gebildet wird (Erwerb von politischen und sozialen Fähigkeiten, soziale Bindungen, Mobilisierungschancen, größere Bereitschaft zu kollektivem Handeln), kann offensichtlich in extrem gegensätzliche politische Projekte investiert werden." (Roth 2003, S. 62–63)

Hinzu kommt, dass auch im Assoziationswesen der Zivilgesellschaft soziale Ungleichheiten existieren, es auch hier zu Exklusivität und „Praktiken sozialer Schließung" kommt (Roth 2003, S. 64; vgl. dazu ausführlich auch Nolte 2003). Sowohl historisch als auch für aktuelle Entwicklungen lässt sich feststellen, dass bestimmte Sozialgruppen aktiver sind als andere und Zivilgesellschaftsfähigkeit ungleich verteilt ist: „Zeit, Abkömmlichkeit, Auskömmlichkeit des Lebensunterhalts, Kommunikationsfähigkeit, Bildung und andere ungleich verteilte Ressourcen sind entscheidend" (Kocka 2003, S. 36). Des Weiteren ist die Sphäre der Zivilgesellschaft eben nicht unabhängig (s.o.), sondern beeinflusst von den anderen Sphären (Roth 2003, S. 65).

Dimensionen wie Religion, soziale Klasse oder Familienzugehörigkeit zugrunde liegen können. Das bindende soziale Kapital steht damit exklusiv Gruppenmitgliedern zur Verfügung (Fuchs 2020, S. 31–32).

43 Vordenker dieser Überlegungen ist Alexis de Tocqueville, der in ‚Über die Demokratie in Amerika' als ein Gegenmittel zur ‚Mehrheitstyrannei' u.a. Zusammenschlüsse und die Assoziationen von Bürger:innen als Erziehungsinstitutionen ausmacht (Schmidt 2010a, S. 123–124).

Adloff (2005) fasst zusammen:

> „Der gesellschaftliche Diskurs um Zivilgesellschaft beinhaltet also immer Ein- und Ausgrenzungen, kultursoziologisch gesprochen: Der Zivilgesellschaftsbegriff verfügt über Kategorien des ‚Reinen' und des ‚Unreinen', das heißt es wird implizit ausgehandelt, was und wer aus dem Bereich des gesellschaftlich Akzeptablen ausgeschlossen wird beziehungsweise mit wem man solidarisch ist. Zivilgesellschaft ist demnach sowohl ein normativ aufgeladener Begriff als auch einer, der reale Phänomene kennzeichnen will. Das heißt: Zivilgesellschaft bezeichnet zugleich ein Ideal und eine spezifische Verfasstheit von Gesellschaft in ihrem Verhältnis zum Staat." (Adloff 2005, S. 15)

2.1.4 Zivilgesellschaft & polizierende Bürgergruppen

In der vorliegenden Arbeit wird insbesondere das Verhältnis polizierender Bürgergruppen zum Staat ausgeleuchtet. Das bereichslogische Verständnis von Zivilgesellschaft ermöglicht es, die Überschneidungen der Sphären Staat und Zivilgesellschaft genauer zu betrachten, wie also staatliche und zivilgesellschaftliche Akteure in Beziehung zueinander treten, und stellt damit die Grundlage dar, um nach den Inhalten der Auseinandersetzung zwischen staatlichen und zivilgesellschaftlichen Akteuren und deren Handeln zu fragen. In diesem Fall stellt sich also die Frage nach der Ausgestaltung der Praxis des Polizierens durch Bürger:innen und wie sie diese mit staatlichen Akteuren abstimmen; welches Handeln, welche konkrete Praxis sie also implementieren (dürfen oder sollen) und welche Rolle soziales Kapital hier spielt. Im Rahmen dieser Arbeit wird Zivilgesellschaft also weniger als (starres) Konzept zugrunde gelegt, sondern wird vielmehr genutzt, um Perspektiven zu eröffnen. Allerdings fehlt dazu noch die Beschäftigung mit konkreten Handlungsweisen in der Zivilgesellschaft. Deswegen erfolgt im nächsten Kapitel eine weitergehende Beschäftigung mit einer Form konkreten Handelns, welches in der Zivilgesellschaft verortet ist: dem bürgerschaftlichen Engagement.

2.2 Bürgerschaftliches Engagement

Der Begriff des bürgerschaftlichen Engagements ist eng verwoben mit dem Konzept Zivilgesellschaft (Olk und Hartnuß 2011a, S. 145). Bürgerschaftliches Engagement kann als eine in der Zivilgesellschaft verortete Handlungsweise beschrieben werden bzw. bringt es im handlungslogischen Verständnis Zivilgesellschaft erst hervor (Schulte 2015, S. 36). Dabei zeigt sich in der Öffentlichkeit, Politik und Wissenschaft, dass auch das bürgerschaftliche Engagement mit verschiedenen Erwartungen verbunden ist, die teilweise widersprüchlich sind. Den Befürchtungen, bürgerschaftliches Engagement werde zum „Ausfallbürge[n] eines sich zurückziehenden Sozialstaates“ (Olk und Hartnuß 2011b, S. 5) instrumentalisiert, werden Hoffnungen entgegensetzt, dass durch bürgerschaftliches Engagement „die Demokratie weiterentwickelt, destruktive Folgen von Individualisierung und Pluralisierung kompensiert, der Sozialstaat reformiert und die moderne Arbeitsgesellschaft neu strukturiert“ (Olk und Hartnuß 2011b, S. 5) werden. Allgemein anerkannt werde dabei aber, dass bürgerschaftliches Engagement zentral für den modernen Staat sei, sodass es in allen gesellschaftlichen Bereichen Austausch darüber gebe, wie dieses gefördert werden könne.

Auch für den spezifischen Bereich Sicherheitsproduktion ist dies festzuhalten. Beispielhaft verweist Tausendteufel (2014, S. 121) in diesem Kontext auf die Leipziger Erklärung des 13. Deutschen Präventionstags:

> „Die Qualität einer Gesellschaft bemisst sich unter anderem daran, in welchem Ausmaß sich ihre Bürger an öffentlichen Aktivitäten beteiligen und inwieweit sie zu freiwilligem Engagement bereit sind. Auch für die Sicherheit einer Gesellschaft und das Sicherheitsgefühl der Bevölkerung leistet bürgerschaftliches Engagement einen wichtigen, ja unerlässlichen Beitrag.“ (Deutscher Präventionstag und Veranstaltungspartner 2009, S. 5)

Olk und Hartnuß (2011b) betonen des Weiteren, dass u.a. der Bericht der Enquete-Kommission des Deutschen Bundestags „Zukunft des bürgerschaftlichen Engagements“ (nachfolgend auch als Enquete-Kommission oder Kommission bezeichnet) eine wichtige Entwicklung darstelle. Die Enquete-Kommission wurde 1999 durch einen Beschluss des Bundestages eingesetzt und legte 2002 den Bericht „Bürgerschaftliches Engagement: auf dem Weg in eine zukunftsfähige Bürgergesellschaft“ vor. Sie prägte die Debatte um bürgerschaftliches Engagement damit wesentlich.

Nachfolgend soll zunächst ein kurzer historischer Abriss zu bürgerschaftlichem Engagement sowie zu dem Begriff Ehrenamt, zur begrifflichen Reflexion der Abgrenzung ehrenamtlichen Polizierens als spezifischer staatlich eingebundener Form des Polizierens durch Bürger:innen, erfolgen. Daran anschließend werden das bürgerschaftliche Engagement sowie definitorische Auseinandersetzungen mit diesem Begriff dargestellt.

2.2.1 Ehrenamt & bürgerschaftliches Engagement in historischer Perspektive

Das bürgerliche Ehrenamt entstand Anfang des 19. Jahrhunderts durch das Aufkommen der kommunalen Selbstverwaltung durch die Preußische Städteordnung, mit der das städtische Bürgertum in den absolutistischen Staat eingebunden wurde (Sachße 2011, S. 17). Der preußische Staat war in Folge der napoleonischen Kriege zahlungsunfähig und das Ehrenamt wurde somit im Kontext der Suche nach kostengünstigen Möglichkeiten zur Verbesserung der Effizienz und Effektivität der öffentlichen Verwaltung eingeführt (Zimmer und Vilain 2005, S. 7–8). Die Städteordnung verpflichtete Bürger ein administratives Amt ohne Bezahlung zu übernehmen. Mitte des 19. Jahrhunderts wurde durch das ‚Elberfelder System' das soziale Ehrenamt geschaffen – hier wurde die öffentliche Armenpflege als Ehrenamt von Bürgern geleistet (Sachße 2011, S. 17–18).

Auffällig bei den Ehrenämtern ist deren expliziter Lokalbezug: „[Das Ehrenamt] hat die Eigenschaft des Bürgers und Nachbarn, die lokale Vertrautheit und Präsenz zur Voraussetzung" (Sachße 2011, S. 18). Ende des 19. Jahrhunderts wurde mit der kommunalen bürgerlichen Sozialreform „die herkömmliche Armenpflege zur kommunalen Sozialpolitik" (Sachße 2011, S. 18), was zur Professionalisierung und Bürokratisierung führte, sodass das Ehrenamt in der Kommunalverwaltung mehr und mehr an Bedeutung verlor.

Heute spielt eine andere Form bürgerschaftlichen Engagements eine größere Rolle, die als freiwilliges Sozialengagement oder Freiwilligenarbeit bezeichnet wird und die aus der bürgerlichen Vereinskultur hervorgegangen ist. So waren Vereine eine „typische Organisationsform bürgerlichen Lebens und bürgerlicher Lebenswelt im 19. Jahrhundert" (Sachße 2011, S. 18) und als Reaktion auf die Industrialisierung und Urbanisierung zu verstehen, also als ein „Versuch, traditionale Gemeinschaft durch eine ‚künstliche' Vergemeinschaftung zu ersetzen, die den Flexibilitäts- und Mobilitätserfordernissen der Industriegesellschaft entspricht" (Sachße 2011, S. 19). Die besondere Qualität der historischen Vereine zeigte sich also in ihrem Beitrag, die „Gefahr einer Atomisierung der Gesellschaft" (Schmidt 2007, S. 15) zu überwinden und soziales Kapital anzuhäufen. Allerdings wurden auch Schattenseiten bürgerschaftlichen Engagements sichtbar, wenn Vereine unterwandert oder nur für die Durchsetzung von Eigeninteressen genutzt wurden und die Demokratie nicht gänzlich anerkannten, sodass deutlich wurde, dass die Existenz starken bürgerschaftlichen Engagements keine stabilen demokratischen Strukturen garantierte (Schmidt 2007, S. 15, vgl. auch *Kapitel 2.1.3 Zivilgesellschaft & soziales Kapital; 2.1.4 Spannungsfelder der Zivilgesellschaft)*.

Insgesamt waren Vereine in unterschiedlichen Bereichen tätig, wobei sie, wie das Ehrenamt, den Lokalbezug gemeinsam haben. Dies änderte sich durch Zentralisierungsmaßnahmen (Sachße 2011, S. 19–20). Die Vielzahl der Einrichtungen im Bereich der Privatwohlfahrt wurden ergänzt um eine Ausweitung der öffentlichen Fürsorge durch die Kommunen und verlangte nun eine stärkere Koordination: „Privates Engagement in der Fürsorge war angesichts neuer Massennotstände zwar verstärkt gefragt, aber es sollte nicht länger spontan, zufällig und punktuell sein, sondern die Anstrengungen der öffentlichen Fürsorge planmäßig ergänzen" (Sachße 2011, S. 20). Sozialengagement wurde somit langsam von dem lokalen Bezug entkoppelt

– in reichsweit agierenden Vereinen wurde somit das Engagement nicht mehr durch räumliche Nähe, sondern durch abstraktere Werte motiviert (Sachße 2011, S. 21).[44]

2.2.2 Ehrenamt

Das historische Ehrenamt in der kommunalen Verwaltung spielt mittlerweile eine untergeordnete Rolle (Sachße 2011, S. 18). Heute beschreibe das Ehrenamt, so Stricker (2011), einen Teilaspekt des bürgerschaftlichen Engagements und es werde typischerweise dann von Ehrenamt gesprochen, wenn sich unentgeltlich im Rahmen von strukturierten Organisationformen, „z. B. in kirchlichen Institutionen, Sport- oder Kulturvereinen, Wohlfahrtsverbänden, sozialen Organisationen, staatlichen Einrichtungen oder Organen“, öffentlich bzw. im öffentlichen Raum engagiert wird (Stricker 2011, S. 163) – es werden also sowohl öffentliche Funktionen, wie Wahlhelfer oder Schöffen, als auch das Engagement in Vereinsgremien, Stiftungen, Verbänden und Non-Profit-Unternehmen als Ehrenamt bezeichnet (Stricker 2011, S. 163).

Allerdings ist die Nutzung des Begriffs Ehrenamt sowohl in der wissenschaftlichen als auch in der öffentlichen oder politischen Debatte uneinheitlich. So verweist Stricker (2011) bspw. darauf, dass das Ehrenamt u.a. „freiwillig, eigeninitiativ und unabhängig vom staatlichen Apparat ausgeübt“[45] (Stricker 2011, S. 169) werde und niemand dazu gezwungen werden könne. Allerdings werden eben auch die oben genannten öffentlichen Ämter, die verpflichtend sein können, als Ehrenamt bezeichnet, worauf auch Stricker hinweist.

Zur Unterscheidung des Ehrenamtes von Tätigkeiten, die keiner formalen Organisation angehören, wird das Merkmal der Organisationsbindung betont (Mergenthaler und Micheel 2020, S. 3). Auch die Enquete-Kommission „Bürgerschaftliches Engagement“ schreibt: „Im breiten Feld möglicher Formen von Engagement bezeichnet das Ehrenamt stärker formalisierte, in Regeln eingebundene und dauerhafte Formen des Engage-

44 Mit Aufkommen des Wohlfahrtstaates und der Demokratisierung ging ein „Bedeutungsverlust der klassisch-bürgerlichen Organisationen privater Wohlfahrtskultur und bürgerlichen Engagements“ (Sachße 2011, S. 22) einher. Professionalisierte Wohlfahrtsverbände erschaffen als Wertegemeinschaften „neue universelle Motivationsgrundlagen und [...] einen verbreiterten Organisationsrahmen für freiwilliges Sozialengagement jenseits der traditionalen Lokalgemeinschaft“ (Sachße 2011, S. 23), leiten aber andererseits „das Ende der Identität von Sozialengagement und privater Wohlfahrtskultur, ja tendenziell das Ende privater Wohlfahrtskultur überhaupt ein“ (Sachße 2011, S. 23).

45 Vgl. für Strickers ausführliches Ehrenamtsverständnis, welches noch weitere Kriterien umfasst, Stricker 2011.

ments“ (Enquete-Kommission "Bürgerschaftliches Engagement" 2002, S. 32). Andererseits gibt es aber auch eine Unterscheidung zwischen ‚altem‘ und ‚neuem‘ Ehrenamt, wobei das ‚alte‘ Ehrenamt eben in formelleren Strukturen und im Rahmen von Organisationen zu finden ist, während das ‚neue‘ Ehrenamt auch eine schwächere Organisationsbindung beinhaltet, sogar in selbstgegründeten Gruppen/Initiativen stattfinden könne (Mergenthaler und Micheel 2020, S. 3). Dieser „Strukturwandel des Ehrenamtes“ (Schüll 2004, S. 76) wird dabei auch im Kontext gesellschaftlicher Umbrüche gesehen, wobei sich konfessionelle und soziale Milieus auflösen und häufigere Wechsel hinsichtlich Wohnort und Arbeitsplatz erfolgen (Schürmann 2013, S. 25). Zimmer und Nährlich (2000) beschreiben dies als Modernisierungsdilemma:

> „Je heterogener eine Gesellschaft wird, je pluraler die Lebensstile der BürgerInnen sich gestalten, je diversifizierter die Ausbildungs- und Berufsverläufe werden, desto stärker schwindet die Bindungskraft des sozialen Milieus, in die man hineingeboren und als loyales Mitglied sozialisiert wird.“ (Zimmer und Nährlich 2000, S. 11)

Schürmann (2013) hält fest: „Parallel dazu geht die Bereitschaft zurück, sich langfristig und verbindlich bei einer speziellen Organisation zu engagieren“ (Schürmann 2013, S. 25), sodass es eher zu projekthaftem Engagement komme, was zeitlich befristet und thematisch bzw. hinsichtlich des Einsatzes eingegrenzt ist. Eine solche Bereitschaft zur flexibleren Mitarbeit nimmt jedoch zu (Sachße 2011, S. 24). Diese Entwicklungen gehen also u.a. mit einer „Reduzierung der Bleibe- und Bindungsbereitschaft“ (Schüll 2004, S. 77) sowie einem Motivwandel bzw. einer „Entidealisierung der Motive“ (Schüll 2004, S. 81)[46] und einer Individualisierung des Zugangs, bei dem ehrenamtliches Engagement „immer seltener das Ergebnis eines sanften Zwanges sozialer Konventionen oder gemeinschaftlich geteilter Solidarnormen“ (Schüll 2004, S. 80), sondern mit einer stärkeren Freiwilligkeit verbunden ist, einher.[47]

Allerdings, so schreiben Zimmer und Vilain (2005), lässt sich das Ehrenamt aus der deutschen Tradition heraus (s.o.) als „staatlich abgeleitete Tätigkeit“ (Zimmer und Vilain 2005, S. 8) beschreiben, das nicht bottom-up

[46] So wird auch ein Motivwandel beschrieben (Schürmann 2013, S. 25), wobei mit dem alten Ehrenamt die Motive soziale Verantwortung, Nächstenliebe und Solidarität verbunden werden und mit dem neuen Ehrenamt eher eine Konzentration auf die eigenen Interessen, Spaß und Selbstverwirklichung (Wagner 2000, zitiert in Schürmann 2013, S. 25; vgl. auch Zimmer und Nährlich 2000, S. 11).

[47] Eine ausführliche Beschäftigung mit den verschiedenen Dimensionen des strukturellen und motivationalen Wandels des Ehrenamts findet sich bei Schüll 2004, S. 77–81.

initiiert ist und wodurch im Ehrenamt eine Nähe zum Staat gegeben ist (Zimmer und Vilain 2005, S. 8):

> „Aus der Tradition der Begrifflichkeit sind Ehrenamtliche daher an sich eher staatsnah als staatskritisch und in ihrer Gesinnung eher obrigkeitsstaatlich-autoritär als demokratisch-republikanisch bzw. aufmüpfig." (Zimmer 2007, S. 99)

Im Rahmen dieser Arbeit wird der Ehrenamtsbegriff daran anschließend so eingegrenzt, dass er im Sinne des ‚alten' Ehrenamtes verstanden wird und in einem ähnlichen Sinne, in dem es auch die Enquete-Kommission versteht, zumindest dahingehend, dass das Ehrenamt stärker formalisiert einoder angebunden an eine Organisation stattfindet, wobei es durchaus auch einen stärkeren top-down Charakter aufweisen kann. Für das hier zu untersuchende Phänomen erscheint die Hervorhebung des Ehrenamtes als staatsnahes bürgerschaftliches Engagement und als die „Übernahme eine[r] an sich öffentliche[n] Aufgabe, die im ‚Schatten des Staates' erfolgt" (Zimmer 2007, S. 99), sinnvoll. Ein solches Verständnis des Ehrenamtsbegriffs lässt es zu, dass eine Unterscheidung des ehrenamtlichen Polizieren als spezifische Form des Polizierens durch Bürger:innen (vgl. auch *Kapitel 1.1.2.1 Ehrenamtlich Polizierende*) begrifflich schärfer von den anderen Formen des Polizierens durch Bürger:innen abgrenzbar ist. Das Polizieren durch Bürger:innen lässt sich dabei, wie beschrieben, in einem Spektrum von bürgerschaftlichem Engagement, was ehrenamtliches Polizieren einschließt, jedoch auch weniger institutionalisierte Formen bürgerschaftlichen Polizierens, bspw. in Nachbarschaftsstreifen, umfasst, bis hin zu vigilantem Handeln (vgl. *Kapitel 4 Vigilantismus – Begriffe, Erklärungen, theoretische Ansätze*) aufspannen.

Hier wird allerdings deutlich, dass eine nähere Beschäftigung mit dem konkreten Begriff und dessen, was das ‚Bürgerschaftliche' am bürgerschaftlichen Engagement ausmacht, notwendig ist.

2.2.3 Bürgerschaftliches Engagement

Der Begriff bürgerschaftliches Engagement wurde zunächst im Kontext der Umbrüche in Osteuropa in den 1980er Jahren verwendet. In den 1990er Jahren wurde er zusehends deswegen genutzt, weil er „aus Sicht seiner Protagonisten besser geeignet erschien, sowohl neuere empirische Entwicklungen in diesem Feld als auch veränderte Sichtweisen auf das Phänomen des freiwilligen, unentgeltlichen und gemeinwohlorientierten Engagements der Bürgerinnen und Bürger auf den Begriff zu bringen" (Olk und Hartnuß 2011a, S. 145).

2.2.3.1 Aufschwung des Konzepts und seine Verortung in verschiedenen Diskursen

Dass das Konzept Aufschwung erfuhr, sehen Olk und Hartnuß (2011a, S. 147) in diversen Debatten begründet: den Diskussionen um die Reform des Sozialstaats, um die Folgen von Individualisierungs- und Pluralisierungsprozessen, um die Demokratisierung der Demokratie und um die Zukunft der Arbeitsgesellschaft.[48]

Zimmer und Nährlich (2000) zeichnen Konjunkturen bürgerschaftlichen Engagements nach: In den 1960er und 70er Jahren, in denen der Wohlfahrtsstaat prägend war, wurde in der Politikwissenschaft – elitentheoretisch – ein gut funktionierendes Gemeinwesen eher an den staatlichen Leistungen und weniger über eine umfangreiche Beteiligung bewertet (Zimmer und Nährlich 2000, S. 10). Mit dem Aufkommen des Neoliberalismus in der internationalen Debatte wurde der Wohlfahrtsstaat „gerade noch als Garant einer gerechten Gesellschaft gerühmt […], jetzt als Problemerzeuger demaskiert, der BürgerInnen zu entmündigten SozialleistungsempfängerInnen degradiert“ (Zimmer und Nährlich 2000, S. 10) und der Rational Choice Ansatz, in diesem Kontext also die Überlegung, dass gesamtgesellschaftliche Wohlfahrt durch individuelle Nutzenmaximierung zu erreichen ist, gewann an Einfluss. Gleichzeitig wurde mit dem Korporatismus aber auch das bürgerschaftliche Engagement in Form der loyalen Mitgliedschaft gesehen:

> „Die Umsetzung der von den Organisationseliten ausgehandelten Kompromisse ist insofern gesichert, als es sich bei den BürgerInnen mehrheitlich um loyale Mitglieder handelt, die in unterschiedlichen milieuspezifischen Organisationen, angefangen bei den Gewerkschaften bis hin zu den Kirchen, organisiert sind, und die aufgrund ihrer jeweiligen Sozialisation mit den milieuspezifischen Werten in hohem Maße übereinstimmen.“ (Zimmer und Nährlich 2000, S. 11)

---

[48] Bei ersterer Debatte steht bürgerschaftliches Engagement im Kontext finanzieller Entlastung des Sozialstaats, einer Qualitätssteigerung der Leistungen sowie der Weiterentwicklung sozialer Einrichtungen. Zweiteres ist in Anschluss an den Kommunitarismus zu sehen, wobei durch „Stärkung von Bürgertugenden und Gemeinwohlorientierung die sozialmoralischen Grundlagen einer zunehmend durch ökonomische Nutzenkalküle geprägten Gesellschaft“ gestärkt werden sollen. Bei der Demokratisierung der Demokratie geht es um verbesserte Mitbestimmung und eine Weiterentwicklung der repräsentativen Demokratie und die Zukunft der Arbeitsgesellschaft meint die Stärkung von Alternativen zur Erwerbsarbeit, wobei bürgerschaftliches Engagement im Kontext von produktiver und identitätsstiftender Tätigkeiten diskutiert wird („und damit Probleme der Engführung der Sinnsuche und Teilhabe auf dem Erwerbsarbeitsmarkt“ überwunden werden sollen) (Olk und Hartnuß 2011a, S. 147).

Je nach Diskurs werden dabei unterschiedliche Ansätze und Konzeptionen hinsichtlich bürgerschaftlichen Engagements und dessen, was der Staat zur Steigerung bürgerschaftlichen Engagements tun soll, im Sinne eines aktivierenden Staates, betont. Dabei lassen sich u.a. der liberal-individualistische und der republikanisch-kommunitaristische Diskurs differenzieren (Enquete-Kommission "Bürgerschaftliches Engagement" 2002, S. 36; vgl. auch Strachwitz et al. 2020, S. 225–227).[49]

Im liberal-individualistischen Diskurs sind die liberalen Freiheitsrechte zentral, die als Abwehrrechte verstanden werden und Einzelne vor staatlichen Übergriffen schützen sollen. Diese liberalen Freiheitsrechte stellen die Grundlage bürgerschaftlichen Engagements dar, da sie einen grundrechtlich geschützten Rahmen für soziales, politisches und privates Handeln schaffen. Die freiwilligen Zusammenschlüsse erschaffen eine pluralistische Kultur, in der individuelle moralische Überzeugungen, religiöse Bekenntnisse, kulturelle, ethnische und historisch gewachsene Identitäten und Lebensweisen geschützt sind. Politik wird in erster Linie durch Institutionen und Eliten gestaltet, Bürgerinnen und Bürger werden schwerpunktmäßig als Verfolger:innen ihrer Privatinteressen angesehen (Enquete-Kommission "Bürgerschaftliches Engagement" 2002, S. 36). Bürgerschaftliches Engagement erfolgt somit aus einem Kosten-Nutzen-Kalkül, zur individuellen Sinngebung oder persönlichen Befriedigung. Schüll (2004) zeichnet den von Evers (1999) aufgezeigten Unterschied zwischen einem an Rational Choice angelehnten Engagement und einem Engagement, bei dem „Menschen eher als psychisches und nach Sinn strebendes Wesen in den Mittelpunkt“ (Schüll 2004, S. 84) gestellt sind, nach. Ersteres meint Engagement, das sich auszahlt, das eine Rückerstattung beinhaltet, bei dem ein in irgendeiner Form bestehendes „pay off“ erwartbar ist (Schüll 2004, S. 84–85). Zweiteres, so Schüll (2004), bezieht sich auf „innere Befriedigung“ und „Sinnhaftigkeit“, „weil der/die Ehrenamtliche sich dabei (oder danach) ‚gut fühlt‘ oder weil er/sie seine/ihre ehrenamtliche Aufgabe als etwas subjektiv Sinnvolles erachtet“ (Schüll 2004, S. 85). Dieses Verfolgen eigener Interessen erfolgt dabei allerdings durchaus mit Blick auf das Gemeinwohl als „aufgeklärtes Eigeninteresse“ (Enquete-Kommission "Bürgerschaftliches Engagement" 2002, S. 37). Die Freiwilligkeit des Engagements ist in diesem Diskurs zentral: „Die Betonung der Freiwilligkeit und der Pluralis-

49 Hinzukommt noch die Beschäftigung mit dem arbeitsgesellschaftlichen Diskurs, aus dem ein „Konzept der Bürgerschaft als Gemeinschaft der Tätigen“ (Enquete-Kommission "Bürgerschaftliches Engagement" 2002, S. 38) entsteht. So wird aufgezeigt, dass Ergebnisse bürgerschaftlichen Engagement als gesellschaftlicher Tätigkeit „die Herstellung von Gemeinschaftsgütern, die Verbesserung des gemeinschaftlichen Lebens selbst und die Förderung einer nachhaltigen Ökonomie“ (Enquete-Kommission "Bürgerschaftliches Engagement" 2002, S. 38) sei.

mus sind – neben der Garantie der Grundrechte – der spezifische Beitrag des liberalen Denkens zum Verständnis bürgerschaftlichen Engagements“ (Enquete-Kommission "Bürgerschaftliches Engagement" 2002, S. 37).
Im republikanisch-kommunitaristischen Diskurs werden größere Anforderungen an die Handlungsbereitschaft und -kompetenz der Bürger:innen gestellt. Im kommunitaristischen Diskurs sind es dabei kleine Gemeinschaften wie die Familie, kulturelle Gemeinschaften, Nachbarschaften oder auch Schulen, in denen die Mitglieder aufwachsen, die gemeinschaftliche Bindungen erzeugen und in denen Engagement eine Verpflichtung darstellt. Im Republikanismus ist die politische Gemeinschaft fokussiert, „die sich den unterschiedlichen Lebenskonzeptionen und Bekenntnissen gegenüber möglichst neutral verhält. Hier geht es primär um Werte und Tugenden“ (Enquete-Kommission "Bürgerschaftliches Engagement" 2002, S. 37). Politik und Verantwortung sind hier, angelehnt schon an die Antike und ausgehend von Aristoteles, wo keine Trennung zwischen Staat und Gesellschaft vorgenommen wird (Adloff 2005, S. 17–18), nicht zwangsläufig mit Staatlichkeit verbunden. Sie sind „Produkt der Teilhabe aller Gesellschaftsmitglieder als aktive politische Bürger“, wobei der Republikanismus fordert, Bürgerengagement „vorrangig gegenüber anderen Loyalitäten und Mitgliedschaften anzusehen“ (Enquete-Kommission "Bürgerschaftliches Engagement" 2002, S. 37).
Evers (1998) fasst zusammen:

> „Auf der einen Seite steht ein individualistisch-liberales Verständnis, das Neigungen und Interessen des Einzelnen in den Mittelpunkt stellt, so daß soziales Engagement einen spezifischen »Markt der Möglichkeiten« darstellt. Auf der anderen Seite steht ein stärker von der Debatte um Gemeinwohl und Bürgersinn geprägtes Verständnis; es thematisiert soziales Engagement vor allem unter dem Blickpunkt von Anforderungen der Gesellschaft und Gemeinschaft.“ (Evers 1998, S. 186; vgl. auch Evers 1999, S. 53–65)

Wird also hinsichtlich eines bürgerschaftlichen Engagement fördernden Staats auf den republikanisch-kommunitaristischen Diskurs rekurriert, soll der ‚aktivierende‘ Staat an „vorhandenen Solidaritätsbereitschaften und zivilgesellschaftlichen Tugenden anknüpfen und diese dadurch gleichzeitig verstärken und stabilisieren helfen“ (Heinze und Olk 2001, S. 21), sodass Sozialkapital (vgl. *Kapitel 2.1.3 Zivilgesellschaft & soziales Kapital*) gefördert wird. So weist auch Schüll (2004) darauf hin, dass die „‚Gemeinschaften‘ […] nicht nur […] eine unabdingbare Voraussetzung für die Ausbildung von Engagementmotiven und deren praktische Umsetzung dar[stellen]; sie sind ihrerseits, was ihre Gestalt und Fortentwicklung betrifft, auf bürgerschaftliches Engagement ihrer Mitglieder angewiesen“ (Schüll 2004, S. 87). Bei einer Orientierung am liberalen Diskurs soll der aktivierende Staat Bürger:innen mithilfe entsprechender Anreizsysteme

zeigen, dass sich der Einsatz individuell ‚lohnt', der Fokus liegt stärker auf Individuen (Heinze und Olk 2001, S. 21).
Dabei erscheint bürgerschaftliches Engagement also ergänzend zum Staat, Staat und Bürger:innen greifen ineinander statt zu konkurrieren – in aristotelischer Tradition (s.o.) sozusagen nicht als Konkurrenten aus separaten Sphären.
Allerdings stellt die Enquete Kommission „Zukunft des Bürgerschaftlichen Engagements" (s.u.) fest, dass dies gerade für Deutschland nicht unbedingt der Fall ist:
„In der spezifisch deutschen Tradition der Staatsbürgerschaft werden vor allem die staatlichen Garantien betont, während bürgerschaftliches Engagement jenseits eines engen, institutionell verankerten Ehrenamts von den etablierten Organisationen und Institutionen häufig noch als Störung oder Gefährdung der Ordnung wahrgenommen wird – nicht zuletzt ein Relikt der relativ späten gesellschaftlichen Demokratisierung Deutschlands." (Enquete-Kommission "Bürgerschaftliches Engagement" 2002, S. 41)
In Deutschland beanspruchen Staat und Verwaltung traditionell in großem Umfang Steuerungs-, Initiativ-, und Kontrollkompetenz (Zimmer und Nährlich 2000, S. 9; vgl. auch Roth 2000, S. 41). Diese Tradition eines starken Staats arbeitet auch die Enquete-Kommission heraus und hält fest, dass es bürgerschaftliches Engagement tendenziell schwer habe, sich gegenüber staatlicher Indienstnahme, in bürokratischen Großorganisationen und professionellen Strukturen durchzusetzen (Enquete-Kommission "Bürgerschaftliches Engagement" 2002, S. 44), und „[e]ine Trennung zwischen eher unpolitischen Bürgerinnen und Bürgern und einem starken paternalistischen Staat […] weite Strecken der deutschen Geschichte [kennzeichnet]" (Enquete-Kommission "Bürgerschaftliches Engagement" 2002, S. 44–45) und bis heute nachwirke. Eine Stärkung der Bürgergesellschaft bzw. bürgerschaftlichen Engagements „bedeutet daher eine Veränderung des Verhältnisses zwischen Staat und Bürgerinnen und Bürgern, eine ‚neue bürgerschaftliche Verantwortungsteilung'" (Enquete-Kommission "Bürgerschaftliches Engagement" 2002, S. 45).
Zimmer und Nährlich (2000) halten zudem fest, dass vor diesem Hintergrund der traditionell obrigkeitsstaatlichen Tradition in Deutschland zu fragen sei, ob der Staat Bürger:innen eine echte Chance einräume, ob also ein synergetisches Nebeneinander verschiedener Steuerungsformen entstehe oder ob sich bürgerschaftliches Engagement zum „Verschiebebahnhof für nicht zu lösende Probleme und damit als Terrain kostenneutraler symbolischer Politik" (Zimmer und Nährlich 2000, S. 15) erweise.

2.2.3.2 Definition bürgerschaftlichen Engagements

Dabei ist bürgerschaftliches Engagement allerdings nicht trennscharf definiert, was dazu beiträgt, dass es für unterschiedliche Zusammenhänge anschlussfähig ist (Olk und Hartnuß 2011a, S. 148). So werden vielfältige

Aktivitäten unter dem Begriff gefasst, „von der einfachen Mitgliedschaft und der ehrenamtlichen Tätigkeit bis hin zu den verschiedenen Formen direkt-demokratischer Beteiligung“ (Zimmer und Nährlich 2000, S. 14).
Roth (2000, S. 30–31) fasst diese unterschiedlichen Formen dahingehend zusammen, dass er darunter politische Beteiligung, die freiwillige bzw. ehrenamtliche Wahrnehmung öffentlicher Funktionen, klassische und neue Formen des sozialen Engagements, gemeinwohlorientierte, moralökonomische bzw. von Solidarvorstellungen geprägte Eigenarbeit, gemeinschaftliche Selbsthilfe und andere gemeinschaftsbezogene Aufgaben zählt. Diese Formen haben gemeinsam, dass sie sich bereichslogisch (vgl. *Kapitel 2.1.1 Definitionen von Zivilgesellschaft*) „zwischen den Polen Markt, Staat und Familie abspielen bzw. keinem dieser Pole eindeutig zuzuordnen sind“ (Roth 2000, S. 31; vgl. auch Olk und Hartnuß 2011a, S. 149–150), sie also in der Zivilgesellschaft verortet sind. Roth weist hier allerdings darauf hin, dass nicht jedes Handeln in der Zivilgesellschaft sozial und bürgerschaftlich sei (vgl. auch *Kapitel 2.1.3 Spannungsfelder der Zivilgesellschaft*), und er nennt somit zwei Zusatzbedingungen, nämlich die Öffentlichkeit und den Gemeinschaftsbezug bzw. mindestens die Gemeinwohlverträglichkeit. Roth zeigt so also auf, dass der Begriff zwar viele verschiedene Formen fasst, und damit den Vorteil einer ‚Brückenfunktion‘ (Roth 2000, S. 34) zur Analyse verschiedener Formen bürgerschaftlichen Engagements einnimmt, dass er zudem aber auch eine normative Prägung hat.
2002 erfuhr der Begriff dahingehend weitere Aufmerksamkeit, dass er durch die Enquete-Kommission „Zukunft des Bürgerschaftlichen Engagements“ bewusst gewählt wurde, um das Engagement „‚von unten‘, die Selbstorganisation der vielen Bürgerinnen und Bürger“ (Zimmer und Vilain 2005, S. 2) anzusprechen. Die Kommission legt ebenfalls klassifikatorische Kriterien bürgerschaftlichen Engagements vor: „Bürgerschaftliches Engagement ist in diesem Sinne

- freiwillig
- nicht auf materiellen Gewinn gerichtet,
- gemeinwohlorientiert,
- öffentlich bzw. findet im öffentlichen Raum statt und
- wird in der Regel gemeinschaftlich/kooperativ ausgeübt.“ (Enquete-Kommission "Bürgerschaftliches Engagement" 2002, S. 38)

Ziel der Enquete-Kommission war es, „‚konkrete politische Strategien und Maßnahmen zur Förderung des freiwilligen, gemeinwohlorientierten, nicht auf materiellen Gewinn ausgerichteten bürgerschaftlichen Engagements in Deutschland zu erarbeiten‘“ (Enquete-Kommission "Bürgerschaftliches Engagement" 2002, S. 2) und damit bürgerschaftliches Engagement zu fördern und die Bürgergesellschaft weiterzuentwickeln (Enquete-Kommission "Bürgerschaftliches Engagement" 2002, S. 5). Dabei findet um die Inhalte einer Gemeinwohlorientierung allerdings eine andauernde Diskussion statt

und sie ist Grundlage von Aushandlungen zwischen gesellschaftlichen Gruppen. Aber „Engagement z. B. von radikalen Gruppen, das darauf gerichtet ist, der Bürgergesellschaft zu schaden oder Gruppen aus ihr auszugrenzen, fällt nicht unter den Begriff ‚bürgerschaftliches Engagement'" (Enquete-Kommission "Bürgerschaftliches Engagement" 2002, S. 39).
Bürgerschaftliches und freiwilliges Engagement versteht die Kommission nahezu synonym; so eröffne der Status als Bürgerin oder Bürger auch die Freiheit, sich nicht zu engagieren, sodass bürgerschaftliches Engagement frei von gesetzlich geregeltem Zwang erfolgt. Lediglich bei verpflichtendem bürgerschaftlichen Engagement, wie es bei Schöffen der Fall ist, zeige sich ein Unterschied zum freiwilligen Engagement (Enquete-Kommission "Bürgerschaftliches Engagement" 2002, S. 32).
Die Kommission legt dabei ein weites Verständnis bürgerschaftlichen Engagements zugrunde. Bürgerschaftliches Engagement bezeichnet „in einem normativen Sinne [...] ein bewusstes Handeln aus der Identität als Bürgerin oder Bürger, als Mitglied des politischen Gemeinwesens – der jeweiligen Kommune oder des Staats" (Enquete-Kommission "Bürgerschaftliches Engagement" 2002, S. 32) und ist damit zwar unmittelbar verbunden mit dem Engagement in Parteien, Initiativen, Bürgervereinigungen und politischen Bewegungen. Für Mitglieder moderner Gemeinschaften sind allerdings verschiedene Aspekte und Zugehörigkeiten für ihre Identität wichtig – die Kommission nennt neben der Zugehörigkeit zum politischen Gemeinwesen religiöse oder ethnische Gemeinschaften, nachbarschaftliche Nähe, soziale Klassenzugehörigkeit oder auch private Interessen, die ebenfalls Engagement motivieren können. Für alle diese Formen des Engagements ist dabei die Bürgerschaftlichkeit im Sinne der Garantie der Bürgerrechte die Bedingung. Der Bürgerstatus setzt den Rahmen und kann „die Art und Weise ihres je spezifischen Engagements in wirtschaftlichen, sozialen oder kulturellen Fragen, bei der Alltagsgestaltung oder bei kontroversen politischen Themen beeinflussen" (Enquete-Kommission "Bürgerschaftliches Engagement" 2002, S. 33). Ein solcher umfassender Begriff bürgerschaftlichen Engagements, der nicht ausschließlich für Engagement verwendet wird, bei dem die Identität als Bürger:in im Vordergrund steht, trage damit den Ausweitungen und Öffnungen hinsichtlich des Engagements Rechnung, „ohne die normative Anforderung einer Orientierung des Engagements am politischen Gemeinwesen aufzugeben" (Enquete-Kommission "Bürgerschaftliches Engagement" 2002, S. 33).[50]

50 Insgesamt liege bürgerschaftlichem Engagement in diesem Sinne also ein „Eigensinn" zugrunde, da es einer eigenen Handlungslogik folge, die in der „inneren Motivation" (Enquete-Kommission "Bürgerschaftliches Engagement" 2002, S. 39) Engagierter zum Ausdruck komme und in der „besonderen Qualität der Leistungen" (Enquete-Kommission "Bürgerschaftliches Engagement" 2002, S. 39), die durch bürgerschaftli-

Diesen Aspekt des Verständnisses von Bürgerschaftlichkeit im bürgerschaftlichen Engagement greifen auch Olk und Hartnuß (2011a) auf. So befürworten sie die Überlegungen von Münkler und Krause (2001), die, anknüpfend an die Überlegungen von Michael Walzer zum zivilen Engagement in modernen Gesellschaften[51], Bürgerschaftlichkeit weit fassen[52]:

> „Walzer [richtet] seine Aufmerksamkeit nicht nur auf die Sphäre des Politischen, sondern bezieht auch den Bereich gemeinschaftsbezogener sozialer Handlungsräume in seine Überlegungen ein; und statt sich allein am Maßstab einer übergreifenden Gemeinwohlorientierung zu orientieren, lässt er auch all jene Einstellungen als Ausweis eines hinreichend entwickelten bürgerlichen Gemeinsinns gelten, die Bürger dazu motivieren, sich freiwillig und gemeinschaftlich an der Erzeugung öffentlicher Güter zu beteiligen." (Münkler und Krause 2001, S. 313)

Es geht also nicht um dauerhafte politische Betätigung, sondern um die Fähigkeit von Bürger:innen, Interessen zu verfolgen, „die über ihre unmittelbaren Eigeninteressen hinausgehen und den Angehörigen anderer Gemeinschaften sowie dem übergeordneten Gemeinwohl nutzen" (Olk und Hartnuß 2011a, S. 158). Ein solches Verständnis grenzt sich damit von dem republikanischen Verständnis ab, welches sich am „Ideal eines tugendhaften, durch eine gemeinsame Sittlichkeit integrierten politischen Gemeinwesens" (Münkler und Krause 2001, S. 313) orientiert. Damit kann eine Vielzahl von Tätigkeiten unter bürgerschaftlichem Engagement gefasst werden, wie es auch die Enquete-Kommission befürwortet.

---

ches Engagement erbracht würden, die weder durch die Verwaltung noch durch den Markt erbracht werden könnten (Enquete-Kommission "Bürgerschaftliches Engagement" 2002, S. 39). Zudem erfülle bürgerschaftliches Engagement gesellschaftliche Funktionen: die Schaffung von Sozialkapital, Ermöglichung von Teilhabe und den Beitrag zu gesellschaftlicher Selbstorganisation (Enquete-Kommission "Bürgerschaftliches Engagement" 2002, S. 38).

51 Münkler und Krause 2001 fassen zusammen, dass nach Walzer nicht primär die dauerhafte politische Mobilisierung von Bürger:innen über die Lebensfähigkeit von Demokratie entscheidet, sondern „ob sie fähig ist, Bürger hervorzubringen, die wenigstens manchmal Interessen verfolgen, die über ihre eigenen und diejenigen ihrer Genossen hinausgehen und die über das politische Gemeinwesen wachen, das die Netzwerke der Vereinigungen schützt" (zitiert in Münkler und Krause 2001, S. 313; Walzer 1996, S. 93).

52 Hier sei noch anzuführen, dass Evers 2009 eine durchweg positive mit normativem Anspruch und auch beliebig verwendete Begrifflichkeit bürgerschaftlichen Engagements kritisiert. „Angesichts der fallweise sehr unterschiedlichen Bedeutung von Bürgerschaftlichkeit für Engagement sollte man endlich damit aufhören, dem Wort Engagement dieses Adjektiv fast reflexartig anzuhängen" (Evers 2009, S. 73).

Münkler und Krause (2001) benennen u.a. das Engagement beim Kindergartenbau oder die Organisation eines Straßenfests als bürgerschaftlich; entscheidend sei hier, dass diese Aktivitäten nicht nur dem Eigeninteresse dienten, „sondern zur Erzeugung oder Vermehrung öffentlicher Güter beitragen und sich nicht destabilisierend auf die demokratische Ordnung auswirken" (Münkler und Krause 2001, S. 314). Die demokratische Ordnung ist dabei der Engagement gewährleistende und von Engagierten anzuerkennende und aufrechtzuerhaltende Rahmen, innerhalb dessen sie zur Erzeugung und Vermehrung öffentlicher Güter beitragen (Münkler und Krause 2001, S. 314).

Roth (2000) nennt als Beispiel ein „Haus der Eigenarbeit, in dem sich Menschen ihre Konsumgüter selbst herstellen" (Roth 2000, S. 33). Die Bürgerschaftlichkeit bestehe darin, dass soziale Teilhabe ermöglicht wird, auch für diejenigen, die keine großen finanziellen Ressourcen haben, es entstehen soziale Kontakte und damit soziales Kapital.

Somit weist bürgerschaftliches Engagement einen „polyvalenten Charakter" (Roth 2000, S. 33) auf:

> „Die eingespielten Abgrenzungen von privat/öffentlich, politisch/sozial, kulturell/ökonomisch ist durch die aktiven Bürgerinnen und Bürger herausgefordert worden. Vormals Unpolitisches gerät zum politischen Konflikt, vormals Privates erhält öffentliche Aufmerksamkeit." (Roth 2000, S. 33)

In diesem Verständnis bürgerschaftlichen Engagements erfolgt also vor allem eine Orientierung an den gemeinwohldienlichen Folgen (Münkler und Krause 2001, S. 317), was zum einen den Vorteil hat, dass auch Formen berücksichtigt werden, die bislang aufgrund ihrer Verortung zwischen privater und öffentlicher Tätigkeit nicht betrachtet wurden, zum anderen kommt es „ohne die Zumutungen überzogener moralischer wie kognitiver Kompetenzerwartungen aus[…] und bewahrt die theoretische Analyse vor einem Abdriften in einen ebenso hilflosen wie unrealistischen Normativismus"[53] (Münkler und Krause 2001, S. 317).

---

53 Bürger:innen werden also nicht ‚moralisch überfordert'. Ein:e aktive:r Bürger:in ist nicht nur als solche:r zu bezeichnen, wenn er/sie „außer einem hinreichenden Wissen über die Ordnung des politischen Systems und seiner Funktionszusammenhänge auch über die zur Aneignung der zu politischer Einflussnahme erforderlichen Kenntnisse und Fertigkeiten verfügt und obendrein auch noch die sittliche Bereitschaft aufweist, sich in seinem Verhalten am Gemeinwohl zu orientieren – und zwar selbst dann noch, wenn dies zugleich einen Verzicht auf persönliche Vorteile bedeutet" (Münkler und Krause 2001, S. 312–313).

2.3 *Bürgerschaftliches Polizieren in der Zivilgesellschaft*

Das Polizieren durch Bürger:innen kann, muss aber kein bürgerschaftliches Engagement darstellen. Das Handeln radikaler polizierender Bürgergruppen ist eindeutig nicht gemeinwohlverträglich, wenn sie u. a. gewalttätig gegen Minderheiten oder politisch Andersdenkende agieren, wie bspw. die rechtsextreme Gruppe ‚Bürgerwehr Freital'/‚Gruppe Freital' (Maxwill 2018). Sie gehört zur ‚realen Zivilgesellschaft' (Roth 2003, S. 66–67) und gibt als empirisches Beispiel Hinweise auf konzeptionelle Dimensionen, in denen ein Polizieren durch Bürger:innen Grenzen sehr weit überschreitet: nämlich bei der Orientierung an einer rechtsextremen Ideologie und bei der Androhung oder Anwendung von Gewalt.

Neben solchen radikalen Gruppen gibt es aber auch eine breite Palette an polizierenden Bürgergruppen, die im Kontext eines Ehrenamtes oder bspw. in Form von Nachbarschaftsstreifen aktiv sind und bei denen eine andere Praxis des Polizierens zu beobachten ist. Diese lassen sich unter dem Begriff des bürgerschaftlichen Engagements fassen, wobei das Konzept bürgerschaftlichen Engagements vor allem die Chance bietet, zu beobachten, wie verhandelt wird, was gemeinwohldienlich ist und was nicht und welche Handlungsformen für Bürger:innen in der Sicherheitsproduktion als Option staatlicherseits bzw. von Seiten der Polizei möglich sind oder auch ermöglicht werden und als adäquat angesehen werden und welche nicht. Die Aufnahme der Bezeichnung ‚bürgerschaftlich' ermöglicht es dabei stärker, die hier interessierende Beziehung zwischen Bürger:innen und Staat zu fokussieren, als es bspw. der Begriff des freiwilligen Engagements könnte. Er ermöglicht es auch, einen stärkeren Fokus auf staatlicherseits (nicht) wünschenswertes Engagement zu legen. Auch wenn bürgerschaftliches Engagement also normativ geprägt ist, soll keine normative Bewertung des Polizierens von Bürger:innen als bürgerschaftliches Engagement erfolgen.[54] Stattdessen geht es hier um das Handeln bzw. Verhandeln von Engagement im Bereich von Sicherheit an der Überschneidungsfläche zwischen Staat und Zivilgesellschaft, wobei mit dem Begriff des bürgerschaftlichen Engagements auch die Betrachtung von Ambivalenzen und Spannungsverhältnissen möglich ist, da seine Verwendung eine Reflexion der zugrundeliegenden Normen erfordert. Hinzukommt, dass das bürgerschaftliche Engagement, das Engagement bzw. auch der Begriff des Ehrenamts durchaus zur Selbstbeschreibung oder durch andere Akteure zur Fremdbeschreibung der Handlungspraxis polizierender Bürgergruppen herangezogen wird.

Dabei ist für den hier verwendeten Begriff wichtig, dass er weit(er) gefasst ist: dass also unter bürgerschaftlichem Engagement eben nicht nur politi-

54 Bspw. i. S. von: Es kann gar nicht genug polizierende Bürgergruppen geben (vgl. auch Evers 2009, S. 66).

sche Formen gefasst sind, wie das Engagement in Parteien, Initiativen, Bürgervereinigungen und politischen Bewegungen. Somit kann das Polizieren durch Bürger:innen betrachtet werden, ohne dass deren Identität als Bürger:in im Vordergrund stehen müsste, damit sich die Tätigkeit als bürgerschaftliches Engagement qualifiziert.[55]

Um eine Betrachtung der Überschneidungsflächen zwischen Staat und Zivilgesellschaft hinsichtlich des konkreten vorliegenden Phänomens zu ermöglichen, müssen aber weitere konkretere inhaltliche theoretische Auseinandersetzungen folgen, um beantworten zu können, wie Staat bzw. Polizei und polizierende Bürgergruppen in ein Verhältnis zueinander treten und welche Dimensionen dabei zentral sind. Wenn also die Enquete-Kommission davon spricht, dass eine Stärkung bürgerschaftlichen Engagements eine neue Verantwortungsteilung zwischen Staat und Bürger:innen bedeutet, betrifft dies im Falle polizierender Bürgergruppen einen besonderen Bereich, aufgrund der originär staatlichen Aufgabe für Sicherheit zu sorgen. So ist das Polizieren durch Bürger:innen im Vergleich zu anderen Formen bürgerschaftlichen Engagement in einem Spannungsfeld zwischen staatlicher und bürgerschaftlicher Sicherheitsproduktion zu verorten. Das hier betrachtete Phänomen des Polizierens durch Bürger:innen kann dabei also von besonderen Aushandlungsprozessen begleitet sein. Deswegen liegt der Fokus in den nachfolgenden Kapiteln zunächst auf dem Themenkomplex Staat und Sicherheit.

55 Auch der bewusste Einbezug der Enquete-Kommission von Formen, die einen weniger formellen Charakter haben, ist für diesen Kontext relevant.

3 Staat & Sicherheitsproduktion

Das Themenfeld Bürger:innen in der Sicherheitsproduktion bzw. insbesondere der konkrete Gegenstand polizierende Bürgergruppen setzt also eine Beschäftigung mit dem Themenkomplex Staat, Sicherheitsproduktion und Gewaltmonopol voraus. Um das Spannungsfeld zwischen staatlicher und bürgerschaftlicher Sicherheitsproduktion zu verstehen, werden in diesem Kapitel verschiedene (staats)theoretische Ansätze aufgegriffen. Vorab ist festzuhalten, dass Gewalt im modernen Staat monopolisiert ist, um der „Verletzungsoffenheit" und „Verletzungsmächtigkeit" (Popitz 1992, S. 44) von Menschen entgegenzuwirken, die das Grundproblem sozialer Ordnungen darstellen, da Menschen mit Gewalt ihre Interessen gegen allgemeinverbindliche Regeln durchsetzen können (Beck und Schlichte 2014, S. 19). Beck und Schlichte (2014) legen ihren Analysen zu sozialen Dynamiken der Gewalt einen engen Gewaltbegriff zugrunde, „der die intendierte Verletzung menschlicher Körper ins Zentrum stellt, also Vorgänge, die gemeinhin als ‚physische' Gewalt bezeichnet werden" (Beck und Schlichte 2014, S. 12). Als enger Gewaltbegriff ist diese Fokussierung deswegen zu verstehen, weil Gewalt auch weiter gefasst werden kann. Wenn Maurer (2004) schreibt, dass Gewalt als Androhung oder tatsächlicher Einsatz von Zwang gegen andere bezeichnet wird (Maurer 2004, S. 15), sind hier mehr Phänomene unter den Gewaltbegriff gefasst:

> „Gewalt beruht im Unterschied zu anderen Formen der Über- und Unterordnung allein auf der glaubhaft zu machenden Verfügung beziehungsweise Anwendung physischer, psychischer oder sozialer Zwangsmittel." (Maurer 2004, S. 15)

Dabei können Gewaltverhältnisse unterschiedliche Formen annehmen, die sich bspw. zwischen Personen, Gruppen und Staaten zeigen. Durch die Zwangsmittel Einzelner oder Gruppen wird die psychische, soziale oder physische Existenz Anderer bedroht und deren essenzielle Interessen verletzt. Die Gemeinsamkeit der verschiedenen Formen von Gewalt liegt dabei in der Verwendung von Zwangsmitteln (Maurer 2004, S. 16). Für die vorliegende Arbeit erfolgt jedoch eine Orientierung an einem engen Gewaltbegriff, der die physische Gewalt zugrunde legt, die zwischen Bürger:innen auftritt, die aber zudem durch den Staat eingesetzt wird, um sein Gewaltmonopol aufrechtzuerhalten – „Die […] [Aufrechterhaltung des staatlichen Gewaltmonopols] schließt den Einsatz von Gewalt gegen diejenigen ein, die das Monopol herausfordern" (Beck und Schlichte 2014, S. 19). Diese physische Gewalt, die Menschen anderen zufügen können, ist auch Ausgangspunkt von Thomas Hobbes Gedankenexperiments des Naturzustandes und der daraus abgeleiteten Notwendigkeit des ‚Leviathans'. Nachfolgend wird zunächst eben dieser Hobbessche Entwurf eines Gesellschaftsvertrags dargestellt, in dem die Monopolisierung der Gewalt durch den Staat zentral ist. Danach wird die Staatsdefinition Max Webers aufgegriffen, da in dieser die legitime Monopolisierung von Gewalt das zentrale Element darstellt. Daran anschließend wird der Staatszweck Sicherheit reflektiert und schließlich die Diskussion über die (potenziellen) Auswirkungen der Pluralisierung der Sicherheitsproduktion auf das Gewaltmonopool aufgegriffen.

Dem Ansatz der Gouvernementalität oder Gouvernementalisierung des Staates liegt ein alternatives Regierungsverständnis zugrunde, mithilfe dessen allerdings im Kontext der Pluralisierung der Sicherheitsproduktion und hinsichtlich des Phänomens der polizierenden Bürgergruppen ein erweiterter Blick auf Aspekte jenseits der Diskussion um das Gewaltmonopol möglich wird. Diese Perspektive stellt eine wichtige Grundlage für die Beschäftigung mit der sich wandelnden Rolle des im Bereich von Sicherheit und Ordnung zentralen Akteurs Polizei dar, auf die ebenfalls eingegangen wird, bevor schließlich auf Grundlage der in diesem Kapitel dargestellten theoretischen Ansätze das Verhältnis von Staat und polizierenden Bürgergruppen betrachtet wird.

3.1 Der „Leviathan" – theoretische Überlegungen zum staatlichen Gewaltmonopol

Hobbes entwarf 1651 die Idee des Leviathans. Diese entspringt seinen Überlegungen zum Naturzustand, den er als einen Kriegszustand eines Krieges Aller gegen Alle beschreibt (Frick 2012, S. 19). Im Naturzustand gilt einzig das *right of nature*, das Naturrecht, was den Selbsterhaltungstrieb des Menschen meint:

> „Die Freiheit, die jeder Mensch hat, seine eigene Macht nach seiner Vorstellung zur Erhaltung seiner eigenen Natur, d.h. seines eigenen Lebens zu gebrauchen, und folglich alles zu tun, was er seinem eigenen Urteilsvermögen und seiner Vernunft zufolge als das geeignetste Mittel hierfür ansieht." (Hobbes 2013 [1651], S. 263)

Da jeder von Natur aus das Recht auf alles hat (Hobbes 2013 [1651], S. 265), herrscht ein Recht des Stärkeren, was jedoch nicht dauerhaft sein kann (vgl. auch Frick 2012, S. 18):

> „Denn was die Körperkraft betrifft, so hat der Schwächste genug Kraft, den Stärksten zu töten, entweder durch geheime Machenschaften oder durch ein

> Bündnis mit anderen, die in derselben Gefahr schweben wie er." (Hobbes 2013 [1651], S. 251)[56]

Ein Recht auf alles ist in seinem Resultat somit nicht von höherem Wert als ein Recht auf nichts (Frick 2012, S. 18–19) und die natürliche Situation für Menschen „ist die Furcht von seinesgleichen getötet zu werden" (Isensee 1983, S. 3). Nach Hobbes sind die drei hauptsächlichen Ursachen für Streit Wettstreben, Unsicherheit und Ruhmsucht. Diese Konflikte führen zum Krieg eines jeden gegen jeden (Hobbes 2013 [1651], S. 255; Kemper 2015, S. 78).

Die viel zitierte Äußerung Hobbes', der Mensch sei dem Menschen ein Wolf, verweist dabei aber nicht etwa auf eine „irrational-wölfische Triebnatur" (Kersting 1994, S. 67) des Menschen, sondern zeigt seine rationale Vernunftbegabung: Sein oberstes Ziel ist der Selbsterhalt und so muss er deshalb stetig bereit sein, sich zu verteidigen. Mit ebendieser Vernunft kann aber auch der Krieg eines jeden gegen jeden beendet werden. Dazu schließen die Menschen einen Vertrag untereinander[57], der einen wechselseitigen Verzicht des Rechtes aller auf alles beinhaltet, aber ebenfalls eine koordinierende Macht erfordert, die die divergierenden Interessen der Individuen zu einem Willen vereint (Kersting 1996, S. 215). Dazu entwirft Hobbes den Leviathan, bei dem allein das Recht zur Gewaltausübung liegt.[58] Der Leviathan ist „eine Person […], bei der sich jeder einzelne einer großen Menge durch gegenseitigen Vertrag eines jeden mit jedem zum Autor ihrer Handlungen gemacht hat, zu dem Zweck, dass sie die Stärke und Hilfsmittel aller so, wie sie es für zweckmäßig hält, für den Frieden und die gemeinsame Verteidigung einsetzt" (Kersting 1996, S. 217; Hobbes 2013 [1651], S. 354). Dabei ist der Leviathan aber kein Vertragspartner des unter den Menschen geschlossenen Vertrags:

> „Zustande gekommen durch ein Abkommen eines jeden Menschen mit jedem anderen, und zwar in der Weise, als ob jeder zu jedem sagte: *Ich bevollmächtige diesen Menschen oder diese Versammlung von Menschen, indem ich ihm oder der Versammlung mein Recht, mich zu regieren, unter der Bedingung übertrage, dass du dein Recht ebenso überträgst und den Vertreter in der gleichen Weise zu seinen Handlungen bevollmächtigst.*" (Hobbes 2013 [1651], S. 355).

---

56 Kersting weist darauf hin, dass trotz der Tatsache, dass Hobbes mit seiner Vertragstheorie einen Absolutismus entwirft, diese These menschlicher Gleichheit doch als Beginn eines bürgerlichen Egalitarismus gesehen werden kann (Kersting 1994, S. 69).

57 „So wie der Naturzustand ein Zustand des Krieges eines jeden gegen einen jeden war, muss auch der ihn beendende Vertrag ein Vertrag eines jeden mit einem jeden sein" (Kersting 1996, S. 214).

58 Der Mensch hat jedoch immer ein Widerstandsrecht, was in dem unantastbaren Recht der Selbsterhaltung wurzelt (Frick 2012, S. 25).

Dieser Wille zum Verzicht auf Freiheit bzw. Souveränität, um die Selbsterhaltung zu sichern, kann auch als spieltheoretisches Gefangenendilemma beschrieben werden: Alle Menschen verzichten auf einen Teil ihres Nutzens und kooperieren, sodass der gemeinschaftlich erreichte individuelle Nutzen höher liegt als der von jedem einzeln erreichte individuelle Nutzen unter den Bedingungen des Naturzustandes (Kemper 2015, S. 79). Der Souverän sorgt dabei dafür, dass Regelverstöße sich nicht mehr lohnen, dass der gemeinschaftlich erreichte individuelle Nutzen sowohl kurz- als auch langfristig höher liegt (Kersting 1994, S. 72).[59]

Bei Hobbes gibt es allerdings keine Einschränkung staatlicher Herrschaft. Seine vertragstheoretischen Überlegungen stellen keinen Herrschaftsbegrenzungs-, sondern einen Herrschaftsbegründungsvertrag dar (Kersting 1996, S. 226). Der Souverän ist keine Vertragspartei und damit nicht vertraglich, sondern lediglich naturrechtlich verpflichtet, Sicherheit für das Volk zu schaffen (Schewe 2009, S. 60). Kersting (1996) spricht von einer funktionalen Pflicht, denn die Pflichten erwachsen aus seinem Zweck zur Friedensstiftung, dem der Souverän „funktional verpflichtet" (Kersting 1996, S. 227) ist. Dass der Souverän keine Vertragspartei ist, ergibt sich aus der Frage danach, wer bei einem Streit zwischen dem Souverän und einem Zweiten schlichten könne. Da hier keine höhere Instanz existiert, müsste der Konflikt gewaltsam gelöst werden, was einen Rückfall in den Naturzustand bedeute (Hobbes 2013 [1651], S. 361–363).[60] Eine konstitutionelle Herrschaft, in der Mäßigungsinstrumente die Macht des Souveräns begrenzen, wird von Hobbes abgelehnt (Kersting 1996, S. 233). Isensee (1983) schreibt:

> „Doch geschichtsmächtigen, schöpferischen Widerspruch löst die schroffe Alternative aus, vor die Hobbes seine Leser führt: zu wählen zwischen dem absoluten Bürgerkrieg und dem absoluten Staat." (Isensee 1983, S. 5)

Nur wenig später, Ende des 17. Jahrhunderts, entwickelt John Locke eine Vertragstheorie, in die er unveräußerliche Grundrechte der Menschen einbindet, die eine Herrschaftsgrenze darstellen (Kersting 1996, S. 226), und kritisiert Hobbes dahingehend, dass es unwahrscheinlich sei, dass Men-

---

59 Es erfolgt also eine Entschärfung der „Schwarzfahrerbedingung" (Kersting 1994, S. 72).

60 Dies ist schließlich auch das Urproblem im Naturzustand: „Wird ein Abkommen getroffen, in dem beide Vertragspartner ihre Leistung nicht sofort erbringen, sondern gegenseitig auf die Erfüllung vertrauen, so ist es im reinen Naturzustand, welcher ein Zustand des Krieges eines jeden gegen jeden ist, bei jedem begründeten Verdacht nichtig. Unter der Voraussetzung aber, dass eine übergeordnete Macht über sie beide gesetzt ist, mit genügend Recht und Gewalt, um die Leistung zu erzwingen, ist es keineswegs nichtig" (Hobbes 2013 [1651], S. 281).

schen aus dem Naturzustand entfliehen wollen, indem sie Souveränität an einen Einzigen geben, der aber eben noch unter der Freiheit des Naturzustandes lebt (Kersting 1996, S. 232).
Weitere Vertragstheoretiker[61] folgten und entwarfen verschiedene Ansätze zur Gestaltung eines Staates bzw. der Demokratie (vgl. dazu bspw. Schmidt 2010a), wobei das kontraktualistische Argument Hobbes mit den Elementen Naturzustand, Vertrag, Staat „die verbindliche Reflexionsform der neuzeitlichen politischen Philosophie bildete" (Kersting 1994, S. 15). Im Rahmen dieser Arbeit erfolgt jedoch keine Abhandlung diverser Staatstheorien, sondern speziell die Monopolisierung der Gewalt, wie sie bereits in Hobbes Leviathan angelegt ist, wird in den Blick genommen. Dazu ist es unerlässlich die Überlegungen Max Webers aufzugreifen, da hier der Aspekt der legitimen Herrschaft bzw. des Legitimitätsglaubens im Fokus steht.

3.2 Max Webers Staatsdefinition

Max Weber bezog sich nie auf Hobbes Theorie und kann auch nicht als Vertragstheoretiker bezeichnet werden (Anter 2016, S. 15). Er nahm aber für seine Staatsdefinition das Gewaltmonopol in den Blick und legte damit die weltweit am häufigsten zitierte Staatsdefinition (Anter 2016, S. 157) vor:

> „Staat ist diejenige menschliche Gemeinschaft, welche innerhalb eines bestimmten Gebietes – dies: das Gebiet, gehört zum Merkmal – das Monopol legitimer physischer Gewalt für sich (mit Erfolg) beansprucht." (Weber 1985 [1922], S. 822)

Die Besonderheit des Staates ist damit, dass er als „alleinige Quelle des Rechts auf Gewaltsamkeit" (Weber 1985 [1922], S. 822) gilt. Die Herausbildung dieses modernen Staates besteht aus der umfassenden Monopolisierung der Gewaltausübung, Rechtssetzung und Rechtsprechung (Anter 2016, S. 157). Zentral ist dabei aber die Legitimität (vgl. auch Müller 2007, S. 126–130). Weber spricht hier vom Legitimitätsglauben, also dem Glauben, dass eine Herrschaft rechtmäßig ist, sie also als legitim angesehen wird[62]:

61 „Der Kern des philosophischen Kontraktualismus ist die Idee der Autoritäts- und Herrschaftslegitimation durch freiwillige Selbstbeschränkung aus eigenem Interesse unter der Rationalitätsbedingung einer strikten Wechselseitigkeit" (Kersting 1994, S. 15).

62 Wobei sich dieser Legitimitätsglaube wiederum aus seinen verschiedenen Herrschaftstypen speist: Tradition, Charisma, legale Satzung (vgl. Beck und Schlichte 2014, S. 114).

> „Der Staat ist ebenso wie die ihm geschichtlich vorausgehenden politischen Verbände ein auf das Mittel der legitimen (das heißt: legitim angesehenen) Gewaltsamkeit gestütztes Herrschaftsverhältnis von Menschen über Menschen." (Weber 1985 [1922], S. 822)

Die Monopolisierung der Gewalt muss also gerechtfertigt werden. „In demokratisch verfassten Staaten bedeutet dies, dass der Staatsgewalt als Ausdruck der rechtsstaatlichen Ordnung, einer ‚government by laws' und nicht ‚by men', Legitimität zukommt" (Funk 2002, S. 1315), dass also gewaltsame Eingriffe durch den Staat rechtsstaatlich begründet sind (Funk 2002, S. 1315).

Um das Gewaltmonopol zu gewährleisten, müssen zum einen die Gewaltmittel beim Staat institutionalisiert sein und zum anderen muss eine Legitimitätsgrundlage gegeben sein, auf der eine Befolgung des Anspruchs erfolgt. Insgesamt ist eine Interdependenz erkennbar: Ein Gewaltmonopol ist wirksam, wenn die innehabende Herrschaftsordnung legitim ist und andersherum benötigt eine legitime Herrschaftsordnung das Gewaltmonopol (Anter 2014, S. 46).

In Herrschaft sieht Weber dabei die Chance „für einen Befehl bestimmten Inhalts bei angebbaren Personen Gehorsam zu finden" (Weber 1985 [1922], S. 28), womit Herrschaft abgegrenzt ist vom Gewaltbegriff (s.o.). Maurer (2004) schreibt:

> „Herrschaft kraft Autorität ist so gesehen ein institutionalisiertes soziales Regelsystem, das die Handlungen einer Vielzahl von Personen unabhängig von deren konkreten Interessen oder Affekten über Befehle zu steuern und zu koordinieren vermag, weil die Metaregel anerkannt ist, dass den Anweisungen legitimer Herrscher Folge geleistet wird." (Maurer 2004, S. 43)[63]

Den staatstheoretischen Überlegungen Webers zu Grunde lagen seine Auseinandersetzungen mit politischen Gemeinschaften und politischen Verbänden. So kann die politische Gemeinschaft noch nicht als Staat beschrieben werden, da sie keine Legitimität und kein Gewaltmonopol besitzt, und der politische Verband stellt keinen Staat dar, da er zwar Legitimität, aber noch kein Gewaltmonopol inne hat (Anter 2016, S. 160). Dies bedeutet aber nicht, dass keine Gewalt angewendet wurde, im Gegenteil, die politische Gemeinschaft beschreibt Weber als eine Gemeinschaft, „die ihr Gebiet, und das Handeln der darauf dauernd oder auch zeitweilig befindlichen Menschen durch Bereitschaft zu physischer Gewalt, und zwar normalerweise auch Waffengewalt, der geordneten Beherrschung durch die Beteilig-

[63] Herrschaft ist dabei als ein „Phänomen alles Sozialen" (zitiert in Anter 2016, S. 14) überall zu finden; mit dem Gewaltmonopol geht also kein Herrschaftsmonopol des Staates einher.

ten vorbehalte“ (Anter 2016, S. 159; vgl. Weber 1985 [1922], S. 514). Jedoch war die Gewalt auf verschiedene Instanzen verteilt.

Grimm (2002) weist zudem darauf hin, dass auch vorstaatliche Herrschaftsverbände eine Berechtigung zur Gewaltanwendung hatten, diese jedoch häufig personen- und nicht gebietsbezogen war[64], sodass verschiedene Herrschaftsrechte konfliktfrei parallel existieren konnten (Grimm 2002, S. 1299). Insgesamt beschreibt Grimm (2002), an Weber anknüpfend, die Begrifflichkeit des staatlichen Gewaltmonopols als Pleonasmus:

„Wo es am Gewaltmonopol fehlt, besteht kein Staat, sondern entweder ein andersartiger Herrschaftsverband oder Anarchie. Sobald es einem Herrschaftsverband gelingt Gewalt zu monopolisieren, verwandelt er sich eben dadurch in cincn Staat.“ (Grimm 2002, S. 1299)

Die Staatsbildung beschreibt Weber somit als Prozess der Zentralisierung und Verstaatlichung von Ordnungsfunktionen (Anter 2016, S. 161). Legitime Gewaltsamkeit gibt es nur noch insoweit, „als die staatliche Ordnung sie zulässt oder vorschreibt“ (Anter 2016, S. 161). Das Gewaltmonopol hat eine stabilisierende und komplexitätsreduzierende Wirkung – Selbstjustiz ist nicht erlaubt und allein der Staat darf Recht durchsetzen und legitime physische Gewalt einsetzen (Anter 2016, S. 161; Weber 1985 [1922], S. 822).

Gewalt im Staat ist allerdings auch nach der Monopolisierung keinesfalls verschwunden, denn „kein Staat der Welt könnte illegitime Gewaltausübung vollständig verhindern“ (Anter 2016, S. 176; vgl. auch Popitz 1992). Die Monopolisierung bleibt also immer unvollkommen und das Gewaltmonopol ist nicht als absolut zu sehen, sondern in einem graduellen Sinne: „als ein ständig zu erneuernder, geltend zu machender und durchzusetzender Anspruch“ (Anter 2014, S. 45). Auch Beck und Schlichte (2014) fassen zusammen: „Das Gewaltmonopol ist keine statische Größe, vielmehr muss es in einem kontinuierlichen Prozess aufrechterhalten und verteidigt werden“ (Beck und Schlichte 2014, S. 19).

Weber fokussiert mit seiner Definition des Staates auf das Mittel, nicht auf den Zweck des Staates, da er keinen Zweck sieht, dem sich alle Staaten verschrieben hätten (Anter 2014, S. 22).[65] So hat der Staat in verschiedenen Zeiten unterschiedliche Funktionen und Zwecke gehabt und somit seien Staatszwecke nicht zur Bildung eines idealtypischen Staatsbegriffs geeignet

64 Wobei diese nach Weber keine politische Gemeinschaft darstellen würden, da sie, wie beschrieben, auch auf ein Gebiet bezogen sind, „nicht notwendig: ein absolut konstantes und fest begrenztes, aber doch ein jeweils irgendwie begrenzbares Gebiet“ (Weber 1985 [1922], S. 514).

65 „Damit umgeht Max Weber von vornherein jene Fallstricke, die in der Tat ein Grund für das Scheitern fast aller Staatsbegriffe der letzten zweihundert Jahre waren“ (Anter 2014, S. 24).

(Weber 1985 [1922], S. 821). Auch wenn er diese also nicht für seinen Staatsbegriff verwendet, beschäftigt sich Weber mit Funktionen des Staates:

> „Das, was wir heute als Grundfunktionen des Staates ansehen: die Setzung des Rechts (Legislative), den Schutz der persönlichen Sicherheit und öffentlichen Ordnung (Polizei), den Schutz der erworbenen Rechte (Justiz), die Pflege von hygienischen, pädagogischen, sozialpolitischen und anderen Kulturinteressen [...], endlich und namentlich auch den organisierten gewaltsamen Schutz nach außen (Militärverwaltung), ist in der Frühzeit entweder gar nicht oder nicht in der Form rationaler Ordnungen, sondern nur als amorphe Gelegenheitsgemeinschaft, vorhanden oder unter verschiedene Gemeinschaften [...] verteilt." (Weber 1985 [1922], S. 516)

Nachfolgend soll ein genauerer Blick auf den Staatszweck bzw. die Staatsfunktion Sicherheit geworfen werden.

3.3 Der Staatszweck Sicherheit

Bevor für das Verständnis des Spannungsfeldes staatlicher und bürgerschaftlicher Sicherheitsproduktion genauer auf den Staatszweck Sicherheit eingegangen wird, erfolgt zunächst eine Reflexion des Begriffs Sicherheit.

3.3.1 Der Sicherheitsbegriff & seine Erweiterung

Mit dem Begriff Sicherheit kann Verschiedenes gemeint sein; von bspw. sozialer Sicherheit, Verkehrs-, IT- und Versorgungssicherheit, öffentlicher und ziviler Sicherheit bis hin zu innerer und äußerer Sicherheit (Frevel 2016, S. 5). Damit einher gehen verschiedene Schutzaspekte wie bspw. der Schutz vor Kriminalität, Umweltkatastrophen, Krieg oder Terrorismus, sodass auch verschiedene Anforderungen an die Gewährleistung von Sicherheit gestellt werden (Frevel 2016, S. 1). Selbst wenn man sich auf den Begriff der Inneren Sicherheit, im Kontext des Phänomens polizierender Bürgergruppen insbesondere zentral, konzentriert, zeigt sich, neben der Tatsache, dass strikte Grenzen zwischen äußerer und innere Sicherheit verwischen (van den Brink und Kaiser 2007, S. 6), da bspw. transnationaler Terrorismus oder Kriminalität grenzüberschreitend stattfinden (Frevel 2016, S. 6), noch immer ein breites Spektrum an ‚Sicherheiten'. Sicherheit wird dabei zumeist negativ definiert, „wobei die 1) Vermeidung – bzw. bei Eintritt von Gefahren und Risiken – 2) die Minderung des Ausmaßes sowie 3) die Bewältigung der nachteiligen Folgen dazu dienen, Sicherheit zu gewähren oder wiederherzustellen" (Frevel 2016, S. 21).
Zudem ist eine Erweiterung des Sicherheitsbegriffs festzustellen. Daase (2010a) beschreibt, dass diese Erweiterung in vier Dimensionen stattfindet.

In der Sachdimension geht es um eine Erweiterung hinsichtlich der Problembereiche, wobei zum militärischen Bereich ökologische, ökonomische und humanitäre Bereiche hinzukommen. In der Referenzdimension geht es um das Referenzobjekt hinsichtlich dessen eine Erweiterung stattgefunden hat – vom Staat über die Gesellschaft zum Individuum. In der Raumdimension lässt sich erkennen, dass zunächst von der territorial-staatlichen, dann von der regionalen, internationalen und auch globalen Sicherheit gesprochen wurde. In der Gefahrendimension ist schließlich die Frage, was das Problem darstellt, für das die Sicherheitspolitik eine Lösung finden soll: „Ist es eine konkrete Bedrohung, die eigene Verwundbarkeit oder sind es diffuse Risiken, die als Herausforderung für die Sicherheitspolitik angesehen werden?“ (Daase 2010a, S. 2). Dahingehend ist zu ergänzen, dass Risiken eine offensivere und aktivere Sicherheitspolitik erfordern als die Verringerung von Verwundbarkeit oder Ursachenbekämpfung von Gefahren, denn die Identifikation und Bekämpfung eines Risikos, bevor es zur Bedrohung wird, ist deshalb schwierig, weil somit zu bestimmen ist, ab wann ein Risiko sicherheitspolitische Maßnahmen erfordert (Daase 2010a, S. 17). Mit der Erweiterung des Sicherheitsbegriffs geht auch eine Veränderung der Sicherheitskultur einher. Daase (2010b) hält fest, „dass die Wahrnehmung dessen, was als Gefahr angesehen wird, von einem sich stetig verstärkenden Sicherheitsbedürfnis der Gesellschaft und dem sich beständig ausweitenden Sicherheitsversprechen des Staates geprägt wird. Daraus ergibt sich ein Wandel der Sicherheitskultur, der sich an der sukzessiven Erweiterung des Sicherheitsbegriffs ablesen lässt“ (Daase 2010b, S. 16). Diese Erweiterung des Sicherheitsbegriffs wird auch als ‚securitization‘ oder ‚Versicherheitlichung‘ beschrieben, was Frevel und John (2014) „als eine veränderte Wahrnehmung und Deutung von sozialen Phänomenen durch die besondere Beachtung von Risiken und Gefahren bzw. Schutz- und Sicherheitsbedarfen [verstehen]. […] Die Versicherheitlichung von Problemen führt so zunehmend zu einer Integration von vormals nicht maßgeblich als sicherheitsrelevant bewerteten Phänomenen in die sicherheitspolitische Diskussion“ (Frevel und John 2014, S. 345–346).[66]

66 Der Begriff ‚securitization‘ geht u.a. auf die ‚Kopenhagener Schule‘, Buzan et al. 1998, zurück, die damit einen Analyserahmen für die Sicherheitsforschung schaffen (vgl. Buzan et al. 1998; Frevel und John 2014). Für die Pariser Schule stehen, mit Bezug auf die Gouvernementalität nach Foucault sowie Bourdieus Konzeptionen von Habitus und Feld, hingegen Praktiken im Fokus und die Waliser Schule beschäftigt sich mit einer positiven Aufladung des Sicherheitsbegriffs, mit Sicherheit als menschlicher Emanzipation, von Sicherheit als Bedingung für Freiheit, ohne dass bspw. „eine Privilegierung militärischer Lösungsansätze zum Tragen“ (Stachowitsch und Binder 2017, S. 9) komme. Für einen Überblick zu diesen drei wichtigen Schulen der kritischen Sicherheitsforschung vgl. Stachowitsch und Binder 2017; Bust-Bartels 2021.

Hinsichtlich der Inneren Sicherheit bzw. spezifischer der Sicherheitsproduktion auf lokaler Ebene halten Tausendteufel und Abt (2014) fest, dass die Interpretation von Sicherheitsproblemen und die Strategien, mit denen ihnen begegnet wird, lokal geprägt sind und von verschiedenen sozialen Faktoren und Deutungsmustern abhängen (Tausendteufel und Abt 2014, S. 27). So seien auch die Formen von Verhandlung von Sicherheit und Sicherheitsproduktion in der lokalen Kultur und Identität verankert (Tausendteufel und Abt 2014, S. 28).

Für den hier vorliegenden Forschungsgegenstand der polizierenden Bürgergruppen ist den geschilderten Aspekten im empirischen Teil Rechnung zu tragen. So ist hier die Erhebung der subjektiven Bestimmung dessen, was von polizierenden Bürgergruppen unter Sicherheit verstanden wird, zentral. Dies gilt umso mehr mit Blick auf die bisherige Forschung, die zeigt, dass bei bürgerschaftlichem Engagement für Sicherheit nicht ausschließlich originär sicherheitsrelevante Themen verhandelt werden (Tausendteufel und Abt 2014, 59; 60) – also ‚Versicherheitlichung' auf lokaler Ebene stattfindet (vgl. auch Lub 2018a).[67] Zudem lässt sich mittlerweile sogar beobachten, dass aufgrund der zunehmenden Bedeutung von Sicherheitsdiskursen „Sicherheit als Legitimation für das Aushandeln anderer Problemlagen herhalten [muss]" (Bescherer und Wetzel 2017, S. 20).[68]

Für die nachfolgenden weiteren theoretischen Einordnungen ist jedoch insgesamt wichtig, dass es sich um Innere Sicherheit, i.S.v. „Maßnahmen, die das gemeinschaftliche Zusammenleben ermöglichen, die öffentliche Sicherheit und Ordnung gewährleisten sowie Staat, Gesellschaft und Bürger vor Kriminalität, politischem Extremismus und Terrorismus bewahren sollen" (Frevel 2018, S. 4), handelt, die im lokalen Bereich hergestellt werden soll, wobei hier insbesondere der Schutz vor Kriminalität, was physische

67 Aus ihrer Studie zu Quartieren in Hamm, Leipzig und Nürnberg fassen die Autoren hinsichtlich solcher nicht originär sicherheitsrelevanter Themen zusammen: „Das Spektrum dieser Themen reichte in der Untersuchung von quartiersspezifischen Besonderheiten (z. B. der Ansiedlung störenden Gewerbes) bis zu gesamtgesellschaftlichen Diskursen (z. B. Legalität von Prostitution). Kommunale Sicherheitsproduktion erweist sich so als ein schwer zu bestimmendes Konglomerat aus manifesten und latenten Strukturen und Inhalten" (Tausendteufel und Abt 2014, S. 59). Ein Ergebnis ihrer Studie ist darauf aufbauend, dass eine Verknüpfung kriminalitätsorientierter und sozialer Strategien und Maßnahmen wirkungsvoll sei. Denn „wenn Kriminalität und Unsicherheit als Symptome anderer Ursachen gesehen werden müssen, führen rein symptomorientierte Maßnahmen lediglich zu einer zeitlich oder räumlich begrenzten Lösung" (Tausendteufel und Abt 2014, S. 60).

68 Tausendteufel 2014 schreibt: „Mit der Formulierung von Sicherheitsproblemen erhält der Stadtteil Aufmerksamkeit und in der Folge Zuwendungen" (Tausendteufel 2014, S. 132).

Gewalt einschließt, zentral ist. Soziale Sicherheit o.Ä. werden somit ausgeschlossen und die hier betrachtete Maßnahme ist das Polizieren.[69] Die vielen weiteren Maßnahmen, die man unter einen breiten Begriff der Sicherheitsproduktion fassen könnte, wie bspw. die informelle soziale Kontrolle durch Eltern, Kirchen, Arbeitgeber:innen etc., die nicht explizit für dieses Ziel konzipiert wurden, werden nicht betrachtet.

3.3.2 Der Staatszweck Sicherheit & das Gewaltmonopol

Die Frage nach Staatszwecken kann nach Link (1990) nur sinnvoll dort gestellt werden, wo „eine Rückkopplung an die finale gesellschaftliche Steuerung der politischen Ordnung nicht aufgehoben ist, wo sich der Staat nicht als Selbstzweck verselbstständigt" (Link 1990, S. 16). Zurückgreifend auf Hobbes bzw. die Lehre vom Gesellschaftsvertrag wird der Staat angesehen als eine zweckrationale Schöpfung von Bürger:innen und seine Herrschaft basiert damit auf deren grundsätzlicher Zustimmung (Link 1990, S. 16). Darauf aufbauend meint Link mit Staatszwecken „die Frage nach legitimierenden und begrenzenden Konstanten der Staatstätigkeit" (Link 1990, S. 17). Auch wenn er Staatszwecke, wie auch Weber (Weber 1985 [1922], S. 821), nicht als teleologisch und allzeitlich geltend ansieht und damit eine Allgemeingültigkeit beansprucht, nennt Link die „Verpflichtung auf das Gemeinwohl, Friedenssicherung nach innen und außen, Wohlfahrt im weitesten Sinn und Gewährleistung individueller wie korporativer Freiheit" als Staatszwecke, die den Staat „in dem Maße ihrer Verwirklichung" legitimieren (Link 1990, S. 18). Diesen Staatszwecken zugrunde liege dabei die Gemeinwohlbindung staatlichen Handelns.[70]

Der Sicherheitszweck stellt bei Hobbes die grundlegende Legitimierung des Leviathans dar, Weber nennt den Schutz der persönlichen Sicherheit und öffentlichen Ordnung als Grundfunktion[71] des Staates und Prätorius (2000) grenzt den Staatszweck Sicherheit grundlegend von anderen Staatszwecken ab:

> „‚Wohlfahrt' kann ein Politikinhalt sein, die Herstellung elementarer Sicherheit nach innen in Gestalt der Bannung, Hegung, und Monopo-

---

69 Wobei diese Maßnahme unterschiedlich ausgestaltet sein kann – sowohl zwischen Gruppen, aber auch innerhalb von Gruppen zwischen Individuen. So beschreiben Behring et al. 1996, um nur ein Beispiel anzureißen, unterschiedliche Interpretationen des Polizierens durch Angehörige der Sicherheitswacht, die als sehr aufmerksam bzw. weniger eifrig beschrieben werden (Behring et al. 1996, S. 51–53).

70 Vgl. dazu auch Ehlers 2003.

71 Einheitliche begriffliche Differenzierungen zwischen Staatszwecken, -funktionen, -aufgaben und -zielen scheinen sich bislang nicht durchgesetzt zu haben (Anter 2014, S. 34). Eine mögliche Differenzierung findet sich bspw. bei Ehlers 2003, S. 59–61.

> lisierung physischer Gewalt ist jedoch nichts anderes als die Voraussetzung von Politikfähigkeit [Hervorhebungen im Original].“ (Prätorius 2000, S. 370)[72]

Link (1990) schreibt, „Schutzpflicht des Staates und Schutzanspruch des Bürgers für die Rechtsgüter Leben, körperliche Unversehrtheit, Freiheit und Eigentum bilden den Kern der mit der modernen Staatlichkeit unabdingbar verbundenen Friedens- und Sicherheitsgewährleistung. Traditionell bildet ihre Erfüllung die Legitimationsgrundlage des staatlichen Anspruchs auf Loyalität und Rechtsgehorsam. Seine Verwirklichung findet der Friedens- und Sicherheitszweck in der Schaffung einer interessenabgrenzenden Rechtsordnung, in deren Durchsetzung unter Beschränkung der Privatgewalt auf den Ausnahmefall (Gewaltmonopol) und in der Vorhaltung der hierfür erforderlichen Institutionen.“ (Link 1990, S. 52).

Die Entstehung des Gewaltmonopols ist nach Link (1990) nicht nur auf die Eindämmung von „‘Privat‘-Gewalt“ zurückzuführen, sondern die Fehde[73] zwischen kleineren Herrschaftsverbänden sollte verboten werden. So wurde das Gewaltmonopol zunächst beim Herrscher verortet und erst ab dem 19. Jahrhundert im Kontext von Demokratisierung dahingehend verändert, dass eine Herrschaft der Gesetze die reine Herrschaftssouveränität ablösen sollte (Link 1990, S. 28; vgl. auch Hummler 1998, S. 2). Rechtsordnung und Gewaltmonopol sind daher untrennbar miteinander verknüpft – die Macht des Rechts soll gesichert werden (Link 1990, S. 28): „Im Verfassungsstaat bedeutet dies, dass Gewalt nur im Rahmen verfassungsmäßiger Gesetze, beschränkt durch die grundrechtlichen Gewährleistungen, geübt werden kann“ (Link 1990, S. 28).

Dabei sollte jedoch hinzugefügt werden, dass den Monopolisierungstendenzen von Gewalt die bisher kriegerischsten Jahre der europäischen Geschichte, 1500-1700 (Anter 2016, S. 177), folgten und die Gewalt durch

72 Vgl. dazu auch Ehlers 2003, der auf Grundlage der Aufarbeitung der Staatszwecklehren des 18. Jahrhunderts, der Staatslehren des 19. Jahrhunderts sowie der Theorien der „Staatslehrer“ der ersten Hälfte des 20. Jahrhunderts (Ehlers 2003, S. 59–85) zusammenfasst, dass kein „allgemeingültiger exakter Aufgabenkanon“ ermittelt werden könne, „unzweifelhafte Bestandteile [...] jedoch die militärische Landesverteidigung, die polizeiliche Gefahrenabwehr und die Rechtspflege“ (Ehlers 2003, S. 85) seien. Die Staatslehren der zweiten Hälfte des 20. Jahrhunderts beschäftigten sich schließlich eher mit der „Erörterung des demokratischen Verfassungsstaates und der von ihm konkret wahrzunehmenden Aufgaben“ (Ehlers 2003, S. 86), aber auch hier ist die polizeiliche Gefahrenabwehr (und damit die Herstellung von Innerer Sicherheit) eine genannte Staatsaufgabe (Ehlers 2003, S. 93).

73 „Individuelle Rechtsverletzungen konnten die Betroffenen durch *Fehde*, d.h. in einem geregelten Verfahren der Gewaltanwendung gegen die unrecht handelnde Partei, ahnden“ (Benz 2008, S. 14).

das Gewaltmonopol innehabende Staaten im 20. Jahrhundert ein bisher nicht gekanntes Ausmaß annahmen.[74]
Zudem bedeutet das Gewaltmonopol des Staates nicht, dass Gewalt im Staat nicht mehr vorkommt. An die Machttheorie Popitz' (Popitz 1992) anschließend, fassen Beck und Schlichte zusammen: „Mit der Einführung von Regeln der Gewaltkontrolle oder der Etablierung eines Gewaltmonopols [kann] das Problem der Gewalt keineswegs als erledigt gelten" (Beck und Schlichte 2014, S. 116–117). Zum einen muss das „[Gewalt]Monopol durch kontinuierliche organisierte Anstrengungen auch gegen Widerstand behauptet und reproduziert werden" (Beck und Schlichte 2014, S. 117)[75], zum anderen ist Gewalt eine immer präsente Option zwischen Menschen (Popitz 1992, S. 43), die nicht durch einen Vertrag und Organisationen entfernt werden könnte (Beck und Schlichte 2014, S. 117).
Zudem ist der Staat auch nicht allein für Sicherheit zuständig. Mit Blick auf die hier behandelte Herstellung Innerer Sicherheit im lokalen Bereich lässt sich bspw. (informelle) soziale Kontrolle in verschiedenen Ausprägungen als ein wesentlicher Faktor zur Verhinderung von Kriminalität nennen (Schubert 2017; Feltes 2009). So sind Bürger:innen auch zunächst selbst verantwortlich für ihre Sicherheit:

> „Grundsätzlich sind zunächst der einzelne Bürger und die Bürgerin für die Sicherheit der eigenen Person und des Eigentums, aber auch für sein soziales und räumliches Umfeld verantwortlich. Mögliche und drohende Gefahren und Risiken gilt es zu erkennen und sich mit dem eigenen Handeln darauf einzustellen." (Frevel 2016, S. 21)[76]

Neben (informeller) sozialer Kontrolle und der Eigenverantwortung gibt es zudem stärker institutionalisierte oder formalisierte nicht-staatliche Formen

74 In Bezug auf Weber verneint Anter die Frage, ob Webers „gesamte Herrschaftssoziologie ‚als Versuch verstanden werden [kann], nachzuweisen, daß der Kern moderner Herrschaft, nämlich die Rationalisierung von Herrschaft, darauf beruht, Gewalt als Herrschaftsmittel so weit wie möglich einzuschränken'" (zitiert in Anter 2016, S. 178; vgl. Trotha 1997, S. 12). Vielmehr verdeutliche Weber, dass „die Rationalisierung der Herrschaft umso größere Gewaltpotenziale freizusetzen vermag" (Anter 2016, S. 178). Das Thema der Weberschen Herrschaftssoziologie sei stattdessen, dass sich die Gewaltanwendung zunehmend von persönlichen Beziehungen löse und durch unpersönliche Herrschaft ersetzt werde (vgl. Anter 2016, S. 178).

75 Wozu auch physische Gewalt angewendet wird.

76 Hinzukommt, dass Sicherheit in einem Spannungsverhältnis zu Freiheit steht: „Die großen Ideen (Freiheit, Sicherheit und andere) haben die gesellschaftliche und politische Funktion von Leitsternen. Man kann an ihnen die Richtung bestimmen, aber man kann, darf und wird sie nie erreichen" (Gusy 2012, o.S.).

von Sicherheitsproduktion sowie die Pluralisierung polizierender Akteure. Dabei kommt es auch zu Bündnissen zwischen verschiedenen Akteuren. Negnal und Kiefer (2017) untersuchen im Kontext der polizeilichen Kriminalprävention die Arbeit von staatlichen und zivilgesellschaftlichen Akteuren in Bündnissen, die sie „als – aus polizeilicher Perspektive – professionelle Zusammenschlüsse mit wechselseitigen Erwartungen der Beteiligten, die sich auf das richten, was ‚präventiert' werden soll" (Negnal und Kiefer 2017, S. 170), verstehen. In solchen Bündnissen kommt es also zur „beidseitigen Inanspruchnahme" (Ruhnau und Liebhart 2019, S. 107), zu Kooperationen zwischen staatlichen und zivilgesellschaftlichen Akteuren.

Aus Sicht des Hobbesschen und Weberschen Staatsverständnisses kommt es dabei zur Frage, wieviel ‚Sicherheitsproduktion' Bürger:innen leisten können, ohne dass das Schutzversprechen des Staates als nicht mehr ausreichend eingelöst betrachtet wird. Hier gibt es eine breite und kontrovers geführte Debatte darüber, welche Auswirkungen eine Pluralisierung der Sicherheitsproduktion und polizierender Akteure auf das Gewaltmonopol des Staates haben. Bevor aber auf diese Debatte eingegangen wird, wird ein Blick auf einen alternativen Ansatz zur Beschäftigung mit Staat und Regierung geworfen. Der Ansatz der Gouvernementalität nach Foucault bietet ein Instrumentarium, mithilfe dessen Entwicklungen im Bereich der Pluralisierung der Sicherheitsproduktion, also auch das Phänomen polizierende Bürgergruppen, analysiert werden können und der den Antagonismus zwischen Staat und (Zivil)Gesellschaft auflöst. Dies ist insbesondere für die im empirischen Teil der Arbeit betrachteten Gruppen relevant.

Dazu werden zunächst die Gouvernementalität nach Foucault und sein Staatsverständnis vorgestellt sowie daran anschließend die Anwendung und Weiterentwicklung von Foucaults Überlegungen im Bereich der Sicherheitsproduktion bzw. Kriminalitätsbekämpfung insbesondere durch Garland (1996, 1997) dargestellt.

3.4 Foucaults Staatsverständnis & die Gouvernementalität

Für das Staatsverständnis bei Foucault ist der Begriff der Gouvernementalität zentral. Den Begriff nutzt Foucault zum ersten Mal in seinen Vorlesungen am Collège de France 1978/1979 (Kammler et al. 2020, S. 303; Foucault 2004) und verweist damit „auf unterschiedliche Handlungsformen und Praxisfelder, die in vielfältiger Weise auf die Lenkung und Leitung von Individuen und Kollektiven zielen" (Kammler et al. 2020, S. 303).

Nachfolgend wird zunächst der Gouvernementalitätsbegriff sowie Foucaults Staatsverständnis vorgestellt. Daran anschließend wird ein Blick auf die Governmentality Studies bzw. Gouvernementalitätsstudien geworfen, um schließlich die Weiterentwicklung der Gouvernementalität im Bereich der Kriminologie exemplarisch anhand der Arbeiten von Garland

(1996, 1997) vorzustellen. Diese Ansätze bieten aufschlussreiche Perspektiven für die Analyse des Verhältnisses von Staat und Zivilgesellschaft im Bereich der Sicherheitsproduktion.

3.4.1 Gouvernementalität & Staat

Foucault beschäftigt sich mit der Genealogie gesellschaftlicher Formationen, mit dem Dreieck aus Souveränität, Disziplin und Gouvernement/gouvernementaler Verwaltung (Krasmann 1999, S. 109; Foucault 2004, S. 161). Diese drei Dimensionen sind sowohl als Abfolge als auch als miteinander verflochten, jedoch keinesfalls als einander ersetzend zu verstehen:

> „So daß man die Dinge keineswegs als Ersetzung einer Gesellschaft der Souveränität durch eine Gesellschaft der Disziplin durch eine Gesellschaft, der, sagen wir, Regierung verstehen kann. In Wirklichkeit haben wir es mit einem Dreieck zu tun: Souveränität, Disziplin und gouvernementale Verwaltung, eine gouvernementale Verwaltung, deren Hauptzielscheibe die Bevölkerung ist und deren wesentliche Mechanismen die Sicherheitsdispositive sind." (Foucault 2004, S. 161)

Knapp zusammengefasst basiert die Souveränität auf repressiven Techniken der Kontrolle eines Territoriums. Zudem zeigt Foucault auf, dass die Souveränität ein Ziel an sich ist:

> „Das bedeutet, das Ziel der Souveränität ist zirkulär: Es verweist auf die Ausübung der Souveränität selbst; das Wohl besteht im Gehorsam gegenüber dem Gesetz, folglich besteht das Wohl, das die Souveränität sich zum Ziel setzt, darin, daß die Leute der Souveränität gehorchen." (Foucault 2004, S. 149)[77]

Die Disziplinargesellschaft kontrolliert Individuen durch systematische Überwachung. Besonders deutlich wird die Funktionsweise der ihr zugrundeliegenden Disziplinarmacht in Foucaults „panoptischen Machtmodell"[78] (Bublitz 2020, S. 317), worunter eine dauerhafte Überwachung von Indivi-

---

[77] Weiter zeigt Foucault somit auf, dass, welche Rechtfertigung der Souveränität auch immer zugrunde liegt, sie von den Überlegungen Machiavellis, dass nämlich die Hauptaufgabe des Fürsten sei, sein Fürstentum aufrechtzuerhalten, nicht so weit entfernt sei. In Abgrenzung zur Gouvernementalität schreibt Foucault: „Während das Ziel der Souveränität in ihr selbst liegt und sie ihre Instrumente in Gestalt des Gesetzes aus sich selbst ableitet, liegt das Ziel der Regierung in den Dingen, die sie lenkt; es ist in der Vollendung, in der Maximierung oder Intensivierung der von ihr gelenkten Vorgänge zu suchen, und anstelle der Gesetze werden verschiedenartige Taktiken die Instrumente der Regierung bilden" (Foucault 2004, S. 150).

[78] Vgl. ausführlich zum Panoptismus Foucault 1994, S. 251–292.

duen durch externe, selbst nicht sichtbare Beobachter zu verstehen ist, was „zur Antizipation und Imagination der Beobachter und damit zur Selbstdisziplinierung der Individuen" (Bublitz 2020, S. 317) führt. Die Gouvernementalität schließlich fokussiert nicht mehr auf ein Territorium und ist ein Regieren aus der Distanz (Krasmann 1999, S. 109). Das erste Mal erwähnt Foucault die Gouvernementalität in seiner vierten Vorlesung am Collège de France:

> „Ich verstehe unter ‚Gouvernementalität' die aus den Institutionen, den Vorgängen, Analysen und Reflexionen, den Berechnungen und den Taktiken gebildete Gesamtheit, welche es erlauben diese recht spezifische, wenn auch sehr komplexe Form der Macht auszuüben, die als Hauptzielscheibe die Bevölkerung, als wichtigste Wissensform die politische Ökonomie und als wesentliches technisches Instrument die Sicherheitsdispositive hat." (Foucault 2004, S. 162)

Zudem beschreibt Foucault Gouvernementalität in dieser Vorlesung als Prozess, der zur „Vorrangstellung dieses Machttypus geführt hat, den man über alle anderen hinaus die ‚Regierung' nennen kann: Souveränität, Disziplin, und die einerseits die Entwicklung einer ganzen Serie spezifischer Regierungsapparate [und andererseits, *Einf. im Orig., durch den Hrsg.*] die Entwicklung einer ganzen Serie von Wissensarten nach sich gezogen hat"[79] (Foucault 2004, S. 162–163).

Sennelart (2004) weist darauf hin, dass Foucault Gouvernementalität in seinen nachfolgenden Beschäftigungen als „Analyseraster für Machtverhältnisse" weiterentwickelt und unter dem Begriff, also die „Art und Weise, mit der man das Verhalten von Menschen steuert" (zitiert in Sennelart 2004, S. 565), fokussiert. Die Gouvernementalität zielt unter dem Prinzip der Sicherheit auf die Regulierung der Bevölkerung insgesamt mithilfe von „Techniken permanenter Überprüfung, Kalkulation und (statistischer) Berechnung" (Krasmann 1999, S. 109); Wissen ist hier also zentral (so auch Rose und Miller 1992, S. 175). Zudem werden Individuen fokussiert, „mittels Techniken der Selbstbefragung des Verantwortlichmachens" (Krasmann 1999, S. 109), Aktivität wird hervorgerufen durch „Anreiz oder Sorge, die sich beim einzelnen in einer Besorgnis mit Blick auf eine risikobehaftete Zukunft äußern kann und in einer daraus hervorgehenden aktiven Selbstsorge, die um die Bewältigung entsprechender Unwägbarkeiten bemüht ist" (Krasmann 1999, S. 109).[80]

---

[79] Ergebnis dieses Vorgangs ist die Gouvernementalisierung des Staates im 15. und 16. Jahrhundert, der sich zum Verwaltungsstaat wandelte (Foucault 2004, S. 163).

[80] Mit dem Fokus auf die Bevölkerung konnte die politische Ökonomie entstehen, denn durch „die Erfassung dieses durchgehenden und vielfältigen Geflechts zwischen Bevölkerung, Territorium, Reichtum wird sich sowohl eine neue Wissenschaft bilden, die man die ‚politische Ökonomie' nennt, als auch zugleich ein für das Regieren charakte-

Dem zugrunde liegen die bereits oben erwähnten Sicherheitsdispositive, also spezifische Organisationsformen von Sicherheitstechnologien, „die auf Produktion und Reproduktion einer ‚normalen' homogenen Gesellschaft abzielen. […], d.h. institutionelle und diskursive Formationen beziehungsweise ein Ensemble von Praktiken, die das, was als Normalverteilung gilt, sichern und die Dinge gleichzeitig geschehen lassen sollen (also den Raum der Gefahren rationalisieren)" (Herrmann 2014, S. 146). Es wird also nicht (nur) versucht Macht über Individuen durch disziplinären Zugriff oder Reglementierung zu erlangen, sondern durch Technologien des Selbst, die von den Individuen übernommen werden (Garland 1997, S. 175). Mit Rose und Miller (1992) lässt sich daran anschließend ergänzen:

> „Power is not so much a matter of imposing constraints upon citizens as of 'making up' citizens capable of bearing a kind of regulated freedom. Personal autonomy is not the antithesis of political power, but a key term in its exercise, the more so because most individuals are not merely the subjects of power but play a part in its operations." (Rose und Miller 1992, S. 174)

Regieren beschreibt Hobbes im Leviathan (vgl. *Kapitel 3.1 Der „Leviathan" – theoretische Überlegungen zum staatlichen Gewaltmonopol*) als ein Herrschen mit Autorität auf einer gesetzlichen Grundlage[81] (Dean 2007, S. 92). Dean (2007) sieht diese Definition auch für die heutige Verwendung des Begriffs als Grundbedeutung. Das Staats- und Regierungsverständnis bei Foucault ist anders gefasst:[82]

> „Der Staat ist demnach nicht viel mehr als eine Kristallisation von Kräfteverhältnissen, und er ist weder reines Instrument (in den Händen irgendeiner sozialen Gruppe) noch ein vollständig verselbständig-

---

ristischer Interventionstyp, nämlich die Intervention auf dem Feld der Ökonomie und der Bevölkerung" (Foucault 2004, S. 159).

81 Dean führt allerdings ein Beispiel aus Hobbes Behemoth an, in dem das Regieren in einem ähnlichen Sinne gebraucht wird, wie Foucault es später versteht. So schreibt Hobbes, dass einige Menschen durch ihre Eltern zur Universität geschickt würden, um ihnen das Regieren der Kinder zu Hause zu ersparen. Hier wird das Regieren also genutzt „für jede Art von Handlung, die mehr oder weniger absichtlich den Zweck verfolgt, andere anzuleiten, zu führen oder zu kontrollieren" (Dean 2007, S. 92).

82 So kritisierte Foucault die staatstheoretischen Konzepte, die „auf einer anachronistischen Machtvorstellung als einer institutionellen und repressiven Kraft basieren, die für moderne Politik kaum mehr relevant sei" (Vasilache 2014, S. 1). Dabei kritisiert er das repressive und juridische Verständnis von Macht, souveränitätsfixierte Machtbegriffe und betont, „dass eine juridische, repressive letztlich staatstheoretische Idee der Macht selbst noch als eine Machttaktik gelten müsse, die die tatsächliche Funktions- und Wirkungsweise von Machtdynamiken verberge" (Vasilache 2014, S. 1).

> ter bürokratischer Apparat. Weil der Staat eine soziale Einheit in einem Netz von Beziehungen mit anderen sozialen Institutionen ist, an deren Wissensproduktionen und Regulationsfunktionen er partizipiert, ist er keine von der ‚Gesellschaft' (und ihren strategischen Dynamiken) klar unterschiedene Instanz. Als Objekt von Analysen spezifischer Konfigurationen des Wissens und der Macht tritt er nur als eine von mehreren gesellschaftlich wirkmächtigen Instanzen in Erscheinung." (Saar 2007, S. 33)

Foucault differenziert zwischen „der Problematik des Regierens im Allgemeinen" und der „Regierung in ihrer politischen Form" (zitiert in Lemke et al. 2015, S. 10).

> „Jenseits einer exklusiven politischen Bedeutung verweist Regierung also auf zahlreiche und unterschiedliche Handlungsformen und Praxisfelder, die in vielfältiger Weise auf die Lenkung, Kontrolle, Leitung von Individuen und Kollektiven zielen und gleichermaßen Formen der Selbstführung wie Techniken der Fremdführung umfassen." (Lemke et al. 2015, S. 10)

Dieses Regieren meint bei Foucault also nicht das Hobbesche Verständnis und wird nicht ausschließlich durch staatliche Institutionen ausgeübt[83], sondern meint Praktiken der Selbst- und Fremdführung auch von Menschen untereinander (Beljan 2020, S. 328).
Foucault unterscheidet zudem zwischen Herrschaftstechniken, die auf die „Bestimmung des Verhaltens von Individuen zu ihrer Unterwerfung unter Herrschaftszwecke zielen"[84] (Lemke et al. 2015, S. 28), und Technologien des Selbst, die es „Individuen ermöglichen, mit eigenen Mitteln bestimmte Operationen mit ihren Körpern, mit ihren eigenen Seelen, mit ihrer eigenen Lebensführung zu vollziehen, und zwar so, dass sie sich selber transformieren, sich selber modifizieren und so einen bestimmten Zustand von Vollkommenheit, Glück, Reinheit, übernatürlicher Kraft erlangen" (Foucault 1984, S. 35–36; zitiert in Lemke et al. 2015, S. 28–29).

---

83 Allerdings blieben die Analysen Foucaults zur Gouvernementalität fragmentarisch und es handelt sich nicht um ein abgeschlossenes Forschungsprogramm. Ein Problem stellt die „uneinheitliche Verwendung, die mangelnde theoretische Präzisierung und unzureichend historische Konkretisierung des Regierungsbegriffs" (Lemke et al. 2015, S. 18) dar: „Nicht nur bleibt die analytische Abgrenzung von Regierungstechnologien zu Souveränitäts- und Disziplinarmechanismen unklar, es gibt sogar Textstellen, in denen Foucault ‚Regierung' als eine Art Grundtatsache menschlicher Gesellschaften behandelt" (Lemke et al. 2015, S. 18).

84 Hier verweisen Lemke et al. 2015 selbst auf die Tautologie dieser Definition sowie auf die genauere Beschäftigung mit Foucaults Herrschaftsbegriff bei Lemke 1997.

Die Regierung kann dabei als Scharnier bzw. Bindeglied zwischen Macht- und Herrschaftszuständen sowie zwischen Machtbeziehungen und Subjektivierungstechniken verstanden werden (Bublitz 2014, S. 86; Beljan 2020, S. 328):

> „Der Kontaktpunkt, an dem die Form der Lenkung der Individuen durch andere mit der Weise ihrer Selbstführung verknüpft ist, kann nach meiner Auffassung Regierung genannt werden. In der weiten Bedeutung des Wortes ist Regierung nicht eine Weise, Menschen zu zwingen, das zu tun, was der Regierende will; vielmehr ist sie immer ein bewegliches Gleichgewicht mit Ergänzungen und Konflikten zwischen Techniken, die Zwang sicherstellen, und Prozessen, durch die das Selbst durch sich selbst konstruiert und modifiziert wird." (Foucault 1993, S. 203–204; übersetzt zitiert in Lemke et al. 2015, S. 29)

Diese Regierung in Foucaults Verständnis beruht somit nicht primär auf Zwang, sondern bezieht sich „auf die Erfindung und Förderung von Selbsttechnologien, die an Regierungsziele gekoppelt werden können" (Lemke et al. 2015, S. 29).
Rose und Miller (1992) beschreiben das Regieren daran anschließend bzw. darauf aufbauend als Strategien, Techniken und Prozesse, durch die verschiedene Akteure versuchen Programme umzusetzen und durch die Verbindungen geschaffen werden zwischen den Bestrebungen der Autoritäten und den Aktivitäten von Individuen und Gruppen (Rose und Miller 1992, S. 183). Der Staat ist hinsichtlich des Regierens durchaus Bezugs- aber kein Ausgangspunkt (Bublitz 2014, S. 86).
In diesem Verständnis ist somit keine starre Trennlinie zwischen öffentlich und privat sowie Staat und Zivilgesellschaft gegeben.[85] Auch wenn aus dem Staat diverse Regierungsprojekte hervorgehen, er mit einer politischen Rationalität verbunden ist (Saar 2007, S. 33) und er etwas ist, aus dem „‚private' powers" Unterstützung für ihre Autorität ableiten, so sei er doch „by no means the fons et origo of all governmental activity" (Garland 1997, S. 175).

---

85 So bildet „der Staat innerhalb der Analytik der Regierung nicht das Außen, gegen das sich das Feld der Regierung profiliert, noch ist er der Ausgangspunkt oder Adressat der Analyse; im Gegenteil verortet diese Theorieperspektive den Staat selbst im Netz der Regierung, er ist Effekt der Regierungspraktiken, nicht deren Grundlage oder Gegenspieler. Daher wird die Opposition von Staat und Zivilgesellschaft nicht als universell vorausgesetzt, sondern bildet ein strategisches Element liberaler Regierungspraxis" (Lemke 2007, S. 61).

In seinen Überlegungen zum Staat analysiert Foucault somit den Staat ausgehend von den Machtverhältnissen und spricht von einer „Gouvernementalisierung des Staates“ (Foucault 2004, S. 163), statt ihn als Ausgangspunkt von Macht zu sehen (Vasilache 2014, S. 2; Foucault 2004, S. 164–165). Eine zentrale Konsequenz aus diesem Staatsverständnis mit der Fokussierung auf Regieren bzw. Regierungstechniken ist, dass „die Differenz zwischen Staatsgründung und *policy making* an Plausibilität und Profil [verliert], Staatsformierung ist kein einmaliges Ereignis, sondern ein andauernder Prozess, in dem die Grenzen und die Inhalte staatlichen Handelns immer wieder neu bestimmt werden“ (Lemke 2007, S. 54).

3.4.2 Gouvernementalitätsstudien

Obwohl die Ausarbeitungen Foucaults zur Gouvernementalität zunächst nur skizzenhaft vorlagen und es sich nie um ein abgeschlossenes Forschungsprogramm handelte (Lemke et al. 2015, S. 18), inspirierte das Konzept ab den 1970er Jahren eine Vielzahl an historischen und sozialwissenschaftlichen Untersuchungen. In den 1990er Jahren nutzten Forscher:innen aus Großbritannien, Australien, Kanada und den USA das Konzept, wobei sie zumeist die Analyseinstrumente Foucaults heranzogen, um zeitgenössische gesellschaftliche Transformationsprozesse zu betrachten (Lemke 2020, S. 437). Lemke (2020) spricht mittlerweile von einer eigenständigen Forschungstradition der Governmentality Studies im angloamerikanischen Raum, auch wenn es sich weniger um eine homogene Theorieschule als mehr um ein loses wissenschaftliches Netzwerk handele: „Die thematische Bandbreite [von Arbeiten, die sich auf das Konzept der Gouvernementalität beziehen, Anm. d. Verf.] reicht von der Analyse sozialer Implikationen biomedizinischer und biotechnologischer Praktiken über organisationssoziologische Fragestellungen, die postkoloniale Theorie, die Raum- und Stadtforschung bis hin zur Kriminologie“ (Lemke 2020, S. 438). Rose und Miller (1992) fassen zusammen:

> „The term governmentality sought to draw attention to a certain way of thinking and acting embodied in all those attempts to know and govern the wealth, health and happiness of populations.“ (Rose und Miller 1992, S. 174)

Seit Ende der 1990er Jahren sind zudem auch im deutschsprachigen Raum diverse Publikationen erschienen, die das Konzept zur Analyse heranziehen und weiterentwickeln (Lemke 2020, S. 438).
Kritik an Gouvernementalitätsstudien bezieht sich u.a. auf die Verwendung des Gouvernementalitätskonzepts als Metanarrativ, also dessen Heranziehung ohne Weiterentwicklung, Überarbeitung und Korrektur. Weiter kritisiert Lemke (2020) die Kohärenz, die zum Teil den Regierungstechnolo-

gien zugesprochen werde, und die Unterschätzung expressiver und emotionaler Faktoren, die gegenüber bewussten Kalkülen und rationalen Konzepten vernachlässigt würden. Außerdem würden viele Gouvernementalitätsstudien ihr Ziel der Analyse von Macht jenseits des Staates nicht erreichen, da dieser stetig impliziter oder expliziter Bezugspunkt bleibe (vgl. ausführlich Lemke 2020, S. 439–440). Ähnliche Kritik übt auch Stenson (2007a), wobei dieser mit einer „realistischen Gouvernementalitätstheorie" vorschlägt, wieder stärker auf den Staat abzuheben, ihn, wenn auch ebenfalls nicht als monolithisch, nicht als einen gleichwertigen Knoten im Sicherheitsmarkt anzusehen, da er über riesige Mittel verfüge (Stenson 2007b, S. 191; ähnlich auch Garland 1997, S. 195).

Trotz seiner Kritik fasst Lemke zusammen, dass das theoretische Verdienst der Gouvernementalitätsstudien darin bestehe, dass deren analytische Perspektive

> „sich nicht auf die Feststellung eines ‚Niedergangs des Politischen' beschränkt, sondern den ‚Rückzug des Staates' bzw. die ‚Dominanz des Marktes' selbst als ein politisches Programm dechiffriert, das auf eine umfassende Restrukturierung gesellschaftlicher Kräfteverhältnisse zielt. In dieser Hinsicht lässt sich keine Erosion staatlicher Souveränität und Planungskompetenz, sondern deren Transformation im Rahmen einer ‚neoliberalen Gouvernementalität' beobachten, die durch die Verschiebung von formellen zu informellen Formen der Regierung und die Konstitution neuer Techniken individueller und kollektiver Führung gekennzeichnet ist." (Lemke 2020, S. 439)

3.4.3 Gouvernementalität & Sicherheitsproduktion

Im Kontext der Sicherheitsproduktion bzw. der Kriminologie hat David Garland das Gouvernementalitätskonzept ausgearbeitet (Krasmann 1999, S. 111).

> „For most people, crime is no longer an aberration or an unexpected, abnormal event. Instead, the threat of crime has become a routine part of modern consciousness, an everyday risk to be assessed and managed in much the same way that we deal with road traffic – another modern danger which has been routinized and 'normalized' over time." (Garland 1996, S. 446)

Garland zeigt für Großbritannien auf, wie sich seit den 1970er Jahren „new everyday criminology" im öffentlichen Diskurs um Kriminalitätsbekämpfung etabliert haben: rational choice theory, routine activity theory, crime

as opportunity und situational crime prevention theory sind Ansätze[86], die sich deswegen von der vorherigen Beschäftigung mit Kriminalität unterscheiden, weil sie Kriminalität als etwas Alltägliches sehen und nicht mehr als Ausnahme bzw. als Abweichung (Garland 1996, S. 450): „In contrast to traditional criminology, this approach no longer takes the state and its agencies to be the primary or proximate actors in the business of crime control" (Garland 1996, S. 451).
So wird mit dem Routine Activity Approach[87] aufgezeigt, dass sozialer Wandel Routineaktivitäten verändere und Tatgelegenheiten schaffe, was dazu führen kann, dass „sich die tatgeneigte Person in einer Gelegenheits- und Entscheidungssituation wieder[findet], in der sie rational die Vor- und Nachteile der Tatbegehung abwägt" (Neubacher 2020, S. 110). Dabei wird also vom Individuum bzw. von der Täterpersönlichkeit abstrahiert und die Voraussetzungen für eine Tat sind diesem Ansatz zufolge ein motivierter Täter, ein erreichbares bzw. geeignetes Tatziel und die Abwesenheit schutzbereiter Dritter (Neubacher 2020, S. 109–110). Neubacher (2020) fasst drei Punkte zusammen, die an diesem Ansatz kritisiert werden: So könne die Kriminologie nicht vollständig auf Erklärungen für Tätermotivation verzichten (die Tatneigung von Individuen kann durch den Ansatz schließlich nicht erklärt werden), zudem würden Verdrängungseffekte zu wenig berücksichtigt, da aus dem Ansatz symptomatische Strategien zur Bekämpfung von Kriminalität abgleitet werden können, die jedoch die Wurzel von Kriminalität unberührt lassen, und schließlich könne der Ansatz so „(miss?)verstanden werden, als ob ein Opfer, das gefährliche Orte aufsucht oder nicht hinreichend den Schutz seiner Güter organisiert, eine Mitschuld an dem Geschehen trägt" (Neubacher 2020, S. 111).
Abrahamsen und Williams (2009) fassen für diese durch ökonomisches Denken beeinflussten Sichtweisen auf kriminelles Verhalten das rationale Kalkül sowie Gelegenheitsstrukturen als Schlüsselvariablen zusammen (Abrahamsen und Williams 2009, S. 4). Daraus ergeben sich auch neue Ansätze zur Bekämpfung von Kriminalität, die nicht mehr direkt durch staatliche Behörden, wie Polizei, Gerichte, Gefängnisse, Sozialarbeit etc., bearbeitet wird, sondern durch indirektes Regierungshandeln, indem versucht wird nicht-staatliche Organisationen zum Handeln anzuregen. Die Verantwortlichkeit für Kriminalprävention soll also auf nicht-staatliche Stellen, Organisationen oder Individuen übertragen werden, die überzeugt werden sollen, angemessen zu handeln. Beispiele dafür sind groß angelegte Öffentlichkeitskampagnen zur Kriminalprävention, die sensibilisieren, ein Pflichtgefühl schaffen und somit Praktiken von Bürger:innen verändern

86 Vgl. dazu auch ausführlicher Kunz und Singelnstein 2016, S. 141–166 sowie Neubacher 2020, S. 106–113.

87 Der Ansatz geht zurück auf Cohen/Felson, vgl. ausführlich Cohen und Felson 1979.

sollen, und eben auch Neighbourhood Watch Programme (Garland 1996, S. 452). Diese sind in Großbrittannien „a central plank of government crime prevention policy, and serve as a model for more ambitious and more effective forms of cooperation between the public and the private realms" (Garland 1996, S. 453).

> „In effect, central government is, in this field of policy as several others, operating upon the established boundaries which separate the private from the public realm, seeking to renegotiate the question of what is properly a state function and what is not." (Garland 1996, S. 453)

Diese *Responsibilisierungsstrategie* bedeutet allerdings nicht das Auslagern staatlicher Aufgaben bzw. Staatsfunktionen, sondern stellt eine neue Form des Regierens auf Distanz, eine neue Art der Ausübung von Macht dar: „It is a new mode of governing crime, with its own forms of knowledge, its own objectives, its own techniques and apparatuses" (Garland 1996, S. 454).
O'Malley (2009) definiert Responsibilisierung als einen in der Gouvernementalitätsliteratur entwickelten Begriff, „to refer to the process whereby subjects are rendered individually responsible for a task which previously would have been the duty of another – usually state agency – or would not have been recognized as a responsibility at all. The process is strongly associated with neoliberal political discourses, where it takes on the implication that the subject being responsibilized has avoided this duty or the responsibility has been taken away from them in the welfare state era and managed by an expert or government agency" (O'Malley 2009, S. 276).
Neben dieser Strategie der Kriminalprävention, die Garland auch als adaptive Strategie bezeichnet, beschreibt er zudem das Modell der „punitiven Segregation" (Hess 2007, S. 11), bei dem aus dem rational choice Ansatz nicht geschlussfolgert wird, „dass man kühl und ökonomisch eine kostengünstige Lösung finden könne und solle, sondern vielmehr, dass man mit Strafen die Kosten für die Täter erhöhen müsse" (Hess 2007, S. 11–12), was begleitet wird von einer „criminology of the other", in der Verbrecher:innen als anders angesehen werden als „the threatening outcast, the fearsome stranger, the excluded and the embittered" (Garland 1996, S. 461).
Hess (2007) fasst zusammen:

> „Während das neoliberale Modell das der Experten, Bürokraten und Ökonomen ist, ist das neo-konservative Modell mit seinen moralischen Obertönen, seinen expressiven Strafen und seiner Nicht-Achtung finanzieller Kosten das Modell populistischer Politiker und

> einer für deren Parolen […] empfänglichen Bevölkerung.“ (Hess 2007, S. 12)

Aber auch bei der adaptiven Strategie zieht sich der Staat nicht unbedingt zurück, sondern behält seine traditionellen Funktionen und ergänzt diese um weitere koordinierende und aktivierende Rollen (Garland 1996, S. 454):

> „Where it works – and one should not underestimate the difficulties involved in making work – the responsibilization strategy leaves the centralized state machine more powerful than before, with an extended capacity for action and influence. At the same time, however, this strategy serves to erode the notion of the state as the public's representative and primary protector. It marks what may be the beginning of an important reconfiguration of the 'criminal justice state' and its relation to the citizen.“ (Garland 1996, S. 454)

Das Implementieren von sozialen und situationalen Formen der Kriminalprävention beinhaltet eine Neuordnung des sozialen Alltags. Garland argumentiert, dass diese Form des Regierens trotz der niedrigschwelligen und lokalen Praxen, weitreichender und anspruchsvoller ist als jenes, was er als ‚penal welfare project‘[88] bezeichnet, da nicht mehr nur deviantes Verhalten anvisiert wird, sondern Veränderungen in Normen, Routinen und dem Bewusstsein aller (Garland 1996, S. 454). Abrahamsen und Williams (2009) weisen darauf hin, dass sich in diesem Kontext die Verbreitung von risikoorientiertem Denken und Sicherheitstechnologien deutlich zeigt. Risiko stelle dabei kein Synonym für Gefahr dar, sondern eine bestimmte Weise des Denkens über und Reagierens auf potenzielle Gefahren:

> „It is preventative, not restorative. Primarily actuarial and calculative, it works by designing and controlling spaces, through the collection of statistics and the production of categories of danger, and by surveillance. Risk is therefore, a way of approaching security that can be deployed by private actors just as effectively as by public ones." (Abrahamsen und Williams 2009, S. 5)[89]

---

88 Die penal welfare strategy meint die Strategie, die bis in die 1960er Jahre den Diskurs in Großbritannien be-stimmte, so Garland, „that vigorous policing and correctional penal measures, guided by research studies into the causes of crime and the effectiveness of penal treatments, would begin to stem the rising tide of post-war crime" (Garland 1996, S. 447).

89 Auch wenn die Autor:innen sich mit „private actors“ auf gewerbliche Sicherheitsdienstleister beziehen, lässt sich dies auch für die private im Sinne bürgerschaftlicher Sicherheitsarbeit festhalten.

Krasmann (2003) erläutert die Differenz von Gefahren und Risiken: Während erstere von außen kommen und „außerhalb der Sphäre menschlicher Machbarkeit oder technischer Beeinflussbarkeit“ (Krasmann 2003, S. 113) liegen, liegen Risiken Entscheidungen zugrunde. Das Risiko „impliziert die Möglichkeit der Zuweisung von Verantwortung, weil es auf einem Wissen beruht und auf Techniken verweist, die es vorstellbar und handhabbar machen“ (Krasmann 2003, S. 113).
Damit einher geht aber keine Ausweitung von Sicherheit und Gewissheiten, denn über Wissen werden mehr Möglichkeiten unerwünschter Ereignisse und möglicher Interventionen bewusst. Hier ist also eine Anknüpfung an die Responsibilisierungsstrategie und ihre Verknüpfung mit Wissen gegeben:

> „Wir selbst sind gefordert, uns entsprechend weitsichtig oder umsichtig zu verhalten, entsprechende Vorkehrungen und vor allem Entscheidungen zu treffen. Obwohl das Wissen selbst neutral zu sein scheint, können ein und dieselben Dinge uns durch den Hinweis auf Risiken plötzlich in einem neuen Licht erscheinen und neue wissenschaftliche ‚Erkenntnisse‘ die Wahrnehmung von Problemen und Verhaltensweisen verändern.“ (Krasmann 2003, S. 113)

In einer weiteren Publikation zeichnet Garland (1997) mithilfe der Gouvernementalität u.a. explizit nach, wie ökonomisches Denken Einzug in die Kriminalitätskontrolle gefunden hat. Mit dieser „‚economic‘ rationality“ (Garland 1997, S. 185) meint Garland nicht nur Kosten-Nutzen-Abwägungen und finanzielle Beschränkungen, sondern die zunehmende Nutzung einer analytischen Sprache von Chancen und Risiken, Rationalität, Wahlmöglichkeit, Wahrscheinlichkeit, Zielbestimmung sowie Angebot und Nachfrage an Möglichkeiten: „a language that translates ‚economic‘ forms of reasoning and calculation into the criminological field“ (Garland 1997, S. 185). Zudem sieht er eine zunehmende Relevanz von Zielen wie Entschädigungen, Kostenkontrolle, Schadensminimierung, Wirtschaftlichkeit, Effizienz und Effektivität sowie den vermehrten Rückgriff auf Überprüfung, Kontrolle der Finanzen, Wettbewerb und eine dezentralisierte Verwaltung zur Kontrolle strafrechtlicher Entscheidungen (Garland 1997, S. 185).[90]
Insgesamt fasst Garland (1997) hinsichtlich der Orientierung an Foucaults Überlegungen zusammen:

> „The value of Foucaults analysis [...] is that it allows us to analyse the crime control field as a field of power relations and subjectifica-

90 Die „new everyday criminology“ (s.o.) fügt sich hier ein (vgl. auch Garland 1997, S. 186) .

> tions [Hervor. im Original, Anm. d. Verf.] and draws attention to the impact of new knowledges and technologies upon the power relations between governmental actors as well as between the rulers and the ruled." (Garland 1997, S. 188)

Diese foucaultsche Gouvernementalität bietet also einen Ausgangspunkt, der auch für die Pluralisierung der Sicherheitsproduktion in Deutschland, das bürgerschaftliche Polizieren bzw. das Verhältnis zwischen polizierenden Bürger:innen und dem staatlichen Sicherheitsakteur Polizei eine aufschlussreiche Perspektive liefert. So schreibt Garland:

> „To engage with this work is not to find a set of ready-made analyses, but to respond to its invitation to take up specific lines of research in order to address certain problems in our present." (Garland 1997, S. 196)

Birenheide (2009) zeigt anhand einer in Deutschland tätigen polizierenden Bürgergruppe auf, wie diese „als Sicherheits*community* [Hervorh. im Original] die politische Technologie des verantwortlich gemachten Individuums, die gestiegene Bedeutung der Selbstführung und des bürgerschaftlichen Engagements" (Birenheide 2009, S. 239) verkörpert.
Bevor polizierende Bürgergruppen und ihr Verhältnis zum Staat betrachtet werden, werden die Pluralisierung der Sicherheitsproduktion, die damit einhergehende Diskussion um das Gewaltmonopol sowie die gouvernementalen Entwicklungen in der Sicherheitsproduktion in Deutschland vorgestellt.

3.5 *Die Pluralisierung der Sicherheitsproduktion, Gewaltmonopol & Gouvernementalität*

Der Kontext der Pluralisierung der Sicherheitsproduktion in Deutschland ist die Idee des aktivierenden Staates, wobei eine Verschiebung vom Leistungsstaat hin zum Gewährleistungsstaat beschrieben wird (Frevel 2015, S. 280). Auch wenn der Bereich der Inneren Sicherheit jahrelang davon langsamer und auch nur teilweise betroffen war (Frevel 2015, S. 280), ist die Pluralisierung und Privatisierung von Leistungen auch in diesem Bereich eine Tatsache:

> „The collaboration of the state's main actor, the police, with other agencies e.g. private security firms, volunteers and non-statutory players is implemented as plural policing. The contemporary state of plural policing can be seen as result of the political debate regarding the activating state." (Frevel 2015, S. 280)

Dabei stellt sich die Frage, ob diese Pluralisierung das staatliche Gewaltmonopol gefährdet. Aus Webers Perspektive ist eine Pluralisierung der Sicherheitsproduktion schwierig: Erlangen Akteure Kompetenzen, die Auswirkungen auf das staatliche Gewaltmonopol haben, wird die Kompetenz des Staates hinterfragt oder sogar unterminiert (Frevel 2015, S. 279). Bezüglich der Zunahme gewerblicher Sicherheitsunternehmen hält Anter (2016) somit auch fest, „aus Webers Perspektive würde ein Ausbau der Privatisierung zugleich eine Umkehr der bisherigen Entwicklungen bedeuten und letztlich die Legitimitätsgrundlage des okzidentalen Staates unterminieren“ (Anter 2016, S. 173).
Aus einer anderen Perspektive wird jedoch argumentiert, dass der Staat das Gewaltmonopol nicht ausüben, sondern in der Lage sein müsse, es durchzusetzen, also eine Kompetenz-Kompetenz zur Kontrolle und Regelung des Einsatzes von Gewalt innehaben müsse (Frevel 2015, S. 280). Pitschas (2004) schreibt dahingehend:

> „Der tiefere Grund hierfür liegt im kooperativen Staat darin, dass der Schutz der inneren Sicherheit nicht nur staatlicher Auftrag ist, sondern gleichermaßen ein originäres Anliegen der Zivilgesellschaft darstellt. Deshalb tut der Staat recht daran, die Mitverantwortung der Gesellschaft für innere Sicherheit auf allen Ebenen – von ‚Europa‘ bis hinein in die Kommunen – zu suchen bzw. zu akzeptieren.“ (Pitschas 2004, S. 99)

Das Gewaltmonopol wird in diesem Kontext auch als Gewaltautorisierungs- und nicht als Gewaltausübungsmonopol beschrieben (vgl. dazu auch Schneiker und Joachim 2018, S. 73–74) und Birenheide (2009) weist darauf hin, dass die Übertragung hoheitlicher Funktionen „rechtlich grundsätzlich dann nicht für ausgeschlossen gehalten [wird], wenn die Zuständigkeit wegen verfassungsrechtlich bindender Grenzen zwar aufgabenmäßig beim Staat verbleibt, organisatorisch, d.h. in der Ausführung jedoch möglicherweise durch Beleihung in privatrechtliche Formen überführt wird (vgl. Art. 33 Abs. 4 GG)“ (Birenheide 2009, S. 102). Stienen (2011) sieht ebenfalls keine grundsätzliche Gefahr für die Legitimität des staatlichen Gewaltmonopols, da sich der Staat zwar von einem Gewaltmonopolisten zu einem Herrschaftsmanager wandele (vgl. auch John 2012, S. 54), sich der Einsatz bzw. die Einbeziehung privater Akteure aber „im Feld der weichen und weniger eingriffsintensiven Formen“ (Stienen 2011, S. 344) befinde.[91]
Es lässt sich also festhalten, dass das Gewaltmonopol nicht grundsätzlich durch eine Pluralisierung des Polizierens durch nicht-staatliche Sicherheits-

91 Kritisch sieht er allerdings die Ausweitung von Notwehr- und Nothilferechten, die für Ausnahmesituationen für Bürger:innen konzipiert wurden, auf private Sicherheitsakteure (Stienen 2011, S. 343).

akteure in Frage gestellt oder als in seiner Funktionsfähigkeit eingeschränkt gelten muss. Die Debatte verdeutlicht aber die Relevanz der Betrachtung der konkreten Praxis und Aufgabenübernahme nicht-staatlicher Akteure[92], durch die sich eine Veränderung in der Sicherheitsarchitektur bzw. des Sicherheitsgefüges (Abrahamsen und Williams 2009, S. 3) abzeichnet (Pitschas 2004, S. 100). So liegen das staatliche Gewaltmonopol, der Staatszweck Sicherheit und das Polizieren durch nicht staatliche Akteure in einem Feld, in dem eine Aushandlung von Aufgaben, Kompetenzen und staatlicher Kontrolle stattfindet – auch ohne, dass eine Unterminierung des Gewaltmonopols diagnostiziert werden könnte.

Zudem kann die Neuordnung des Sicherheitsgefüges auch zur Ausdehnung von Kontrollmöglichkeiten führen (Frevel und John 2014, S. 354). Hinsichtlich der Rolle der Polizei als Herrschaftsmanager (s.o.) weisen Frevel (2015) und John (2013) darauf hin, dass, auch wenn es auf den ersten Blick so scheint, als würde sich im Bereich der Sicherheitsproduktion ein Rückzug des Staates zeigen, bei genauerer Betrachtung im Gegenteil der staatliche Akteur Polizei keine Kompetenzen verliert, sondern die Pluralisierung eher mit einem Anwachsen der Aufgaben für die Polizei einhergeht; die „hoheitlichen Sicherheitsakteure [sich] ein neues Handlungsfeld an[eignen]" (John 2013, S. 21). Neben ihrer Aufgabe der Implementierung des Gewaltmonopols hinsichtlich Strafverfolgung und ernsthaften Gefährdungen übernimmt sie eine koordinierende, beaufsichtigende und partnerschaftliche Rolle in Hinblick auf nicht-staatliche Akteure im Feld der Kriminalprävention, öffentlichen Ordnung und Absicherung privater Interessen (Frevel 2015, S. 280–281; John 2013, S. 24; Garland 1996, S. 454). Eine in diesem Kontext verwendete Metapher ist der Wechsel der Rolle des Staates „from ‚rowing‘ to ‚steering‘“ (Abrahamsen und Williams 2009, S. 4).

Damit können allerdings auch Spannungen einhergehen. So wird bspw. auf die ungleiche Verteilung von Sicherheit hingewiesen. Schneiker und Joachim (2018) schreiben:

> „Wird das Gewaltmonopol durch Privatisierung verändert, kann es dazu kommen, dass nicht (mehr) alle Bürgerinnen gleichermaßen vom Staat geschützt werden (sollen), sondern einzelne gesellschaftliche Gruppen besser geschützt werden als andere, weil staatliche Sicherheitsakteure selektiven Schutz bereitstellen und/oder einige gesellschaftliche Akteure mehr Ressourcen haben als andere, um sich selbst zu schützen.“ (Schneiker und Joachim 2018, S. 58)

92 Zur juristischen Einordnung konkreter Praxen nicht-staatlicher Sicherheitsakteure vgl. Ruch 2020.

Hinsichtlich bürgerschaftlicher Beteiligung, die polizierende Bürgergruppen einschließt, aber darüber hinaus bspw. die Beteiligung von Bürger:innen an kriminalpräventiven Räten umfasst, lassen sich ebenfalls Spannungsfelder ausmachen. So ist bspw. die bürgerschaftliche Beteiligung an kriminalpräventiven Gremien durchaus selektiv und bestimmte gesellschaftliche Gruppen wie Jugendliche oder Randgruppen sind häufig das Thema kriminalpräventiver Gremien in Kommunen, selbst jedoch nicht vertreten (John 2012, S. 36; Frevel 2007, S. 177).[93] Auch geben Studien aus den Niederlanden, Großbritannien und den USA Hinweise darauf, dass Bürgerbeteiligung im Bereich von Sicherheit eher in privilegierten Nachbarschaften zustande kommt (van Steden et al. 2011, S. 436). So steigt in den Niederlanden bspw. die Wahrscheinlichkeit der Gründung einer „neighbourhood watch group" u.a. mit der Höhe des Einkommenniveaus (Lub 2018a, S. 27–30).

Insgesamt zeigen sich in dem aktivierenden Staat, dem Staat als Herrschaftsmanager und der Responsibilisierung von Bürger:innen das Regieren aus Distanz und eine Gouvernementalisierung im Bereich der Sicherheitsproduktion also auch in Deutschland. So schreibt bspw. Krasmann (1999), dass die Deregulierung und ein Rückzug des Staates bzw. eine Delegation von Aufgaben die Macht des Staates nicht schwächen muss, sondern dieser „kann vielmehr gestärkt werden, weil durch die Delegation von Aufgaben und vor allem Verantwortlichkeiten Kräfte gebündelt eingesetzt und rationalisiert werden können, während bestimmte Befugnisse (beispielsweise für entschiedene Interventionen) und die Aufsicht über bestimmte Ressourcenverteilungen nach wie vor staatlich gebunden bleiben und so die Effektivität des ‚Regierens aus der Distanz' steigern" (Krasmann 1999, S. 112).[94]

3.6 Polizierende Bürgergruppen & ihr Verhältnis zum Staat

Die vorausgegangenen Beschäftigungen mit dem Staatszweck Sicherheit, dem staatlichen Gewaltmonopol, der Pluralisierung der Sicherheitsproduk-

93 Dabei stellte Frevel 2007 allerdings fest, dass die Polizei bezüglich weitgehender Forderungen, die eine Ausgrenzung von nicht vertretenen Gruppen zum Ziel hat, durchaus begrenzend wirke und somit zur Liberalität beitrage (Frevel 2007, S. 153).

94 Das Regieren kann dabei auf zwei verschiedene Weisen geschehen bzw. mit unterschiedlichen Strategien verbunden sein: „Folglich stellt Privatisierung zwei unterschiedliche, aber sehr oft miteinander verbundene Strategien des Regierens dar – entweder die Unterwerfung unter die Warenform (die Umwandlung öffentlicher Güter in private Güter, die käuflich erworben werden können) oder die Familiarisierung/Individualisierung (die Verschiebung von Verantwortung aus dem Öffentlichen und Kollektiven zur Familie und den Individuen)" (Brodie 2004, S. 23; zitiert in Lemke 2007, S. 58).

tion und damit einhergehenden Strategien des aktivierenden Staates und des Regierens aus Distanz, zeigen ein Feld auf, in dem sich polizierende Bürger:innen bewegen und verorten.
In Stellungnahmen der Polizei oder auch Politik in Bezug auf polizierende Bürgergruppen wird häufig – insbesondere, aber nicht ausschließlich hinsichtlich Bürgerwehren – die Zuständigkeit der Polizei betont und auf deren Innehaben des Gewaltmonopols hingewiesen (Debski 2015; Doeleke 2016; Haimann 2014). In der politischen Diskussion werden dabei aber auch Versuche der Differenzierung zwischen aus staatlicher Sicht wünschenswertem und nicht wünschenswertem Engagement für Sicherheit unternommen (vgl. beispielhaft Schleswig-Holsteinischer Landtag 2015, S. 7055–7072; Landtag Nordrhein-Westfalen 2014, S. 43–46). Hier gibt es allerdings Schwierigkeiten bezüglich der Differenzierung polizierender Bürgergruppen und es lässt sich insgesamt festhalten, dass verschiedene Formen polizierender Bürgergruppen existieren und sie in bestimmten Formen und bestimmten (lokalen) Zusammenhängen akzeptiert, toleriert, gefördert, initiiert oder eben abgelehnt werden.
Für die Niederlande, in denen polizierende Bürgergruppen deutlich verbreiteter sind als in Deutschland, hält van der Land (2014) fest:

> „Governments try to shape values, beliefs, and moralities in such a way that 'responsible' self-government (i.e. in compliance with the state) becomes possible. […]. CWs [citizen watches, Anm. d. Verf.] can thus be seen as new vehicles that state actors can deploy in order to coproduce images of deviance and normality." (van der Land 2014, S. 427)

Die Frage, wie Regierungstechniken und Techniken des Selbst ineinandergreifen und lokal wirken, ist also auch eine relevante Perspektive hinsichtlich der Aushandlung von Praktiken des Polizierens zwischen staatlichen und privaten Akteuren. Mithilfe dieser Gouvernementalitätsperspektive kann somit analysiert werden, inwieweit staatliche und private Akteure Regierung(spraktiken) gemeinsam herstellen, was in diesem Kontext von besonderer Bedeutung ist, und was für ein Sicherheitsgefüge entsteht.[95] Damit lässt sich das Verhältnis von Staat bzw. staatlichen Sicherheitsakteuren und polizierenden Bürgergruppen präzise an den Überschneidungsflächen der zivilgesellschaftlichen und staatlichen Sphäre analysieren.
Allerdings bedarf es dazu dennoch eines expliziten Blicks auf die Grenze(n) des Handelns durch polizierende Bürgergruppen, wie sie u.a. auch im Bild des Weberschen Staates deutlich werden; auch, um nicht Gefahr zu

95 Wohlwissend, dass Lemke 2007, S. 61 darauf hinweist, dass die Opposition von Staat und Zivilgesellschaft nicht universell, sondern ein „strategisches Element liberaler Regierungspraxis" sei.

laufen Regierungspraktiken bzw. Regierungstechnologien als kohärent und konsistent, also ohne Widersprüche und Konflikte, anzusehen (Lemke 2020, S. 440), sondern sie in der Praxis zu betrachten und zu analysieren (vgl. auch Garland 1997, S. 199). Im nächsten Kapitel erfolgt daher eine Beschäftigung mit dem Vigilantismus.

4 Vigilantismus – Begriffe, Erklärungen, theoretische Ansätze

Wie bereits beschrieben, reicht das Spektrum bürgerschaftlichen Polizierens von ehrenamtlichem und bürgerschaftlichem Engagement bis hin zu vigilantem Handeln. Um Grenzen des Handelns polizierender Bürgergruppen auch jenseits des Rückgriffs auf empirische Beispiele ausloten und in einem Konzept handhabbar machen zu können, werden in diesem Kapitel theoretische Ansätze und Konzepte zum Vigilantismus aufgearbeitet. Hinzu kommt, dass die Ansätze zum Vigilantismus, die Erklärungen zu seinem Auftreten sowie die Logik des Handelns, wie zu sehen sein wird, auch für nicht vigilante polizierende Gruppen relevant sein können.
Zunächst ist festzuhalten, dass der englische Begriff ‚*vigilantism*' auf das spanische Wort ‚vigilante' zurückgeht, was ‚watchful', also wachsam, bedeutet (Abrahams 1998, S. 4; Grabosky 1992, S. 257). In den USA ist der Begriff sehr geläufig und seine Verwendung wird z.T. sogar zur Abwertung von Gruppen instrumentalisiert:

> „Almost any unofficial protesters, from animal rights supporters and hunt saboteurs to those opposed to the closure of a railway line, are likely to be described, at least by their opponents, as vigilantes." (Abrahams 1998, S. 5)

Im deutschen Sprachraum ist der Begriff ‚Vigilantismus' hingegen kaum verbreitet: eine solche Instrumentalisierung des Begriffs ist derzeit auszuschließen, da er in erster Linie im wissenschaftlichen Kontext verwendet wird.
Hinsichtlich des Vigilantismusbegriffs muss aber für seinen Gebrauch in der wissenschaftlichen Auseinandersetzung festgehalten werden, dass ihm keine eindeutige Definition zugrunde liegt. Arfsten (2012) betont, dass eine Entwirrung notwendig sei, „bevor Raum für eine wissenschaftliche Auseinandersetzung besteht" (Arfsten 2012, S. 104). Im Folgenden werden daher zunächst verschiedene Definitionen und theoretische Ansätze zum Vigilantismus vorgestellt und diskutiert.

4.1 Theorie der Gegenbewegung oder frontier-Theorie?

Eine frühe wissenschaftliche Beschäftigung mit der Bestimmung des Vigilantismusbegriffs geht auf Richard Maxwell Brown zurück, der sich 1975 in seiner historischen Studie „Strain of Violence – Historical Studies of American Violence and Vigilantism" mit Gewalt und Vigilantismus in der amerikanischen Geschichte auseinandersetzt (Brown 1975). Brown (1975) versteht unter Vigilantismus „organized, extralegal movements, the mem-

bers of which take the law into their own hands“ (Brown 1975, S. 95–96). Seine These zu den Gründen von Vigilantismus, die er bezüglich der Zeit vor dem amerikanischen Bürgerkrieg bildet, ist, dass Vigilantismus zumeist die Antwort auf die Abwesenheit von effektiver Ausübung von Recht und Ordnung in einer „frontier region“ sei (Brown 1975, S. 96).
Die historischen *frontier*[96]-Regionen waren neu besiedelte Regionen der USA, in denen Staat, Gesellschaft und Kirchen noch wenig institutionalisiert waren und Strafverfolgung häufig unzureichend war. Den neuen Städten fehlte es dazu an ökonomischen Ressourcen, aber auch die gering ausgebaute Infrastruktur erschwerte die Strafverfolgung, wenn flüchtige Kriminelle in das zivilisatorisch nicht erschlossene Umland flohen (Brown 1975, S. 112–113). Ineffektive Strafverfolgung und ein unzureichendes Rechtssystem führten zu Beschwerden der Bewohner:innen von *frontier*-Regionen, die dem amerikanischen Rechtssystem vorwarfen, die Beschuldigten und nicht die Gesellschaft zu begünstigen. Diese Doktrin des Vigilantismus war in den USA bis 1900 äußerst verbreitet (Brown 1975, S. 114). So zählt Brown für diese Zeit 326 bekannte Vigilantenkomitees und -organisationen, was weniger institutionalisierte und organisierte Formen von Vigilantismus, wie im äußersten Fall Mobs, sowie kleinere Organisationen noch nicht mit einschließt (Brown 1975, S. 96). Die mit dem Vigilantismus verbundene Gewalt, deren Illegalität sich die Vigilant:innen durchaus bewusst waren, legitimierten sie mit einer „philosophy of vigilantism“, in der die Selbstverteidigung, das Widerstandsrecht und die Volkssouveränität betont wurden (Brown 1975, S. 115).
Die Philosophie und Doktrin des Vigilantismus in Verbindung mit den ökonomischen Beweggründen, die Regelung von Gesetzesübertritten durch Vigilantismus waren bspw. abschreckender und günstiger als die rechtsstaatlichen Verfahren, beschreibt Brown als die Ideologie des Vigilantismus. Dabei zeigt Brown allerdings am Beispiel des San Francisco vigilance committee zudem, dass mit Vigilantismus z. T. politische Ziele verfolgt wurden und das Phänomen dann auch unabhängig von unzureichender Effektivität des Rechtsstaates auftreten konnte (Brown 1975, S. 124).
Zudem unterscheidet er zwei Ausprägungen von Vigilantismus, die er als historisch aufeinanderfolgend sieht. So beschreibt er den klassischen Vigilantismus als Phänomen, das in erster Linie zum Ziel hatte, Ordnungsstrukturen in neu besiedelten Grenzregionen aufzubauen und zu festigen (Brown 1975, S. 112). Dieser klassische Vigilantismus war überwiegend gegen „horse thieves, counterfeiters, outlaws, bad men and lower people“ (Brown 1975, S. 127) gerichtet. Davon differenziert er einen „Neovigilan-

96 Auf eine Übersetzung des Begriffs ‚frontier‘ ins Deutsche wird verzichtet, da der Begriff der Grenze den Umfang dessen, was der englische Begriff umfasst und wie er weiterentwickelt wurde, nicht enthält.

tismus", der u. a. gegen Minderheiten und/oder politisch Andersdenkende gerichtet war. Dieser Wandel wurde durch das San Francisco Vigilante Committee von 1856 eingeläutet, das die Methoden des klassischen Vigilantismus auf die Opfer des Neovigilantismus übertrug (Brown 1975, S. 127). Eine weitere Spezifizierung dieser beiden Typen des Vigilantismus findet sich bei Brown nicht (vgl. auch Schmidt-Lux 2013b, S. 102).[97] Die zentrale Frage, nach der hier differenziert wird, ist aber zu erkennen: Gegen wen ist der Vigilantismus gerichtet?

Auf vigilantes Handeln in den USA in den 1960er und 1970er Jahre geht Brown ebenfalls ein

und beschreibt, dass diese sich von historischen Vigilant:innen unterscheiden, da sie in aller Regel nicht das Recht in die eigenen Hände nahmen. Stattdessen war ihre hauptsächliche Tätigkeit das Patrouillieren in Nachbarschaften, wobei viele Gruppen sogar mit der Polizei kooperierten (Brown 1975, S. 129–130).

Brown (1975) fasst zusammen:

> „Despite frequent cooperation with police, the contemporary movements are in the authentic vigilante tradition, for they are associations in which citizens have joined together for self-protection under conditions of disorder." (Brown 1975, S. 130)

Die Idee, den Begriff der *frontier* bspw. für „conditions of disorder" weiterzuentwickeln und somit nicht nur die historischen *frontier*-Regionen darunter zu fassen, findet sich bei Ray Abrahams.

Dieser schreibt; „the frontiers in question are not always those marked by lines on maps as the official, if at times contested, boundaries of the state" (Abrahams 1998, S. 24). Stattdessen haben jene Gebiete eine „*frontier quality*", in die „the long arm of law enforcement" nicht hinreicht bzw. wo seine Durchsetzungskraft schwach ist (Abrahams 1998, S. 24). Das umfasst klassische Beispiele wie die ungleiche Durchsetzung von Recht und Ordnung zwischen Peripherie und Zentrum, wie es bspw. bei dem historischen Vigilantismus in den USA zu beobachten war. Zudem kann es aber auch innere *frontiers* geben – bspw. in Form von „no-go-areas", in denen es staatlichen Institutionen schwerfällt, Recht und Ordnung durchzusetzen, die aber räumlich gesehen nahe am Stadtzentrum liegen (Abrahams 1998, S. 24–25). Ein weiteres Beispiel sind kulturelle *frontiers*, in denen das, was als angemessenes Verhalten angesehen wird, vom Staat und den Einwohner:innen unterschiedlich definiert wird (Abrahams 1998, S. 25). Ist eine solche kulturelle Distanz mit einer räumlichen Distanz kombiniert, scheitert

97 Weitere Unterscheidungen, die jedoch noch weniger ausgeführt sind, finden sich beispielsweise in Browns Beschreibung des „instant vigilantism" im Unterschied zu formeller organisiertem Vigilantismus (Brown 1975, S. 103).

der Staat aus Sicht der Einwohner:innen zweifach: Es gibt nicht nur Schwierigkeiten bei der Festnahme von Kriminellen, sondern er verweigert zudem die Anerkennung bestimmten Verhaltens als strafbar, das aus Sicht der Einwohner:innen ein schweres Vergehen darstellt (Abrahams 1998, S. 25). Zudem können auch temporär *frontier*-Zonen bestehen – bspw. die Nacht, die ebenfalls als *frontier* beschrieben werden kann (Abrahams 1998, S. 26; vgl. auch Melbin 1978).

Im Gegensatz zu Brown gibt Abrahams in seiner Studie Beispiele für Vigilantismus in unterschiedlichen Kontexten – von den Sungusungu in Tansania über Vigilant:innen in Peru und Russland bis hin zu den historischen Vigilantenkomitees in den USA.

Abrahams hält fest, dass somit nicht alle *frontiers* gleich sind und komplexe Zusammensetzungen unterschiedlicher Art in den jeweiligen Situationen vorliegen (Abrahams 1998, S. 26).

Insgesamt tritt Vigilantismus typischerweise in diesen *frontier*-Zonen auf, in denen der Staat als korrupt oder ineffektiv wahrgenommen wird, und stellt damit häufig eine Kritik an staatlichen Institutionen, die empfundenen Bedürfnisse derjenigen nicht zu befriedigen, die auf sie angewiesen sind, dar. Damit ist er eine Form der Selbsthilfe, die an Stelle der staatlichen Institutionen eingesetzt wird. Mit verschiedenen Graden an Gewalt wird gegen Kriminelle und jene vorgegangen, die die Vigilant:innen als unerwünscht, deviant und staatsfeindlich ansehen (Abrahams 1998, S. 9). Vigilant:innen beschreibt Abrahams somit als häufig Gewalt anwendende Verteidiger ihrer Ansicht über das gute Leben gegen diejenigen, die sie als ihre Feinde betrachten (Abrahams 1998, S. 1).

Dabei lehnen sie den Staat nicht zwangsläufig ab, sondern ihr Handeln gründet auf einem Misstrauen in die Effektivität, nicht in das Konzept des Staates selbst (Abrahams 1998, S. 4). Dabei weist er aber darauf hin, dass hinter dem Auftreten von Vigilantismus in extremen Fällen wie dem Ku-Klux-Klan mehr stehen kann als lediglich eine Maßnahme zum Auffangen staatlicher Defizite in der Sicherheitsproduktion:

> „In a very extreme case, such as that of Ku-Klux-Klan hostility to the federal imposition of black emancipation in the post-bellum southern American states, vigilantism and rebellion start to merge together. The attacks on former slaves and their supporters were in many ways a continuation of the Civil War by other means and, as such, more than simply a stop-gap measure to make up for central government deficiencies." (Abrahams 1998, S. 25)

Wie auch Brown weist Abrahams darauf hin, dass vigilantem Handeln somit auch politische Ziele vorgelagert sein können:

> „Moreover, vigilantism is not always what it claims to be. It may turn out on inspection to be an elitist weapon dressed in populist attire and more concerned with politics than law." (Abrahams 1998, S. 4)

Diese *frontier*-Theorie, die bei Abrahams und Brown zu finden ist, wird von David Kowalewski kritisiert. Die *frontier*-Theorie fasst Kowalewski dahingehend zusammen, dass den Bewohner:innen der *frontier*-Regionen in den USA aufgrund von Kriminalität bei fehlenden Strafverfolgungsbehörden keine andere Wahl gelassen wurde, als das Recht in die eigenen Hände zu nehmen (Kowalewski 2002, S. 428). Auch wenn er zugesteht, dass die wahrgenommene Ineffektivität der Rechtsdurchsetzung „immer eine Rolle im Aufkommen von Vigilantismus spielt" (Kowalewski 2002, S. 428), übt er dahingehend Kritik an der *frontier*-Theorie, dass sich mit Vigilantismus nur in Reaktion auf kriminelle Devianz beschäftigt werde, keine Erklärung für das Fehlen von Vigilantismus in anderen großen, abgelegenen Regionen (wie bspw. Sibirien) geliefert werde, diverse vigilantistische Phänomene nicht erklärt werden könnten, staatlich geförderter Vigilantismus übersehen werde und die Theorie insgesamt historisch kurzsichtig sei, da sie voraussage, dass Vigilantismus verschwände, wenn es keine *frontiers* mehr gäbe (Kowalewski 2002, S. 428).[98] Als Alternative entwickelt Kowalewski die Theorie der Gegenbewegung und definiert zunächst Vigilantismus als „Aktivitäten zur Unterdrückung von abweichendem Verhalten (Devianz) anderer Bürger seitens Privatpersonen oder auch seitens Beamter außerhalb ihrer Dienstzeit" (Kowalewski 2002, S. 426).
So erklärt er Vigilantismus durch das rasche Anwachsen einer Deviantengruppe: Vigilantismus wird weniger durch die bloße Anwesenheit von Devianz provoziert als vielmehr durch deren rasches Anwachsen zu einer bedrohlichen Bewegung. Dabei differenziert er drei Arten von Devianz, gegen die sich Vigilantismus richten kann: kriminelle, kulturelle und politische Devianz – also z. B. Zunahme der Kriminalität, eine sich ausbreitende kulturelle Mode oder wachsende Unterstützung für abweichende Meinungen. Devianz definiert Kowalewski als „Überzeugungen und Verhaltensweisen von Bürgern, die in signifikanter Weise von den etablierten sozialen Normen einer Gemeinschaft abweichen" (Kowalewski 2002). Kriminelle Devianz kann also ganz konkret Drogenhandel in der Nachbarschaft umfassen, politische Devianz bspw. Arbeitskämpfe und für kulturelle Devianz

98 Wobei mindestens zwei Punkte durchaus zweifelhaft sind. So sprechen sowohl Abrahams als auch Brown davon, dass auch politische Ziele Antrieb von Vigilant:innen sein können, und in seiner historischen Studie beschreibt Brown zum einen Neovigilantismus, zum anderen weist er daraufhin, dass auch polizierende Bürgergruppen, die mit der Polizei kooperieren, in der Tradition vigilanten Handelns stehen. Insofern wäre eher kritisch zu hinterfragen, wie eng oder weit der Begriff der *frontier* definiert werden kann, bevor er seine Aussagekraft verliert.

führt er als Beispiel Hippiekommunen an (Kowalewski 2002, S. 426). Auch wenn Kowalewski unterschiedliche Formen von Devianz differenziert und keine unterschiedliche Formen von Vigilantismus, wie es bei Brown der Fall ist, bleibt die zentrale Frage auch hier, gegen wen oder was sich Vigilantismus richtet.
Insgesamt bilden Vigilantengruppen nach Kowalewski „eine Gegenbewegung, deren Ziel es ist, eine Bewegung zurückzudrängen, die zunehmend als Bedrohung der eigenen Lebensform empfunden wird" (Kowalewski 2002, S. 429). Hinzu komme, dass die Strafverfolgungsbehörden aufgrund des schnellen Anwachsens von Devianz überlastet und häufig nicht in der Lage seien, ausreichend zu handeln, sodass Bürger:innen selbst handelten und Vigilantismus entstehe (Kowalewski 2002, S. 429).
Diese Theorie der Gegenbewegung wird aber ebenfalls kritisiert. Schmidt-Lux (2012) kritisiert, dass Kowalewski Devianz als objektives Merkmal und nicht als etwas Zugeschriebenes versteht. Hinzu komme, dass Devianz als solche von Vigilant:innen wahrgenommen werden müsse; in die Richtung, dass eine hohe Kriminalitätsbelastung existieren kann, auf die aber nicht mit Vigilantismus reagiert wird, oder andersherum, dass Devianz selten ist und sich dennoch vigilante Gruppen bilden. Es müsse also erstmal ein Phänomen als deviant wahrgenommen, zum Problem erklärt und als selbst zu lösen angesehen werden. „Selbst die Zuschreibung von Devianz an sich kann existieren, löst aber allein noch nichts aus" (Schmidt-Lux 2012, S. 128).
Schmidt-Lux (2012) schlägt zudem vor, diese beiden Theorien nicht als sich gegenseitig ausschließend zu denken, sondern zeigt empirisch, dass beide Ansätze Erkenntnisse in Bezug auf die Entstehung vigilanten Handelns liefern können (Schmidt-Lux 2012, S. 130–131).

4.2 Vigilantismus als establishment violence

1976 beschäftigen sich H. Jon Rosenbaum und Peter Sederberg ebenfalls mit dem Phänomen:

> „When individuals or groups identifying with the established order defend that order by resorting to means that violate these formal boundaries, they can be usefully classified as vigilantes." (Rosenbaum und Sederberg 1976b, S. 4)

Sie erklären das Auftreten von Vigilantismus mit der Verteidigung der als bedroht empfundenen bestehenden Ordnung. Vigilantismus wird damit als „establishment violence" beschrieben, wobei „establishment" nicht zwangsläufig die Elite meint, sondern Gruppen, die ein Interesse daran haben, „the current distribution of values" aufrechtzuerhalten (Rosenbaum und Sederberg 1976a, S. 6).

Vigilantismus ist somit mit der Verteidigung eigener Werte und Normen verbunden. Während andere Arten der Gewalt eine Neuausrichtung von Werten in der Gesellschaft fordern, also bspw. revolutionäre oder reaktionäre Gewalt, ist Vigilantismus auf den Erhalt bestehender Werte ausgerichtet. Wollen andere Gruppen den Status Quo ändern und handelt der Staat aus Sicht der „establishment group" nicht ausreichend, kann die gewaltsame Reaktion als Vigilantismus beschrieben werden. Ineffektives Handeln des Staates zur Aufrechterhaltung des Status Quo kann entweder tatsächlich in einer Schwäche staatlicher Institutionen begründet sein oder es hat einen staatlichen Wertewandel gegeben (vgl. Rosenbaum und Sederberg 1976b, S. 9); der Staat sieht also bspw. keine Notwendigkeit zu handeln. Zudem geht es um die als bedroht empfundene Ordnung – es müssen sich also nicht zwangsläufig tatsächlich Veränderungen abzeichnen, sondern auch empfundene Veränderungen können zu vigilanter Gewalt führen (Rosenbaum und Sederberg 1976a, S. 6). Dabei umfasst Vigilantismus ein breites Spektrum an gewaltsamen Handlungen. Auf der einen Seite kann er in die Richtung von Gewalthandeln durch Dissidenten übergehen, auf der anderen Seite in Richtung legaler Zwangsausübung durch das Regime (Rosenbaum und Sederberg 1976a, S. 9–10). Vigilantismus kann nach Rosenbaum und Sederberg somit sowohl von privaten als auch von öffentlichen Akteuren ausgeführt werden.

Dabei unterscheiden sie drei Typen von Vigilantismus: crime-control, social-group control und regime control vigilantism (Rosenbaum und Sederberg 1976a, S. 10). *Crime-control vigilantism* richtet sich gegen Personen, von denen angenommen wird, dass sie gegen das staatliche Recht verstoßen haben, von der staatlichen Strafverfolgung jedoch aufgrund der staatlichen Ineffektivität, Korruption oder Milde rechtsstaatlicher Verfahren nicht belangt werden (Rosenbaum und Sederberg 1976a, S. 10). Vigilantismus, der sich gegen eine Gruppe richtet, die sich im bestehenden System für andere Werte einsetzt oder diese vertritt, beschreiben Rosenbaum und Sederberg als *social-group-control vigilantism*. Somit wird deutlich, dass nicht alle Gewalt zur Aufrechterhaltung der etablierten Ordnung gegen kriminelles Handeln gerichtet ist. Diese Art des Vigilantismus kann danach unterteilt werden, ob das hauptsächliche Merkmal der im Fokus der Vigilant:innen stehenden Gruppe politischer, ökonomischer oder gemeinschaftlicher Natur ist. Gemeinschaftlich meint bei Rosenbaum und Sederberg bspw. die Ethnie oder Religion (Rosenbaum und Sederberg 1976a, S. 12). Schließlich beschreiben die Autoren den dritten Typus, den *regime-control vigilantism*. Hierbei richten sich Vigilant:innen gegen das Regime, um dieses umzuwandeln und damit effektiver hinsichtlich des Schutzes und der Kontrolle der Gesellschaft zu machen.[99] Zusätzlich zu der Unterscheidung in diese drei Typen von Vigilantismus differenzieren Rosenbaum und Sederberg die an vigilantem Handeln Partizipierenden in öffentliche und private Akteure, sodass sich insgesamt sechs Ausprägungen des Vigilantismus‘ ergeben (Rosenbaum und Sederberg 1976a, S. 19). Die zentrale Frage der Typologie von Rosenbaum und Sederberg ist damit, wie auch bei Brown und Kowalewski: Gegen wen oder was ist Vigilantismus gerichtet? Dabei fragen sie aber noch expliziter nach dem intendierten Ziel vigilanten Handelns.

4.3 Vigilantismus im Kontext von Rechtsextremismus

Auch Matthias Quent beschreibt den Vigilantismus im Prinzip als establishment violence, wenn er schreibt, den Akteuren gehe es „zunächst nicht darum, das ‚System‘ grundlegend zu verändern, sondern dessen ‚alte‘ Ordnung zu ‚verteidigen‘“ (Quent 2015, S. 123). Er beschäftigt sich mit Vigilantismus in Deutschland im Kontext von Rechtsextremismus und beschreibt Vigilant:innen als „nicht-staatliche Akteure, die mit gewaltsamen Mitteln vorgeben, im Namen einer Etabliertengruppe gegen Außenseitergruppen zu kämpfen“ (Quent 2015, S. 128).
Quent entwickelt zudem drei Typen vigilanten Handelns, die daraus hervorgehen, dass er für Vigilantismus eine soziale und eine politische Dimension beschreibt; Vigilantismus sich also entweder gegen schwache gesellschaftliche Gruppen richtet und auf eine Vormachtstellung innerhalb der Zivilgesellschaft (soziale Dimension) zielt oder die Errichtung einer totalitären Ordnung beabsichtigt, in der der Ausschluss schwacher Gruppen rechtlich verankert wird (politische Dimension) (Quent 2015, S. 129). Der ‚Vigilantismus erster Ordnung‘ richtet sich gegen schwache Gruppen, die Stigmatisierung von relevanten Teilen der Mehrheitsbevölkerung erleben. ‚Vigilantismus zweiter Ordnung‘ ist gegen politische Gegner gerichtet. Diesen wird entweder vorgeworfen, mit ‚Fremden‘ zusammen gegen ‚das Volk‘ zu agieren, oder sie werden als bedrohlich für Erfolg und Überleben der vigilantistischen Kampagne gesehen (Quent 2015, S. 129). Beim ‚Vigilantismus dritter Ordnung‘ werden schließlich der Staat bzw. seine Repräsentanten angegriffen – dies geschieht, wenn der Staat aus Sicht der Vigilant:innen „komplett in die Hände des Feindes gefallen erscheint, eine korporatistische Veränderung im Sinne der Vigilant:innen als unmöglich angenommen wird oder weil die vermeintlich ‚manipulierten‘ Organe des Staates für die Vigilant:innen zur Bedrohung werden“ (Quent 2015, S. 129).

99 In den Worten Rosenbaum und Sederbergs: „in order to make the ‚superstructure‘ into a more effective guardian of the ‚base‘“ (Rosenbaum und Sederberg 1976a, S. 17).

> „Gruppendynamiken und Interaktionsprozesse zwischen Kontrahenten können dazu führen, dass sich die Gewalt der Vigilanten vom sozialen auf den politischen Bereich verschiebt – vor allem dann, wenn der Staat droht, in einer für die Vigilanten unerträglichen Weise Partei zu ergreifen für die schwachen Gruppen oder gegen die Bezugsgruppe der Vigilanten." (Quent 2015, S. 129)

Insgesamt ist somit auch Quents Typologie bei den oben beschriebenen Typologien zu verorten, deren zentrale Frage ist: Gegen wen oder was ist Vigilantismus gerichtet?

4.4 Vigilantes Handeln im Verhältnis zum Staat

Eine weitere Beschäftigung mit Vigilantismus in Deutschland ist bei Thomas Schmidt-Lux zu finden. Dieser versteht unter Vigilantismus „die – jenseits der staatlich zugelassenen Möglichkeiten – gewaltsame bzw. unter Androhung von Gewalt erfolgende Bestrafung, Erzwingung oder Verhinderung eines abgelehnten bzw. erwünschten Handelns Anderer durch nichtstaatliche bzw. private Akteure" (Schmidt-Lux 2013b, S. 100). Dabei ist vigilantes Handeln stets auf das Verhalten Anderer bezogen, das aus Sicht der Vigilant:innen ‚abweichend' und damit „zu verurteilen, zu verhindern oder zu bestrafen ist" (Schmidt-Lux 2013b, S. 100).
Schmidt-Lux analysiert das Phänomen Vigilantismus am Beispiel einer bürgerwehrähnlichen Gruppierung an der deutsch-tschechischen Grenze (Schmidt-Lux 2012) und nutzt die ‚Denkfigur der Schlüsselfiguren' aus der sozialen Bewegungsforschung heuristisch für die Vigilantismusforschung (Schmidt-Lux 2013a), wobei er sich an ‚Sozialfiguren des Protests' nach Leistner (2011) orientiert, der schreibt, dass dieser Begriff anzeige „dass hier idealtypisch eine auf ein zentrales Problem gerichtete spezifische Funktion realisiert wird. Diese Funktion wird zu einer Sozialfigur verdichtet" (Leistner 2011, 8; Schmidt-Lux 2013a, S. 65–66). So identifiziert Schmidt-Lux für eine durch ihn untersuchte polizierende Bürgergruppe den zivilisierenden Anführer, der eine „pazifizierende [...] Rolle gegenüber den Mitgliedern der Bürgerinitiative" (Schmidt-Lux 2013a, S. 70) einnimmt, deswegen gleichzeitig durch Polizei und Lokalpolitik akzeptiert und angesehen ist und somit auch der Gruppe ermöglicht, sich „dauerhaft stabil zu positionieren" (Schmidt-Lux 2013a, S. 70). Zudem beschäftigt er sich mit Dynamiken vigilanten Handelns, indem er verschiedene Phasen – Vorfeldrauschen, Initiationsereignisse und Handlung der Akteure – identifiziert (Schmidt-Lux 2018, S. 146–152).
Hinsichtlich des Verhältnisses zum Staat ist dabei insbesondere die Analyse von Vigilantismus als politischer Gewalt zentral. Dabei beschreibt Schmidt-Lux drei Typen von vigilantem Handeln und stellt fest, dass Vigilantismus nicht per se politische Gewalt darstelle, jedoch durchaus politi-

sierbar sei (Schmidt-Lux 2013b, S. 114). Die Typologie ist eine Weiterentwicklung der Beschreibung von Brown und der Typologie von Rosenbaum und Sederberg – so betrachtet Schmidt-Lux vigilantes Handeln im Verhältnis zum Staat. Das Verhältnis zum Staat ist der Referenzpunkt zur Entwicklung seiner Typologie vigilanten Handelns (Schmidt-Lux 2013b, S. 104). Dabei wird Vigilantismus danach differenziert, ob Vigilante an Stelle des Staates, als der bessere Staat oder jenseits des Staates handeln.

‚Handeln an Stelle des Staates' meint Vigilant:innen, die stellvertretend für staatliche Instanzen einspringen, weil diese nicht in der Lage oder nicht willens sind, als Garant staatlicher Aufgaben aufzutreten. Dabei handeln die Vigilant:innen in erster Linie nicht anders als der Staat und das staatliche Gewaltmonopol wird auch nicht grundsätzlich in Frage gestellt. Vielmehr wird so lange gehandelt, bis der Staat wieder tätig wird (Schmidt-Lux 2013b, S. 104). Bei Schmidt-Lux geht es dabei um das Selbstbild der Gruppe, also dass der Staat nicht als Konkurrenz, sondern als unzulänglich begriffen wird, wobei die Gruppe sich als Ersatz wahrnimmt.[100]

Beim *‚Handeln als der bessere Staat'* wird so gehandelt, wie der Staat es nicht tut. Es wird neben dem Staat bzw. aus Sicht der Vigilant:innen als der ‚bessere' Staat agiert. Dabei richten sich die Vigilant:innen gegen die Praxis der staatlichen Rechtsetzung oder der Bestrafung: Zum einen kann Verhalten bestraft werden, was auch durch den Staat bestraft würde. Die vermutete oder bereits erfolgte Bestrafung durch den Staat greift aus Sicht der Vigilant:innen aber zu kurz, sodass diese als der „härtere Staat" (Schmidt-Lux 2013b, S. 109) agieren. Dabei können auch rassistische Motive eine Rolle spielten. Zum anderen wird Verhalten bestraft, das der Staat nicht als strafbares Delikt ansieht, sodass die Vigilant:innen den Staat um einen „Bereich sanktionierter Handlungen" erweitern (Schmidt-Lux 2013b, S. 109). Verhalten, das durch den Staat nicht als strafbar angesehen wird, wird dabei durch die Vigilant:innen bestraft. Schließlich beschreibt Schmidt-Lux den dritten Typ, das *‚Handeln jenseits des Staates'*, wobei Vigilant:innen die Etablierung einer gänzlich neuen sozialen Ordnung jenseits des Staates gewaltsam anstreben (Schmidt-Lux 2013b, S. 109). Dabei wird grundsätzlich neu bestimmt, „was Recht und was Unrecht ist" (Schmidt-Lux 2013b, S. 110), und die staatliche Deutungshoheit über Recht und Ordnung wird abgelehnt (Schmidt-Lux 2013b, S. 110).

Schmidt-Lux fragt also danach, wie Vigilante im Verhältnis zum Staat handeln. Damit löst er sich von der expliziten Frage gegen wen oder was

100 Dabei beschreibt Schmidt-Lux auch vigilant Handelnde in Bolivien, die Lynchjustiz durchführen, in dieser Kategorie, denn auch wenn sie deutlich härtere Maßnahmen ergreifen, als es der Staat tun würde, sehen sie sich selbst nicht als ‚besser als der Staat', sondern als Ersatz (Schmidt-Lux 2013b, S. 105).

Vigilantismus gerichtet ist, auch, wenn dies innerhalb der Dimensionen ebenfalls beantwortet werden kann.

4.5 Kriterienbasierte Ansätze & ein root concept

Es existieren noch einige weitere Ansätze und Definitionen bezüglich des Konzeptes Vigilantismus. So entwickelt Johnston (1996) eine aus sechs Merkmalen bestehende kriminologische Definition von Vigilantismus, um einen Ausgangspunkt für zukünftige empirische Analysen des Phänomens zu schaffen. Vigilantismus beinhaltet danach (1) Planung und Vorsatz, (2) dass die Teilnehmer freiwillig und privat agierende Bürger sind, (3) dass die Gruppierungen eine Form selbstständiger Bürgerschaft („autonomous citizenship") und als solche eine soziale Bewegung darstellen, (4) dass Gewalt gebraucht oder angedroht wird, (5) dass er entsteht, wenn einer etablierten Ordnung die Gefahr der Verletzung, der potentiellen Verletzung oder unterstellten Verletzung ihrer institutionalisierten Normen droht und (6) dass Kriminalität und Ordnungswidrigkeiten kontrolliert werden sollen, indem versichert wird (bzw. indem Garantien gegeben werden), dass Sicherheit geschaffen wird (Johnston 1996, S. 220).
Insgesamt zeigt sich, dass Vigilantismus mal breiter und mal enger gefasst wird, es aber keine einheitliche Definition gibt, die auf sämtliche unter Konzepten zum Vigilantismus analysierte Gruppen zutrifft. Die Definition dessen, was Vigilantismus ausmacht, unterscheidet sich bspw. bezüglich der Hinzunahme von staatlichen Akteuren, der Anwendung oder Androhung von Gewalt, der Beschreibung von Vigilant:innen als soziale Bewegung und der Notwendigkeit, dass Vigilant:innen das Recht in die eigenen Hände nehmen; Vigilantismus wird für verschiedene Kontexte unterschiedlich breit oder eng definiert (vgl. dazu auch Burrows 1977; Culberson 1990; Johnston 1996; Hil 1998; Pratten und Sen 2005; Kirsch und Grätz 2010).
Aufgrund dieser verschiedenen Ansätze und der konzeptuellen Unklarheiten entwickelt Moncada (2017) ein Grundkonzept (*root concept*) von Vigilantismus. Dazu arbeitet er fünf Kerndimensionen des Vigilantismus heraus: soziale Organisation, Ziel, Gewaltrepertoire, Rechtfertigung und Motivation.
Bei der *sozialen Organisation* werden soziale Bindungen beschrieben, die die Ausführung von Vigilantismus prägen. Diese reichen von individuellen bis kollektiven sowie von formellen bis informellen Formen von Vigilantismus. Die *Ziele* von Vigilantismus beschreibt Moncada als Individuen, die vermeintlich ein Verhalten gezeigt haben, das sich gegen eine bestimmte Ordnung, im Sinne eines Verhalten regelnden Systems, richtet. Dieses System kann von der formalen Ordnung (also der geltenden Rechtsordnung) bis zu informeller Ordnung, die nicht staatliche Akteure durchsetzen

und etablieren, reichen. Als Beispiel für Gebiete, in denen informelle Ordnungen vorherrschen, nennt er von Gangs kontrollierte Stadtteile. Das *Gewaltrepertoire* meint eine Unterkategorie von Praktiken, die Individuen oder Gruppen nutzen, um Ansprüche an andere zu stellen. Dieses Gewaltrepertoire reicht von nicht-tödlicher bis zu tödlicher Gewalt (Moncada 2017, S. 407). Die öffentliche *Rechtfertigung* für ihr Verhalten kann individuell oder kollektiv erfolgen: „Individual justification take the form of declaring the act as the ‚right thing to do in the eye of the beholder. A communal justification entails a claim to have been acting on behalf or in defence of the 'community'" (Moncada 2017, S. 408). Die *Motivation* ist schließlich fließend und kann, muss aber nicht zwangsläufig mit den Rechtfertigungen übereinstimmen.
Als konzeptuellen Anker entwickelt Moncada zudem eine Grunddefinition (root definition) und sieht Vigilantismus als: „the collective use or threat of extra-legal violence in response to an alleged criminal act" (Moncada 2017, S. 408).

4.6 Vigilantismus als Ausgangspunkt zur Auseinandersetzung mit polizierenden Bürgergruppen

Es gibt also unterschiedliche Konzepte und Ansätze zum Vigilantismus. Nachfolgend wird Vigilantismus verstanden als „die – jenseits der staatlich zugelassenen Möglichkeiten – gewaltsame bzw. unter Androhung von Gewalt erfolgende Bestrafung, Erzwingung oder Verhinderung eines abgelehnten bzw. erwünschten Handelns Anderer durch nicht-staatliche bzw. private Akteure" (Schmidt-Lux 2013b, S. 100). Mit der Definition von Schmidt-Lux (2013b) werden die Gewaltanwendung oder -androhung, die Extralegalität sowie die Nicht-Staatlichkeit der Akteure betont, die in diversen anderen Definitionen ebenfalls als Kernpunkte vorhanden sind. Abrahams (1998) schreibt: „We […] have some choice about how narrowly or broadly we define [vigilantism], and this will partly depend upon our research aims" (Abrahams 1998, S. 6–7). Im Rahmen dieser Arbeit eine Vigilantismus-Definition zu entwickeln, die sämtliche polizierende Bürgerguppen umfasst, würde über „some choice" hinausgehen und ein „theoretical stretching" bedeuten, auf dessen Grundlage die Moglichkeiten analytischer Differenzierungen stark eingeschränkt wären. Der Begriff der polizierenden Bürgergruppen stellt also einen Überbegriff dar, unter den sehr verschiedene Gruppen gefasst werden können, vigilante und nicht vigilante polizierende Bürgergruppen. Es zeigt sich im Vigilantismus mit dem Spannungsverhältnis zwischen Staat und Vigilant:innen eine Grenze dessen, was unter bürgerschaftlichem Engagement gefasst werden könnte. Er stellt somit einen guten Ausgangspunkt zur Identifikation von Grenzen bürgerschaftlichen Polizierens dar – auch wenn diese in der Praxis verschwimmen

oder fließend sein können. Auf dieser Definition aufbauend, muss betont werden, dass die meisten polizierenden Bürgergruppen in Deutschland nicht vigilant handeln.
Damit stellt der Vigilantismus in dieser Arbeit zum einen eine Möglichkeit der Abgrenzung verschiedener polizierender Bürgergruppen dar, was für die erste Fragestellung dieser Arbeit, wie das Verhältnis polizierender Bürgergruppen zum Staat konzeptualisiert werden kann, relevant ist. Darüber hinaus liefert er aber Ansatzpunkte, die auch für die Analyse der Praxis nicht-vigilanter polizierender Bürgergruppen zentral sind, denn die Erklärungsansätze des Entstehens vigilanter Gruppierungen können auch für die Entstehung anderer Formen bürgerschaftlichen Polizierens herangezogen werden. Zudem ist vigilantes Handelns stets auf das Handeln Anderer bezogen bzw. soll insbesondere das Handeln Anderer reguliert werden. Für die hier untersuchten Gruppen lässt sich also die Frage ableiten, inwieweit sich die Praxis der hier untersuchten Gruppen auf das Verhalten Anderer bezieht.
Nachfolgend wird aber zunächst die erste Fragestellung nach einer Konzeptualisierung des Verhältnisses zwischen Staat und polizierenden Bürgergruppen fokussiert: Mithilfe der Auseinandersetzungen zum Vigilantismus, zur Zivilgesellschaft und zum bürgerschaftlichen Engagement sowie unter Rückgriff auf die theoretische Beschäftigung mit dem Themenkomplex Staat und Sicherheitsproduktion wird nachfolgend ein Konzept für die Verortung polizierender Bürgergruppen im Verhältnis zum Staat entwickelt.

5 Konzeptualisierung des Verhältnisses polizierender Bürgergruppen zum Staat

Es gibt unterschiedliche theoretische Perspektiven und Ansätze, die zur Beschäftigung mit polizierenden Bürgergruppen herangezogen werden können (vgl. auch *Kapitel 1.2 Forschungsstand*). Zur Beantwortung der ersten Fragestellung, wie sich das Verhältnis polizierender Bürgergruppen zum Staat konzeptualisieren lässt, wird aus den vorgestellten theoretischen Ansätzen ein mehrdimensionales Konzept zur Verortung polizierender Bürgergruppen im Verhältnis zum Staat entwickelt. Die der Entwicklung dieses Konzepts zugrundliegenden heuristischen Fragen sind: Wie lassen sich polizierende Bürgergruppen im Verhältnis zum Staat verorten? Was sind relevante Dimensionen hinsichtlich des Verhältnisses polizierender Bürgergruppen zum Staat bzw. in welchen Dimensionen treten polizierende Bürgergruppen in Konkurrenz zum Staat? Daraus lässt sich dann andersherum ableiten, was gegeben sein muss, damit sie integriert werden, mit ihnen kooperiert wird oder sie als koexistent toleriert werden.
Idealtypisch lassen sich polizierende Bürgergruppen zwischen bürgerschaftlichem Engagement und Vigilantismus verorten. Allerdings ist bereits deutlich geworden, dass es, abseits von illegal handelnden Gruppen, keine klar definierten, in allen lokalen Zusammenhängen gleichermaßen zu beobachtenden Grenzen bürgerschaftlichen Polizierens gibt. Schon das Polizieren an sich scheint in einigen Orten eine eindeutige Grenze bürgerschaftlichen Engagements im Bereich von Sicherheit und Ordnung zu sein, während in anderen Orten polizierende Bürger:innen bspw. mit Ehrenamtspreisen ausgezeichnet werden.
Insofern ist es für die hier interessierende Fragestellung analytisch präziser, statt eines Kriterienkatalogs für eine Bestimmung des Verhältnisses zwischen polizierenden Bürgergruppen und Staat, ein dynamischeres Konzept zu entwickeln. Im Folgenden werden deshalb nacheinander drei Dimensionen aus den zuvor vorgestellten theoretischen Ansätzen abgeleitet, die jeweils als Kontinua abgebildet sind und auf denen polizierende Bürgergruppen eingeordnet werden können.
Durch die Zusammenführung der Dimensionen ergibt sich ein dreidimensionaler Würfel, innerhalb dessen sehr verschieden agierende polizierende Bürgergruppen in ihrem Verhältnis zum Staat verortet werden können. In den folgenden Kapiteln wird also, aufbauend auf den bisherigen theoretischen Ausführungen, ein Vorschlag zur Konzeptualisierung des Verhältnisses polizierender Bürgergruppen zum Staat entwickelt.

5.1 Das Verhältnis zur Gewalt

Gewalt ist eine Dimension, die sich durch die verschiedenen Ansätze zum Vigilantismus zieht und auch in den Ansätzen zur Zivilgesellschaft diskutiert wird. Zudem ist physische Gewalt, die Menschen anderen zufügen können, Ausgangspunkt von Thomas Hobbes Gedankenexperiments des Naturzustandes und der daraus abgeleiteten Notwendigkeit des ‚Leviathans' und die Staatsdefinition nach Weber beruht auf dem Mittel Gewalt, i.S. der dem Staat vorbehaltenen *legitimen* Gewaltanwendung. Auch Schmidt-Lux (2013b) schreibt zum Vigilantismus, der Kern des Phänomens sei die Gewaltanwendung vigilanter Akteure, die damit die „Kernkompetenz moderner Staaten beanspruchen, ohne selbst staatliche Akteure zu sein" (Schmidt-Lux 2013b, S. 103). Vigilant:innen stehen also in einem Spannungsverhältnis zum staatlichen Gewaltmonopol, wenn sie Gewalt anwenden. Die Gewaltanwendung macht die Ambivalenz des Vigilantismus aus: Die meisten Vigilant:innen stehen dem Staat nicht grundsätzlich feindlich gegenüber, sondern wollen im Gegenteil die „current distribution of values" (Rosenbaum und Sederberg 1976a, S. 6) aufrechterhalten (vgl. auch Arfsten 2012, S. 112). Dies tun sie aber mit dem Mittel Gewalt, das durch das Gewaltmonopol primär dem Staat vorbehalten ist, sodass sie trotz der Verfolgung von Zielen, die auch der Staat verfolgt, bspw. Bekämpfung von Kriminalität, in einem Spannungsverhältnis zum Staat stehen. So lässt sich argumentieren, dass vigilantistische Gewalt zumeist stärker politisiert ist als andere Gewaltakte zwischen Bürger:innen, wie bspw. eine Schlägerei, Raub o. Ä., da sie im Spannungsfeld aus staatlichem Gewaltmonopol, Legitimitätsglauben und Sicherheitsproduktion stattfindet und mit ihr implizit oder explizit die Legitimität des Staats hinterfragt werden kann.

Dies lässt sich dann für polizierende Bürgergruppen festhalten, wenn diese Gewalt anwenden. Insgesamt liegt ein Gewalteinsatz im Bereich des Polizierens zudem allein zur Selbstverteidigung näher und muss damit zumindest stärker reflektiert werden als bei anderen Formen bürgerschaftlichen Engagements.

Dabei spielt die Anwendung von Gewalt auch in der Debatte um Zivilgesellschaft und bürgerschaftliches Engagement eine Rolle. Diese Debatte zeigt, dass Gewalt bzw. Gewaltanwendung eine für den Bereich der Zivilgesellschaft mindestens umstrittene Handlungsweise ist. Zwar wird darauf hingewiesen, dass Gewalt in einer realen Zivilgesellschaft vorkommt und dass auch die Ambivalenzen der Zivilgesellschaft nicht ausgeblendet werden sollten, also bspw. nicht ein utopischer Entwurf von Zivilgesellschaft als Grundlage zur Analyse der realen Zivilgesellschaft gemacht werden sollte (vgl. auch Roth 2003, S. 61). Insgesamt lässt sich aber argumentieren, dass Zivilgesellschaft zumindest maßgeblich auf friedliche, zivile

Handlungsweisen (vgl. auch Gosewinkel et al. 2004, S. 12) von Bürger:innen fokussiert und dass bürgerschaftliches Engagement, trotz einer steten Diskussion um Inhalte des Gemeinwohls, ohne Anwendung von Gewalt stattfindet.
Wenn sich also die Frage nach der Ausgestaltung der Praxis des Polizierens stellt und danach, welches Handeln bzw. welche konkrete Praxis polizierende Bürgergruppen umsetzen bzw. umsetzen dürfen, ist hier eine Grenze bürgerschaftlichen Polizierens die Anwendung von Gewalt. Dies meint insbesondere die grundsätzliche Ausrichtung, also das grundsätzliche Selbstverständnis der Gruppe, in dem Gewaltanwendung eine (primäre) Option ist. Gewaltbereite bzw. gewaltanwendende Vigilant:innen sind damit eben nicht als zivilgesellschaftliche Akteure zu beschreiben, die im Rahmen bürgerschaftlichen Engagements gemeinwohlverträglich handeln.
Polizierende Bürgergruppen lassen sich somit je nach Nähe zur Gewalt von gering bis hoch auf einem Kontinuum einordnen:

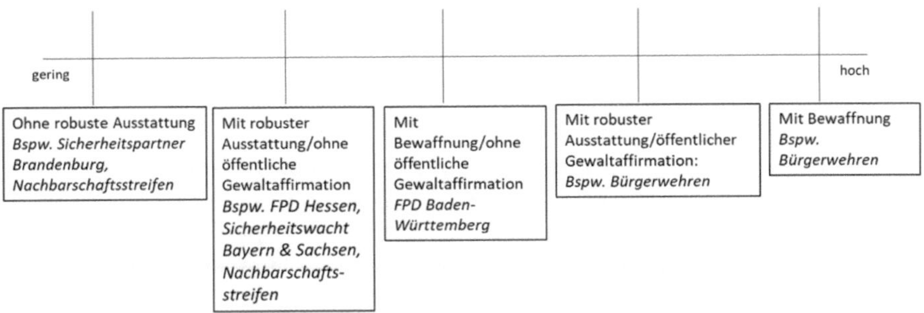

Abbildung 1, Nähe zur Gewalt, eigene Darstellung

Rückschlüsse auf die Gewaltnähe lassen sich zunächst anhand der Ausstattung einer Gruppe, da dieses Kriteriums sehr offensichtlich ist, sowie anhand öffentlicher Gewaltaffirmation ziehen. Dies ist bei einigen Gruppen offensichtlich. Um aber differenziertere Aussagen treffen zu können, wäre ein genauerer Blick auf bzw. in Gruppen nötig anhand der Frage, ob und wie eine Gruppe (potenziellen) Gewalteinsatz reflektiert und welche Rolle diese in ihrer polizierenden Praxis spielt, sodass Gruppen in diversen Abstufungen auf dem Kontinuum eingeordnet werden könnten.
Das erstellte Kontinuum zur Gewaltnähe polizierender Bürgergruppen reicht von den Sicherheitspartnern Brandenburg und Nachbarschaftsstreifen ohne robuste Ausrüstung, was Ausrüstung wie Pfefferspray oder auch Einsatzstöcke/Baseballschläger meint, aber noch keine Waffen, über Freiwillige Polizeidienste oder auch polizierende Nachbarschaftsgruppen mit robuster Ausrüstung, aber ohne Gewaltaffirmationen, über den bewaffneten Freiwilligen Polizeidienst in Baden-Württemberg bis hin zu Bürgerwehren,

die robust ausgerüstet sind und Gewaltbereitschaft signalisieren,[101] und endet bei bewaffneten Bürgerwehren.

Diese Dimension ist für eine Konzeptualisierung des Verhältnisses polizierender Bürgergruppen zum Staat aber nicht ausreichend. Der Perspektive im Bild des Weberschen Staates, in der Vigilantismus als Herausforderung und dem Staat antagonistisch gegenüber beschrieben ist, lässt sich auch eine andere Perspektive entgegensetzen: So weist Arfsten (2012) darauf hin, dass Vigilant:innen den Staat durch ihr Handeln auch an den mit ihnen abgeschlossenen Sozialvertrag, Sicherheit und Ordnung herzustellen, erinnern könnten und ihm damit die Chance gäben, „mit deutlich sichtbaren Affirmationen des eigenen Gewaltmonopols zu antworten" (Arfsten, 2012, S. 112). Dies ist beispielsweise beim Handeln an Stelle des Staates nach Schmidt-Lux der Fall: Hier handeln Vigilant:innen so lange, bis der Staat wieder tätig wird (Schmidt-Lux 2013b, S. 104, vgl. Kapitel 4.4). Damit könnte Vigilantismus auch zu mehr und nicht weniger Staat führen. Dies lässt sich dahingehend auf nicht-vigilante polizierende Bürgergruppen übertragen, wenn deren Forderung nach mehr Polizei bspw. in der Weise entgegengekommen wird, dass Kooperationen zwischen Bürgergruppe und Polizei stattfinden – bspw. ein ‚kurzer Draht' installiert wird, aus dem auch letztlich mehr (gouvernementale) Kontrollmöglichkeit für den Staat entstehen könnte.

Zudem ist der Freiwillige Polizeidienst in Baden-Württemberg bewaffnet und würde in dieser Dimension in einem größeren Spannungsverhältnis zum Staat stehen als unbewaffnete, aber nicht staatlich angebundene polizierende Akteure. Auch wenn kritische Hinweise hinsichtlich des Einsatzes Freiwilliger Polizeidienste existieren (vgl. Lange und Gasch 2006, S. 94), wäre es kaum nachvollziehbar, davon zu sprechen, dass der Freiwillige Polizeidienst Baden-Württemberg in einem Spannungsverhältnis zum Staat steht, während in dieser Dimension anderen polizierenden Bürgergruppen, die zwar nicht bewaffnet sind, aber bspw. völlig andere Ziele als der Staat verfolgen, kein Spannungsverhältnis attestiert würde, sie also, aus dieser Dimension theoretisch abgeleitet, automatisch toleriert werden müssten.[102]

Insofern sind zwei weitere Dimensionen notwendig: die institutionelle Anbindung an die Polizei sowie die normative Ausrichtung. Zunächst wird die institutionelle Anbindung an die Polizei erläutert.

101 Was bspw. auch als Warnung an den Staat verstanden werden kann, i.S. des, ‚wenn ihr nicht für Sicherheit sorgt, sind wir da' (vgl. auch die von Schmidt-Lux 2012, S. 125 untersuchte polizierende Bürgergruppe).

102 Was auch empirisch sehr leicht zu widerlegen wäre.

5.2 Die institutionelle Anbindung an die Polizei

In seiner begrifflichen Beschäftigung mit Vigilantismus schreibt Abrahams (1998): „[…], the idea of ‚neighbourhood watch', with its connotations of non-violence and collaboration with the police, is often contrasted with vigilantism in contemporary English usage" (Abrahams 1998, S. 5). Neben der potenziellen Gewaltanwendung ist die Kooperation mit bzw. das Verhältnis zu der Polizei, als zentraler Akteurin im Feld der Sicherheitsarbeit, ein entscheidender Faktor für die Ausgestaltung einer polizierenden Bürgergruppe und damit eine Dimension, in der polizierende Bürgergruppen im Verhältnis zum Staat verortet werden können. Die Polizei ist der unmittelbar ansprechbare staatliche Akteur für polizierende Bürgergruppen und das Verhältnis zum Staat zeigt sich somit deutlich im Verhältnis zur Polizei. Dies ist sowohl der Fall bei den ehrenamtlich Polizierenden, die meist eine starke institutionelle Einbindung in die Polizei aufweisen, aber auch bspw. bei Kooperationen mit Nachbarschaftsstreifen oder der Ablehnung von Bürgerwehren durch polizeiliche Akteure – immer verhält sich die Polizei in bestimmter Weise zur Gruppe und die Gruppe in bestimmter Weise zur Polizei. So zeigen sich in der institutionellen Anbindung an die Polizei auch die Überschneidungsflächen zwischen den Sphären Staat und Zivilgesellschaft und (lokale) Aushandlungen darüber, welche Handlungen primär in welcher Sphäre zu verorten sind oder auch wie Akteure hier zusammenwirken. Die zentrale Rolle der Polizei zeigt sich zudem in den Debatten um die Pluralisierung der Sicherheitsproduktion, u.a. wenn festgestellt wird, dass ihre Aufgaben sich wandeln und sie die Rolle eines Herrschaftsmanagers einnimmt (vgl. *Kapitel 3.5 Die Pluralisierung der Sicherheitsproduktion, Gewaltmonopol und Gouvernementalität*). Marx und Archer (1976) entwerfen in ihrer Analyse von 28 polizierenden Bürgergruppen („citizen patrol groups") in den USA demgemäß eine Typologie, in der sie polizierende Bürgergruppen im Verhältnis zum Staat verorten – von polizierenden Bürgergruppen, die sich als die Polizei ergänzend ansehen und von ihr unterstützt werden (Typ 1), über Gruppen, die sich als ergänzend ansehen, durch die Polizei aber nicht unterstützt werden (Typ 2), Gruppen, die sich der Polizei gegenüber als gegnerisch ansehen, gleichzeitig aber eine Nichteinmischung durch diese erfahren (Typ 3), bis hin zu Gruppen, die der Polizei gegnerisch gegenüberstehen und durch die Polizei abgelehnt bzw. unterdrückt werden (Typ 4) (s. dazu ausführlich Marx und Archer 1976, S. 135–138). Dabei sehen die Gruppen die Polizei entweder als „as good men overwhelmed from without and handcuffed from within" (Marx und Archer

1976, S. 134) oder sie sehen ein Polizeiversagen, bei dem die Polizei Teil des Problems ist.[103]

Die Autoren bilden diese Kategorien allerdings anhand von Beispielen aus den USA in den 1960er und 1970er Jahren – andere Umstände also, als sie für den dieser Arbeit zugrundeliegenden Forschungsgegenstand zeitgenössischer polizierender Bürgergruppen in Deutschland vorliegen. Dass aber die hinter dieser Typologie liegende Frage des Verhältnisses von staatlichen und privaten bzw. bürgerschaftlichen Sicherheitsakteuren auch für gegenwärtige polizierende Bürgergruppen in Deutschland relevant ist, ließ sich bereits zeigen, sodass auch hier ein Kontinuum entwickelt werden konnte (vgl. Abbildung 2).

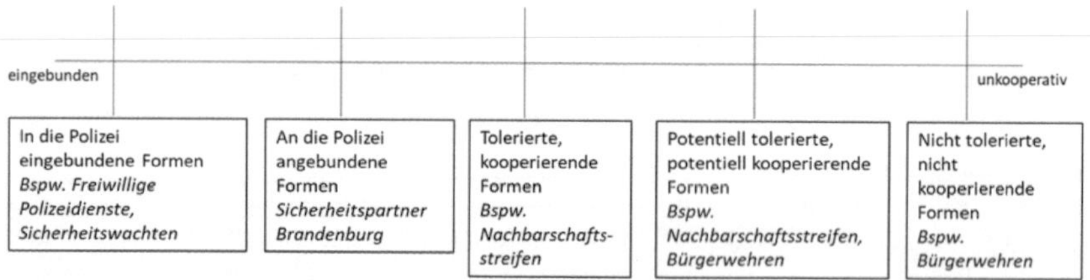

Abbildung 2, Institutionelle Anbindung an die Polizei, eigene Darstellung

In die Polizei eingebunden sind die Freiwilligen Polizeidienste und Sicherheitswachten, die Sicherheitspartner können aufgrund ihres differierenden Aufbaus (vgl. *Kapitel 1.1.2.1.3 Die Sicherheitspartner in Brandenburg*) als angebunden beschrieben werden.[104] Tolerierte oder kooperierenden Formen haben einen noch niedrigschwelligeren Kontakt zur Polizei als die Sicherheitspartner. Dieser Kontakt ist informeller, aber auch innerhalb dieser Dimension variabel: von aktiver Kooperation auf lokaler Ebene bis hin zu reiner Toleranz einer Gruppe durch die Polizei. Potenziell tolerierte, potenziell kooperierende Formen stellen eine Zwischenform dar – diese Gruppen

103 Hier nennen die Autoren verschiedene Gründe: Ein mangelndes Verständnis oder fehlende Beziehungen zu den Gemeinschaften, denen sie dienen, arrogantes Verhalten oder Korruption, Brutalität, Rassismus, ihre Rolle als Beschützerin des Status Quo und nur der besitzenden Klassen (Marx und Archer 1976, S. 134).

104 Der Freiwillige Polizeidienst und die Sicherheitswachten können als *eingebunden* beschrieben werden. Sie sind polizierend tätig und im Kontext dieser Tätigkeit in die Polizei eingebunden, die ihre Ausbildung anleitet, von der sie ihre Ausrüstung beziehen und von wo sie zumeist ihre Streifengänge beginnen und beenden. Als *angebunden* beschrieben werden können die Sicherheitspartner. Sie werden als Sicherheitspartner anerkannt und bekommen auch eine Jacke, diese wird jedoch von den Kommunen gestellt, es gibt keine Ausbildung und die Sicherheitspartner beginnen ihre Streifen direkt von zuhause (vgl. *Kapitel 1.1.2.1 Ehrenamtlich Polizierende*).

werden dauerhaft entweder zu kooperierenden oder tolerierten Formen oder eben zu nicht tolerierten, nicht kooperierenden Formen.
Allerdings fehlt bei den beiden bislang vorgestellten Dimensionen die inhaltliche Ausrichtung der Gruppen. Eine nicht-institutionalisierte rechte Bürgerwehr, die (bislang) keine Gewalt anwendet, sich aber bspw. gegen Geflüchtetenunterkünfte organisiert, stünde somit in demselben Spannungsverhältnis zum Staat wie eine nicht-institutionalisierte Nachbarschaftsstreife, die (bislang) keine Gewalt anwendet und sich bspw. zum Schutz vor Wohnungseinbruchsdiebstahl organisiert. Zudem können polizierende Bürgergruppen trotz einer Verortung in letzter oder vorletzter Kategorie der Dimension ‚Anbindung an die Polizei' prinzipiell gesetzliche Normen vertreten, die sie jedoch vom Staat als nicht durchgesetzt ansehen, und deswegen selbst, ohne Unterstützung der Polizei, aktiv werden. Des Weiteren ist denkbar, dass sie zwar, wie auch der Staat, Sicherheit schaffen wollen, das, was sie aber unter dem Sicherheitsbegriff verstehen, weiter gefasst ist. Im nächsten Kapitel wird deshalb die normative Ausrichtung betrachtet, die diese Aspekte aufgreift.

5.3 Die normative Ausrichtung

Hinsichtlich der Beschäftigung mit Staat und Sicherheitsproduktion wird der Versuch des Etablierens von Normen deutlich, wenn u.a. Verantwortlichkeit für Kriminalprävention auf Individuen übertragen wird, also bspw. ein Pflichtgefühl geschaffen werden soll (vgl. *Kapitel 3.4.3 Gouvernementalität und Sicherheitsproduktion*). Die Verwendung des Begriffs bürgerschaftliches Engagement verlangt die Reflexion der zugrundeliegenden Normen (vgl. *Kapitel 2.3 Bürgerschaftliches Polizieren in der Zivilgesellschaft*) – gewalttätige, nicht friedliche (s. Dimension 1) und auch nicht gemeinwohlbezogene polizierende Bürgergruppen lassen sich lediglich in einem bereichslogischen Verständnis einer real existierenden Zivilgesellschaft zuordnen. Bürgerschaftliches Engagement üben also nur Gruppen aus, deren Polizieren gemeinwohldienliche Folgen intendiert – damit lassen sich bspw. rechtsextreme Gruppen eindeutig abgrenzen. Darüber hinaus ist das Gemeinwohl aber Inhalt anhaltender Aushandlung, sodass dem, was unter Gemeinwohlorientierung verstanden wird, selbst unterschiedliche Normen zugrunde liegen können.
Bezüglich der vorgestellten Typologien zum Vigilantismus wurde herausgestellt, dass stets danach gefragt wird, gegen wen oder was sich Vigilantismus richtet. Diese Typologien beinhalten zwar immer auch den Staat, nehmen ihn jedoch nicht als Ausgangspunkt (so auch Schmidt-Lux 2013b, S. 103–104). Da in dieser Arbeit aber das Verhältnis zum Staat bzw. Aushandlungen zwischen den Akteuren staatlichen und bürgerschaftlichen Polizierens zentral sind, wird, statt danach zu fragen, was das Ziel des Polizie-

rens ist, danach gefragt, woran sich die polizierenden Bürgergruppen orientieren, um dieses Ziel auszumachen.

Zudem ist das Heranziehen der verschiedenen anderen Ansätze für den deutlich breiteren Forschungsgegenstand polizierende Bürgergruppen nicht vollumfänglich sinnvoll: Eine Unterscheidung im Sinne der in Kapitel 4 dargestellten Typologien läuft Gefahr, auf der einen Seite eine zu starke Ausdifferenzierung vorzunehmen, während die andere Seite in lediglich einer Kategorie gefasst wird. So gibt es auf der einen Seite u.a. rechtsextreme polizierende Bürgergruppen, die gegen Minderheiten und/oder politische Gegner vorgehen (Vigilantismus erster/zweiter Ordnung nach Quent) und bspw. gegen eine soziale Gruppe oder gegen das Regime gerichtet sind (social group control und regime control vigilantism nach Rosenbaum und Sederberg). Andererseits gibt es Freiwillige Polizeidienste, Sicherheitspartner oder auch Nachbarschaftsstreifen, die gegen Kriminalität gerichtet sind und bei denen social group control nicht im Vordergrund steht und die somit zusammengefasst würden als crime-control Gruppen.

Damit würde aber übersehen, dass auch bei diesen Gruppen Tendenzen in Richtung der Kontrolle sozialer Gruppen zu erkennen sein können, ohne dass sie aber in einer Kategorie mit rassistisch motivierten Bürgerwehren verortet werden könnten.

Dennoch sind die Ansätze zum Vigilantismus deswegen zentral, da mit ihnen stattdessen danach gefragt werden kann, inwieweit sich polizierende Bürgergruppen an rechtsstaatlichen Gesetzen und Normen oder an subjektiven Normen orientieren. Diese Fragestellung ist auch im Ansatz von Moncada (2017) zur konzeptionellen Bestimmung von Vigilantismus zu finden. Er schreibt, dass die Zielpersonen von Vigilant:innen Individuen sind, die vermeintlich ein Verhalten gezeigt haben, das sich gegen eine bestimmte Ordnung, im Sinne eines Verhalten regelnden Systems, richtet. Diese Ordnung könne formell bis informell sein, also staatlich oder von nicht-staatlichen Akteuren eingesetzt (Moncada 2017, S. 407). Für den breiteren Gegenstand polizierender Bürgergruppen kann dies aber deutlich mehr Schattierungen annehmen und das Ordnungssystem, für das Moncada als Beispiel von Gangs kontrollierte Stadtviertel heranzieht, kann hierbei auch ein unpräzises Normensystem sein. So können die Gruppen danach eingeteilt werden, ob sie sich an rechtsstaatlichen Gesetzen, subjektiven Normen oder sogar eigenen Gesetzen orientieren (vgl. Abbildung 3).

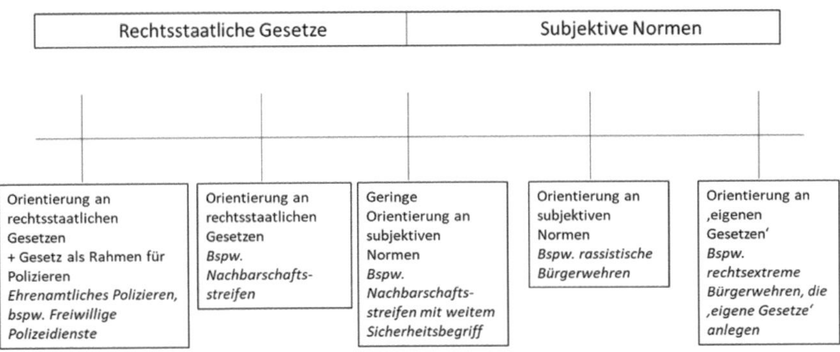

Abbildung 3, Normative Ausrichtung, eigene Darstellung

Zunächst lässt sich dazu die Orientierung an rechtsstaatlichen Gesetzen in der Kombination mit der Orientierung an einem expliziten Gesetz, als Rahmen für das bürgerschaftliche Polizieren, an dem sich ebenfalls orientiert wird bzw. werden muss, aufzeigen. Dies ist beim ehrenamtlichen Polizieren der Fall, da dieses auf Gesetzen beruht, an denen sich die Ehrenamtlichen orientieren müssen (vgl. *Kapitel 1.1.2.1 Ehrenamtlich Polizierende*). Eine Orientierung an rechtsstaatlichen Gesetzen ohne explizite gesetzliche Grundlage für das bürgerschaftliche Polizieren stellt die zweite auf dem Kontinuum verortete Kategorie dar. Hier sind Nachbarschaftsstreifen gemeint, die polizierend tätig werden, sich dabei an rechtsstaatlichen Gesetzen orientieren, aber nicht in Form des ehrenamtlichen Polizierens tätig werden.

Zudem ist auch eine geringe Orientierung an subjektiven Normen denkbar. Dies wäre bei Gruppen zu sehen, die Verhalten als nicht hinnehmbar ansehen, welches nicht kriminell oder ordnungswidrig ist, wenn die Gruppen also einen weiten Sicherheitsbegriff anlegen. Sie erweitern damit den Rahmen, in dem sie agieren, und kombinieren die Orientierung an rechtsstaatlichen Gesetzen, bspw. die Verhinderung von Kriminalität und Ordnungswidrigkeiten, mit subjektiven Normen.

Von solchen Gruppen werden aber jene Gruppen abgegrenzt, bei denen eindeutig subjektive Normen im Vordergrund stehen. Das umfasst auch rassistische und rechtsextreme Bürgerwehren, die ihre eigene Ideologie in Form eigener subjektiver Normen anlegen, bspw. ‚Sicherheit' für ihre Vorstellung von ‚deutschen Bürger:innen' schaffen wollen. Schließlich gibt es noch die Orientierung an ‚eigenen Gesetzen', was Gruppen umfasst, die nicht (mehr) in einem Spannungsverhältnis zum Staat stehen, sondern in Konkurrenz zum Staat treten (wollen), bspw. die Etablierung einer gänzlich neuen sozialen Ordnung jenseits des Staates anstreben (Schmidt-Lux 2013b, S. 109).

5.4 Zusammenführung der Dimensionen

Die Nähe zur Gewalt, die institutionelle Anbindung an die Polizei und die normative Ausrichtung polizierender Bürgergruppen sind Dimensionen, in denen sie im Verhältnis zum Staat verortet werden können. Durch Gewaltanwendung oder -androhung können sie die Legitimität des Staates aufgrund einer aus ihrer Sicht unzureichenden Ausübung der Sicherheitsproduktion hinterfragen. Aber diese Dimension allein zeigt nicht zwangsläufig ein Spannungsverhältnis auf. Stattdessen muss zusätzlich nach der Nähe zum Staat gefragt werden. Diese lässt sich einmal anhand der institutionellen Anbindung betrachten, also wie stehen sie zum staatlichen Akteur Polizei bzw. wie sind sie ein- oder angebunden, wie kooperieren, koexistieren oder konkurrieren sie, und anhand ihrer normativen Ausrichtung, also orientieren sie sich an rechtsstaatlichen Normen oder orientieren sie sich an eigenen Normen oder sogar ‚Gesetzen'.
Wie also gezeigt werden konnte, kann innerhalb der einzelnen Dimensionen nicht zwangsläufig von einem Spannungsverhältnis gesprochen werden. Erst in der Kombination dieser Dimensionen zeigt sich, in was für ein Verhältnis polizierende Bürgergruppen und der Staat treten. Dabei ist auch die Interpretation des Verhältnisses zwischen den Akteuren relevant: Was in einem lokalen Zusammenhang als inadäquates Handeln angesehen wird, gilt in anderen Zusammenhängen als bürgerschaftliches Engagement und wird bspw. zur Kooperation ausgebaut.
Um insgesamt das Verhältnis zwischen Staat und polizierenden Bürgergruppen beleuchten zu können, werden die Dimensionen in einem Würfelmodell zusammengeführt, sodass die unterschiedlichen, heterogenen polizierenden Bürgergruppen in dem sich aufspannenden Raum verortet werden können.
Die Nähe zur Gewalt lässt sich von *gering* bis *hoch* beschreiben, die institutionelle Anbindung reicht von *eingebunden* bis *unkooperativ* und die normative Ausrichtung spannt sich zwischen den Endpunkten *Orientierung an rechtstaatlichen Gesetzen und Gesetz als Rahmen für Polizieren* und *Orientierung an eigenen ‚Gesetzen'* auf. In der Abbildung beginnen die drei Kontinua immer im Nullpunkt, also unten links und erreichen ihre stärkste Ausprägung in Richtung der Pfeile an den Würfelenden. Je höher also eine Gruppe in Richtung ‚rechts oben' verortet werden kann, desto stärker tritt sie in ein Spannungsverhältnis oder sogar in Konkurrenz zum Staat (vgl. Abbildung 4).

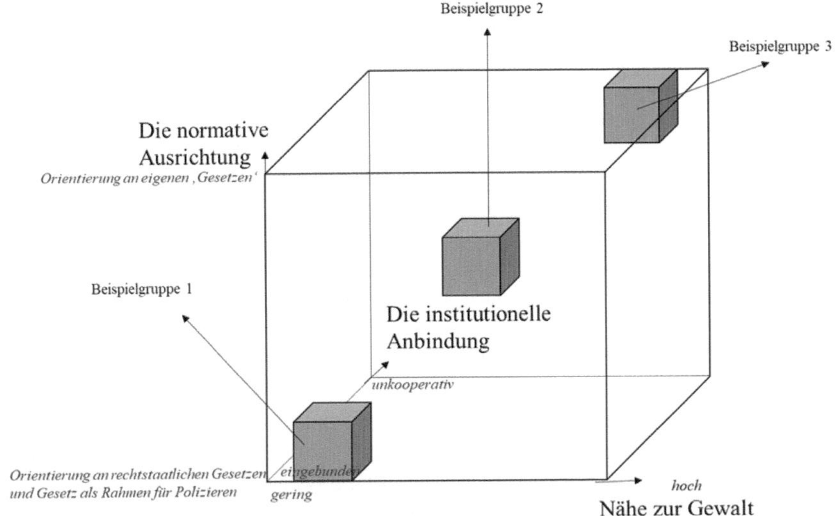

Abbildung 4, Verortung polizierender Bürgergruppen im Verhältnis zum Staat, eigene Darstellung

In der Abbildung 4 sind drei illustrative Beispiele angeführt, die im Weiteren kurz ausgeführt werden.

Beispielgruppe 1 ist im Würfel unten links verortet. Sie ist wenig gewaltaffin, ist allerdings mit robuster Ausrüstung wie bspw. Pfefferspray ausgestattet, sodass sie in dieser Dimension nicht ganz im Nullpunkt verortet ist. In den anderen beiden Dimensionen allerdings schon, denn sie ist in die Polizei eingebunden und an rechtstaatlichen Gesetzen orientiert. Da sie also am Nullpunkt *Rechtstaatliche Gesetze und Gesetz als Rahmen für Polizieren* verortet ist, gibt es ein Gesetz, auf dessen Grundlage sie etabliert ist, an dem sie sich also orientiert – es handelt sich um eine Form ehrenamtlichen Polizierens. In diesen Würfel würde bspw. der Freiwillige Polizeidienst in Hessen fallen.

Die Beispielgruppe 2 hat eine größere Nähe zur Gewalt. Schmidt-Lux (2012) untersuchte bspw. eine polizierende Bürgergruppe in Ostbrandenburg und hält fest, dass „eigenmächtige Gewaltanwendung ein wichtiges Thema der gruppeninternen Diskussionen“ (Schmidt-Lux 2012, S. 123) ist – die polizierende Bürgergruppe war zumindest in ihren Anfangsjahren mit „‚Knüppeln‘“ (Schmidt-Lux 2012, S. 124) ausgerüstet Streifen gegangen und betonte auch öffentlich, vor Gewaltanwendung nicht zurückzuschrecken (Schmidt-Lux 2012, S. 124). Eine solche Gruppe ist nicht explizit gesetzlich legitimiert und institutionell angebunden. Das schließt aber nicht aus, dass bspw. Kontaktpunkte bis hin zu informellen Kooperationen mit der Polizei existieren könn(t)en. Die normative Ausrichtung kann bei Beispielgruppe 2 als geringe Orientierung an subjektiven Normen gefasst werden, denn auch, wenn sie sich zwar grundsätzlich an rechtstaatlichen Gesetzen orientieren, fließen subjektive Normen ein. So beschreibt Lub (2018a) bspw. eine niederländische Nachbarschaftswache, die eine Kampagne anstieß, in der es Jugendlichen nicht mehr erlaubt sein sollte, sich an bestimmten Orten in der Nachbarschaft aufzuhalten (Lub 2018a, S. 109). Obwohl es keine Verordnung der Gemeinde, und damit keine rechtliche Grundlage gab, wurden Jugendliche angesprochen und weggeschickt (Lub 2018a, 118; 120). Mitglieder dieser Nachbarschaftswache orientieren sich also in diesem Handeln nicht an rechtstaatlichen Gesetzen bzw. einer vorliegenden Verordnung, sondern betrachten Jugendliche im Kontext von ‚disorder'-Phänomenen als Sicherheitsproblem.

Schließlich gibt es auch Gruppen, die eindeutig in Konkurrenz zum Staat treten. Die Beispielsgruppe drei ist stark gewaltaffin, u. U. sogar bis hin zur Bewaffnung, ist nicht institutionell angebunden, sondern der Polizei gegenüber unkooperativ bzw. ablehnend eingestellt, und an subjektiven Normen oder sogar eigenen Gesetzen orientiert. Gewaltaffine, nicht an die Polizei angebundene und subjektive Normen oder sogar teils eigene ‚Gesetze' vertretene Gruppen stellten bspw. die Gruppe ‚Revolution Chemnitz', die ‚Bürgerwehr Freital' sowie das an die Reichsbürgerbewegung (Rahtje 2014) angelehnte ‚Deutsche Polizeihilfswerk' dar, die alle auch polizierend auftraten (Grull 2020; Maxwill 2018; Biermann und Geisler 2016).

Grundsätzlich sind bei der Analyse polizierender Bürgergruppen weitere Dimensionen denkbar, im Kontext dieser Arbeit mit dem konkreten Fokus auf das Verhältnis polizierender Bürgergruppen zum Staat jedoch nicht zielführend. Die fünf Dimensionen, die Moncada (2017) bezüglich des Vigilantismus entwickelt, sind größtenteils in die hier vorgelegten drei Dimensionen, implizit oder explizit, eingeflossen. Die Ziel-Dimension findet sich explizit in der normativen Ausrichtung wieder und die Aspekte der Motivation und Rechtfertigung, die im Kontext der hier vorliegenden Arbeit aufgrund der Fragestellung relevant sind, sind implizit mit der Dimension der normativen Ausrichtung abgedeckt. Das Gewaltrepertoire ist aufgrund der Einteilung in nicht-tödliche und tödliche Gewalt lediglich am äußersten Ende in der Dimension zur Nähe zur Gewalt zu finden, da es im Kontext polizierender Bürgergruppen in Deutschland in den meisten Fällen nicht zu tatsächlicher Gewaltanwendung kommt. Die von ihm als Dimension entworfene soziale Organisation wurde jedoch ausgeklammert, denn die interne Organisationsstruktur einer polizierenden Bürgergruppe hat keinen unmittelbaren Bezug zum Staat (vgl. auch Schmidt-Lux 2013b, S. 104).

Anhand der entwickelten Dimensionen konnte gezeigt werden, wie sich das Verhältnis zwischen Staat und polizierenden Bürgergruppen konzeptualisieren lässt – mit diesem Kapitel wurde also die erste Fragestellung der vorliegenden Arbeit beantwortet. Darüber hinaus lässt sich mithilfe dieses Konzepts zudem eine kriterienbasierte Fallauswahl treffen, was nachfolgend für den zweiten, empirischen Teil dieser Arbeit relevant ist. Diese Fallauswahl wird nachfolgend in Kapitel 6 Methodik dargestellt, sodass daran anschließend die Frage nach dem Verhältnis etablierter polizierender Bürgergruppen zum Staat beantwortet werden kann.

6 Methodik

Die in Kapitel 7 dargestellten Ergebnisse basieren auf einer explorativen qualitativen Interviewstudie. Die Wahl dieser Methodik liegt darin begründet, dass es bislang wenig Forschung zu polizierenden Bürgergruppen in Deutschland gibt, insbesondere zu den hier interessierenden, weder als ehrenamtlich noch als vigilant zu beschreibenden Gruppen.

In dieser Arbeit wird die spezifische Fragestellung zum Verhältnis zwischen Staat und Zivilgesellschaft in der Sicherheitsproduktion, dem Verhältnis zwischen Polizei und Gruppen, ausgeleuchtet, wobei Offenheit bewahrt wurde und eine „Rekonstruktion der subjektiven Sichtweisen und Deutungsmuster der sozialen Akteure" (Flick et al. 2005, S. 20) erfolgte.

Die Deskription der Methodik ist anhand der im Forschungsprozess erfolgten Schritte aufgebaut. So wurde zunächst eine umfangreiche allgemeine Recherche zu polizierenden Bürgergruppen durchgeführt, um einen Überblick über das Feld zu erhalten und eine, wenn auch unvollständige, Grundgesamtheit zu identifizieren (Kapitel 6.1.1). Darauf aufbauend wird die Auswahl der Fälle sowie das Sample beschrieben (Kapitel 6.1.2). In Kapitel 6.2 ist die Interviewführung dargelegt, also die Entscheidung für offene Leitfadeninterviews sowie eine ausführliche Beschreibung der Erstellung des Leitfadens (Kapitel 6.2.1 und Kapitel 6.2.2). Hinzu kommt eine Reflexion der Nutzung unterschiedlicher Interviewmodi in einem Forschungsprojekt (Kapitel 6.2.3). Des Weiteren werden bezüglich der Interviewführung die Transkription der als Audioaufnahmen vorliegenden Interviews beschrieben sowie Aspekte des Datenschutzes aufgegriffen (Kapitel 6.2.4 & 6.2.5).

Daran anschließend steht die Erstellung des Kategoriensystems zur Durchführung der qualitativen Inhaltsanalyse im Fokus: die Erstellung des Kategoriensystems (Kapitel 6.3.1) sowie die Pilotphase, das Testen und schließlich die Hauptcodierung allen Materials mithilfe des erstellten Kategoriensystems (Kapitel 6.3.2). Zudem wird ein zusammenfassender Überblick über die Schritte der Inhaltsanalyse und die Wahl der „Werkzeuge" (Schreier 2014, Abs. 58) der hier erfolgten qualitativen Inhaltsanalyse gegeben (Kapitel 6.3.3). Schließlich erfolgt eine Reflexion der gewählten Methodik (Kapitel 6.4).

6.1 Recherche & Sampling

Das Sampling wird deshalb ausführlich dargestellt, da es darüber mitentscheidet „ob die Befunde qualitativer Studien verallgemeinert werden können, auch wenn es dabei um andere Techniken des Samplings geht als dies bei Zufalls- oder Quotenstichprobentechniken, die auf statistischen Überlegungen beruhen und das Argument der Repräsentativität in der quantitativen Sozialforschung legitimieren, der Fall ist“ (Przyborski und Wohlrab-Sahr 2014, S. 178). Nachfolgend wird zunächst die Recherche und darauf aufbauend die Fallauswahl (also das Sampling) beschrieben.

6.1.1 Recherche

Die Recherche zur Existenz polizierender Bürgergruppen in Deutschland teilte sich auf in eine Recherche der Medienberichterstattung und eine Auswertung von Parlamentsdokumenten. Der Recherchezeitraum umfasste 2018 bis Anfang 2020, wobei Dokumente ab 2014 herangezogen wurden. Diese Eingrenzung erfolgte, da die Gruppen zum Zeitpunkt der Forschung noch aktiv sein sollten und dies umso wahrscheinlicher erschien, je aktueller die Berichterstattung über sie ist. 2014 wurde ausgewählt, da somit auch noch ein Zeitraum vor den Gründungen sehr vieler ‚Bürgerwehren‘ in den Jahren 2015 und 2016 erfasst ist (vgl. auch Quent 2016a).

6.1.1.1 Parlamentsdokumentation

Die Recherche in den Parlamentsdatenbanken der 16 Bundesländer sowie des Deutschen Bundestages bot sich deswegen an, weil insbesondere in den Kleinen und Großen Anfragen Informationen zu verschiedenen polizierenden Bürgergruppen enthalten sind. In den jeweiligen Datenbanken zur Parlamentsdokumentation wurden die Stichworte Nachbarschaftswache und Bürgerwehr gesucht.

Insgesamt wurden 107 Landtags- bzw. Bundestagsdokumente, also Kleine und Große Anfragen sowie Plenumsdiskussionen, hinsichtlich der Beschäftigung bzw. Benennung von konkreten Gruppen ausgewertet. Eine stärkere Beschäftigung mit dem Thema polizierende Bürgergruppen bzw. vor allem mit Bürgerwehren lässt sich dabei eindeutig für die Zeit 2015 und insbesondere 2016 nach der „Kölner Silvesternacht 15/16“ feststellen – hier gründete sich eine Vielzahl an Gruppierungen insbesondere über Facebook, wobei der Großteil dieser Gruppen nie tatsächlich im öffentlichen Raum polizierend tätig geworden zu sein scheint (vgl. ausführlich Quent 2016a). Hinzu kommen Anfragen zu rechtsextremen Gruppierungen, die sich als Bürgerwehr inszenieren bzw. inszenierten. Eher selten werden etablierte Gruppen thematisiert, wie sie in dieser Arbeit betrachtet werden. Dennoch konnten durch die Recherche in den Parlamentsdatenbanken auch einige dieser etablierten Gruppen identifiziert werden, die im Anschluss umfangreicher recherchiert wurden.

6.1.1.2 Medienrecherche

Für die Medienrecherche wurde nach den Begriffen Bürgerwehr, Bürgerstreife und Nachbarschaftswache und -streife in der Datenbank Nexis Uni[105] gesucht. Auch bei polizierenden Bürgergruppen, die nach der hier zugrundliegenden Definition einer Bürgerwehr keine solche darstellen, wird in den Artikeln häufig der Bürgerwehr-Begriff genannt, beispielsweise wenn sich eine Gruppe explizit davon abgrenzt, eine Bürgerwehr zu sein. Insofern kann davon ausgegangen werden, dass trotz der Suche nach dem speziellen Begriff Bürgerwehr auch ein großer Teil der Medienberichterstattung zu weiteren, anders ausgerichteten polizierenden Bürgergruppen gefunden werden konnte. Zusätzlich wurden dennoch die Begriffe Bürgerstreife, Nachbarschaftswache und -streife hinzugezogen, bei denen aber deutlich weniger Ergebnisse zu verzeichnen waren. Um auf neuere Gruppen aufmerksam zu werden, wurden zudem „alerts“ [106] mit Google Alert sowie der Datenbank WISO net[107] für die Begriffe Bürgerwehr und Nachbarschaftswache eingerichtet. Insgesamt konnten so 224 Artikel recherchiert werden, die die Begriffe Bürgerwehr oder -streife oder Nachbarschaftswache oderstreife enthielten.

6.1.1.3 Eine unvollständige Grundgesamtheit

Über die Medienrecherche sowie die Recherche in den Parlamentsdokumenten konnten 58 Gruppen identifiziert werden, die zwischen 2014 und 2020 polizierend tätig zu sein schienen. Es ließ sich aber weder durch die Recherche in den Parlamentsdatenbanken noch durch die Medienrecherche eine Vollerhebung aller in Deutschland polizierender Bürgergruppen umsetzen, da nicht zwangsläufig über lokale Gruppen, die polizierend tätig werden, berichtet wird bzw. ihre Existenz bekannt ist. Zum einen können Gruppen sehr kurzfristig auftauchen und nur ein oder zwei ‚Streifengänge‘ unternehmen, bevor sie sich wieder auflösen, zum anderen sind auch derart informelle Zusammenschlüsse denkbar, dass davon ausgegangen werden kann, dass nicht alle polizierenden Gruppen recherchierbar sind – schließlich können sich Nachbar:innen auch vollkommen ohne Öffentlichkeitsarbeit bzw. -information zusammenschließen, um ‚Streifengänge‘ zu unter-

105 Nexis Uni ist eine Datenbank , die 15.000 internationale Nachrichten-, Firmen- und Rechtsquellen umfasst, darunter auch regionale und lokale Zeitungen, die im Kontext dieser Recherche insbesondere wichtig waren. Vgl. ausführlich: https://p.widencdn.net/s52cur/nexis-uni-factsheet-dach

106 Durch diese alerts wurden neue Artikel, die die Suchbegriffe enthielten, zusammengestellt und per E-Mail gesammelt zur Verfügung gestellt.

107 Wiso ist eine weitere Datenbank, neben Pressebeiträgen umfasst sie u.a. Beiträge aus Fachzeitschriften vgl. https://www.wiso-net.de/dosearch und für die Quellenliste https://www.wiso-net.de/sourceInformation/list

nehmen oder wachsam zu sein. Verdeutlichen lässt sich dieser Umstand anhand der Erwähnung einer polizierenden Bürgergruppe, auf die Dehmel und Dehmel (2009) im Kontext ihrer Forschung zu Bürger:innenbeteiligung in der Kriminalprävention aufmerksam wurden:

> „Eine Quartiersmanagerin in Stade weiß zu berichten, dass aus einer Bewohnerinitiative heraus die ‚Aktion Bürgernähe' gegründet wurde, deren Mitglieder sechs Monate lang zwischen 22 Uhr und 3 Uhr morgens Streife gingen, um bei Verdächtigem über das Handy die Polizei zu rufen." (Dehmel und Dehmel 2009, S. 257)

Sobald also eine Gruppe nur kurz und/oder ohne Öffentlichkeitsarbeit aktiv ist, ist sie schwierig ausfindig zu machen.[108]

Insofern stellen die 58 recherchierten Gruppen einen Ausschnitt aus Gruppen dar, die in irgendeiner Weise polizierend tätig sind oder waren, wobei diese unvollständige Grundgesamtheit zudem nicht zeitlich konstant bleibt. So recherchierte Schmidt-Lux (2018) bspw. für 2016 ‚Bürgerwehren' und bürgerwehrähnliche Gruppierungen und stellte eine Anzahl von 150-200 ‚Bürgerwehren' fest, von denen ca. 30 tatsächlich Streife liefen (Schmidt-Lux 2018, S. 141) – allerdings betonte er ebenfalls die geringe Robustheit dieser Daten, die eher als „thesenhafter Umriss" (Schmidt-Lux 2018, S. 140) zu verstehen seien.

Diesen Umstand der unvollständigen Grundgesamtheit gilt es somit zwar offenzulegen, er ist aber für den Anspruch eines explorativen Einblicks in etabliertes bürgerschaftliches Polizieren und das Verhältnis zum Staat nicht weitergehend relevant, denn es handelt sich nicht um eine quantitative Untersuchung, die eine Vollerhebung bzw. eine deutlich umrissene Grundgesamtheit erfordern würde.

6.1.2 Sampling

Nachfolgend wird zunächst das Vorgehen bezüglich der Fallauswahl vorgestellt sowie der Feldzugang erläutert. Daran anschließend wird das Sample, also die zu untersuchenden Fälle, beschrieben und die (Grenzen der) Generalisierbarkeit reflektiert.

6.1.2.1 Fallauswahl & Feldzugang

Przyborski und Wohlrab-Sahr (2014) unterscheiden drei Sampling-Verfahren. Das Sampling nach bestimmten vorab festgelegten Kriterien

108 Bust-Bartels 2021 verweist zudem darauf, dass Bürgerwehren vermehrt im Verborgenen agierten, da ihr Verhalten bei lokalen Behörden und Sicherheitsorgane „mitunter Gegenmaßnahmen aus[lösen]. Sie werden beobachtet, kontrolliert, in ihre Schranken gewiesen" (Bust-Bartels 2021, S. 89).

bietet sich, so Przyborski und Wohlrab-Sahr (2014), für Untersuchungen an, die standardisierte und nicht-standardisierte Verfahren verknüpfen und z. B. qualitative Untersuchungen nach einer standardisierten Erhebung nutzen, um bestimmte Zusammenhänge genauer zu betrachten.

> „Insgesamt aber steht diese Form des Sampling für ein Vorgehen, bei dem auf der Grundlage vorhandener Forschungsergebnisse und nach bestimmten Kriterien gezielt eine Untersuchungsgruppe zusammengestellt wird." (Przyborski und Wohlrab-Sahr 2014, S. 183)

Zudem gibt es das „Snowball-Sampling", also ein Schnellballverfahren, in dem Interviewpartner:innen weitere Personen im Feld empfehlen oder auch den Kontakt herstellen. Przyborski und Wohlrab-Sahr (2014) weisen darauf hin, dass dieses Verfahren äußerst hilfreich für die Erschließung des Feldes sei „und einen fruchtbaren Zugang zur inneren Strukturierung des Feldes und zu den Kontrasten im Feld" (Przyborski und Wohlrab-Sahr 2014, S. 185) biete, jedoch keinesfalls ausreichend sei, da damit nur Daten aus einem bestimmten Netzwerk erhoben würden und bspw. nicht auszuschließen sei, dass die interviewten Personen sich kurzschlössen und damit die Erzählbereitschaft und -richtung beeinflusst würden (Przyborski und Wohlrab-Sahr 2014, S. 184). Beim „Theoretical Sampling", welches von den Soziologen Barney Glaser und Anselm Strauss im Kontext der Grounded Theory Methodologie entwickelt wurde, ist das Sample nicht vorher festgelegt, sondern wird nach sich im Verlauf der empirischen Arbeit herausstellenden theoretischen Gesichtspunkten zusammengestellt (Przyborski und Wohlrab-Sahr 2014, S. 181). Es bietet sich an, wenn „die Vorstellungen vom Fall am Beginn der Untersuchung noch vage sind und sich erst im Verlauf der Untersuchung herauskristallisieren. […]. Die Konstruktion des Falls wird in den Forschungsprozess selbst verlagert" (Merkens 2005, S. 297). Schließlich lassen sich diese drei Verfahren zudem kombinieren (Przyborski und Wohlrab-Sahr 2014, S. 185).

Für die vorliegende Arbeit wurde eine Kombination des kriteriengeleiteten Samplings unter Zuhilfenahme des Schnellballverfahrens gewählt; das Theoretical Sampling wurde nicht angewendet, da der interessierende Forschungsgegenstand schon zu Beginn der Untersuchung in der theoretischen Beschäftigung klar umrissen war. So wurde zwar keine standardisierte Erhebung im Vorhinein durchgeführt, aber es wurden die im ersten Teil dieser Arbeit entwickelten theoretischen Kriterien angelegt, um Gruppen zur explorativen Betrachtung auszuwählen.

Grundsätzlich sollten Gruppen betrachtet werden, die weder ehrenamtlichem noch vigilantem Polizieren zuzuordnen sind. Durch die Konzeptualisierung polizierender Bürgergruppen im ersten Teil der Arbeit konnten diese interessierenden Gruppen präzisiert werden: Um genauer betrachten zu können, wie das Verhältnis zwischen Polizei und Gruppen in der Praxis ausgestaltet ist und wie sich Gruppen etablieren können, wird aufbauend auf der Konzeptualisierung nur eine Art der Gruppen betrachtet: Gruppen, die in einem konkreten Würfel verortet werden können (vgl. Abbildung 5).

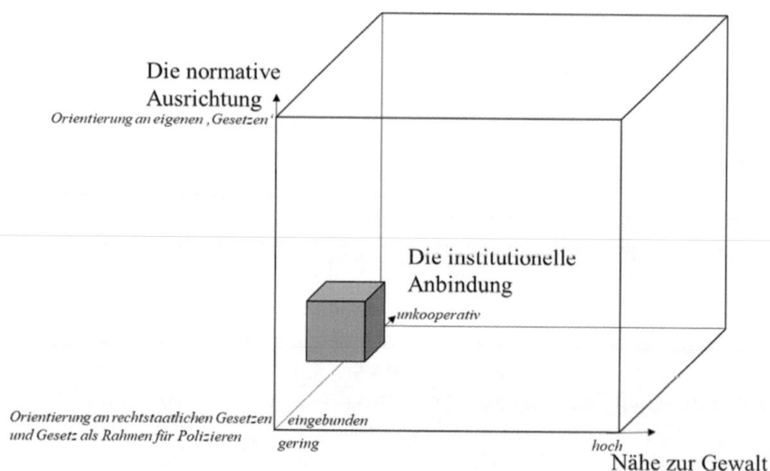

Abbildung 5, Auswahl der empirisch betrachteten Gruppen, eigene Darstellung

Der Fokus im empirischen Teil dieser Arbeit liegt also auf Gruppen, die nicht, wie beim ehrenamtlichen Polizieren, in die Polizei ein- oder an die Polizei angebunden sind. Zudem sind sie bottom-up entstanden, weisen aber keine Nähe zur Gewalt auf und sind in ihrer normativen Ausrichtung an rechtsstaatlichen Gesetzen orientiert, wobei ihre Aufgaben nicht – wie es bei ehrenamtlich Polizierenden der Fall ist – gesetzlich festgelegt sind. Da ein bestehendes Verhältnis zwischen etablierten Gruppen und der Polizei betrachtet werden soll, ist zudem ein weiteres Kriterium wichtig: Die Gruppen müssen bereits längerfristig bestehen, sich also nicht nur einmal zusammengefunden, sondern ein regelmäßiges Polizieren etabliert haben. Die Betrachtung der Gruppen, die im oben eingezeichneten Würfel verortet werden können, führt zu einem Sample mit ähnlichen Fällen; bezüglich des Kriteriums des längerfristigen Bestehens sind sie allerdings heterogen: Die Gruppen bestehen unterschiedlich lange.
Aus den recherchierten Gruppen, die polizierend tätig wurden, wurden zunächst die eindeutig rechtsextremen, vom Verfassungsschutz beobachteten, von bekannten Personen aus dem rechtsextremen Milieu geleiteten oder auch als rechtsterroristisch verurteilten Gruppen, die sich bspw. als ‚Bürgerwehr' betitelten, ausgeschlossen, da diese sich nicht an gesetzlichen,

sondern an subjektiven Normen oder ‚eigenen Gesetzen' orientieren (vgl. *Kapitel 5.4 Zusammenführung der Dimensionen*). Ausgeschlossen wurden zudem Gruppen, die bspw. lediglich ein oder zweimal polizierend tätig wurden, sich also nicht etablierten, die sich bei tiefergehender Recherche als Formen ehrenamtlichen Polizierens, genauer als Sicherheitspartner Brandenburgs herausstellten (vgl. *Kapitel 1.2.1.1.3 Die Sicherheitspartner in Brandenburg*), ausschließlich über WhatsApp vernetzt oder im Kontext der Organisation von Präventionsveranstaltungen, jedoch nicht polizierend aktiv waren. Unabhängig der angelegten Kriterien wurden auch jene Gruppen ausgeschlossen, deren weitere Aktivität nicht verifiziert werden konnte oder die sich eindeutig aufgelöst hatten.[109]

Insgesamt blieben daraufhin 17 Gruppen übrig. Nach erneuter individueller und ausführlicher Recherche der jeweiligen Gruppen wurden forschungspragmatisch jene 12 Gruppen kontaktiert, die am ehesten noch aktiv zu sein schienen – über die also kürzlich berichtet wurde oder die zum Beispiel aktuelle Kontaktdaten auf ihrer Homepage bereitstellten. Der Kontakt konnte über auf eigenen Homepages angegebene Telefonnummern oder E-Mailadressen, über Facebook sowie über die Lokalredaktion einer Zeitung und daran anschließend über den Ortsbürgermeister aufgenommen werden. Der Kontakt zu einer Gruppe ließ sich zudem mithilfe des Schneeballverfahrens über den/die Initiator:in einer anderen Gruppe herstellen. Die Kontaktierung der Gruppen ergab, dass eine Gruppe nicht mehr aktiv war; bei vier weiteren Gruppen konnte kein Zugang erlangt werden – hier scheiterten Versuche des Führens von Interviews u. a. aufgrund angegebenen Zeitmangels für ein Interview seitens der angefragten Personen oder sie waren über angegebene Kontaktdaten nicht zu erreichen oder meldeten sich nicht zurück. Somit waren also Personen aus sieben Gruppen bereit dazu bzw. interessiert daran, ein Interview zu geben.[110] Insgesamt ist dabei trotz der zunächst 58 recherchierten polizierenden Gruppen ein übersichtliches Feld an etablierten und aktiven Gruppen, die im oben beschriebenen Würfel verortet werden können, festzustellen.

---

109 Ausgeschlossen wurden zudem die sogenannten ‚Nachtwanderer', die zwar auch Präsenz zeigen, deren Ziel es aber ist, als Ansprechpartner:innen nachts explizit für Jugendliche da zu sein und die die Form ehrenamtlicher niedrigschwelliger Streetworker haben; zum Teil bspw. auch mit einem Quartiersmanagement verbunden sind (vgl. bspw. Knigge 2017; Milbich 2014). Vier geführte Interviews mit je zwei Angehörigen einer Nachtwächter-Gruppe und zwei anerkannten Sicherheitspartnern Brandenburg wurden letztlich nicht in das Sample aufgenommen.

110 Aufgrund der verschiedenen Modi der Kontaktaufnahme weisen die verschiedenen Gruppen auch unterschiedliche Darstellungen im Internet auf – von lediglich kürzeren Artikeln oder auch nur knappen Erwähnungen in Lokalzeitungen oder -blättern bis hin zu umfangreicheren Internetauftritten mit eigenen Homepages.

Dabei gilt es zu reflektieren, dass hier zum einen eine kriteriengeleitete Wahl der Gruppen, zum anderen eine im Schneeballverfahren generierte Wahl der Interviewten erfolgte, die mit den oben durch Przyborski und Wohlrab-Sahr (2014) aufgezeigten Nachteilen einhergehen kann: die Gefahr konnte also nicht ausgeschlossen werden, dass Daten, in diesem Fall also Ansichten und Beschreibungen, nur aus einem bestimmten Netzwerk erhoben wurden und die Erzählbereitschaft und -richtung bereits im Vorhinein durch die jeweiligen ersten, den Kontakt herstellenden Ansprechpersonen geleitet sind. Allerdings ermöglichte dieses Verfahren einen explorativen Blick über mehrere polizierende Bürgergruppen einer Art hinweg, was bislang in der deutschsprachigen Forschung aussteht, in der entweder eine einzelne Gruppe betrachtet wurde (bspw. Birenheide 2009; Schmidt-Lux 2013a; Ruhnau und Liebhart 2019) oder mehrere Gruppen, die in unterschiedlichen Würfeln zu verorten wären (Bust-Bartels 2021) – die also auf Grundlage ihrer normativen Ausrichtung, der institutionellen Anbindung sowie der Nähe zur Gewalt auf diesen drei Kontinua unterschiedlich eingeordnet würden (vgl. Abbildung 5).
Der Kontakt zu den für die Gruppen zuständigen polizeilichen Ansprechpartner:innen wurde ebenfalls über die Leiter:innen der Gruppen hergestellt, was allerdings keine Nachteile hatte, da es lediglich eine:n polizeilichen Ansprechpartner:in pro Gruppe gibt. Da sich der Umstand, dass alle Gruppen für sie zuständige polizeiliche Ansprechpartner:innen haben, zumeist erst in der Kommunikation mit den Gruppen herausstellte, war dieser Weg vorgegeben.

6.1.2.2 Sample: Interviewte Gruppen(mitglieder) & Polizeibeamt:innen

Die ausgewählten Gruppen sind zum Zeitpunkt der Erhebung zwischen sechs und ca. 30 Jahren polizierend tätig und damit als etabliert zu beschreiben. Um die Anonymität zu gewährleisten, wurden den Gruppen die Buchstaben A, B1, B2, C, D, F und G zugeordnet.[111] Sie sind in zwei verschiedenen westdeutschen Bundesländern aktiv: eine Gruppe im Stadtteil einer Großstadt, eine Gruppe in einer Kleinstadt und fünf Gruppen in unterschiedlich großen, ländlich geprägten Orten (vgl. ausführlich *Kapitel 7.1.2 Ortsbeschreibung*). Dabei sind zwei Gruppen (B1 und B2) dahingehend miteinander verwoben, dass sie in demselben Landkreis aktiv sind und auf dieselbe/denselben Initiator:in zurückgehen. Da sie aber in zwei unterschiedlichen Orten aktiv sind und die Vernetzung insgesamt zwölf Gruppen in verschiedenen Orten umfasst, werden sie als zwei eigenständige Gruppen betrachtet. Hinzu kommt, dass drei weitere Gruppen ebenfalls

[111] Mitglieder der Gruppen E und H, die ebenfalls interviewt wurden, wurden im Nachhinein aus dem Sample entfernt, da es sich um Sicherheitspartner bzw. Nachtwanderer handelte.

in einer Region, aber in verschiedenen Orten tätig sind. Diese Gruppen sind untereinander nicht vernetzt und stehen nicht im Austausch; auch sie stellen somit eigenständige Gruppen dar. Bei zwei Gruppen wurden keine weiteren aktiven Gruppen in direkter Umgebung, im Sinne des nächsten Ortes, ausgemacht.
Das Sample besteht aus 21 transkribierten Interviews mit 18 Gruppenmitgliedern und fünf Polizist:innen. Es wurden also insgesamt 21 Interviews mit 23 Personen geführt, wobei zwei Interviews mit je zwei Personen geführt wurden.[112] Das Audiomaterial umfasst insgesamt 933 Minuten.
In den Gruppen wurden jeweils Interviews mit der/dem Leiter:in geführt sowie mit ein bis zwei weiteren Gruppenmitgliedern, wobei der Kontakt über die Leiter:innen hergestellt wurde (Schneeballverfahren). Eine höhere Anzahl an Interviewten zu generieren, erwies sich insbesondere deswegen als schwierig, da den bereits interviewten Leiter:innen häufig das Wissen um die Gruppen zugesprochen wurde und oftmals vor den weiteren Interviews darauf verwiesen wurde, nichts Neues erzählen zu können. Ähnlich beschreibt Birenheide dies auch für die von ihr untersuchte Bürgergruppe, bei der dem Vorsitzenden ein Informationsmonopol zugesprochen wurde (Birenheide 2009, S. 116). Interviewt wurden sechs Frauen und zwölf Männer. Unter den Ansprechpartner:innen bei der Polizei waren eine Frau und vier Männer.
Hinsichtlich der polizeilichen Ansprechpartner:innen muss zudem ihre Bezeichnung geklärt werden, denn bis auf eine Ausnahme sind die interviewten Polizist:innen im Bereich der ‚bürgernahen Polizeiarbeit' tätig. Die unterschiedlichen Bundesländer haben allerdings verschiedene Bezeichnungen für im Bereich der bürgernahen Polizeiarbeit aktive Polizist:innen: Kontaktbereichsbeamt:innen, Kontaktpolizist:innen, Bezirksdienstbeamt:innen (Frevel 2012, S. 602) oder auch Bürger- oder Revierpolizist:innen (Sachsen.de o. J.; Schmidt 2019). Aufgrund der Anonymisierung der Bundesländer werden die interviewten Polizist:innen als Kontaktpolizist:innen bezeichnet. Dies ist zwar auch die Bezeichnung, die die Bremer Polizei für diese Form der Polizeiarbeit nutzt (Freie Hansestadt Bremen o. J.), lässt sich aber dennoch als Oberbegriff nutzen, zumal Bremen keines der Bundesländer ist, in denen Interviews mit Gruppen geführt wurden. Von den fünf Polizist:innen lassen sich vier als Kontaktpolizist:innen bezeichnen, wobei mit drei direkt für die Gruppen zuständigen Kontaktpolizist:innen gesprochen wurde und mit einem/einer Leiter:in im Bereich der Kriminalprävention, der/die zuständig für verschiedene vor Ort agierende Kontaktpolizist:innen ist. Ein:e Polizist:in ist kein:e Kontaktpolizist:in, sondern im Bereich der Bearbeitung von Eigentumsdelikten tätig, wirkt aber dennoch als polizeiliche:r Ansprechpartner:in für die Gruppen. Ein:e

112 Bei einem weiteren Interview war zudem eine bereits interviewte Person anwesend.

Kontaktpolizist:in ist zudem seit 2019 pensioniert, war aber seit der Gründung der Gruppe für diese zuständig, weshalb der derzeitig zuständige polizeiliche Ansprechpartner für ein Interview auf diese Person verwies. Zudem sind zwei Polizist:innen für je zwei Gruppen zuständig, weshalb lediglich fünf Polizist:innen für die sieben Gruppen interviewt wurden. Den Polizist:innen wurden der Buchstabe P sowie der Buchstabe der Gruppe, für die sie zuständig sind, zugeordnet, sodass die Kürzel PA, PB, PC, PDG und PF vergeben wurden.
Merkens (2005) schreibt:

> „Während bei vielen quantitativen Untersuchungen statistische Repräsentativität angestrebt wird, wird mit qualitativen Untersuchungen häufig Generalisierbarkeit der Ergebnisse angestrebt, die u.a. dadurch erreicht werden kann, dass die Stichprobe den untersuchten Fall inhaltlich repräsentiert." (Merkens 2005, S. 291)

Zwei Grenzen der Generalisierbarkeit sind hinsichtlich der vorliegenden Studie bzw. des Samples anzutreffen: Es konnte keine feste Grundgesamtheit bestimmt werden (vgl. *Kapitel 6.1.1.3 Eine unvollständige Grundgesamtheit*) und es konnten lediglich die Fälle aufgenommen werden, bei denen der Zugang gegeben war. Ersteres ist wenig relevant, da die Vollerhebung kein Ziel dieser Studie darstellt, und Letzteres ist ein gängiges Problem qualitativer Untersuchungen (vgl. Merkens, S. 288), hier jedoch deswegen nochmal hervorzuheben, da es sich um ein übersichtliches Phänomen handelt, bei welchem das Zustandekommen der Studie davon abhängig war, jene Gruppen aufzunehmen, aus denen sich Mitglieder bereit erklärten, daran teilzunehmen.

6.2 Interviewführung

Die Interviews wurden zwischen Juni 2020 bis Mai 2021 geführt. Nachfolgend wird zunächst ein knapper Überblick über die gewählte Interviewform – offene Leitfadeninterviews – gegeben. Daran anschließend wird die Erstellung der Leitfäden ausführlich beschrieben, woran sich eine Reflexion der Nutzung unterschiedlicher Interviewmodi in einem Forschungsprojekt anschließt. So sind alle Interviews zwar offene Leitfadeninterviews, der Modus der Interviewführung unterscheidet sich allerdings: Es wurden Telefon-, Video- und face-to-face-Interviews geführt.

6.2.1 Offene Leitfadeninterviews

In der qualitativen Sozialforschung finden sich unterschiedliche Varianten der Interviewführung. Hopf (2005) beschreibt Struktur- und Dilemma-Interviews, klinische, biographische Interviews, fokussierte und narrative

Interviews, wobei sie auch das Tiefeninterview sowie das problemzentrierte und episodische Interview als Unterform bzw. Kompromisse zwischen zwei verschiedenen Formen nennt und darüber hinaus auch auf Expert:inneninterviews sowie ethnographische Interviews verweist (Hopf 2005, S. 351–353). Sie fasst zusammen, dass „die unterschiedlichen Varianten qualitativer Interviews in der Praxis der empirischen Sozialforschung vielfach kombiniert verwendet werden und bisweilen auch gar nicht explizit benannt werden" (Hopf 2005, S. 353).

Die hier gewählte Interviewform ist als offenes Leitfadeninterview zu bezeichnen (Przyborski und Wohlrab-Sahr 2014, S. 126–132). Es gehört nach Przyborski und Wohlrab-Sahr (2014) nicht zu den „‚klassischen' Erhebungsinstrumenten der qualitativen Sozialforschung" (Przyborski und Wohlrab-Sahr 2014, S. 126), werde aber dennoch häufig genutzt. Um es tatsächlich im Sinne eines qualitativen Erhebungsinstrumentes zu gebrauchen, müssten die „Prinzipien interpretativer Forschung bei diesem Erhebungsinstrument [...] zur Anwendung gebracht werden" (Przyborski und Wohlrab-Sahr 2014, S. 126). Diese Kriterien arbeiten die Autorinnen heraus: Offenheit, Spezifizität, Kontextualität und Relevanz (Przyborski und Wohlrab-Sahr 2014, S. 128–129).

Die Wahl dieses offenen Leitfadeninterviews hatte den Vorteil, dass durch die Befolgung bzw. Reflexion dieser Kriterien eine „Leitfadenbürokratie" (Hopf 1978; zitiert in Przyborski und Wohlrab-Sahr 2014, S. 126; vgl. auch Kruse 2010, S. 65–66), die darin bestehe, den Leitfaden in den Vordergrund zu stellen, „während der Interviewte und seine Präferenzen dem nachgeordnet sind" (Przyborski und Wohlrab-Sahr 2014, S. 126), verhindert werden konnte. Mithilfe dieser Interviewform konnte einerseits gegenüber dem wenig beforschten Phänomen bürgerschaftlichen Polizierens Offenheit für Neues und Unerwartetes bewahrt werden, indem erzählgenerierende Fragen gestellt wurden, andererseits konnte die Beantwortung der Forschungsfrage verfolgt und damit eine Fokussierung beibehalten werden. Kruse (2015) schreibt:

> „Es muss kein Widerspruch darin bestehen, ‚etwas Bestimmtes wissen zu wollen', also thematische Vorgaben zu machen, und gleichzeitig innerhalb dieser Fokussierungen das monologische Rederecht den Interviewten zuzugestehen, ihnen Raum für die subjektiven Relevanzsysteme zu lassen, hörerorientiert zu bleiben." (Kruse 2015, S. 212)

Um das genaue Vorgehen nachvollziehbar zu machen, ist der Prozess der Leitfadenerstellung im nachfolgenden Kapital beschrieben.

6.2.2 Leitfadenerstellung

Hinsichtlich der wenig beforschten polizierenden Bürgergruppen war es bereits bei der Erstellung des Leitfadens wichtig, diesen so zu entwerfen, dass einerseits strukturiert die Themen angesprochen werden, die für die Forschungsfrage – also wie sich das Verhältnis zwischen ihnen und der Polizei darstellt – zentral sind und über die verschiedenen Gruppen hinweg Anknüpfungspunkte für Vergleiche ermöglichen. Andererseits sollte den Interviewten ausreichend Raum gegeben werden, selbst Themen anzusprechen oder länger auszuführen – es sollte also eine grundsätzliche Offenheit gegenüber Themen gewährleistet sein, die von den Interviewten als wichtig angesehen werden (vgl. auch Helfferich 2011, S. 114; Kruse 2010, S. 66). So sollte bereits der Leitfaden so konstruiert sein, dass den „Befragten für die Entfaltung ihrer subjektiven Relevanzsysteme Raum" (Kruse 2010, S. 61) gegeben wird. Przyborski und Wohlrab-Sahr (2014) betonen, dass die Abfolge von offener Frage zu spezifischeren Nachfragen (*Kriterium der Offenheit* zu *Kriterium der Spezifität*) eingehalten werden müsse, „denn nur so kann gewährleistet werden, dass die Spezifizierung nicht an den Erfahrungen und Relevanzstrukturen des Befragten vorbei erfolgt" (Przyborski und Wohlrab-Sahr 2014, S. 128).
Deshalb war die Erstellung eines Leitfadens mit offenen, erzählgenerierenden Fragen sinnvoll, die durch mögliche, an das Gespräch flexibel angepasste Nachfragen, z. T. ausformulierte Unterfragen, z. T. aber lediglich Notizen, ergänzt wurden, die dann frei angesprochen werden konnten (*Kriterien der Kontextualität und Relevanz*).
Für die Leitfadenerstellung stellte sich das „SPSS-Prinzip" (Helfferich 2011, S. 182–189) als hilfreich dar. So wurden in einem ersten Schritt (Sammeln) ca. 75 Fragen gesammelt. Im zweiten Schritt (Prüfen) wurden Faktenfragen, die auch innerhalb von Erzählaufforderungen vorkommen können, gestrichen bzw. als Notizen festgehalten. Danach wurden Fragen dahingehend reflektiert, ob lediglich Vorwissen bestätigt werden soll. Dies ließ sich insbesondere mithilfe der Fragestellung: „Worauf bin ich neugierig, was weiß ich noch nicht?" (Helfferich 2011, S. 183) identifizieren. Auch wurden Fragen, die nahe an den Forschungsfragen formuliert waren, umformuliert. Helfferich (2011) schreibt:

> „Es gilt: Man kann von den Erzählpersonen keine direkte Antwort auf die Forschungsfrage verlangen. Sie sind nicht in einen wissenschaftlichen Diskurs verortet, sondern in ihrem Alltag." (Helfferich 2011, S. 184)

Im dritten Schritt (Sortieren) wurden die Fragen inhaltlich unter sechs verschiedenen Aspekten zusammengefasst. Helfferich (2011) schlägt lediglich ein bis vier Bündel (bzw. Blöcke) vor. In dem für diese Studie erstellten

Leitfaden sind sechs bzw. sieben Blöcke (s.u.) vorhanden, da dies zu einer größeren Übersichtlichkeit führte – der erste Themenblock ist dabei zentral und feststehend. Auch wenn diese Themenblöcke in einer möglichen Logik nacheinander stehen, konnte flexibel, je nach Erzählfluss, zu den anderen Blöcken gesprungen werden. Im vierten Schritt („Subsumieren") wurde für alle Blöcke eine Frage bzw. Erzählaufforderung formuliert, die um mögliche Nachfragen und Notizen ergänzt wurden. Des Weiteren wurden Aufrechterhaltungsfragen und inhaltliche Aspekte in separaten Spalten festgehalten (vgl. auch Helfferich 2011, S. 104; Kruse 2015, S. 215).

Die konkreten Blöcke für den Interviewleitfaden mit den Gruppenmitgliedern haben die Überschriften *Gruppe/Praxis*, *Motivation*, *Gründungsmotive*, *Ort*, *Verhältnis zur Polizei* und *Kritik*. Der Leitfaden wurde noch im Forschungsprozess, ab dem sechsten Interview, um den Block *Digitale/soziale Medien* ergänzt, da digitale und soziale Medien für die zuerst Interviewten keine Rolle spielten, für andere Gruppen aber integraler Bestandteil ihrer Praxis sind. Die Interviews begannen mit dem ersten Block *Gruppe/Praxis*. Dieser enthielt die Erzählaufforderung „Erzählen Sie doch zunächst einmal, wie ein typischer Rundgang so abläuft." Anhand der darauffolgenden Erzählungen wurden spezifische Nachfragen gestellt. Abgeschlossen wurden die Interviews mit einer offenen Ausstiegsfrage, gewissermaßen einem achten Block, der jedoch keine Unterfragen oder Notizen enthielt.[113]

In einem zweiten Schritt wurde ein Leitfaden für die Interviews mit der Polizei erstellt.[114] Dazu wurden einige Fragen, die an die Gruppen gestellt wurden, hinsichtlich der polizeilichen Perspektive umformuliert und ergänzt. Dieser Leitfaden besteht aus fünf Themenblöcken (plus der Ausstiegsfrage). Die Überschriften der Blöcke sind *Einstieg/Alltag*, *Gruppe allgemein*, *Strukturelles*, *Gruppe Außenbetrachtung* und *Abgrenzung*. Im Fall der Polizist:innen wurde nicht direkt mit einer Erzählaufforderung zu den Gruppen begonnen, sondern mit einer anderen Erzählaufforderung: „Zunächst würde mich interessieren, wie Ihr Alltag als *//Berufsbezeichnung//* bei der Polizei aussieht" (für die vollständigen Leitfäden s. Anhang).

113 Die konkrete Ausstiegsfrage lautete: „Ja, von meiner Seite aus wär's das nun. Möchten Sie noch irgendetwas erzählen, was Ihnen wichtig ist oder was Sie ergänzen möchten, weil es hier in unserem Gespräch noch nicht zur Sprache gekommen ist?" (entnommen aus Kruse 2015, S. 220).

114 Bei den Interviewleitfäden für die Polizist:innen wurden einige sprachliche Anpassungen je nach interviewter Person vorgenommen, da bspw. ein:e Kontaktpolizist:in für zwei Gruppen zuständig, ein:e Kontaktpolizist:in bereits in Pension und ein:e Kontaktpolizist:in für diverse Gruppen im Gebiet zuständig ist.

Die ausführliche Arbeit am Leitfaden hatte den günstigen Nebeneffekt, dass das eigene Vorwissen und die eigenen Erwartungen an die Befragten noch vor der Interviewführung explizit und umfassend reflektiert werden konnten. Diese Reflexion erschien insbesondere deswegen wichtig, weil aufgrund des begrenzten Forschungsfeldes (17 identifizierte Gruppen) keine Pilotphase geplant, sondern alle Interviews in die Analyse einbezogen wurden.[115]

Einige Polizist:innen baten um eine Zusendung der Fragen zur Vorbereitung des Interviews. Die Zurverfügungstellung des Leitfadens bzw. der Fragen birgt das Risiko, dass es zu einer Abarbeitung des Leitfadens kommt und dass das subjektive Relevanzsystem durch die interviewte Person selbst begrenzt und spontane Erzählimpulse erschwert werden (könnten).[116] Derartiges gilt es eigentlich mit der Leitfadenerstellung zu verhindern. Aus forschungspragmatischen Gründen wurde die Zurverfügungstellung einiger Fragen aber akzeptiert. Dazu wurden nicht der gesamte Leitfaden, sondern übergeordnete Fragen per E-Mail gesendet.[117]

6.2.3 Die Nutzung unterschiedlicher Interviewmodi in einem Forschungsprojekt

Von den 21 Interviews wurden 11 telefonisch, acht per Videotelefonie und zwei persönlich geführt. Der Schwerpunkt auf den Telefon- bzw. Videotelefoninterviews ist mit den gesundheitlichen Risiken sowie den Kontakt- und Reisebeschränkungen zu erklären, die zum Zeitpunkt der Erhebung aufgrund der Coronapandemie bestanden.

Für alle Interviewmodi gibt es Vor- und Nachteile und die Diskussion um verschiedene Modi der Interviewführung in der qualitativen Sozialforschung hat sich mit Beginn der Coronapandemie zwar intensiviert[118], aber

115 Einige Fragen konnten allerdings im Kontext der Forschung zu ehrenamtlich Polizierenden im Forschungsprojekt PluS-i getestet werden (zur Methodik in PluS-i vgl. Hirschmann et al. 2020) und zudem wurde der Leitfaden mit anderen qualitativ forschenden Wissenschaftler:innen besprochen (so schlagen es auch Przyborski und Wohlrab-Sahr 2014, S. 130 vor).

116 Bspw. im Sinne von Aspekt XY interessiert offenbar nicht, da hier keine konkrete Frage enthalten ist.

117 Bei den Gruppeninterviews wurde im Vorgespräch über das grundsätzliche thematische Interesse Auskunft gegeben und in zwei Fällen wurde dies auch in Form einer E-Mail zusammengefasst. Fragen wurden dabei auch gestellt, jedoch deutlich allgemeiner und in Form eines Kurztextes und nicht als Fragenkatalog.

118 Bspw. über die „Mailingliste Qualitative Sozialforschung", vgl. https://lists.fu-berlin.de/listinfo/qsf_l; vgl. auch Dröge 2020 oder auch im Rahmen eines „crowd-sourced documents" zur Feldforschung während der Pandemie vgl. Lupton, Deborah (Hrsg.) 2021.

auch vorher setzten sich Forscher:innen mit Erfahrungen in diesem Bereich auseinander. So gibt es Studien, in denen das face-to-face-Interview als „Goldstandard“ der Interviewforschung (vgl. auch Deakin und Wakefield 2014, S. 604; Weller 2015, S. 43) hinterfragt wird und Erfahrungen mit der Nutzung anderer Interviewmodi reflektiert werden (vgl. auch Mabragaña et al. 2013; Sturges und Hanrahan 2004; Opdenacker 2006).

Gray et al. (2020) beschreiben bspw. für qualitative Interviews zum Thema „parenting interventions“[119], dass es den Teilnehmenden angenehmer war via Video über persönliche Themen zu sprechen, dass Videointerviews einen zeitlichen Vorteil (also Flexibilität) brachten und die Interviewten in ihrer gewohnten Umgebung blieben, sich aber gleichzeitig, anders als bei Telefoninterviews, mit dem/der Interviewer:in verbunden fühlten (Gray et al. 2020, S. 1297). Die Autor:innen halten fest: „The most significant advantage to online video conferencing for qualitative research is accessibility to participants“ (Gray et al. 2020, S. 1297). Nachteile können möglicherweise auftretende technische Probleme sein, eine fehlende Bereitschaft an einem Videointerview teilzunehmen – Deakin und Wakefield (2014, S. 605) weisen in diesem Zusammenhang auch darauf hin, dass die fehlende Kompetenz zur Bedienbarkeit der Software zum Ausschluss von potenziell zu Interviewenden führen kann – und auch, wenn es für Interviewte angenehm sein kann, während des Interviews in ihrer gewohnten Umgebung zu bleiben, können dort Ablenkungen oder auch ein Mangel an Privatsphäre auftreten; was allerdings, das sollte hinzugefügt werden, auch bei face-to-face-Interviews, die vor Ort geführt werden, der Fall sein kann. Des Weiteren ist es in Videointerviews schwieriger auf Körpersprache und emotionale Anzeichen zu reagieren (Gray et al. 2020, S. 1297–1298).

Der Vorteil der zeitlichen und räumlichen Flexibilität ist auch bei Telefoninterviews gegeben (Holt 2010, 114, 116; Novick 2008, S. 393). Hinzukommt, dass Forscher:innen unauffällig Notizen machen könnten (Lechuga 2012, S. 253; Novick 2008, S. 393) und die Telefoninterviews mehr Anonymität böten als face-to-face Interviews (Novick 2008, S. 393; Lechuga 2012, S. 253; Schulz und Ruddat 2012, Abs. 26).[120] Telefoninterviews unterscheiden sich allerdings dahingehend elementar von Videointerviews und persönlichen Interviews, weil hier visuelle Aspekte fehlen. Nonverbale Informationen und Rückmeldungen, bspw. ein Nicken oder Lä-

119 Wobei diese Studie mit vier Interviews lediglich ein kleines Sample hat und die Autorinnen selbst festhalten: „Our study, however, warrants future methodological research with larger and more diverse sample.” (Gray et al. 2020, S. 1298).

120 Schulz und Ruddat 2012 stellten bspw. fest, dass „die Befragten interessanterweise bei den Telefoninterviews in der Regel auch intimere Dinge ohne Vorbehalte an[sprachen]. So wurden beispielsweise innerfamiliäre Todesfälle oder Sexualität ohne Zögern und mit sicherer Stimme thematisiert“ (Schulz und Ruddat 2012, Abs. 25).

cheln, können nicht transportiert werden. Holt (2010) schreibt, wenn auch im Kontext narrativer Telefoninterviews, dass dies eine Herausforderung sowohl für Interviewer:innen als auch Interviewte darstellt, „particulary around the management of uncertainty which may produce anxiety in the research interview“ (Holt 2010, S. 119). Rückmeldungen müssen dabei immer sprachlich erfolgen, damit die Interviewten wissen, dass zugehört wird. Lechuga (2012) schreibt: „[the] omission [of visual and nonverbal cues and body language, Anm. d. Verf] is said to create a barrier that can deter participants from diclosing sensitive information and limit emotional 'feedback cues'“ (Lechuga 2012, S. 253).

Der Nachteil, dass nonverbale Aspekte nicht transportiert werden, muss dabei aber auch mit der Frage abgewogen werden, inwieweit nonverbale Aspekte auch in die Auswertung einfließen (Novick 2008, S. 395), was zumindest in dieser Studie nicht der Fall ist. Zudem wurde bei den Telefoninterviews explizit darauf geachtet, dass kein Entlanghangeln am Interviewleitfaden erfolgt, sondern dass Nachfragen auch spontan gestellt und verbale Rückmeldungen gegeben wurden; es wurde somit ebenso wie bei den face-to-face- und Videointerviews versucht, eine angenehme Gesprächsatmosphäre herzustellen. Technische Probleme gab es weder bei den Telefon- noch bei den Videointerviews und die Audioqualität war durch die Benutzung eines externen Diktiergeräts, und nicht etwa über Aufnahmefunktionen der Videotelefonieprogramme, sehr gut. Auch wenn in dieser Studie nicht evidenzbasiert ermittelt werden kann, welche Auswirkungen die unterschiedlichen Modi auf die Interviews hatten,[121] kann festgehalten werden, dass mit allen Interviews umfangreiche Daten erhoben wurden und die Nutzung unterschiedlicher Interviewmodi eine Flexibilität bot, die insbesondere in der Situation der Pandemie von entscheidendem Vorteil war. Dadurch wurde diese Forschung auch unter Bedingungen der Kontaktbeschränkungen und Gesundheitsrisiken ermöglicht. Die Abstimmung des Modus der Interviewformen mit den Interviewten erschien ebenfalls sinnvoll, da somit das Medium gewählt werden konnte, mit dem Interviewte vertraut waren oder mit welchem sie sich wohl(er) fühlten.

---

121 So kann zwar bspw. festgehalten werden, dass die unterschiedlich geführten Interviews sich nicht deutlich in ihrer Länge unterschieden: die Videointerviews dauerten im Schnitt ca. 44 Minuten, die Telefoninterviews ca. 46 Minuten und die face-to-face-Interviews ca. 42 Minuten. Der Verlauf eines Interviews wird allerdings von unterschiedlichen Variablen beeinflusst und es kann im Rahmen dieser Studie nicht ermittelt werden, welchen Einfluss der Interviewmodus darauf hat. Für eine Studie, in der versucht wird, den Einfluss unterschiedlicher Interviewmodi auf die Qualität der Daten zu ermitteln vgl. Johnson et al. 2021.

6.2.4 Transkription

Die Interviews wurden mit einem Diktiergerät aufgezeichnet und daran anschließend transkribiert.

> „Ziel der Transkription ist es, Audio-Daten in eine Form zu überführen, die eine zeitlich entlastete sowie methodisch systematische und umfassende Auswertungsarbeit ermöglicht.“ (Kruse 2015, S. 341)

Dazu empfiehlt es sich, ein Transkriptionssystem zu erstellen. „Transkriptionssysteme sind Regelwerke, die genau festlegen, wie gesprochene Sprache in eine fixierte Form übertragen wird“ (Kuckartz 2007, S. 40). Transkriptionssysteme variieren dabei je nach Forschungsinteresse in ihrer Genauigkeit (vgl. ausführlich auch Dittmar 2004). Für die vorliegende Arbeit wurde ein einfaches Transkriptionssystem erstellt, was eine Transkription des gesprochenen Wortes in normales Schriftdeutsch zum Ziel hatte (vgl. auch Kuckartz 2007, S. 42–43). Dabei wurde das gesprochene Wort transkribiert und so wenig wie möglich geglättet (ähs und ähms wurden also mittranskribiert), wobei aber keine Dialekte transkribiert wurden. Angaben von Namen, Orten oder Straßen wurden nicht transkribiert, sondern anonymisiert im Transkript festgehalten (vgl. Tabelle 1).

Tabelle 1, Transkriptionssystem, eigene Darstellung

(.)	Pause, ab ca. 1 Sekunde
(5)	5 Sekunden
(unv.)	unverständlich
(Wort?)	vermuteter Wortlaut
(~)	Gemurmel (suchen von Wörtern)
[Einschub von Gesprächspartner:in]	Bspw. wenn die Interviewerin aktiv zuhört und ‚mhm‘ sagt → [I: mhm]
[Einschub von zweiter Person]	Bspw. wenn die zweite, beim Interview anwesende Person etwas sagt → [B2: genau]
(?)	Unsichere Transkription
(Geräusch)	Beispielsweise (lacht)

Das Transkriptionssystem wird für die vorliegende Untersuchung deswegen als angemessen angesehen, da der Fokus der Analyse primär auf der inhaltlichen Ebene liegt.[122] Ein größerer Erkenntnisgewinn durch ein ge-

122 Zur Kritik an dem Argument des Inhalts für die Entscheidung gegen eine feine(re) Transkription vgl. Kruse 2015, S. 341–346. Da hier aber auch mittranskribiert wurde „wie etwas gesagt wird“ (Kruse 2015, S. 343), also bspw. Pausen sowie ähms und ähs mittranskribiert wurden, wird dieses Argument lediglich für eine noch feinere Tran-

naueres Transkript war nicht zu erwarten (vgl. dazu auch Fuß und Karbach 2019, S. 31; ähnlich auch Goldig et al. 2020, S. 41–42). Für die bessere Lesbarkeit wurden jene Ausschnitte aus den Transkripten, die in der Analyse im Auswertungskapitel (Kapitel 7) wortwörtlich wiedergegeben sind, erneut geglättet: ‚Ähs', ‚Ähms' sowie doppelt gesprochene Sätze und Wörter wurden herausgestrichen und falsche Grammatik angepasst. Die Transkripte liegen also in einer feineren Transkription vor als die zitierten Ausschnitte. Somit wurde nicht auf ein feines Transkript verzichtet, gleichzeitig ist in der verschriftlichten Analyse aber ein besserer Lesefluss gegeben (vgl. auch Kruse 2015, S. 358).[123]
18 Interviews wurden durch die Verfasserin und drei Interviews im Rahmen des Projekts PluS-i durch externe Auftragnehmer:innen transkribiert, denen das Transkriptionssystem zur Verfügung gestellt wurde. Diese Transkripte wurden danach in Abgleich mit den Audiodateien durch die Verfasserin erneut geprüft.

6.2.5 Datenschutz & Anonymisierung

Vor den Interviews wurde den Teilnehmenden eine Datenschutzerklärung zugesandt, in der sie sich mit der Aufnahme des Interviews einverstanden erklärten. Die über ein externes Diktiergerät erfolgende Aufnahme der Interviews hatte neben der guten Qualität der Audioaufnahmen den Vorteil, dass sichergestellt war, dass die Dateien ausschließlich auf der Speicherkarte im Diktiergerät und nicht bspw. über die Aufnahmefunktion eines Videotelefonieprogramms online gespeichert wurden.
Deakin und Wakefield (2014) weisen zudem darauf hin, dass in einer Onlineumgebung, und dies gilt ebenso für die Telefoninterviews, sichergestellt werden muss, dass den Teilnehmer:innen die Aufnahme klar ist. So ist das Diktiergerät während des Interviews nicht sichtbar. Vor dem Einschalten wurde also darauf hingewiesen, dass das Diktiergerät nun läuft, ebenso wurde nach dem Interview darauf hingewiesen, dass das Diktiergerät ausgeschaltet wird.
Um die Anonymität der Gruppen zu gewährleisten, wurden ihnen, statt der Nennung ihrer tatsächlichen Bezeichnungen, Buchstaben zugeordnet (vgl. *Kapitel 6.1.2.2 Sample: Interviewte Gruppen(mitglieder) und Polizeibeamt:innen*). Den jeweiligen interviewten Gruppenmitgliedern wurde zusätzlich zum Buchstaben der Gruppe eine Zahl nachgeordnet, sodass hinter den in der Analyse verwendeten Zitaten nachfolgend bspw. A2, B1_1 oder

---

skription angeführt und nicht für einen gänzlichen Verzicht der Transkription dessen, wie etwas gesagt wird.

123 Wobei Kruse 2015, S. 358 als Minimalkonsens die Pausensetzung und Hauptakzentuierung benennt, auf die in dieser Arbeit zur besseren Lesbarkeit zumeist dennoch verzichtet wurde.

F3 als Quellen genannt werden. Zudem wurden alle Straßen-, Ortsteil- oder Städtenamen, die in den Interviews genannt wurden, ausgespart. Da es in Deutschland nur wenige Gruppen gibt, die in der Form der hier untersuchten Gruppen niedrigschwellig polizierend tätig werden, werden zudem das Geschlecht der jeweiligen Leiter:innen sowie der (Kontakt)Polizist:innen der Gruppen nicht genannt, sondern gegenderte Formulierungen gewählt, um keine Rückschlüsse auf die Gruppen ziehen zu können. Eine solche Anonymisierung für weitere interviewte Mitglieder war nicht notwendig, da in allen Gruppen sowohl Männer als auch Frauen aktiv sind und allein über das Geschlecht der interviewten Mitglieder keine Rückschlüsse auf die Gruppen möglich sind.

6.3 Qualitative Inhaltsanalyse

Schreier (2014) betont, dass es ‚die' qualitative Inhaltsanalyse nicht gebe, dass kein Konsens darüber bestehe, was sie ausmache (Schreier 2014, Abs. 4). Sie hält allerdings fest, dass sich einige zentrale Aspekte in der Forschungspraxis etabliert haben, worauf sie aufbauend hervorhebt:

> „Vor diesem Hintergrund wird qualitative Inhaltsanalyse im Folgenden als ein Verfahren zur Beschreibung ausgewählter Textbedeutungen verstanden. Diese Beschreibung erfolgt, indem relevante Bedeutungen als Kategorien eines inhaltsanalytischen Kategoriensystems expliziert und anschließend Textstellen den Kategorien dieses Kategoriensystems zugeordnet werden." (Schreier 2014, Abs. 4)

Als Merkmale der qualitativen Inhaltsanalyse beschreibt sie daran anschließend die Kategorienorientierung, das interpretative Vorgehen, die Einbeziehung latenter Bedeutungen, die Entwicklung eines Teils der Kategorien am Material, systematisches, regelgeleitetes Vorgehen und die Orientierung an Reliabilität und Validität gleichermaßen (Schreier 2014, Abs. 4).

Reliabilität, die meint, dass ein Instrument fehlerfreie Daten liefert, wird dabei durch „ein intersubjektiv-konsensuales Textverständnis" (Schreier 2014, Abs. 4) erreicht. Die Codings müssen konsistent sein, von verschiedenen Codierer:innen oder von/m der/m gleiche:n Codierer:in zu verschiedenen Zeitpunkten gleich codiert werden (Schreier 2012, S. 6). Validität, die meint, dass ein Instrument misst, was es messen soll, wird dadurch erreicht, dass das Kategoriensystem zum Material passt, es muss in der Lage sein „wesentliche Bedeutungsaspekte des Materials zu erfassen" (Schreier 2014, Abs. 4) – daher werden die Kategoriensysteme zumindest in Teilen am Material entwickelt (Schreier 2012, S. 7).

Da zur Beantwortung der Frage nach dem Verhältnis zwischen staatlichen und zivilgesellschaftlichen Akteuren, konkret also der Polizei und den

Gruppen, eine systematische Interpretation der erhobenen Daten erfolgen soll (vgl. auch Schreier 2012, S. 1), ist die qualitative Inhaltsanalyse für das vorliegende Erkenntnisinteresse grundsätzlich geeignet.
Verschiedene Autor:innen haben allerdings unterschiedliche Möglichkeiten bzw. Abläufe der qualitativen Inhaltsanalyse entwickelt oder weiterentwickelt (vgl. Gläser und Laudel 2010; Schreier 2012; Mayring 2015; Kuckartz und Rädiker 2020). Hinzu kommt die Grounded Theory Methodologie, die keine qualitative Inhaltsanalyse darstellt, aus der jedoch teilweise Ansätze bzw. Strategien zum Codieren in Vorbereitung der qualitativen Inhaltsanalyse genutzt werden. Schreier (2014) spricht von einem „Dickicht der Begrifflichkeiten" hinsichtlich der qualitativen Inhaltsanalyse, die in Form von inhaltlich-strukturierender, formal-strukturierender, evaluativer, skalierender, typenbildender, zusammenfassender Inhaltsanalyse und einiger weiterer Varianten existiert (Schreier 2014, Abs. 6). Schreier (2014) beschreibt diese verschiedenen Varianten qualitativer Inhaltsanalyse, hält allerdings fest, dass nicht bei allen Variationen „gleich von einer neuen und distinkten Form qualitativer Inhaltsanalyse" (Schreier 2014, S. 57) gesprochen werden könne, da dies eine Begriffsinflation bedeuten würde.
Statt der Entwicklung neuer Varianten schlägt sie daher vor, sich an dem Basisablauf der strukturierenden qualitativen Inhaltsanalyse zu orientieren (Schreier 2014, Abs. 9) und an verschiedenen Punkten des Verfahrens, an denen eine Wahl getroffen werden muss, eben jene Wahl zu treffen, die am besten zur Forschungsfrage und dem Material passt. Die Optionen, die Forscher:innen haben, stellen dabei „eine Art Werkzeugkasten" (Schreier 2014, Abs. 58) dar.
Sie hält fest:

> „Das Durchlaufen einer festgelegten Abfolge von Schritten gewährleistet die Systematik, während die unterschiedlichen Möglichkeiten, diese Schritte konkret zu realisieren, die Gegenstandsangemessenheit des Verfahrens sichern. Genau diese Kombination von Systematik und Gegenstandsangemessenheit macht das Verfahren der qualitativen Inhaltsanalyse aus." (Schreier 2014, Abs. 59)

Ein solches Vorgehen wurde auch für die vorliegende Studie gewählt: So erfolgte eine grundlegende Orientierung an der Vorgehensweise zur qualitativen Inhaltsanalyse (QCA, Qualitative Content Analysis) nach Schreier (2012), die jedoch an bestimmten Stellen abgeändert wurde.
Das Vorgehen nach Schreier (2012) hatte den Vorteil, dass eine strukturierte und transparente Arbeitsweise möglich war – die ausführliche Beschreibung des Vorgehens bei der QCA durch Schreier (2012) erleichtert zum einen das Befolgen der Schritte, zum anderen ermöglicht sie die präzise Begründung von Abweichungen von diesem Vorgehen bzw. eine punktuel-

le Orientierung am Vorgehen anderer Autor:innen – ganz konkret wurde bspw. die Kommentarfunktion in MAXQDA so genutzt wie es Kuckartz und Rädiker (2020) vorschlagen. Hinsichtlich der inhaltsanalytischen Strategie der Zusammenfassung verweist Schreier selbst auf Mayrings Ansatz und die aus der Grounded Theory Methodologie stammende Erstellung von Memos erwies sich auch für die Durchführung einer qualitativen Inhaltsanalyse als fruchtbar.
Nachfolgend wird zunächst die Erstellung des Kategoriensystems beschrieben, darauffolgend seine Überarbeitung und Ergänzung und schließlich die Probecodierung und das Testen, woran die Hauptcodierung anschloss.

6.3.1 Erstellung des Kategoriensystems

> „Eine der offenen Fragetechnik angemessene Auswertung kann das Material nicht mit vorfixierten Themenkatalogen interpretieren und zusammenfassen; diese lassen sich nur teilweise vor der Erhebung entwerfen." (Schmidt 2005, S. 447)

In der vorliegenden Studie wurde, orientiert an der Fragestellung, eine offene Fragetechnik in Form eines offenen Leitfadeninterviews verwendet. Das für die vorliegende Arbeit entwickelte Kategoriensystem ist eine Kombination aus deduktiven bzw. konzeptorientierten Kategorien und aus induktiven bzw. datenorientierten Kategorien (im Original „concept driven" und „data-driven" Strategien, Schreier 2012, S. 84) und kann daher als „mixed coding frame" (Schreier 2012, S. 90) bezeichnet werden.
Vor Beginn der Erstellung des Kategoriensystems wurden zunächst Aspekte, Ideen und erste Kategorienansätze während der Transkription notiert. Dieses Notieren von Aspekten bereits während der Transkriptionsphase ist sinnvoll, um erste Anknüpfungspunkte für die induktive Kategorienbildung zu generieren (vgl. auch Kuckartz 2007, S. 45–46). Allerdings war die Verschriftlichung der ersten Eindrücke insbesondere eine wichtige Möglichkeit der Reflexion eigener erster Deutungen und Interpretationen. Durch die explizite Benennung dieser ersten Deutungen sollte verhindert werden, dass ausschließlich nach eben diesen ersten Eindrücken, deren Auftreten bei der Transkription nicht zu verhindern ist, gesucht wird und weitere, u. U. ebenfalls relevante Kategorien übersehen werden – also lediglich erste, passend erscheinende Eindrücke auf sämtliches Material angewandt werden. Das Notieren dieser Eindrücke und die damit einhergehende Reflexion, dass hier bereits eine interpretative Leistung erbracht wurde, diente dabei als selbstgestellte Falle bzw. als ‚Bremsklotz', „um nicht zu schnell einer bestimmten Deutung aufzusitzen" (Kruse 2010, S. 156). Daran anschließend war für das erneute Lesen der Transkripte die Frage, die bereits bei der Leitfadenerstellung hilfreich war, sinnvoll: „Worauf bin ich neugierig, was weiß ich noch nicht?" (Helfferich 2011, S. 183).

Sowohl in diesem Schritt als auch in allen weiteren Schritten war das Arbeiten mit Memos hilfreich (vgl. auch ausführlich Breuer et al. 2019, S. 175–189). Memos fassen Breuer et al. (2019), wenn auch im Kontext der Arbeit mit der Grounded Theory Methodologie, als „Aufzeichnungen zum Thema, zum Forschungsfeld, zur Verquickung und Berührung mit der eigenen Person, zur Wandlung der eigenen Sichtweise des fokussierten Problembereichs, zu Felderlebnissen, zur Interaktion mit Personen im Feld, zu Behagen und Unbehagen, zu Leseerfahrungen, zu Reaktionen in der eigenen Forscherinnen-Gemeinschaft, zur Forschungsplanung, zu ‚Erleuchtungen' und ‚Sackgassen' aller Art" (Breuer et al. 2019, S. 175).
Nach der Transkription erfolgte die Erstellung des Kategoriensystems mit dem Programm MAXQDA, weshalb die Begriffe Kategorie und Code sowie Textstelle und Coding synonym verwendet werden. Zur Bildung eines ersten umfangreichen Kategoriensystems wurden sieben Interviews ausgewählt, wobei aus jeder Gruppe ein Interview herangezogen wurde, sodass eine möglichst hohe Variabilität hinsichtlich des Materials gegeben war (vgl. auch Schreier 2012, S. 81).
Schreier nennt vier Möglichkeiten, woran sich bei der konzeptorientierten Kategorienbildung orientiert werden kann: an der Theorie, an vorherigen Studien, an Alltagswissen und an Logik (Schreier 2012, S. 84–86). Zudem können die Themenblöcke des Leitfadens herangezogen werden (Schreier 2012, S. 87). Hinsichtlich der datenorientierten Kategorienbildung nennt Schreier die Zusammenfassung, die Subsumtion, das Kontrastieren sowie das offene und selektive Codieren aus der Grounded Theory Methodologie (Schreier 2012, S. 88–89). Schreier schlägt zudem vor, das Material nach Relevantem und Irrelevantem zu codieren (vgl. ausführlich Schreier 2012, S. 81–84). Im Rahmen dieser Arbeit wurde dieser Schritt jedoch angepasst: Statt der Einteilung in relevante und irrelevante Inhalte wurde das Material direkt paraphrasiert, also die datenorientierte Strategie der Zusammenfassung verfolgt, um offen für völlig neue Aspekte zu sein, die u. U. zunächst irrelevant erschienen wären. Das Paraphrasieren wurde dabei herangezogen, um ein besseres Verständnis für das Material zu entwickeln, und stellte auch den Ausgangspunkt zur induktiven Kategorienbildung dar (Schreier 2012, S. 107–111; Rädiker und Kuckartz 2019, S. 64–65; Mayring 2015, S. 85–87).[124] Unter Abgleich mit den jeweiligen Textstellen bzw. Codings wurden aus den Paraphrasen Kategorien gebildet.

124 So weist Kruse darauf hin, dass das Zusammenfassen und Paraphrasieren zur Textreduktion eine interpretatorische Leistung erfordere, die aber verdeckt bleibe (Kruse 2010, S. 154–155). Insofern ist zu betonen, dass zwar das Paraphrasieren zur Entwicklung von Kategorien genutzt wurde, dass aber daran anschließend nicht mit den Paraphrasen, sondern weiterhin mit den Textstellen gearbeitet wurde.

Zudem wurden die Strategien der Subsumtion (Schreier 2012, S. 111–115) und des offenen Codierens (Schreier 2012, S. 115–120) verfolgt sowie die konzeptorientierte Orientierung an der Theorie sowie an Logik. Beispielsweise enthält die Kategorie *,Praxis des Polizierens'* u. a. die Subkategorien *,Orientierung am Verhalten potenzieller Täter:innen'* und *,Orientierung am Verhalten Anwohnender'*, was aus der Vigilantismusforschung inspiriert wurde (vgl. ausführlich *Kapitel 7.2 Die Praxis der Gruppen*). Die Kategorie *,Wirksamkeitsperzeption'* enthält die Subkategorien *,Verhinderung'*, *,Aufklärung'*, *,Sicherheitsgefühl'* und *,Soziales Kapital'*, die somit teilweise deduktiv aus der Theorie (Soziales Kapital), teilweise induktiv am Material entwickelt wurde (Verhinderung, Aufklärung, Sicherheitsgefühl[125]). Da hier die Wirksamkeitsperzeption abgebildet werden soll, also die Bewertung der Wirksamkeit durch Gruppenmitglieder, wurden die logischen Sub-Sub-Kategorien ,+' (für wirksam), ,-' (für unwirksam) und ,+/-' (für ambivalent) gebildet.

Die Kategorien wurden definiert, wo nötig mit Codierregeln versehen und um besonders passende Beispiele ergänzt (vgl. zum Vorgehen Schreier 2012, S. 94–104). Nachdem dieses erste Kategoriensystem erstellt wurde und Kategorien ausdifferenziert, angepasst und besprochen, die Definitionen geschärft und die Codierregeln präzisiert wurden, erfolgte ein zweiter Codierdurchlauf der sieben Interviews, die für die Erstellung des Kategoriensystems zunächst herangezogen wurden. So konnte überprüft werden, ob die Codierungen noch passend zugeordnet waren oder neu gebildeten oder nun anders, bspw. enger, verstandenen Codes zugeordnet werden mussten.

Eine umfangreiche Ergänzung dieses ersten Kategoriensystems war notwendig, um auch die transkribierten Interviews mit den Polizist:innen einbeziehen zu können. Da es in der vorliegenden Studie um das Verhältnis zwischen Staat und Zivilgesellschaft bzw. genauer um die Polizei und die Gruppen geht, war es sinnvoll, ein gemeinsames Kategoriensystem für die Interviews mit den Gruppenmitgliedern und den Polizist:innen zu erstellen. So wurden die fünf transkribierten Interviews mit den Polizist:innen zunächst mithilfe des bereits gebildeten Kategoriensystems codiert. Zeitgleich wurden die Passagen, die wichtig erschienen, jedoch nicht in die bereits gebildeten Kategorien passten, paraphrasiert. Diese Überarbeitung war notwendig, da es schließlich ein Unterschied ist, ob die Gruppen etwas Bestimmtes tun, was zur Praxis des Polizierens der Gruppen zählt, oder ob die

125 Wobei dies nicht immer trennscharf zu differenzieren ist: So wurde bspw. der Forschungsstand zum Sicherheitsgefühl nicht in der Theorie betrachtet, es gibt jedoch umfangreiche wissenschaftliche Literatur zu dem Thema, was den Blick in der Bildung des Kategoriensystems ebenfalls lenkte bzw. aufgrund des Wiedererkennens aufmerksam werden lässt.

Polizist:innen bspw. beschreiben, was die Gruppen (möglichst) tun sollen. Zudem brauchte es u. a. ergänzende Kategorien zur polizeilichen Praxis in Bezug auf die Gruppen, weshalb die bestehende Kategorie *‚Verhältnis Polizei – Gruppe'* stark ausdifferenziert wurde: So konnte bspw. eine Unterkategorie *‚Polizeiliche Praxis'* gebildet werden, da die Polizist:innen deutlich ausführlicher und expliziter über ihre Aufgaben und Tätigkeiten in Bezug auf die Gruppen sprachen als die Gruppenmitglieder. Dennoch konnten auch Passagen aus den Interviews mit den Gruppenmitgliedern nachträglich der an den Polizeiinterviews ausdifferenzierten Kategorie ‚Polizeiliche Praxis' zugeordnet werden. Denn auch wenn die interviewten Mitglieder insbesondere auf die eigene Praxis fokussierten, erwähnten alle die Polizei und es ließ sich hieraus auf die polizeiliche Praxis hinsichtlich der Gruppen schließen.
In Tabelle 2 sind die Hauptkategorien des finalen Kategoriensystems sowie ihre Definitionen vermerkt. Die Codierregeln sind dabei vor allem für die hier nicht dargestellten Unterkategorien notwendig, da diese deutlich präziser sein müssen, um die Möglichkeit der Zuordnung von Passagen zu zwei Subkategorien derselben Hauptkategorie möglichst auszuschließen.[126]

Tabelle 2, Kategoriensystem Ebene 1: Hauptkategorien, eigene Darstellung

Kategorie	Definition & Codierregeln
Aufbau der Gruppe	Daten und Fakten zu den Gruppen werden hier als Übersicht codiert.
Entstehung der Gruppe	Alle Textstellen, in denen die Entstehung der Gruppe bzw. deren Gründung beschrieben wird, werden hier codiert.
Praxis der Gruppe	Hierunter werden alle Aktivitäten sowie auch Einstellungen der Gruppen codiert.
Wirksamkeitsperzeption	Alles, was zur Wirksamkeit/Effektivität der Gruppe gesagt wird bzw. zur Erreichung von Zielen, die sie haben, wird codiert.
Verhältnis Polizei – Gruppe	Alle Textstellen, in denen es um das Verhältnis zur Polizei geht, werden codiert.
Wissen	Alle Textstellen, in denen es um Wissen um verschiedene Aspekte geht, werden hier codiert.
Perzeption Bewertung durch andere	Reaktionen der Anwohnenden bzw. Nicht-Gruppenmitglieder und Perzeption der Akzeptanz durch die Anwohnenden werden codiert. In den Kommentaren wird zusammengefasst, ob die Gruppen akzeptiert oder

126 Das Kategoriensystem enthielt zudem die Möglichkeit, als wichtig erscheinende Aspekte unter der allgemeinen Kategorie ‚Sonstiges' zu fassen bzw. unter den verschiedenen Subkategorien ‚Sonstiges' (Schreier 2012, S. 93–94).

	nicht akzeptiert sind. Codierregel: Hier wird nicht codiert, wenn Gründe für die Nicht-Teilnahme bzw. fehlende Engagementbereitschaft genannt werden. Dies wird bei →*Persistenz*→*Hemmend für Akquise/Persistenz* codiert.
Persistenz	Alles, was zum Thema Persistenz der Gruppe gesagt wird, wird hier codiert.
Beschreibung Mitglieder	Beschreibungen der Mitglieder und der Leitung der Gruppe werden hier codiert.
Motive	Es wird alles codiert, was dazu gesagt wird, warum man in der Gruppe engagiert ist.
Ziele	Ziele der Gruppe, die genannt werden, werden codiert. Codierregeln: 1. Die Nennung von Zielen beinhaltet nicht die Erreichung der Ziele durch die Gruppe, das wird bei →*Wirksamkeitsperzeption* codiert. 2. Auch die Praktiken, die zur Zielerreichung umgesetzt werden, werden hier nicht codiert, sondern bei →*Praxis der Gruppe*. 3. Werden Ziele im Zusammenhang mit den Motiven genannt, dann werden sie als individuelle Ziele interpretiert und bei →*Motive* codiert. Diese können wichtig sein für die Interpretation, warum die Gruppen existieren, aber in dieser Kategorie geht es um die vordergründig genannten Ziele der Gruppe.
Herausforderungen	Herausforderungen, die als relevant für die Gruppe beschrieben werden, werden hier codiert. Codierregel: Eine immer wieder genannte Herausforderung ist die Aufrechterhaltung der Gruppe und die Akquise von neuen Mitgliedern. Wird das genannt, wird dies hier codiert. Werden Gründe dafür genannt, warum die Akquise für die Gruppe bzw. auch Aufrechterhaltung/Persistenz der Gruppe eine Herausforderung darstellt, wird dies bei *Persistenz*→*Hemmende Faktoren für Akquise/Persistenz* codiert.
Ortsbeschreibungen	Beschreibungen des Ortes werden hier codiert.
Polizist:innen	Aspekte, die nur die zuständigen Polizist:innen betreffen, werden hier codiert.

Es wurden also verschiedene Strategien angewendet, um ein umfassendes Kategoriensystem zu erstellen, die teilweise auf den theoretischen Grundlagen aufbauen und teilweise aus dem Material heraus gebildet wurden. Während dieses Prozesses waren die in den Memos notierten Gedanken sowie die kollegialen Besprechungen mit Kolleg:innen, u. a. in einer Forschungswerkstatt, hilfreich. Das gesamte Kategoriensystem enthält 190 Codes und Subcodes.

6.3.2 Pilotphase, Testen des Kategoriensystems & Hauptcodierung

Im Rahmen dieser Studie wurde keine Intercoderübereinstimmung zwischen zwei verschiedenen Codierer:innen bestimmt, es erfolgten aber zwei Besprechungen der Codes mit ebenfalls qualitativ forschenden Wissenschaftlerinnen, was weitere Perspektiven auf das Kategoriensystem ermöglichte. Zwar wurden keine Kategorien hinzugefügt, aber durch Anpassungen und Präzisierungen in den Definitionen und Codierregeln konnte die intersubjektive Nachvollziehbarkeit gesteigert werden. Das Testen des Kategoriensystems erfolgte dann nach einer mehrwöchigen Pause hinsichtlich des Arbeitens am Kategoriensystem. Aus den sieben codierten Interviews mit den Gruppenmitgliedern und den fünf codierten Interviews mit den Polizist:innen wurde zufällig je eines gezogen und erneut codiert, sodass die Reliabilität des Kategoriensystems überprüft werden konnte (Schreier 2012, S. 167). Es sollte also ermittelt werden, ob das Kategoriensystem nachvollziehbar, schlüssig und ohne Überschneidungen der Subkategorien und Fehler entwickelt wurde. Schreier (2012) empfiehlt anhand 10 bis 20 % des Materials ein Probecoding durchzuführen, wobei zwischen Variabilität und Praktikabilität abgewogen werden müsse (Schreier 2012, S. 151).
Für diese Studie wurde ein Gruppen- und ein Polizeiinterview erneut codiert, was ca. 9 % der Interviews darstellt. Ein Großteil der Differenzen lag in der Länge der codierten Segmente begründet, also dass mal einige Worte mehr und andere Worte weniger codiert wurden, was inhaltlich jedoch nicht von Relevanz war. Ungleiche Segmente konnten zudem leicht einer der beiden Kategorien zugeordnet werden. Zwar konnten Codierregeln und Definitionen erneut sprachlich präzisiert werden, aber es wurden keine weiteren Ausdifferenzierungen am Kategoriensystem vorgenommen. Daher schloss die Hauptcodierung direkt an die Probecodierung an.
Die weiteren 12 Interviews wurden in zwei Durchgängen codiert, da Schreier darauf hinweist, dass sich ein:e Codierer:in ca. 40 (Sub)Kategorien merken könne (Schreier 2012, S. 153). Somit wurden zunächst alle Interviews mit einer Hälfte des Kategoriensystems codiert und daran anschließend mit der anderen Hälfte der Codes. Zwar kann die Hauptcodierung zu einer erneuten Probecodierung umdefiniert werden, wenn sich herausstellt, dass das Kategoriensystem unzulänglich für das weitere Material ist (Schreier 2012, S. 201), was allerdings nicht nötig war, da während der Hauptcodierung keine relevanten neuen Aspekte entdeckt wurden, die eine erneute Änderung des Kategoriensystems erfordert hätten.

6.3.3 Überblick: Schritte der Inhaltsanalyse & Wahl der „Werkzeuge"

Das Vorgehen nach Schreier hat also den Vorteil, dass eine strukturierte und transparente Arbeitsweise möglich ist und durch das iterative Vorgehen die Wahrscheinlichkeit, dass ein komplettes Kategoriensystem noch

einmal überarbeitet werden muss, geringgehalten wird. Dennoch wurden an einigen Stellen Anpassungen an dieses Vorgehen vorgenommen.
Neben den bereits benannten Abweichungen ist eine weitere Anpassung, dass lediglich in der Pilotphase eine doppelte Codierung von Interviews durchgeführt wurde und nicht mehr während der Hauptcodierung. Denn die doppelte Codierung in der Pilotphase ergab, dass keine Änderungen mehr am Kategoriensystem vorgenommen werden mussten. Dennoch erfolgte auch nach der Hauptcodierung eine Durchsicht aller Codings und eine Prüfung der Zuordnung. Hinzukommt, dass einzelne Kategorien, die zuvor offen codiert wurden, anhand von den codierten Segmenten aus allen Interviews, nicht ausschließlich den in der Pilotphase genutzten, ausdifferenziert wurden – dies war bei den datenorientierten Kategorien Motivation und Persistenz der Fall. Zudem wurden auch während der Hauptcodierung Kategorien mit Kommentaren versehen. Die Nutzung der Kommentarfunktion in MAXQDA (Kuckartz und Rädiker 2020, S. 62) hatte den Vorteil, dass nicht für alle Aspekte Subkategorien gebildet werden mussten, für die Prüfung und auch die Auswertung aber dennoch ein schneller Überblick über Unterschiede in den codierten Segmenten einer (Sub)Kategorie erfolgen konnte.
Zudem vergleicht Schreier (2012) ‚coding' und die QCA und hält u. a. fest, dass der Fokus der QCA darauf liege, wie die Daten zueinander und wie die Daten und die Kategorien in Beziehung stehen, während beim ‚coding' danach gefragt werde, wie die Kategorien zueinanderstehen (Schreier 2012, S. 41). Für die vorliegende Arbeit war es allerdings zentral auch zu fragen, wie die Kategorien zueinanderstehen. Durch den Blick darauf, wie Kategorien zueinanderstehen, konnte herausgestellt werden, dass die Kategorien Wissen und Anbindung an die Polizei die zentralen Kategorien und darüber hinaus auch miteinander verknüpft sind (vgl. *Kapitel 7.3 Wissen & Anbindung an die Polizei als zentrale Kategorien präventiven bürgerschaftlichen Polizierens*).
Tabelle 3 zeigt das geschilderte Vorgehen und die jeweils gewählten ‚Werkzeuge' noch einmal überblicksartig.

Tabelle 3, Schritte der Inhaltsanalyse & Gewählte Werkzeuge, angepasst aus Schreier (2014, Abs. 58), vgl. eine ähnliche Darstellung auch in Hirschmann (2015, S. 108–109)

Schritte der Inhaltsanalyse	Gewählte „Werkzeuge"/Optionen
Auswahl des Materials	Auswahlstrategie: kriteriengeleitete Auswahl und Snowball-Sampling (Kapitel 6.1.2.1) Material: transkribierte Interviews (Kapitel 6.2.4)
Erstellen des Kategoriensystems	Basisstrategie: induktiv-deduktiv, mixed coding frame Induktiv: Subsumtion/Zusammenfassung/offenes Codieren

	Deduktiv: Theorie, Logik Erstellung des Kategoriensystems an ca. 57 % des Materials (7 Interviews mit Gruppenmitgliedern, 5 Interviews mit den polizeilichen Ansprechpartner:innen) Erstellung durch die Verfasserin; kollegiale Besprechung von Kategoriendefinitionen und Codierregeln (Kapitel 6.3.1)
Unterteilung des Materials in Einheiten	Markieren & Paraphrasieren in einem Schritt (Kapitel 6.3.1)
Probecodierung	Probecodierung von ca. 9 % des Materials durch die Verfasserin zu zwei verschiedenen Zeitpunkten (Kapitel 6.3.2)
Evaluation und Modifikation des Kategoriensystems	Durchsicht der Kategorien durch die Verfasserin (Kapitel 6.3.2) Kollegiale Besprechung von Kategorien (Kapitel 6.3.2)
Hauptcodierung	Codierung aller transkribierten Interviews durch Verfasserin (Kapitel 6.3.2)
Weitere Auswertung und Ergebnisdarstellung	Deskription über alle Fälle hinweg, Darstellung von Zusammenhängen, Interpretation anhand ausgewählter codierter Segmente (Ergebnisdarstellung in Kapitel 7)

6.4 Reflexion der gewählten Methodik

Die generelle Wahl eines qualitativen Verfahrens bot sich an, da ein bislang wenig untersuchtes Phänomen explorativ betrachtet werden und eine systematische Interpretation der erhobenen Daten erfolgen sollte. Das Vorgehen eignete sich, um die Gründung(sphasen) der Gruppen nachzuzeichnen, zu reflektieren, warum es sie gibt, daran anschließend die Praxis der Gruppen zu betrachten und auf diesen Grundlagen schließlich das Verhältnis zwischen Polizei und Gruppen zu analysieren. Die qualitative Inhaltsanalyse nach Schreier bot dabei einen strukturierten Weg, der gleichzeitig ein flexibles Vorgehen ermöglichte: Auch Anpassungen des Vorgehens konnten transparent dargelegt werden. Somit kann nachvollzogen werden, wie die Reliabilität und Validität gesteigert werden konnten[127], Erstere durch das Probecodieren sowie durch die Kategoriendurchsicht und Letztere durch das Erstellen von Teilen des Kategoriensystems am Material sowie ebenfalls durch die Kategoriendurchsicht (Schreier 2012, S. 185–191). Dabei hatte die Nutzung dieser Methodik zudem den Vorteil, dass offen und den subjektiven Relevanzsystemen der Interviewten folgend vorgegangen und gleichzeitig die interessierende Fragestellung verfolgt werden konnte.

Grenzen der Methodik zeigten sich in der Zugänglichkeit zu einem übersichtlichen Phänomen, wobei ausschließlich recherchierbare Gruppen aufgenommen werden konnten, in denen Mitglieder sich zu einem Interview bereiterklärten und bei dem u.a. auf ein Schneeballverfahren zurückgegriffen werden musste, um Interviewte gewinnen zu können. Hinzu kommt die Nutzung unterschiedlicher Interviewmodi, bei denen nicht evidenzbasiert ermittelt werden kann, welche Auswirkungen sie auf die erhobenen Daten haben. Auch kann nicht evidenzbasiert ermittelt werden, inwieweit weitere Faktoren wie Geschlecht und Alter der Interviewerin bzw. (jungen) Sozialwissenschaftlerin gegenüber in den meisten Fällen lebensälteren Menschen auf die Qualität der Daten wirken – so wurde lediglich eine weibliche Person im Alter der Interviewerin interviewt. Zudem wurden mit dem Einbezug der Gruppenmitglieder und der Polizist:innen Personen in unterschiedlichen Rollen interviewt: Während die Gruppenmitglieder als Privatpersonen, verortet in ihrem Alltag zu ihren Tätigkeiten im Rahmen der Gruppen interviewt wurden, sind die Polizist:innen in ihrer Rolle als Amtspersonen interviewt worden und repräsentieren somit die Polizei, womit sie also einer Organisation verpflichtet sind und nicht ausschließlich der eigenen Person.

Aufgrund des qualitativen Designs ist zudem noch einmal zu betonen, dass die nachfolgend als Beispiele herangezogenen Textstellen keine Belege objektiver Wirklichkeit darstellen, sondern die „subjektiven Sichtweisen und Deutungsmuster“ (Flick et al. 2005, S. 20) der Interviewten darstellen, die rekonstruiert werden sollen und mit deren Hilfe unter Rückbezug auf die theoretischen Ansätze Schlussfolgerungen abgeleitet werden (vgl. ähnlich auch Hirschmann 2015, S. 110). Diese Schlussfolgerungen bzw. Ergebnisse der Auswertungen sind Inhalt des nachfolgenden Kapitels.

127 Schreier weist darauf hin, dass eine Studie nicht reliabel und valide ist, sondern immer zu einem bestimmten Grad reliabel und valide ist (Schreier 2012, S. 192).

7 Bürgerschaftliches Polizieren

Im nachfolgenden Kapitel werden in drei Blöcken die unterschiedlichen Aspekte bürgerschaftlichen Polizierens in sieben Gruppen betrachtet. In den betrachteten Aspekten werden die Berührungspunkte zur Polizei deutlich; sie sind also wichtig, um das Verhältnis zwischen den Gruppen und der Polizei zu analysieren.
Die übergeordnete Frage des ersten Blocks ist: Warum gibt es die Gruppen? Um diese Frage zu beantworten, werden die Struktur, der Kontext, die Gründungsphase(n) sowie die Persistenz der Gruppen betrachtet, was auch eine Beschäftigung mit den individuellen Motiven der Interviewten beinhaltet.
Der zweite Block ist der Frage gewidmet, was die Gruppen tun. Hier werden die Praxis des Polizierens betrachtet, die etablierten Praktiken der Gruppen, die am Verhalten (potenzieller) Täter:innen oder am Verhalten der Anwohnenden orientiert sein können, die Vorstellungen, die den Praktiken zugrunde liegen – Vorstellungen von Täter:innen sowie Grundlagen, auf denen Verdächtiges und abweichendes Verhalten bestimmt wird – und schließlich auch Ziele und die Perzeption der Wirksamkeit der Praktiken.
Aus der Beschäftigung mit diesen beiden Fragen bzw. den daraus resultierenden Ergebnissen konnte abgeleitet werden, dass bezüglich der Gruppenpraxis besonders die beiden Kategorien ‚Wissen' und ‚Anbindung an die Polizei' zentral und zudem miteinander verbunden sind – denn es ist insbesondere die Polizei, die Wissen vermittelt, welches für die Gruppen von zentraler Bedeutung ist. Auf Grundlage dieses Ergebnisses wird im dritten Block zunächst die Rolle von Wissen aufgearbeitet und darauf aufbauend wird das Verhältnis bzw. die jeweiligen Verhältnisse von Polizei und Gruppen betrachtet. Diese Verhältnisse lassen sich als lokale Sicherheitsbündnisse zwischen Polizei und Gruppen fassen, wobei die Bündnisbildung beschrieben, die Aufgabenteilung in den Sicherheitsbündnissen dargestellt, Responsibilisierung und Versicherheitlichung aufgegriffen und schließlich Auswirkungen der Sicherheitsbündnisse reflektiert werden.
Die sieben Gruppen werden zusammen ausgewertet, da es um das Phänomen etablierter polizierender Gruppen und deren Verhältnis zum Staat bzw. zur Polizei geht. Dabei werden zwar immer wieder Spezifika aufgegriffen, es ist aber nicht Ziel der Arbeit, sieben ausführliche Einzelfallstudien durchzuführen.

7.1 Struktur, Kontext, Gründungsphase(n) und Persistenz

Um die Frage beantworten zu können, warum die Gruppen sich bildeten, erfolgt ein Überblick über den Aufbau, den Kontext bzw. die Orte, in denen die Gruppen tätig sind, die Gründungsphase(n) der Gruppen sowie die Motive der individuellen Mitglieder. Dies stellt einen wichtigen Hintergrund dar für die Beantwortung der Frage nach dem Verhältnis zwischen Gruppen und Polizei bzw. Zivilgesellschaft und Staat im Kontext der Herstellung von Sicherheit.

7.1.1 Aufbau der Gruppen

Grundsätzliches Ziel aller Gruppen ist die Verhinderung von Einbrüchen[128] an ihrem Wohnort, was durch koordinierte Spazier-, Runden- oder Streifengänge, die Gruppen nutzen hierfür unterschiedliche Begriffe, erreicht werden soll. Sie existieren zwischen ca. sechs und 30 Jahren. Drei Gruppen gründeten sich Anfang bis Mitte der 1990er Jahre, zwei Gruppen Anfang bzw. Mitte der 2000er Jahre und zwei Gruppen Mitte der 2010er Jahre.
Die nachfolgende Deskription des Aufbaus der Gruppen ist in die Beschreibung der Organisation der Gruppen (*Kapitel 7.1.1.1*) sowie die Beschreibung der Mitgliederstruktur (*Kapitel 7.1.1.2*) gegliedert. Diese Daten wurden aus den Interviewtranskripten zusammengetragen und sind nicht systematisch in Form eines Fragebogens erhoben. Dies liegt darin begründet, dass die relevanten Aspekte erst in der explorativen Beschäftigung mit den Gruppen identifiziert, die Kategorien zur Deskription des Aufbaus der Gruppen somit datenorientiert bzw. induktiv gebildet wurden (vgl. *Kapitel 6.3.1 Erstellung des Kategoriensystems*).
Die Deskription der Organisation der Gruppen setzt sich zusammen aus der *Organisationsform*, hier wurden Aspekte kodiert, die Rückschlüsse darauf zulassen, ob die Gruppe formell, bspw. in Form eines eingetragenen Vereins, oder informell, also ohne eine solche Institutionalisierung, organisiert ist, der *Gruppengröße*, der Anzahl der Mitglieder, den *Treffen*, dem Rhythmus, in dem die Gruppen Treffen organisieren, zu denen alle Mitglieder eingeladen sind, und der Charakter, den das Treffen hat, sowie den *Kommunikationsmedien*, also über welche Kommunikationsmittel die Teilnehmenden zwischen den Treffen kommunizieren. Letzteres ist deswegen relevant, weil hier Unterschiede zwischen den Gruppen sichtbar wurden; so gibt es Gruppen, für die eine Vernetzung über den Messengerdienst WhatsApp für ihre Praxis zentral ist, und Gruppen, für die eine solche Form der Vernetzung keine Rolle spielt. Die Organisation der Gruppe hinsichtlich der konkreten Streifen-, Runden- oder Spaziergänge setzt sich zusammen aus den *Laufteams*, also ob die Mitglieder alleine, zu zweit oder in größeren Gruppen unterwegs sind, den *Zeiten*, zu welchen Uhr- und Jahreszeiten die Gruppen unterwegs sind, und den *Plänen*, wie die Gänge koordiniert werden. Zudem wird die *Route*, ob es einen festgelegten Weg gibt

[128] Ziel einer Gruppe ist zudem auch die Verhinderung von Sachbeschädigungen an Autos.

oder nicht, die *Dauer*, wie lange die Mitglieder unterwegs sind, sowie die *Ausstattung*, was sie also während ihrer Gänge dabeihaben, beschrieben. Zur Beschreibung der Mitgliederstruktur wurden Aussagen kodiert, die Rückschlüsse auf demographische Aspekte, nämlich das Alter, das Geschlecht und die Berufstätigkeit der Mitglieder, ermöglichen.

7.1.1.1 Organisation der Gruppen

Hinsichtlich der *Organisationsform* lassen sich alle Gruppen trotz der langjährigen Aktivität als informelle Zusammenschlüsse beschreiben. Es sind keine eingetragenen Vereine oder formalisierte Gruppen. Auch wenn also nachfolgend die Bezeichnung Mitglieder genutzt wird, bedeutet dies nicht, dass ein formaler Mitgliedsantrag gestellt werden müsste. Möchten Interessierte an den Gruppen teilnehmen, wenden sie sich an die Leiter:innen der Gruppen, wenn sie von diesen nicht bereits auf eine Teilnahme angesprochen wurden, oder kommen über Nachbar:innen, Freund:innen oder Bekannte hinzu, die bereits in der Gruppe tätig sind. Formale Aufnahmevoraussetzungen gibt es in keiner Gruppe, wobei ein:e Leiter:in beschreibt, dass er/sie sich Interessierte zunächst genauer anschaue bzw. sie kennenlerne[129]:

> „Dann geh ich dahin und gucke mir im Grunde denjenigen/diejenige Interessentin auch mal an, spreche da mal mit, was sind das für Menschen, […] welchen Eindruck habe ich tatsächlich von der Person, habe ich ein gutes Gefühl, habe ich kein gutes Gefühl." (D_1: 36)

Unter Mitgliedern können also jene Personen verstanden werden, von denen die Leiter:innen wissen, dass sie mitmachen und die auch zu regelmäßigen Treffen kommen. Die *Gruppengröße* variiert bei den Gruppen zwischen ca. knapp unter 20 bis ca. 40 Mitgliedern und gemeinsame *Treffen* werden, je nach Gruppe, in einem Rhythmus von einmal jährlich, halbjährlich, 2-3-mal im Jahr, vierteljährlich oder auch alle zwei Monate[130] veranstaltet. Beschrieben werden die Treffen zumeist als „gemütliches Zusammensein" (C_2: 30), bei dem Austausch stattfindet und ein:e polizeiliche:r

---

[129] Ein:e andere:r Leiter:in beschreibt, dass er/sie einen gemeinsamen Spaziergang zum Kennenlernen anbiete, wobei dieser aber nicht verpflichtend sei: „Also was ich immer anbiete, wenn jemand neu anfängt, dann sage ich, bevor ich viel rede: ‚Machen wir doch einfach einen gemeinsamen Spaziergang, stellen uns gegenseitig vor und Sie lernen die Gegend kennen und was man so tut als [Bezeichnung für Gruppenmitglieder] und ich lerne Sie einfach besser kennen, ja'. […] Das machen wir also regelmäßig. […] Das muss nicht jeder annehmen, aber […] ich biete es an und wenn sie es annehmen, freu ich mich." (F_1: 74)

[130] Wobei diese Gruppe darauf hinweist, dass sich die Treffen ausschließlich auf das Winterhalbjahr konzentrieren, denn sie ist nur im Winterhalbjahr aktiv.

Ansprechpartner:in anwesend ist. Ein Mitglied von Gruppe B1 berichtet, dass sie sich nicht als Gruppe träfen. Hier gibt es allerdings die Besonderheit, dass sich nach der Gründung der Gruppe B1 einige weitere Gruppen in nahegelegenen Orten gegründet haben, u. a. Gruppe B2. Es treffen sich zwar die Gruppenmitglieder der Gruppe B1 nicht untereinander, aber die jeweiligen Ansprechpartner:innen bzw. Leiter:innen der unterschiedlichen Gruppen, wozu auch der/die polizeiliche Ansprechpartner:in eingeladen werde und dazukomme, „wenn [er/sie] die Möglichkeit hat" (B2_1: 24). *Kommunikationsmedien* für den Austausch zwischen diesen Treffen sind bei fünf Gruppen E-Mails oder Telefon und zwei Gruppen nutzen WhatsApp Gruppen. So gibt es zwar auch in drei der fünf Gruppen, die vorrangig via E-Mail und Telefon kommunizieren, eine WhatsApp Gruppe, deren Nutzung lasse sich jedoch als „rudimentär" (D_1: 72) beschreiben und es sind nicht alle Gruppenmitglieder in ihr vertreten. Hier wird darauf verwiesen, dass viele Gruppenmitglieder kein WhatsApp nutzen (was auch mit der höheren Altersstruktur verbunden wird, vgl. auch nachfolgend *Kapitel 7.1.1.2 Mitgliederstruktur*). Ein Mitglied der Gruppe F verweist aber auch darauf, dass „es [...] eigentlich keinen Grund [gibt], diese schnelle Kommunikation zu haben, die WhatsApp oder andere Gruppen einem ermöglichen. Brauchen wir nicht, ist für den Zweck nicht hilfreich" (F_2: 54).

Bezüglich der *Laufteams* ist festzuhalten, dass die Teilnehmer:innen die Spazier-, Runden- oder Streifengänge z. T. allein oder mit ihrem Hund, deutlich häufiger aber als Zweierteams, zu dritt oder als Familie unternehmen. Hinsichtlich der *Zeiten*, zu denen Gruppenmitglieder unterwegs sind, berichtet eine Gruppe, dass über den gesamten Tag verteilt Mitglieder im Ort unterwegs seien, während alle anderen darauf hinweisen, dass insbesondere oder ausschließlich „in den Abendstunden" (B1_1: 4), „bei Dunkelheit" (A_3: 6) oder wenn es „stark dämmrig" (F_1: 84) ist, gegangen werde. Einige Gruppen gehen zudem ausschließlich im Winterhalbjahr. *Pläne* zur Koordination gibt es schließlich in allen Gruppen. In ihnen ist mindestens der Tag, bei einigen Gruppen auch die Uhrzeit eingetragen, zu denen die unterschiedlichen Mitglieder unterwegs sind[131]:

> „Also, es gibt bei uns Rundenpläne und jeder trägt sich da ein, wann er meint, dass er gehen möchte." (A_2: 12)

131 Wobei in diesem Kontext auch die Informalität deutlich wird, wenn bspw. beschrieben wird, dass nicht alle Zeiten bzw. „Schichten" (F_1: 24) besetzt sind oder wenn ein Mitglied von Gruppe D beschreibt, dass auch mal ausgesetzt wird: „Also, wenn's hier irgendwo Hunde regnet, [...] fällts auch einfach mal aus, [...], kann man aber nachholen [...] eben zu einem andern Zeitpunkt oder mal am anderen Tag." (D_1: 54)

„Da gibt's einen Plan, da sagen alle Bescheid." (C_1: 4)

Eine *Route*, die die Mitglieder bei ihren Streifen-, Spazier- oder Rundengängen abgehen, ist bei zwei Gruppen festgelegt, bei zwei Gruppen ist der zu begehende Bereich auf einen bestimmten Teil des Ortes eingegrenzt[132] und bei drei Gruppen gibt es keine festgelegte Route – hier gehen die Mitglieder ohne Vorgabe möglichst viele Straßen des Ortes ab. Die *Dauer* beträgt dabei zwischen einer halben Stunde bis Stunde – „je nach Geschwindigkeit" (F_2: 6) – , 45 Minuten bis zu einer Stunde, 1,5 Stunden oder gute zwei Stunden.

Die *Ausstattung* stellt sich zwischen den Gruppen ähnlich dar, auch wenn sie bezüglich des Tragens von Warnwesten variiert: So nehmen die meisten Mitglieder Handys und Taschenlampen (z. T. auch etwas zu schreiben) mit. Mitglieder von zwei Gruppen tragen zudem Warnumhänge, die, zusammen mit Taschenlampen, durch die Gemeinde finanziert wurden, und eine Gruppe trägt bereits vor vielen Jahren zum Zeitpunkt der Gründung von einem ortsansässigen Unternehmen gesponsorte Jacken mit dem Gruppennamen als Aufdruck sowie ein Käppi.

Trotz individueller Spezifika ist festzuhalten, dass sich die Gruppen in ihrer Organisation, obwohl die meisten nicht untereinander vernetzt sind, grundsätzlich ähneln. In Tabelle 4 sind die Kategorien zusammengefasst dargestellt.

Tabelle 4, Zusammenfassung zur Organisation der Gruppen, eigene Darstellung

Kategorie	**Zusammenfassung**
Organisationsform	Informelle Zusammenschlüsse
Gruppengröße	zwischen ca. knapp unter 20 bis ca. 40 Mitgliedern
Treffen	einmal jährlich bis zweimonatlich
Kommunikationsmedien	E-Mail, Telefon und/oder WhatsApp
Laufteams	z. T. allein, deutlich häufiger als Zweierteams, zu dritt oder als Familie
Zeiten	Ganztägig oder nur/verstärkt in den Abendstunden; ganzjährig oder nur im Winterhalbjahr
Pläne	Tag und/oder Uhrzeit, an denen Mitglieder unterwegs

132 Wobei eine dieser Gruppen die Grenzen des Stadtteils nutzt, also im Stadtteil und nicht in weiteren Teilen der Großstadt unterwegs ist.

	sind, sind festgehalten
Route	Festgelegte Strecke oder festgelegter Bereich/Ort
Dauer	½ Stunde bis 2 Stunden
Ausstattung	Handys, teilweise Taschenlampen, teilweise Schreibzeug, teilweise Warnwesten/gesponsorte Jacken

7.1.1.2 Mitgliederstruktur

Die Mitglieder von fünf Gruppen berichten, dass ihre Gruppen eher ältere Menschen, also Rentner:innen umfasse. In einer Gruppe wird darauf verwiesen, dass es „ab 25-30 […] wohl los[gehe]" (C_2: 58), in anderen wird berichtet, dass es keine ganz jungen Mitglieder gebe (PDG: 12). Das Mitglied einer Gruppe, die sich zu Beginn der 1990er Jahre gründete, beschreibt:

> „Wir haben angefangen, ich sag mal ungefähr, joa kurz vorm Rentenalter oder mit Beginn der Rente, das waren so die Anfänge, jetzt wissen Sie, wie alt die alle sind." (A_2: 34)

In den zwei weiteren Gruppen wird beschrieben, dass die Altersstruktur tendenziell 40 aufwärts sei, jedoch auch viele über 60-Jährige und ein bis zwei Jüngere dabei seien (B1_2: 96) bzw. viele Familien mitmachten, wobei hier sogar beschrieben wird, dass zum Glück Rentner:innen dabei seien: „Wir haben allerdings bei uns hier im Dorf noch den Luxus im Gegensatz zu anderen Ortschaften hier in [Gemeinde]: Wir haben noch ein paar Rentner" (B2_1: 8) – dies erleichtere nämlich die Abdeckung der verschiedenen Tageszeiten.

Die Leitung der Gruppen wird in zwei Gruppen durch Frauen, in einer Gruppe durch eine Gruppe aus zwei Männern und einer Frau und in vier Gruppen von Männern ausgeübt. In vier Gruppen wird berichtet, dass mehr Männer als Frauen gehen, wobei ein Gruppenmitglied darauf hinweist, keine genaue Auskunft geben zu können, da er/sie nicht genau wisse, wer in der Familie laufe, was ein Hinweis auf die informelle Beschaffenheit der Gruppe ist:

> „Ich habe ja nur die Namen, wer von der Familie läuft, das machen sie unter sich aus, aber in der Regel laufen die Männer. Wie gesagt, Ausnahme sind die Ehepaare, die zu zweit laufen." (F_1: 90)

In einer Gruppe wird zudem eingeschätzt, dass etwas mehr Frauen laufen (B1_2: 98) und in einer weiteren gibt die interviewte Person an, es nicht zu

wissen, aber „so vom Gefühl her würde ich sagen, dass es fast pari-pari ist" (B2_1: 70).[133]
Die Berufe der Gruppenmitglieder wurden nicht immer explizit abgefragt; dort, wo aber die Sprache darauf kam, zeigte sich eine Breite: Die Interviewten sind im Handwerk, in anderen Ausbildungsberufen, in Führungspositionen oder im öffentlichen Dienst tätig. Acht Interviewte sind in Rente, 10 sind berufstätig.[134]
Insgesamt lässt sich festhalten, dass eher lebensältere Menschen und in den meisten Gruppen mehr Männer aktiv sind. Vor dem Hintergrund, dass die Forschung aufzeigt, dass Sicherheitsaufgaben überwiegend „dem männlichen Handlungsspielraum zugeschrieben" (Birenheide 2009, S. 199; vgl. auch Bust-Bartels 2021) werden, ist die hier verbreitete Beteiligung an und auch die Leitung von Gruppen durch Frauen aber auffällig.[135]

7.1.2 Ortsbeschreibung

Die sieben Gruppen lassen sich als Stadtteil, Dörfer, große Dörfer und dörfliche Kleinstadt kategorisieren. Die nachfolgende Deskription basiert dabei ausschließlich auf den Eindrücken der Interviewten. Ihre Ortsbeschreibungen wurden hinsichtlich sozialer und baulicher Aspekte, der Lage, vorhandener Infrastruktur und der Einwohnerzahl ausgewertet. Soziale Aspekte umfassen die Beschreibung der Anwohnenden und deren soziale Aktivitäten und Interaktionen, die in dem Ort stattfinden. Bauliche Aspekte meinen Beschreibungen des Ortsaufbaus sowie der Häuser in den jeweiligen Orten und die Lage umfasst Beschreibungen bezüglich der Lage des Orts; also bspw. am Rande einer Großstadt o. Ä. Unter Infrastruktur wurden zum einen Zug- und Autobahnverbindungen gefasst, zum anderen Infrastruktur im Sinne von vor Ort vorhandenen Angeboten: Geschäfte, Restaurants, Banken, Schulen, Kindergärten usw. Die Orte wurden dabei den Gruppenkürzeln entsprechend benannt.

133 Bei einer Gruppe wurde keine Einschätzung abgegeben.

134 Wobei sich eine Person, die als Rentner:in verzeichnet wurde, nicht explizit dazu äußerte. Aufgrund des geschätzten Alters und der allgemeinen Beschreibung, dass die Gruppe zu ca. 80 % aus Personen bestehe, „die nicht mehr aktiv in einem Vollzeitberufsbild sind, sondern entweder Teilzeit, Alters -Teilzeit oder eben schon in Rente" (F_2: 66), ist davon auszugehen, dass die Person ebenfalls bereits in Rente ist.

135 Vgl. auch eine durch Bust-Bartels 2021 untersuchte Gruppe, in der ausschließlich Männer Streife liefen (Bust-Bartels 2021, S. 177–178).

7.1.2.1 Der Stadtteil[136]

In dem Stadtteil A, der in einer deutschen Großstadt liegt, wohnen insbesondere ältere Menschen. Zu Zeiten der Gruppengründung in den 1990er Jahren schien es so gewesen zu sein, dass sich viele Menschen dort untereinander kannten: „Ja man kannte sich ja hier, so jeder kennt jeden“ (A_2: 46-48). Dies scheint allerdings insbesondere früher so gewesen zu sein, so beschreibt auch ein:e weitere:r Interviewte:r, dass viele sich „untereinander [kennen], von früher noch her“ (A_1: 52). In dem Stadtteil gibt es viele Mietswohnungen und ein paar Neubauten, aber keine Hochhäuser. Es ist ein abgeschlossener Stadtteil mit einer Ein- und Ausfahrt. Auch wenn er nicht als dörflich charakterisiert wird, „hat nix mit dörflicher Struktur zu tun oder sonst irgendwas, absolut nicht“ (A_1: 138) , wird er als grüne Wohngegend ohne viel Verkehr, „nicht so wie in der Großstadt“ (A_3: 94) beschrieben. Der Stadtteil liegt in Autobahnnähe bzw. ist die Autobahn über eine Bundesstraße schnell zu erreichen.

7.1.2.2 Die Dörfer

Zudem sind zwei Gruppen in Dörfern aktiv, in Orten also, „so wie man sich eigentlich eine dörfliche Struktur vorstellt“ (B2_1: 38). Sie haben ca. 1000 Einwohner:innen.[137]

Hinsichtlich sozialer Aspekte wird geschildert, dass es in solchen Orten dazugehöre, „wenn man in dem Ort wohnt, wenn man nicht verhindert ist, dass man [zum Ortsfest] auf ein Bier hingeht oder auf einen Glühwein“ (B1_2: 104) und in Ort B2 gibt es einen Chor, einen Sportverein und eine Feuerwehr. Ort B2 wird als Dorf charakterisiert, in dem man sich kennt, wobei dies insbesondere für den alten Dorfkern beschrieben wird und etwas weniger für Zugezogene. Für Ort B1 wird festgehalten, dass die Gruppe dazu beigetragen habe, dass sich Bekanntschaften knüpften. Durch die insbesondere außerhalb arbeitenden Anwohnenden wird der Ort B2 tagsüber eher als ruhig bezeichnet bzw. „im Regelfall stehen die Häuser hier, die in den Außenbereichen sind, tagsüber häufig leer, also die Leute sind dann arbeiten“ (B2_2: 6). Beide Orte sind damit also Wohnorte, die die Anwohnenden für die Arbeit tagsüber verlassen. Die ‚Außenbereiche‘ meint neuere Siedlungen, die es in beiden Orten gibt, und die um einen alteingesessenen Dorfkern gebaut wurden; „von ganz neu bis 20, 25 Jahre alt“ (B2_2: 6).

---

136 Aus einem Bevölkerungsbericht der Großstadt geht hervor, dass ca. 3000 Einwohner:innen in dem Stadtteil leben.

137 Die Interviewten der Gruppe B1 machten keine Angabe zur Größe des Ortes. Allerdings ist Gruppe B1 im Ortsteil eines Ortsbezirkes aktiv, somit ist davon auszugehen, dass dieser Ort noch etwas kleiner ist als der Ort B2.

Für B1 wird beschrieben, dass der Ort aus „Familienhäuser[n], große Grundstücke mit Gärten", (B1_2: 28) bestehe, für B2, dass es Mietshäuser „so richtig eigentlich keine" (B2_1: 38) gebe, sondern überwiegend Einfamilienhäuser oder Doppelhäuser. In beiden Orten gibt es keine Geschäfte, Schulen oder Betriebe, außer landwirtschaftlichen Betrieben. Beide Orte liegen in der Nähe einer deutschen Großstadt, „wenn es gut läuft, ist man in einer Viertelstunde in [Großstadt]" (B1_2: 20). Die Orte sind nahe an einer Autobahn gelegen.

7.1.2.3 Die großen Dörfer

Die Orte, in denen die Gruppen C, D und G aktiv sind, lassen sich als große Dörfer bezeichnen. Dort leben knapp unter 2000 Einwohner:innen. Sie sind dörflich, haben aber mehr Infrastruktur als die Orte, in denen die Gruppen B1 und B2 aktiv sind. In D und G gibt es mindestens einen Supermarkt, außerdem noch weiteren kleinen Einzelhandel und Gastronomie. In C gibt es keinen Supermarkt, aber auch dort gibt es Gastronomie und einen kleinen Einzelhandel.

Alle Orte werden als kontaktreich und vernetzt beschrieben. In C kennt nicht jeder jeden, „aber viele kennen viele" (C_1: 66) und für Ort D wird betont, dass „jeder […] irgendwo in irgendeinem Sportverein [ist], ehrenamtliche Arbeit wird auch gemacht, ganz klar, wie sich das gehört hier" (D_1: 26). Für Ort D wird beschrieben, dass sich insbesondere die Alteingesessenen untereinander kennen, wobei auch relativiert wird: Der/die Gruppenleiter:in ist vor vielen Jahren zugezogen und zwei in den 1990er Jahre zugezogene Interviewte bezeichnen sich ebenfalls nicht als alteingesessen. Für G beschreiben zwei Interviewte, dass sie gut vernetzt seien, wobei insbesondere die Alteingesessenen sie kennen, G aber auch ein „kontaktreiches Dörfchen" (G2_G3: 191) sei. Es ist jedoch kein Ort, in dem jeder jeden kennt, „das wars vielleicht ganz früher mal, aber das ist nicht mehr […] dafür ist es zu groß." (G_1: 26). Zudem sind auch diese Orte Wohnorte, in denen gewohnt, aber zumeist nicht gearbeitet wird.

Alle drei Orte wachsen und es entstehen neue Siedlungen bzw. Neubaugebiete. In G wird der starke Zuzug teilweise auch kritisch gesehen, denn es „wollen alle nach [Ort], wir haben hier keine Wohnung für unsere eigenen Leute mehr" (G2_G3: 199) und in D gibt es derzeit eine Bürgerinitiative gegen ein neues Bauvorhaben. In C wird beschrieben, dass sich bspw. im Rahmen von Coronahilfemaßnahmen „ich sag mal Altbürgerschaft und die Neubürgerschaft wieder gut vermischt" (C_1: 50) hätten, „die neuen zugezogenen Leute bringen sich echt gut ein" (C_1: 50). Andererseits reflektiert ein:e Interviewte:r, dass sie bei ihren Gängen vielleicht irgendwann einen Teil der Neubaugebiete auslassen müssten, weil es sonst zu viel würde. Wenn sich von dort keiner beteilige und Interesse zeige, „warum sollen wir dann ein Interesse dort zeigen? Das ist dann manchmal so, ja, denkt man halt so drüber nach" (C_2: 44).

Die Orte liegen ebenfalls in der Nähe einer größeren Stadt, zu der sie über Bus- bzw. Zugverbindungen angebunden sind und auch hier wird die Autobahnnähe betont.

7.1.2.4 Die dörfliche Kleinstadt

Die dörfliche Kleinstadt wird als gemütlicher Ort beschrieben, „wo man eigentlich denken sollte, kennt jeder jeden, aber das ist weit gefehlt" (F_2: 16). So wird der Ort ebenfalls als ein Wohnort beschrieben, den man früh für die Arbeit verlässt und zu dem man spät zurückkommt (F_2: 24); auch hier sind arbeitende Anwohnende tagsüber offensichtlich wenig zuhause. Die Kleinstadt hat etwas weniger als 10.000 Einwohner:innen, aber es gibt einen großen Zuzug und einige Bauprojekte, sodass der Ort wachsen wird. Auch hier sind es die Außenbereiche, die mit Neubauten besiedelt werden, was für Diskussionen sorgt, da große Einzelhändler dort eröffnen, womit Befürchtungen einhergehen, dass der Ortskern wirtschaftlich in Gefahr geraten könnte. Aufgrund der Entwicklungen in den Außenbereichen gibt es Konzepte zur Belebung und Aufwertung des Ortskerns, bspw. durch Gastronomie. Es gibt als gut beschriebene Zugverbindungen in die nächsten Städte, u.a. wird eine deutsche Großstadt genannt, sowie eine Autobahnanbindung.

7.1.2.5 Überblick: Günstige Voraussetzungen für Einbrüche & Verringerung von Gelegenheitsstrukturen

Bis auf den Stadtteil sind alle Orte geprägt von einem Zuwachs an Bewohner:innen, von einer Vergrößerung und Ausweitung des jeweiligen Ortes. Aufgrund des Umstands, dass größtenteils nicht dort gearbeitet wird, wo gewohnt wird, werden die oben als Wohnorte bezeichneten Orte teils auch als „Schlafdörfer" (F_1: 28; G_1: 28) bezeichnet. Durch geringe Zeit, die am Wohnort verbracht wird, und das Anwachsen der Orte kennen sich die Bewohner:innen nicht (mehr) unbedingt untereinander. Dies steht entgegen der traditionellen Beschreibung der Orte, in denen jede:r jede:n kannte bzw. eben die ‚Alteingesessenen' sich noch immer untereinander kennen. Die Differenzierung zwischen Alteingesessenen und Zugezogenen ist somit auch in Interviews zu finden. Zumeist wird eine früher existierende Gemeinschaft beschrieben, die teilweise noch aufrechterhalten wird bzw. versucht wird aufrechtzuerhalten, aber als weniger selbstverständlich beschrieben wird im Vergleich zu früher. Dies zeigt sich auch im Stadtteil, der zwar nicht als dörflich charakterisiert wird, aber in dem sich früher offensichtlich auch viele Menschen untereinander kannten.

So wird durch einige einerseits dieser soziale Umstand, dass sich Anwohnende weniger kennen bzw., dass man „unaufmerksam […] gegenüber den Nachbarn ist" (F_2: 16) als günstig für Einbrüche beschrieben, andererseits wird auch der Umstand, dass tagsüber bzw. bis in den Abend hinein weni-

ge(r) Menschen im Ort unterwegs sind, als günstig für Einbrüche angesehen. Hinzukommt, dass die Orte in Autobahnnähe sind bzw. die Autobahn schnell erreichbar ist, was ebenfalls häufig als Grund für Einbrüche genannt wird.
Bereits aus diesen Umständen lassen sich erste Rückschlüsse auf die Gründe für die Gruppengründung und ihre Ziele ziehen: Nämlich Einbrüche zu verhindern, indem „mehr aufeinander geachtet wird“ (B1_1: 8), Aufmerksamkeit etabliert und/oder Bewegung geschaffen wird „in einer sonst unbelebten Gegend“ (F_2: 14) oder zumindest ruhigen Gegend. Dies soll zu einer Verringerung von Gelegenheitsstrukturen für Einbrüche führen. Bevor aber in *Kapitel 7.2 Die Praxis der Gruppen* auf die an diesem Umstand orientierte genauere Praxis der Gruppen eingegangen wird, werden zunächst die Phasen ihrer Gründung nachgezeichnet.

7.1.3 Phasen der Gruppengründung

In *Kapitel 3.3.1 Der Sicherheitsbegriff und seine Erweiterung* ist festgehalten, dass die Erhebung der subjektiven Bestimmung dessen, was die Gruppen unter Sicherheit verstehen, zentral ist. Im Fall der hier untersuchten Gruppen ist es ein spezifischer bzw. eingegrenzter Aspekt der Sicherheit, auf den sie fokussieren: nämlich die Sicherheit bzw. der Schutz vor Einbrüchen. So ist der Auslöser für die Gründungen der Gruppen ähnlich und lässt sich anhand eines Beispiels auf den Punkt bringen:

> „Es wurde eingebrochen und zwar zu viel, und irgendwas musste getan werden.“ (D_1: 70)

In allen Gruppen waren Einbrüche der Auslöser für die Überlegung, eine solche Gruppe zu gründen, wobei bei einer Gruppe zudem Sachbeschädigungen an Autos sowie Autodiebstähle hinzukamen. Angelehnt an die Forschung von Schmidt-Lux (2018) ließen sich verschiedene Phasen der Gruppengründung identifizieren. Dieser identifiziert in seiner Beschäftigung mit den Dynamiken vigilanten Handelns die Phasen des Vorfeldrauschens, des Initiationsereignisses und der Handlung der Akteure (vgl. *Kapitel 4.4 Vigilantes Handeln im Verhältnis zum Staat*). Das Vorfeldrauschen meint Unruhe oder Unzufriedenheit bzw. eine Problemwahrnehmung, „die Personen besorgt, ängstlich oder mindestens aufmerksam sein lässt“ (Schmidt-Lux 2018, S. 147). In diese Grundstimmung falle dann ein Initiationsereignis, welches ein Startsignal gebe, woraufhin spezifische Akteure „dieses Ereignis zum Anlass nehmen und handlungspraktische Aktivitäten folgen lassen“ (Schmidt-Lux 2018, S. 148). Zur genaueren Beschreibung dieser spezifischen Akteure zieht Schmidt-Lux den Ansatz der Schlüsselfiguren aus der sozialen Bewegungsforschung heran (Schmidt-Lux 2018, S.

148). Die hier untersuchten Gruppen sind keine sozialen Bewegungen[138], aber der Ansatz lässt sich auch heuristisch nutzen. Bereits Schmidt-Lux (2013a) konnte damit erklären, wie sich eine durch ihn untersuchte polizierende Bürgergruppe etablieren bzw. positionieren konnte (Schmidt-Lux 2013a, S. 70, vgl. Kapitel 4.4). Während er dabei einen ‚zivilisierenden Anführer' identifizierte, ist für die hier untersuchten Gruppen zumindest im Gründungsprozess[139] die Figur des/der *Initiator:in* (nachfolgend *Initiatorperson*) zentral, die im Folgenden anhand des empirischen Materials genauer herausgearbeitet wird. [140]

Während Schmidt-Lux (2018) in seiner Untersuchung für Bürgerwehren drei Phasen identifizierte, können für die hier betrachteten Gruppen vier aufeinander aufbauende Phasen nachgezeichnet werden, die durchlaufen wurden bzw. werden mussten. Sie können auch als ‚Hürden' beschrieben werden, die genommen werden mussten, damit sich die Gruppen gründeten: die Problemwahrnehmung, der Handlungsdruck, die Entwicklung einer Idee bürgerschaftlichen Polizierens und die Gründung.[141]

---

138 Die hier untersuchten Gruppen sind im Rahmen bürgerschaftlichen Engagements (vgl. *Kapitel 2.2 Bürgerschaftliches Engagement*) zu verorten; sie sind keine „auf partielle bis umfassende Erneuerung von Gesellschaft, Wirtschaft und Politik drängende politisch- und gesellschaftliche Bewegung, die sowohl über aktive und zur Mobilisierung befähigte Führungspersönlichkeiten […] als auch über einen größeren und relativ leicht mobilisierbaren Mitglieder- und Sympathisantenanhang verfügt" (Schmidt 2010b, S. 727).

139 Mit Etablierung der Gruppe ändert sich die Rolle der Leitung wie in *Kapitel 7.1.4.1.1 Schlüsselpersonen & Soziales Kapital* dargestellt wird.

140 Dabei verweist Leistner darauf, dass die Gleichsetzung von Schlüsselfiguren mit einflussreichen Personen unpräzise sei, dass Schlüsselpersonen nicht mit Führungspersonen synonym verstanden werden sollten (Leistner und Faust 2013, S. 3; Leistner 2013, S. 15). Vgl. ausführlich auch die gesamte Ausgabe „Anstifter, Strippenzieher, Urgesteine. Schlüsselfiguren in sozialen Bewegungen" des Forschungsjournals Soziale Bewegungen, Jg. 26, Heft 4. Auch Schmidt-Lux 2018, S. 148 verweist neben Pionier:innen auf aktive Beobachter:innen. Hier wird jedoch von Schlüsselfiguren gesprochen, die auch als Führungsfiguren verstanden werden können, da sie von den Interviewten als zentral angesehen wurden. Es erfolgt keine weitere Identifikation und Analyse von verschiedenen Schlüsselfiguren.

141 Zum Teil liegt die Gründung der Gruppen schon viele Jahre bzw. sogar Jahrzehnte zurück (vgl. *Kapitel 7.1.1 Aufbau der Gruppen*). Insofern sind die Schilderungen der Gründung retrospektiv. Hinzu kommt, dass nicht alle Interviewten bei der Gründung schon dabei waren, sondern sich erst später angeschlossen haben. In einer Gruppe konnte mit keinem Gründungsmitglied gesprochen werden, da auch der am längsten aktive Interviewte sagte, er sei „zwar nicht vom ersten Tag an dabei, aber vom zweiten oder dritten, ja das sind jetzt auch schon wieder rund 30 Jahre" (A_2: 34).

7.1.3.1 Problemwahrnehmung

Die erste Phase stellt eine sich verdichtende Problemwahrnehmung dar, also das grundsätzliche Bewusstsein bzw. die grundsätzliche Wahrnehmung von Einbrüchen als Problem. Dabei verweisen die Mitglieder insbesondere auf einen Anstieg der Einbrüche, auf „vermehrt Einbrüche" (B1_1: 4), auf ein Jahr, „in dem so wahnsinnig viele Einbrüche waren" (C_2: 84):

> „Das war damals in der Zeit, in der hier in [Ort], da gab's schon relativ viele Einbrüche für diese kleinen Dörfer, jetzt für sich genommen gesehen, ne, und das hat die Leute schon so ein bisschen beängstigt, sag ich mal." (B2_1: 34)

Im Kontext der hier untersuchten Gruppen stellen sich die von Schmidt-Lux (2018) identifizierten Phasen deutlich verschränkter dar: Die ‚relativ vielen Einbrüche' sind sowohl als Vorfeldrauschen als auch als eine Reihe von Initiationsereignissen interpretierbar. Dass ein spezielles Initiationsereignis in das Vorfeldrauschen bzw. die bestehende Problemwahrnehmung fällt, wird lediglich für die Gründungsphase einer Gruppe beschrieben:

> „[D]er auslösende Faktor war der, dass in einem Nachbarhaus [...] als ältere Leute nach Hause kamen, ihnen zwei dunkle Gestalten aus dem Schlafzimmer entgegenkamen, ne. Das war der Auslöser, diese Gruppe zu gründen." (F_1: 18)

Bereits in der ersten Phase kann es allerdings zu unterschiedlichen Einschätzungen hinsichtlich der Problemwahrnehmung kommen, wie ein Mitglied der Gruppe B1 beschreibt:

> „Also es war am Anfang schon so, die alteingesessenen [Ortsteilname]-Bürger haben schon ziemlich skeptisch geguckt, die konnten sich aber auch dadurch, dass sie geschützt in der Ortsmitte [wohnen], überhaupt nicht in die Einbruchsopfer reinversetzen." (B1_1: 38)

Hinsichtlich dieser Gruppe zeigt sich also schon in dieser ersten Phase, dass es mindestens eines Akteurs bedarf, der in dieser Phase das Problem betont: insbesondere die Initiatorperson.

7.1.3.2 Handlungsdruck

Ist eine grundsätzliche Problemwahrnehmung aber gegeben, trifft auf sie die Überlegung, dass etwas getan werden muss. Es wird also ein Handlungsdruck abgeleitet (Phase 2); die Bürger:innen suchen einen Weg „dem [Einbruchsdiebstahl] irgendwie Herr zu werden" (D_1: 32). Die Problemwahrnehmung sowie der Handlungsdruck erinnern dabei an die Formierung einer Gegenbewegung wie Kowalewski (2002) sie beschreibt (vgl. *Kapitel 4.1 Theorie der Gegenbewegung oder frontier-Theorie?*): Nicht die Existenz von Devianz, in diesem Fall kriminelle Devianz, konkret Einbrüche, sondern deren, mindestens lokal als solches gesehenes[142], rasches Anwachsen zu einer als bedrohlich empfundenen Situation führt zu einem Handlungsdruck. In der Vigilantismusforschung ist der Handlungsdruck, den Vigilant:innen aus der Problemwahrnehmung ableiten, verknüpft mit der Überzeugung, der Staat tue nicht genug für die Sicherheit, sodass selbst etwas getan werden müsse. Eine Verbindung zwischen der Gründung der Gruppe und einem nicht ausreichenden Handeln der Polizei wird aber lediglich von einem Interviewten festgehalten:

> „[I]n unserer unmittelbaren Nachbarschaft war eingebrochen worden, ja, und da war halt die Idee, nee da müssen wir was tun, weil die Polizei ist jetzt überfordert, die können ja nicht überall sein. Gerade auf dem Land ist das sehr schwierig, weil die eigentlich unterbesetzt sind und da war die Idee, die fand ich einfach klasse, zu sagen, wir machen da jetzt so ein bisschen was.“ (F_3: 46)

Hier werden staatliche Akteure, konkret die Polizei, nicht an sich kritisiert, sondern als „handcuffed from within“ (Marx und Archer 1976, S. 134) angesehen. Ihre Überforderung resultiert aus Sicht dieses Interviewten aus einer Unterbesetzung. Über alle Interviewten hinweg ist aber festzuhalten, dass eine Einschätzung der Polizei als überfordert oder unzureichend nicht als ausschlaggebender Grund für das Ableiten des eigenen Handlungsdrucks genannt wird.[143] Auch wenn also die Gründung einer solchen Gruppe prinzipiell mit der Ansicht, dass die Polizei nicht ausreichend für Sicherheit sorgt/sorgen kann, einhergehen kann, verbinden fast alle Interviewten in ihrer retrospektiven Schilderung diese Aspekte nicht miteinander, sondern verweisen unabhängig von der Polizeiarbeit auf einen Anstieg an Einbrüchen.

Der Übergang von der Problemwahrnehmung (Phase 1) zum daraus abgeleiteten Handlungsdruck (Phase 2) ist dabei allerdings nicht zwangsläufig. Schmidt-Lux (2012) schreibt: „Selbst die Zuschreibung von Devianz an sich kann existieren, löst aber allein noch nicht aus“ (Schmidt-Lux 2012, S. 128, vgl. Kapitel 4.1). Bezogen auf die hier untersuchten Gruppen lässt sich

142 Auch wenn objektiv Einbrüche stattfinden und diese statistisch gesehen anwachsen, bedarf es der Einschätzung als rasches Anwachsen, was eine subjektive Komponente hat: So kann ein Anstieg an Einbrüchen in einem Ort als rasches Anwachsen gesehen werden, sodass eine Problemwahrnehmung entsteht, während in anderen Orten eine solche Problemwahrnehmung trotz ähnlicher objektiver Zahlen nicht entsteht oder von Bürger:innen daraus kein Handlungsdruck abgeleitet wird.

143 vgl. zur Bewertung der Polizei durch die Gruppen unabhängig von der Gründung bzw. konkreten Gründungsmotiven *Kapitel 7.3.2.2 Bewertung der Polizei durch Gruppenmitglieder*.

daran orientiert festhalten: Es kann eine Wahrnehmung von Einbrüchen als Problem existieren, aus dieser wird aber nicht unbedingt ein Handlungsdruck abgeleitet. Es benötigt also jemanden, der den Handlungsdruck verdeutlicht: „Da kam dann einer drauf zu und sagte: ‚Mensch so und so, wollen wir da nicht mal was machen'" (C_2: 84).

7.1.3.3 Entwicklung einer Idee bürgerschaftlichen Polizierens

Entsteht aus der sich verdichtenden Problemwahrnehmung tatsächlich ein Gefühl, dass etwas getan werden muss bzw. könnte, beginnt die dritte Phase: die Wahl und Entwicklung einer Idee des eigenständigen Polizierens. Hierbei gehen Phase 2 und 3 fließend ineinander über, denn der empfundene Handlungsdruck ist unmittelbar mit der Frage verknüpft, was getan werden könnte. Die Phase 3 verdeutlicht jedoch, dass nicht zwangsläufig die Möglichkeit des selbstständigen Polizierens gewählt und umgesetzt werden muss, denn in dieser Phase geht es um das Ausloten von Handlungsoptionen. So ist auch denkbar, dass statt des Polizierens andere Handlungsformen gewählt werden: Vom Herantreten an die Polizei mit der Forderung nach mehr Polizeipräsenz oder dem Engagement eines gewerblichen Sicherheitsdienstleisters (vgl. bspw. Nehls 2016), als nicht eigenständiges Tätigkeitwerden, über das Investieren in Haussicherungstechnik bis hin zur Gründung einer vigilanten Gruppe bzw. dem Auftreten von Vigilantismus, als eigenständiges Tätigwerden, sind verschiedene alternative Formen des Aktivwerdens denkbar. Die von Kowalewski (2002) und Schmidt-Lux (2018) beschriebenen Akteure reagieren ebenfalls auf eine durch sie als bedrohlich empfundene bzw. definierte Situation; sie leiten aus einer Problemwahrnehmung einen Handlungsdruck ab, wählen darauf aufbauend allerdings vigilantes Handeln, während die hier betrachteten Akteure eine andere Idee eigenständigen Polizierens entwickeln.

Dabei kommt der Initiatorperson eine zentrale Rolle zu, denn er/sie bringt, verschränkt mit dem empfundenen Handlungsdruck, die Idee des eigenständigen Polizierens ein und/oder plausibilisiert sie und wirbt dafür. So sprechen die Gruppenmitglieder von einem „begabten Verkäufer" (F_1: 18) einer Initiatorperson, der/die „halt sehr, sehr engagiert ist" (B2_1: 34) bzw. auch von einer gut vernetzten Person, die „naja eben noch Leute gesucht und überredet" (D2_3: 78) bzw. „ganz viele Leute [kennt] und die einfach angesprochen" (F_1: 18) hat.

> „Eine Person, die voll dahintersteht, die gut vernetzt ist und Überzeugungskraft hat, so wie der Herr [Ursprungsinitiator] damals, ne. Der war hier also einer der Mittelpunkte des Ortes, also unbestritten Ortsbürgermeister und kannte alles und jedes, war im Schützenverein aktiv und eigentlich überall, ne, Sportverein und sonst nicht was." (D2_3: 82)

Hier zeigt sich das individuelle soziale Kapital der Initiatorperson, ihre sozialen Kontakte, ihre Einbindung in Netzwerke, zwischenmenschliches Vertrauen und soziale Kompetenz (Hermann 2009, S. 182, vgl. auch Kapitel 2.1.2), welches dazu führt, dass weitere Mitstreiter:innen überzeugt und eingebunden werden können (was wiederum soziales Kapital generieren kann). Das Bestehen einer Vernetzung im Ort, bspw. durch Vereine, wird somit ebenfalls als günstig für die Gründung einer solchen Gruppe betont:

> „Also ein Dorf oder auch Stadtteil mit so einem regen Vereinsleben ist schon förderlich, ne, wo man sich so kennt, wo man vernetzt ist, untereinander, das ist schon hilfreich, denke ich, wenn man sowas gründet." (D2_3: 103)

In fünf der sieben Gruppen basierte die Idee der Gründung einer solchen Gruppe zudem auf einer *Vorbildgruppe*, die bereits im Nachbarort aktiv war.[144] Gruppe A, so beschreibt es ein Teilnehmer, wurde vom Ortsbürgermeister gegründet, nachdem sich Gruppen in anderen Stadtteilen gründeten:

> „[D]ann hat sich das ausgedehnt auf einen weiteren Stadtteil in [Stadtteil] und dann waren wir in [Stadtteil] und haben gesagt: ‚Ok, machen wir auch'." (A_2: 34)

Die als Initiator:in wirkende Person aus Gruppe C beschreibt, dass die Idee einer solchen Gruppe auf einer Gruppe „in einem mehr oder minder entfernten Nachbardorf" (C_2: 34) basiere, wobei festgestellt wurde, „dass die immer die Ablösung von einem [Bezeichnung für die Mitglieder] zum anderen am selben Ort gemacht haben und dass die dann auch immer dieselbe Strecke gegangen sind. Und das wollte ich [...] verbessern und habe das so gemacht, dass jeder damals zum nächsten [Bezeichnung für die Mitglieder] gegangen ist" (C_2: 34). Die Vorbildgruppen führen also dazu, dass das eigenständige Polizieren als Möglichkeit erscheint, die es durch die Initiatorperson zu prüfen und eventuell an die eigenen Gegebenheiten anzupassen gilt, und erhöhen damit offenbar die Wahrscheinlichkeit, dass die Möglichkeit auch ergriffen wird.[145] Das Bestehen bzw. die Gründung einer solchen Gruppe kann also die Gründung weiterer ähnlicher Gruppen in der näheren Umgebung befördern, es kommt zu einem Dominoeffekt. Dieser Dominoeffekt war bei den drei in einer Region aktiven Gruppen gegeben (vgl. *Kapitel 6.1.2.2 Sample: Interviewte Gruppen(mitglieder) & Polizei-*

---

144 In zwei Fällen sind diese Vorbildgruppen heute nicht mehr aktiv, was verdeutlicht, dass die Aufrechterhaltung solcher Gruppen nicht selbstverständlich ist.

145 Vgl. auch die durch Birenheide untersuchte polizierende Bürgergruppe, die selbst als Vorbild für weitere Gruppen in der Umgebung diente (Birenheide 2009, S. 114).

beamt:innen), die jedoch derzeit keinen Kontakt zueinander haben. Verstärkt wurde ein solcher Dominoeffekt durch das aktive Werben für solche Initiativen durch die Initiatorperson von Gruppe B1 in weiteren Gemeinden, woraufhin sich in dem Gebiet diverse ähnliche Gruppen gründeten, u.a. Gruppe B2.
In einer Gruppe, die ihre Tätigkeit nicht nach dem Vorbild einer anderen Gruppe entwarf und die sich bereits Anfang der 1990er Jahre gründete, ist die Gründungsphase schwierig zu rekonstruieren:

> „Also, ich glaube, damals gab's noch nichts. [...] Ich meine, wir waren die ersten, weil da ja auch dann so drüber berichtet wurde. [...] Nee, ich glaube fast, das war ´ne Idee von [Ortsbürgermeister:in & Initiator:in] [...] es kann auch sein, dass die anderen da damals im Ortsrat waren, das weiß ich auch nicht mehr so genau, dass es im Ortsrat vielleicht entstanden ist. Wenn ich mir die Namen so angucke, ich glaube, das könnte auch so ´ne Keimzelle gewesen sein." (D2_3: 110-112)

Hier findet sich die Initiatorperson also in der Lokalpolitik, in der die Idee offenbar entwickelt wurde. Bei der weiteren Gruppe, die ihre Tätigkeit nicht nach dem Vorbild einer anderen Gruppe entwarf, hat sich die Initiatorperson das Konzept „dann selbst ausgedacht" (B1_1: 26).[146] Um mehr Personen dafür zu interessieren und tatsächlich eine solche Gruppe gründen zu können, werden für alle Gruppen Informationsveranstaltungen beschrieben:

> „Es wurde geschrieben in der Tageszeitung, wir möchten [Bezeichnung der Gruppe], ne, wir möchten Streifengänge machen in [Ort] und wer Lust hat, sollte sich dann bei [Gaststättenname] treffen, [...] und ja, und dann kamen etliche." (G2_G3: 179)

146 Die offenbar erfolgreiche Bewerbung der Idee bürgerschaftlichen Polizierens zeigt sich in der Beschreibung der/des als Initiatorperson wirkenden Interviewten: So sei die Idee nicht direkt von allen Anwohnenden unterstützt worden, nach einem Fernsehauftritt jedoch, in der er/sie die Tätigkeiten der Gruppen schilderte – und dabei dafür warb – schlossen sich doch einige an: „Also, wie ich in [einer Talkshow] war und das Ganze etwas da erklärt habe, sind tatsächlich nach der Sendung, die haben das durch Zufall gesehen, sind tatsächlich nach der Sendung Bürger auf mich zugekommen: ‚Hör mal, das hatte ich jetzt nicht so verstanden, das ist ja eine tolle Sache, kann ich da auch noch mitmachen?'" (B1_1: 38)

Bereits in dieser dritten Phase, also bei der Entwicklung einer eigenen Idee bürgerschaftlichen Polizierens, erfolgte bei den Gruppen zumeist[147] eine Einbindung der Polizei; sie haben sich „polizeilich begleiten" (C_1: 42) lassen. So war mindestens irgendwann im Gründungsprozess bzw. bei einer durch die Initiatorpersonen organisierten ersten Informationsveranstaltung die Polizei beteiligt, es ist „gleich ein Polizist beigewesen, der uns das dann erklärt hat, wie was wo" (G2_G3: 179). Ein:e Kontaktpolizist:in beschreibt die Rolle der Polizei bei der Gründung:

> „Da wurde dann auch so geprüft, ja, ist das denn überhaupt möglich? Und was ist das überhaupt, ´ne, ´ne Bürgerwehr oder was wird das überhaupt? Und muss Polizei da überhaupt bei sein, und wenn ja, was können die tun? Das war so praktisch der Auftakt, dass sich da Menschen zusammengefunden haben, die in ihrem Ort, ja, so ´nen bisschen für Sicherheit sorgen wollen." (PDG: 12)

Ein:e Interviewte:r beschreibt dabei, dass hinsichtlich der Gründung überlegt wurde, „wie's geht und dann mit der Polizei weiter überlegt und genau geguckt, wo die Grenzen sind, wie weit, wo ich aufpassen muss, wenn mir irgendwas auffällt, also bis hierhin und nicht weiter" (B1_1: 26). Der erste Schritt war für diese:n interviewte:n Initiator:in somit auch der Weg zur Polizei:

> „Dann bin ich zuerst mal auf die Polizei in [Ort] zugegangen und habe ihnen erklärt, dass wir uns gerne innerhalb vom Ort vernetzen würden, um Auffälligkeiten an mehrere Personen weiterzuleiten, damit aufgepasst wird, oder mal nachzufragen, falls jetzt irgendwo ´nen Fahrzeug oder irgendwas steht, wo das hingehört, ob man irgendwas so zuordnen kann und ja, und dann diese gemeinsamen Spaziergänge. Und die Polizei in [Ortsname] hat natürlich direkt drauf hingewiesen, Bürger(.)wehr kommt nicht in Frage, hatten wir natürlich auch nicht vor. Dann bin ich weiter nach [anderer Ortsname] verwiesen worden, […] und da bin ich ein ganzes Jahr von ´nem Polizisten beraten worden. Immer wenn ich Fragen hatte, war er zur Stelle." (B1_1: 4)

Die Polizei beriet die Gruppen also und zeigte Grenzen auf, wodurch auch von Seiten der sich bildenden Gruppe bereits erste Abgrenzungsbestrebungen zu anderen Formen polizierender Bürgergruppen, im obigen Beispiel

[147] Da in Gruppe A kein Gründungsmitglied interviewt wurde, kann für diese Gruppe nicht bestimmt werden, ab wann die Polizei eingebunden wurde. Es ist allerdings sehr wahrscheinlich, dass auch hier die Polizei bei der Gruppengründung oder zumindest kurz danach eingebunden war, denn ein Mitglied betont, dass die Gruppe mit der Polizei „über Jahrzehnte" (A_2: 86) ein gutes Verhältnis aufgebaut habe.

Bürgerwehren, sichtbar werden. Die Rolle der Polizei wird von Gruppenmitgliedern als wesentlich angesehen. Auf die Frage, was für Tipps die Gruppenmitglieder für die Gründung einer solchen Gruppe hätten, ist der Kontakt zur Polizei somit zentral: „Ich würde auch Ihnen immer raten, bevor Sie irgendwas lostreten mit der örtlichen Polizei in Kontakt zu treten, das haben wir damals auch gemacht, das war gut“ (C_1: 34); „Zuerst mal mit der Polizei in Verbindung setzen und nachfragen, ob´s gewünscht ist, ob sie sich das vorstellen können (B1_1: 20)“.
So zeigt sich bereits in dieser Phase die Rolle der Polizei als Rahmengeberin für Möglichkeiten und Grenzen bürgerschaftlichen Polizierens und es wird erstmalig ausgelotet, welche Praktiken die Gruppen umsetzen können und dürfen und welche Aufgaben der Polizei in Bezug auf die Gruppen zukommen könnten. Durch ihre Präsenz, ihre „Ratschläge“ (B1_1: 28), bspw. zum Thema Einbruchschutz, oder auch durch „einen sehr, sehr launigen Vortrag“ (B2_2: 12), in dem sie über „Rechte beziehungsweise Nicht-Rechte informiert, also keine Polizeigewalt und nichts, ne, und uns dann auch dringlichst empfohlen [hat], hinter niemandem herzulaufen (lacht), der größer ist als wir“ (B2_2: 12), hat die Polizei unmittelbaren Einfluss auf die Ausrichtung der Praxis der Gruppe.
So war nicht in allen Gruppen direkt abgesteckt, welche Praktiken übernommen werden (sollen). Das Mitglied einer Gruppe beschreibt, dass es zu Beginn „die Diskussion [gab], wie intensiv gehen wir da hinterher“ (C_1: 32), und erläutert auf eine Nachfrage, warum sich die Gruppe gegen das Tragen von Warnwesten entschieden habe:

> „Die Diskussion hatten wir, das ging auch hin und her, es war auch, war auch naa, schon laute Stimmen, die das haben wollten. Weil von der ganzen Ausgangslage war´s unsicher, was darf man, was darf man nicht, was macht man, was macht man nicht, aber das, wo wir sicher waren, es zu dürfen, nämlich hier rumzugehen und spazieren zu gehen und zu gucken, ja und wir wurden damals auch von der Polizei in diese Richtung bestärkt […] und das hat sich auch durchgesetzt und ich denke, wenn heute einer kommt, sagt, ab sofort tragt ihr alle Warnwesten oder grüne Hüte, würden wir uns nicht mit durchsetzen.“ (C_1: 68)

Ein:e andere:r Interviewte:r verknüpft zudem die Ausrichtung der Gruppe mit der direkten Involvierung der Polizei. Auf die Frage, ob es auch zu Beginn der Gruppe keine Diskussionen um ihre Ausrichtung gab, lautet die Antwort dementsprechend:

> „Das war immer so. Das war schon so, als ich den Laden übernommen habe. […] Weil das natürlich abgesprochen war. Bei Gründung war die Polizei involviert, ja.“ (F_1: 118-120)

Insgesamt geht also die Tätigkeit der Polizei während dieser Phase über die reine Zustimmung zur Gruppengründung hinaus und es lässt sich hier ableiten, dass die zentrale Rolle der Polizei dazu beiträgt, dass sich die Gruppen in den Rahmenbedingungen ihres Handelns ähneln; auch jene Gruppen, die sich nicht an einer Vorbildgruppe orientierten.

7.1.3.4 Gründung

Der tatsächliche Zeitpunkt der Gründung der Gruppen ist aufgrund deren informellen Charakters schwierig zu bestimmen – so haben sie sich nicht als Verein eintragen lassen, womit ein genaues Gründungsdatum bestehen würde.

> „Im Ort selbst hat sich das letztendlich mehr informell entwickelt. Also [B2_1] hat […] [die] informelle Federführung [übernommen], ohne dass es da so ein Prozedere gibt, wir stimmen jetzt ab Kandidat gegen Kandidat und du bist für das verantwortlich und ich für das. Das hat sich relativ selbstständig, problemlos entwickelt, wie ich finde.“ (B2_2: 80)

Es ist also eine informelle Form der Gründung (Phase 4), bei der das Herantreten an die Polizei und das gemeinsame Ausloten von Handlungsoptionen der Bürger:innen und der Polizei, zumeist im Rahmen einer Informationsveranstaltung, darin resultiert, dass Pläne erstellt werden, um koordinierte, d. h. untereinander abgesprochene Streifen-, Runden- oder Spaziergänge, insbesondere mit dem Ziel der Verhinderung von Wohnungseinbrüchen, durchzuführen. Zudem wurden Verabredungen zu Treffen in regelmäßigen Abständen ausgemacht und eine Bezeichnung für die Gruppe gefunden. Bei Gruppe B2 ging dies auch mit einer Bekanntgabe der nun gegründeten Gruppe gegenüber Anwohnenden einher:

> „Als die Kollegen sich den Standardweg hier überlegt haben, haben sie bei allen Mitbewohnern geklingelt, haben sie informiert darüber, dass wir das jetzt machen wollen und ob‘s ihnen überhaupt recht ist, dass gegebenenfalls einer, ich sag mal hinterm Zaun durchschleicht und mal einen Blick in den Garten wirft.“ (B2_2: 10)

Die Informationsveranstaltungen lassen sich dabei als Schwelle von Phase 3 zu Phase 4 interpretieren. Einige Gruppen verweisen hier auch auf eine sehr große Resonanz bei diesen Veranstaltungen: „Und die Resonanz bei diesen Informationsveranstaltungen, die war riesig“ (B2_1: 34), „und dann kamen etliche“ (G2_G3: 179) bzw. waren „sehr viele Leute da aus dem ganzen [Gebiet]“ (B1_1: 28). Dennoch garantiert das Stattfinden dieser Informationsveranstaltungen noch keine tatsächliche Gründung, also den Abschluss der Phase 4. Ein Gruppenmitglied beschreibt bspw., dass das große

Interesse an der Informationsveranstaltung sich nicht umfassend in tatsächliches Handeln umsetzen ließ:

> „Dann hatten wir hier ´ne große Versammlung, wo unwahrscheinlich viele interessiert waren, jedoch anschließend nicht einmal die Hälfte mitgemacht hat. Aber das Interesse war da. Das Interesse war da schon allein geweckt. Da war, der Riesensaal war rippel rappel voll und anschließend mitgemacht haben nicht einmal die Hälfte, es ist schade, aber das Interesse war halt geweckt worden, ne." (C_2: 92)

Hier lässt sich spekulieren, was nicht überzeugt hat. Insgesamt scheint die grundsätzliche Zustimmung zur Problemwahrnehmung und auch ein daraus abgeleiteter Handlungsdruck vorhanden gewesen zu sein, Phase 1 und 2 wurden also bereits durchlaufen, allerdings scheint die angebotene Lösung oder aber die Aufforderung, sich an der Lösung zu beteiligen, nicht zu überzeugen. Dies zeigt sich auch, wenn die Gruppen für eine solche Form bürgerschaftlichen Polizierens in anderen Orten informieren oder werben:

> „Es gab ganz viele Anfragen, also wir haben schriftlich oder auch Vorträge gehalten in Nachbargemeinden. Immer dann, wenn es brenzlige Situationen gibt, wenn also eine gehäufte Zahl von Einbrüchen stattfindet, dann werden die, Ortsbürgermeister sind es in der Regel, wach und wenden sich an uns. Man weiß, dass es uns in unserer Gegend gibt. Und dann wenden sie sich an uns und ja, sind ganz interessiert, laden Leute ein, die potenziell mitmachen, ist also ganz interessant und dann hört man nichts davon." (F_1: 56)

Es zeigt sich also, dass für die vierte Phase die drei ersten Phasen durchlaufen werden müssen, dieses Durchlaufen aber nicht zwangsläufig in der Gründung einer solchen Gruppe resultiert.

7.1.3.5 Phasen der Gruppengründung: Die zentrale Rolle der Initiatorpersonen & der Polizei

In Tabelle 5 sind die Phasen der Gruppengründung noch einmal zusammengefasst abgebildet.

Tabelle 5, Phasen der Gruppengründung, eigene Darstellung

<table>
<tr><td>Phase 1</td><td>Problemwahrnehmung: Einbrüche</td><td rowspan="2">➢ Vorangetrieben durch Initiatorpersonen</td></tr>
<tr><td>Phase 2</td><td>Ableiten eines Handlungsdrucks</td></tr>
<tr><td>Phase 3</td><td>Wahl der Handlung: Entwicklung einer Idee bürgerschaftlichen Polizierens</td><td>➢ Inspiriert durch Vorbildgruppen (in fünf der sieben Gruppen)
➢ Vorangetrieben durch Initiator-</td></tr>
</table>

Phase 4	*Gründung* der Gruppe	personen ➢ Beeinflusst durch die Polizei

Die Gründung einer solchen Gruppe erfordert Arbeit durch Initiatorpersonen, die das Problem verdeutlichen, den Handlungsdruck betonen und die Wahl der Möglichkeit des bürgerschaftlichen Polizierens einbringen und/oder dessen Ausgestaltung steuern, wobei die Existenz bereits bestehender ähnlicher Gruppen sich günstig auf die Gründung weiterer Gruppen auszuwirken scheint. Dabei variiert es zwischen den Gruppen, wie verbreitet die Problemwahrnehmung ist, wie stark der Handlungsdruck betont wird, wie groß die Resonanz auf die Idee des bürgerschaftlichen Polizierens ist und inwieweit die Entwicklung der eigenen polizierenden Praxis kontrovers diskutiert wird oder von Beginn an klar umrissen ist. Dennoch ließen sich diese Phasen, auch wenn sie Unterschiede in der Ausgestaltung aufweisen und fließend ineinander übergehen, für alle Gruppen identifizieren. Eine weitere Gemeinsamkeit ist der Einfluss der Polizei bei der Gruppengründung. So wurde die Polizei zumeist[148] nicht erst nach der Gründung, also nach der Benennung der Gruppe und dem Beginn des Polizierens als durch die Gruppe abgestimmte Praktik, sondern bereits im Gründungsprozess involviert, u. a. indem sie Wissen zum Thema Einbruchschutz weitergibt und Grenzen aufzeigt, und hatte unmittelbaren Einfluss auf die Ausrichtung der Gruppen.

Allerdings garantiert die abgeschlossene Gründung der Gruppen nicht zwangsläufig deren Persistenz bzw. ein Bestehen über mehrere Jahre oder sogar Jahrzehnte hinweg, wie es bei den hier untersuchten Gruppen der Fall ist. Im nächsten Kapitel steht daher die Persistenz der Gruppen im Fokus.

7.1.4 Persistenz der Gruppen, Akquisestrategien & Motive der Mitglieder

Nach der nachgezeichneten Gründung der Gruppen beginnt die immerwährende Aufgabe der Aufrechterhaltung. Diese kann herausfordernd sein und die Persistenz der Gruppe ist, wie schon das Durchlaufen der verschiedenen Gründungsphasen, nicht selbstverständlich. So wird in den fünf Gruppen, die schon seit mehr als 10 Jahren aktiv sind, die Herausforderung der Nachwuchsgewinnung bzw. der Akquise neuer Mitglieder und die damit einhergehende Aufrechterhaltung der Gruppe genannt. Damit sich Personen der Gruppe neu anschließen, benötigt es erneut der Problemwahrnehmung, des Handlungsdrucks und einer sich daran anschließenden Wahl des bürgerschaftlichen Polizierens im Rahmen der bestehenden Gruppen – die dargestellten Gründungsphasen sind auch im Rahmen der Aufrechterhal-

148 Wie bereits beschrieben, ist der genaue Ablauf bei Gruppe A nicht rekonstruierbar, da diese schon seit ca. 30 Jahren besteht und kein Gründungsmitglied interviewt wurde.

tung der Gruppen immer wieder relevant (vgl. ähnlich auch Schmidt-Lux 2018, S. 150–151).
Nachfolgend wird zunächst betrachtet, welche Faktoren die Gruppenmitglieder für die Aufrechterhaltung der Gruppen als günstig und hemmend ansehen und welche Akquisestrategien sie verfolgen. Daran anschließend werden zudem die individuellen Motive der Gruppenmitglieder fokussiert.

7.1.4.1 Persistenz der Gruppen: günstige & hemmende Faktoren aus Sicht der Mitglieder & der polizeilichen Ansprechpartner:innen

Nicht nur die Gründung der Gruppen ist mit Hürden verbunden, sondern auch die Aufrechterhaltung der Gruppen ist mit günstigen und hemmenden Faktoren verbunden. Die Betrachtung dessen, was die Interviewten als günstig bzw. hemmend für die Persistenz der Gruppen ansehen, womit auch die Akquise neuer Gruppenmitglieder einhergeht, erlaubt es, sich der Frage anzunähern, warum es die Gruppen gibt. Dazu wurden induktiv bzw. datenorientiert Aussagen kodiert, die Rückschlüsse darauf zulassen, was den Gruppenmitgliedern zufolge benötigt wird, um die Aufrechterhaltung der Gruppe zu gewährleisten bzw. was diese herausfordernd macht.

7.1.4.1.1 Schlüsselpersonen & Soziales Kapital

Als äußerst wichtig für die Persistenz der Gruppen erachten viele Mitglieder die Existenz mindestens einer Schlüsselperson, die die Organisation in die Hand nimmt bzw. jemanden, „der das so ein bisschen zusammenhält" (C_1: 38). Die Leiter:innen der Gruppen sind in drei Gruppen noch eben jene Personen, die als Initiatorpersonen in den Gründungsphasen wirkten (vgl. *Kapitel 7.1.3 Phasen der Gruppengründung),* in vier Gruppen hat die Leitung schon einmal gewechselt, hier ist also die Initiatorperson nicht mehr die aktuelle Leitung der Gruppe. In jedem Fall ändert sich aber die Rolle von der Initiatorperson in der Gründungsphase zu *Leitungspersonen* in der Phase der Aufrechterhaltung der Gruppe.[149] Bei der Gründung musste die „Grundstruktur" (B2_2: 106) abgesteckt werden und die Initiatorperson brachte die Idee ein und/oder plausibilisierte und bewarb sie. Das Bewerben der Idee kann auch weiterhin durch die Leiter:innen erfolgen, wie im nachfolgenden Beispiel deutlich wird:

> „Naja, jetzt ist [Name *Leitungsperson*] da sehr aktiv und bemüht sich darum und erstellt wieder einen neuen Flyer und der wird dann im

[149] So schreibt auch Leistner (2013), in Anlehnung an Staggenborg (1988), während es „in der Gründungsphase den dynamischen Führungsstil eines ‚Entrepreneurs' oder ‚Enthusiasten', der trotz ungewisser Erfolgsaussichten Risikoinvestitionen vornimmt" (Leistner 2013, S. 16) bedürfe, sei es später dann eher die Figur des „Managers" oder des „Bürokraten". Im Fall der Gruppen, die ja informelle Formen des Zusammenschlusses darstellen, ist die Beschreibung als Leitungsperon am treffendsten.

> ganzen Dorf verteilt, und naja, es melden sich dann doch wieder der ein oder andere, der sagt: ‚Ok, ich mach da mal mit'." (D2_3: 93)

Insbesondere unterscheidet sich die Rolle als Leitungsperson hinsichtlich der Initiatorperson aber dahingehend, dass Erstere dauerhafte organisatorische Aufgaben übernehmen: So benötige man jemanden, der „diese Planung macht, der dann mit der Polizei spricht, der dann sagt: ‚Ok, wir treffen uns im Oktober wieder in der Gaststätte' und ja, solche Sachen. Und der die Pläne entsprechend macht und mal abfragt" (D2_3: 93) oder auch „zum Beispiel den Kalender führt, der Mails schreibt, immer wieder drauf hinweist ‚Leute tragt euch ein, da sind noch Fehlstellen'. Und dann zum Beispiel auch eine Besprechung organisiert unter Beteiligung der Polizei" (F_3: 16). Zudem weist ein Interviewter darauf hin, dass das Engagement der Leitung auch deswegen so zentral ist, da diese für den Zusammenhalt der Gruppe sorgt, die ja nicht als Gruppe, sondern zumeist zu zweit polizierend tätig sind:

> „Dieses Zusammenfinden in […] Treffen, den persönlichen Kontakt zu halten, die Menschen zusammenzubinden und für das gemeinsame Ziel zu verpflichten, das ist sicher eine der großen Qualitäten, die auch [Leiter:in der Gruppe] mitbringt. Und die einfach dafür sorgen, dass die Gruppe zusammenbleibt." (F_2: 34)

Wie bei der Gründung der Gruppen spielt das individuelle soziale Kapital der Leitungspersonen auch bei der Aufrechterhaltung der Gruppen eine Rolle. Allerdings scheint es hier nicht mehr so zentral zu sein wie in den Gründungsphasen, denn hier gibt es Ausnahmen. So beschreibt der/die Leiter:in von Gruppe G, dass er/sie „vielleicht ganz untypisch" (G_1: 40) zwar schon mehr als zehn Jahre im Ort wohne, jedoch wenige Kontakte in dem Ort habe. Hier stellt die Gruppe die Möglichkeit für Kontakt in den Ort dar (G_1: 40) und die Leitung kann auf bereits bestehendem, durch die Gruppe gebildetem sozialen Kapital aufbauen. Ein:e weitere:r Leiter:in betont zudem das Engagement des ursprünglichen Initiators, der die Gruppe gründete, was er/sie selbst „nie geschafft" (F_1: 18) hätte.
Auf aggregierter Ebene beschreibt ein:e Kontaktpolizist:in ebenfalls soziales Kapital auf die Frage hin, was dazu beigetragen habe, dass die Mitglieder so lange dabeigeblieben sind:

> „Es hat dazu beigetragen, weil das eine gewachsene Gemeinschaft ist. […] Die sind teilweise in [Ort] geboren, sie kennen sich untereinander auch aus anderen Vereinen, aus den politischen Gremien kennen sie sich und sie sind also wirklich auch, ja sehr viel unterwegs im Bereich [Ort]." (PC: 54)

Insgesamt werden also die Existenz von Schlüsselpersonen sowie soziales Kapital als günstig für die Persistenz der Gruppen beschrieben, während das Fehlen von Schlüsselpersonen sowie mangelndes soziales Kapital als hemmend angesehen werden. So beschreibt ein:e Interviewte:r auch, dass feststellbar gewesen sei, dass in Dörfern, in denen sich solche Gruppen nicht etabliert hätten, sich niemand gefunden habe, „der das so richtig in die Hand nimmt" (B2_1: 92). Zudem wird darauf hingewiesen, dass die Persistenz (und Gründung) solcher Gruppen in Großstädten oder unabhängig von umgrenzten Bereichen herausfordernd wäre(n): Dort „sind die Leute, puh zu unbeweglich und da ist auch der Bereich zu groß" (C_2: 40).

7.1.4.1.2 Polizeikontakt & Organisationsform

Als günstig für die Persistenz der Gruppe wird angesehen, dass sie „nicht überorganisiert" (C_1: 40) ist, dass die Praktiken der Gruppen durch Informalität und damit durch geringen Aufwand gekennzeichnet sind: „durch das Informelle ist das ja mit wenig Aufwand verbunden, das erscheint mir halt wichtig bei sowas" (B2_2: 106).

Das andersherum eine Formalisierung hemmend sein kann, zeigte sich bei einer Gruppe, bei der einige Mitglieder austraten, nachdem die Polizei die Namen der Mitglieder anfragte, um diese zu überprüfen (G2_G3: 133-138). In einem anderen naheliegenden Ort etablierte sich eine solche Gruppe auch deswegen nicht dauerhaft bzw. löste sich wieder auf, da bereits eine größere Formalisierung stattfand, inklusive der Anforderung eines polizeilichen Führungszeugnisses, wodurch sich einige Mitglieder, so der/die zuständige Kontaktpolizist:in, „kriminalisiert" (PDG: 72) fühlten:

> „Im Nachbarort [...] gabs das auch mal und das wurde dann aber aufgegeben, also da gab´s dann irgendwie auch so, die haben´s, glaube ich, anders organisiert mit polizeilichem Führungszeugnis anfordern und so. Also schon nochmal ernster genommen das Ganze, so ist das in [Ortsname] nicht, das sind halt Freiwillige." (G_1: 18)

So reflektieren einige der interviewten (Kontakt)Polizist:innen auch Grenzen polizeilichen Handelns gegenüber den Gruppen. Es sei nicht Aufgabe der Polizei, „die Gruppen vielleicht auch über die Jahre bei der Stange zu halten, [...] das ist ja jetzt nicht Aufgabe der Polizei, sondern ist [...] Aufgabe der jeweiligen Ansprechpartner" (PB: 110) und eine zu große Einbindung der Polizei in die Organisation der Gruppe, wenn es heiße, „die Polizei hat da die Hand drüber [...], das kann der Killer der Ehrenamtlichkeit sein" (PF: 60). Auch wenn es also offensichtlich Grenzen des polizeilichen Handelns gibt, wird eine Bestärkung durch die Polizei als günstig für die Persistenz der Gruppen angesehen bzw. sogar als das ‚A und O': „und immer die Bestärkung auch durch die Polizei selber ja, das war eigentlich das A und O" (C_1: 92). Auch zur Überzeugung potenzieller neuer Mitglieder

wird es als günstig angesehen, „wenn das auch von der Polizei so gefördert wird, wenn man das mitkriegt, das ist dann doch noch irgendwie, wirkt vielleicht ein bisschen anders“ (D2_3: 128). Diese andere Wirkung kann auch mit einer Bestätigung durch die Polizei, dass die Gruppe etwas bringe, also eine Wirksamkeit vorhanden ist bzw. angenommen wird, einhergehen, sodass „Bürger da, glaube ich, noch viel bereiter sind, sich für so eine Sache zu engagieren“ (B2_1: 36). Zudem kann die Polizei durch die Bestärkung der Gruppen dazu beitragen, dass dieser Legitimität zugeschrieben wird, sie keine „Schutztruppe“ oder „Bürgerwehr“ darstellen (F_2: 36).
Als hemmend für die Persistenz der Gruppen werden also eine formelle Organisation, was auch erklärt, warum keine der Gruppen sich als Verein hat eintragen lassen, und formalisierte Anforderungen der Polizei angesehen, während die informelle Organisation und Bestärkung durch die Polizei als günstig für die Persistenz angesehen werden.

7.1.4.1.3 Problemwahrnehmung, Ortsbezug, Wirksamkeitsannahme und Engagementbereitschaft

Als weitere Aspekte, die als günstig bzw. hemmend für die Persistenz angesehen werden, konnten die (fehlende) Problemwahrnehmung, der (fehlende) Ortsbezug, die Wirksamkeitsannahme bzw. Zweifel daran sowie die (fehlende) Engagementbereitschaft identifiziert werden.

(Fehlende) Problemwahrnehmung

Die aufrecht(zu)erhaltende Wahrnehmung von Einbrüchen als Problem stellt sich, wie bereits im Gründungsprozess, als zentral dafür dar, dass die Gruppen bestehen bleiben:

> „Jetzt lachen Sie nicht, aber immer dann, wenn es ein Ereignis gibt, dann ist die Motivation da. Ein Ereignis heißt […] in der Nachbarschaft oder im Ort gibt es irgendwie einen Einbruch, der durch die Presse geht, ja. Aber […] das nutzen wir natürlich nicht aus.“ (F_1: 24)

Da bereits eine bestehende Form der Lösung für dieses Problem, das bürgerschaftliche Polizieren im Rahmen der Gruppe, umgesetzt wurde, erscheint das Werben für diese Handlungsmöglichkeit leichter.
Eine fehlende Problemwahrnehmung, also wenn die Einbruchszahlen zurückgehen oder Einbrüche nicht als problematisch wahrgenommen werden, führt dann andersherum aber dazu, dass die Aufrechterhaltung der Gruppe herausfordernder werden kann. So beschreibt ein:e Kontaktpolizist:in, dass es herausfordernd sein könne, dass „die Leute [die Praxis der Gruppe] immer noch als wichtig erachten, auch wenn die Einbruchszahlen zurückge-

hen. Was positiv ist. Was dann aber vielleicht auch die Rechtfertigung nimmt“ (PDG: 100).
Zudem beschreiben Interviewte, dass auch bei Bestehen der Gruppe die Wahrnehmung von Einbrüchen als Problem bzw. der ‚Dringlichkeit‘, etwas dagegen zu tun, unterschiedlich sein könne:

> „Neue jüngere Leute zu bekommen, ist wahnsinnig schwierig, vor allem die Frage: ‚Was soll das hier, hier ist doch nichts, hier passiert doch nichts, ist doch kein Notfall, es ist doch keine Dringlichkeit, warum soll ich da rumlaufen?'. Es ist also schwierig.“ (A_2: 34)

Hinzu kommt, wie auch in den Gründungsphasen, dass bei der Aufrechterhaltung der Gruppen die Lösung für das Problem der Einbrüche nicht unbedingt überzeugt. Ein:e weitere:r Interviewte:r beschreibt ebenfalls, dass jüngere Anwohnende weniger Interesse an der Gruppe hätten, die „fühlen sich vielleicht auch gar nicht so unsicher oder haben gebaut und schon ganz anders gebaut. [Die haben] […] sich vorher informiert und haben sichere Türen und Fenster drin“ (G_1: 50). Hier fehlt also entweder ebenfalls die Problemwahrnehmung oder aber die Lösung für das Problem wird nicht als sinnvoll angesehen und es wird eine andere Möglichkeit des Schutzes vor Einbrüchen, in diesem Beispiel Sicherheitstechnik, gewählt. Dabei könnte auch eine Rolle spielen, dass die Wirksamkeit der Gruppe angezweifelt wird.

Wirksamkeitsannahme vs. Wirksamkeitszweifel
Zweifel an der Wirksamkeit können als hemmend für die Persistenz der Gruppe angenommen werden, wobei ein:e Interviewte:r diese als ‚Ausreden‘ beschreibt:

> „Und dann gibts aber natürlich […] welche, die sagen, ich bin der Meinung das Ganze das bringt sowieso nichts und da sage ich persönlich, das sind die Leute, die es nicht verstanden haben und die das vielleicht einfach so behaupten, um für sich, sag ich mal so, ein gutes Gewissen zu haben, weshalb sie nicht mitmachen.“ (B2_1: 46)

Die Annahme, dass die Gruppe wirksam hinsichtlich der Verhinderung von Einbrüchen ist, wobei eine Bestätigung der Wirksamkeit durch die Polizei hier als günstig angesehen wird (vgl. *Kapitel 7.1.4.1.2 Polizeikontakt & Organisationsform*), wird als förderlich für die Persistenz der Gruppen angesehen. Es sei gut gewesen, „dass die ersten Jahre dann doch auch recht erfolgreich waren, das ließ dann nach mit den Einbrüchen“ (C_1: 92).

(Fehlender) Ortsbezug

Schließlich wirkt sich aus Sicht einiger Interviewter auch der Ortsbezug, also die Verbundenheit der Anwohnenden zum Ort oder auch die Integration in die Ortsgemeinschaft, auf die Persistenz der Gruppen aus. Ein:e Kontaktpolizist:in fasst zusammen, die Gruppenmitglieder würden in ihrer Freizeit tätig werden, „weil sie sich mit dem Ort verbunden fühlen" (PC: 88). Andersherum wird der fehlende Ortsbezug als hemmend für das Engagement in der Gruppe angesehen. Ein:e Interviewte:r verknüpft diesen zudem mit zugezogenen jüngeren Dorfbewohner:innen:

> „Also [es] sind mehr ältere als jüngere, der Bezug zum Dorf ist natürlich bei den Älteren auch ein ganz anderer als bei den Jüngeren, die dann eher zugezogen sind und auch sagen: ‚Ok, pö ja, ich wohne hier, ich fahre dann zur Arbeit, konnte mir günstig ein Haus bauen', ja und das war´s dann, ne also, das ist natürlich durchaus erkennbar." (D_1: 24)

Eine weitere Interviewte antwortet zudem auf die Frage, wie sie versuchen würde, Nachbar:innen, die in die Nähe ziehen, zu überzeugen, mitzumachen, dass es darauf ankäme, wie diese sich verhielten und „ob sie freundlich sind oder ob sie stur sind und nix, nur hier wohnen wollen" (B1_2: 74). Es zeigt sich zumindest bei diesen beiden Interviewten also eine kritische Haltung gegenüber jenen, die keinen Ortsbezug herstellen, der durch Engagement zum Ausdruck gebracht würde.[150]

(Fehlende) Engagementbereitschaft

Schließlich sei für die Persistenz grundlegend wichtig, dass es motivierte Mitglieder gebe, „die auch wirklich mit Herzblut in Anführungsstrichen dahinterstehen" (A_1: 82) bzw. „dafür einstehen und darüber kommen dann eben auch wieder Neue mit dazu" (G_1: 60), während eine fehlende Engagementbereitschaft hemmend sei.

Diese fehlende Engagementbereitschaft wird nicht nur für potenzielle Gruppenmitglieder, „der eine sagt natürlich auch, gut 'ich muss abends Fernsehen gucken" (C_2: 64), benannt, sondern es wird auch ein allgemeiner Rückgang ehrenamtlichen Engagements beobachtet: „sich ehrenamtlich zu engagieren […] ist ja eh so auf einem absteigendem Ast insgesamt zu sehen" (D_1: 90). Der/die Leiter:in der kriminalpräventiven Polizeiarbeit,

150 Andere Interviewte betonen aber auch, dass es „in Ordnung" (G_1: 98) sei, wenn jüngere Leute „anderes umme Ohren [haben] als das Thema " (G_1: 50) bzw. keine Zeit haben, „weil sie ja arbeiten und auch Kinder haben, das geht nicht" (G2_G3: 163). Zudem geben Interviewte andersherum auch an, sich mit Renteneintritt und damit verbundener „Tagesfreizeit" (B2_2: 72) der Gruppe angeschlossen zu haben.

der für den Stadtteil zuständig ist, in dem Gruppe A tätig ist, schildert seine Sicht:

> „Wie gesagt, die schrumpfen und deswegen ist die Frage, wie lange halten die sich noch. Die halten sich nicht deswegen nicht, weil eben die Sache nicht gut ist, sondern weil vielleicht einfach zu wenige Leute nachrücken, die sich eben engagieren sollen. Das kann ein Generationenproblem sein, das hat man in anderen Vereinen auch. Ne, also das ist vielleicht ein Generationenproblem, weiß ich nicht." (PA: 66)

Hier wird also die beobachtete allgemeine niedrige Engagementbereitschaft mit dem konkreten Engagement in der Gruppe verknüpft, wobei erneut die Differenzierung zwischen jüngeren und älteren Menschen aufgemacht wird (‚Generationenproblem').

7.1.4.1.4 Schlüsselpersonen, Anbindung an die Polizei & Normen

Insgesamt werden von den Interviewten also verschiedene Faktoren als günstig oder hemmend für die Persistenz der Gruppen angesehen (vgl. Tabelle 6).

Tabelle 6, Günstige & hemmende Faktoren für die Persistenz der Gruppen aus Sicht ihrer Mitglieder, eigene Darstellung

Günstig	Hemmend
Schlüsselperson(en)	Fehlende Schlüsselperson(en)
Soziales Kapital	Fehlendes Soziales Kapital
Räumliche Umgrenzung	Großstadt
Polizeikontakt/Bestärkung durch die Polizei	(Formale) Anforderungen der Polizei
Informalität in der Organisation	Formalisierung
Problemwahrnehmung	Fehlende Problemwahrnehmung
Wirksamkeitsannahme	Wirksamkeitszweifel
Ortsbezug	Fehlender Ortsbezug
Engagementbereitschaft	Fehlende Engagementbereitschaft

Der Rolle der Polizei und der Leitungspersonen (den Schlüsselfiguren) kommt dabei, wie auch schon im Gründungsprozess, eine zentrale Bedeutung zu. Auch wenn ein:e interviewte:r Polizist:in die Rolle der Polizei zusammenfasst: „Ich sag jetzt mal, die Polizei ist da eigentlich eher so ein stiller Beobachter" (PB: 22), zeigt sich doch, dass das Verhalten der Polizei gegenüber der Gruppe Auswirkungen auf ihre Persistenz hat; dass formali-

sierte Anforderungen hemmend sein können, während sich insbesondere die Bestärkung durch die Polizei günstig auswirkt.
Zudem zeigen die Wichtigkeit, die sozialem Kapital, sowohl für die jeweiligen Schlüsselfiguren als auch als allgemein im Ort vorhanden, zugeschrieben wird, wie auch die zumindest teilweise beklagte fehlende Engagementbereitschaft eine normative Ebene: Es soll bspw. nicht nur im Ort gewohnt werden, sondern ein ‚aktives' Wohnen, Engagementbereitschaft, ist eine von verschiedenen Interviewten vertretene Norm. Ein Verstoß gegen diese Norm kann zudem mit einem Verstoß gegen Reziprozitätsnormen einhergehen: „Es hat auch welche gegeben hier im Ort, die sagen, wieso soll ich denn gehen? Ihr geht doch!" (C_2: 42). Eine fehlende Engagementbereitschaft wird dabei vereinzelt mit der Differenzierung zwischen Zugezogenen und Alteingesessenen sowie jüngeren und älteren Anwohnenden verknüpft und stellt dabei einen Hinweis dar, dass diese Norm nicht durch alle Anwohnenden geteilt wird.[151] Mit dem in *Kapitel 7.1.2 Ortsbeschreibung* beschriebenen Zuwachs an Zugezogenen ist einerseits Potenzial da, um neue Mitglieder zu werben, andererseits kann die Aufrechterhaltung einer ‚Dorfgemeinschaft', die zumeist mit den Alteingesessenen verbunden wird, herausfordernder werden. In einem Fall wird die Differenzierung allerdings auch andersherum aufgezeigt: In dieser Gruppe sind „relativ viele Zugezogene in der Gruppe und nicht die alten Ureinwohner, wie man so schön sagt" (B1_2: 22). Das wird auch mit dem Wohnen der Alteingesessenen im Ortskern erklärt, wo diese weniger von Einbrüchen betroffen seien. Allerdings beschreibt eine Interviewte, dass sie zwischen „ganz alt Eingesessenen" (B1_2: 74) wohne (und offensichtlich dennoch aktiv ist) – insofern könnte hier auch die These aufgestellt werden, dass die Alteingesessenen, die sich untereinander kennen, bereits eine erwünschte Form von Gemeinschaft gebildet und soziales Kapital angehäuft haben, während die Zugezogenen, die sich dies ebenfalls wünschen, es über die Gruppe erst herstellen.
Bei einigen Gruppen zeigte sich, dass sich ihre Rolle über die Zeit auch wandeln kann: So sind einige Gruppen in einer Zeit entstanden, in denen die Orte als stärker vernetzt als heute beschrieben werden (vgl. auch *Kapitel 7.1.2 Ortsbeschreibung*), und sind nun Gruppen, die versuchen, diese Vernetzung aufrechtzuerhalten. Soziales Kapital stellt also sowohl Ausfluss der Gruppen als auch Voraussetzung für die Gruppen dar.

151 Die Differenzierung zwischen älteren und jüngeren Anwohnenden und die Schilderung, dass es schwierig sei, jüngere davon zu überzeugen, mitzumachen, ist insbesondere dann problematisch für Gruppen, wenn sie auf jüngere Personen angewiesen sind, da die meisten Gruppenmitglieder in einem Alter sind, „wo so die ersten Gebrechen oder zweiten Gebrechen dann auch schon da sind" (D_1: 24; vgl. auch *Kapitel 7.1.1.2 Mitgliederstruktur*), sodass regelmäßiges Gehen nicht mehr möglich ist.

Die Differenzierungen zwischen älteren und jüngeren Anwohnenden sowie Zugezogenen und Alteingesessenen werden zwar nur durch einige Interviewte getroffen und sind dabei zudem nicht als Grenzziehungen zu bezeichnen, wie sie bspw. in einer Studie zu einer polizierenden Bürgergruppe von Birenheide identifiziert werden. Sie beschreibt, dass in dem Ort, in dem die Gruppe aktiv ist, Alteingesessene und Zugezogene über die Wohndauer, lange vs. kurz, und den Besitz, wenig vs. viel, differenziert würden (Birenheide 2009, S. 144–145).[152] Dennoch deuten diese Differenzierungen auch hier an: Die Existenz sozialen Kapitals muss nicht notwendigerweise ausschließlich mit sozial integrativen Effekten verbunden sein (Klein und Rohde 2003, S. 2, vgl. Kapitel 2.1.2).
Nach der Analyse dieser generellen Einschätzungen zur Persistenz der Gruppe durch die Gruppenmitglieder werden im nachfolgenden Kapitel zunächst Akquisestrategien dargestellt und daran anschließend die individuellen Motive der Gruppenmitglieder für ihre persönliche Engagementbereitschaft betrachtet.

7.1.4.2 Akquisestrategien

Ein kurzer Blick wird also auf die Akquisestrategien geworfen – wenn die Aufrechterhaltung der Gruppe für viele Gruppen eine Herausforderung darstellt, was sind die Strategien zur Gewinnung neuer Teilnehmender?
Diese lassen sich unter Werbung, wobei eine größere Menge an Personen gleichzeitig adressiert wird, sowie Ansprechen, also dem persönlichen und niedrigschwelligen Kontakt zu Personen, die potenziell interessiert sein könnten, differenzieren.
Geworben wird mithilfe von Flyern, die in der gesamten Nachbarschaft und/oder auch gezielt an Neuzugezogene bzw. in Neubaugebieten verteilt werden. Einige Gruppen waren oder sind auch in Medien sichtbar, insbesondere in Form von Zeitungsartikeln, in denen sie über ihre Aktivitäten berichteten, was ebenfalls als sinnvoll für die Mitgliederwerbung angesehen wird.
Je nach Gruppe bzw. interviewter Person werden zudem (neue) Nachbar:innen oder „eben Bekannte, Freunde [angesprochen], hast du nicht Lust da mit dran teilzunehmen?“ (G_1: 20):

> „Denn es ist einfach wichtig, dass man Leute anspricht, jetzt nicht nur schriftlich oder so, sondern ansprechen und sagt, so und so ist und stellt das Ganze vor.“ (F_3: 18)

152 Noch weniger zeigt sich eine Grenzziehung, wie sie von Norbert Elias zwischen Alteingesessenen und Zugezogenen in seiner bekannten Analyse ‚Etablierte und Außenseiter‘ herausgearbeitet wird (Elias und Scotson 1990).

Diejenigen, die auch beschreiben, wie sie weitere potenzielle Teilnehmer:innen überzeugen, betonen u.a. die Effektivität der Gruppe, die durch die Polizei bestätigt werde, die Zwanglosigkeit der Gruppe sowie den „relativ geringen Einsatz, den jeder Einzelne zu bringen hat“ (F_2_ 56), den gesundheitsförderlichen Spaziergang, den die Teilnahme mit sich bringe, oder auch den „Wert der Gruppe für die Gemeinschaft“ (F_2: 56) bzw., dass das „ein Projekt [ist], was sich lohnt für die Gemeinschaft“ (D2_3: 130).
Von einer Kombination aus Werben und Ansprechen berichtet ein Interviewter:

> „Und da werden wir also dieses Jahr wieder eine Aktion starten mit einer schriftlichen Information, die wir einwerfen. Und anschließend zwei Tage später […] klingeln wir an den Türen und sagen, habt ihr die Information gelesen, wie sieht es aus.“ (F_1: 48)

Hinsichtlich der Reaktion der angesprochenen Personen fasst ein:e Interviewte:r zudem zusammen:

> „Manchmal erntet man ein Lächeln, aber manchmal hm, ja, sagen die Leute: ‚Ja, habe ich noch nicht darüber nachgedacht, aber das mache ich‘ ja.“ (F_1: 26)

Der Frage, warum sich Personen in den Gruppen engagieren, wird im nachfolgenden Kapitel zu den Motiven bürgerschaftlichen Polizierens nachgegangen.

7.1.4.3 Motive bürgerschaftlichen Polizierens

Es gibt verschiedene Formen der Darstellung bzw. Analyse von Motiven im Kontext von bürgerschaftlichem Engagement und Ehrenamt. Von der Aufteilung in altruistische und egoistische Motive über intrinsische und extrinsische Motive bis hin zur gemeinsamen Betrachtung als Motivbündel (Müller et al. 2017, S. 414–415; Oostlander et al. 2015). Letzteres verdeutlicht die Beobachtung einer Vielfältigkeit von Motiven ehrenamtlich Engagierter.
Für die Frage nach den Gründen für die Gründung und Existenz der Gruppen erscheint es weniger relevant, ob die individuellen Motive altruistisch oder egoistisch, intrinsisch oder extrinsisch sind. Es wird daher nicht auf diese aus der Motivationsforschung stammenden Kategorien zurückgegriffen, sondern es wurde eine gegenstandsbezogene Einteilung der Motive vorgenommen. So zeigte sich beim offenen Codieren (vgl. *Kapitel 6.3.1 Erstellung des Kategoriensystems*), dass im Fall der Gruppen eine Kategorisierung sinnvoll war, die das Hauptaugenmerk der Gruppen in den Mittelpunkt stellt: nämlich die Verhinderung von Einbrüchen. Die identifizierten Motive wurden daher in sicherheitsorientierte Motive, die unmittelbar

mit dem Ziel der Verhinderung von Einbrüchen verbunden sind, und sicherheitsunabhängige Motive, die nicht unmittelbar mit diesem originären Ziel[153] verbunden sind, differenziert. Sicherheit meint hier den engen Bereich der Sicherheit vor Einbrüchen.
Darüber hinaus zeigten sich Verknüpfungen der identifizierten Motive zu den in *Kapitel 2.2.3.1 Aufschwung des Konzepts und seine Verortung in verschiedenen Diskursen* dargestellten liberal-individualistischen und republikanisch-kommunitaristischem Diskursen im Kontext bürgerschaftlichen Engagements. So schreibt Evers (1998):

> „Die Frage danach, warum sich jemand engagiert, kann nämlich nicht abgetrennt werden von den Motiven und Argumenten, die eine jeweilige politische Kultur zur Begründung der individuellen Einstellungen und Orientierungen bereitstellt. [...] Und insofern eine pluralistische politische Kultur zwar dominante, aber durchaus verschiedene Begründungsmöglichkeiten bereitstellt, die der einzelne für sich zu einem überzeugenden argumentativen »Muster« zusammenzustellen hat, kann man zwar zwischen persönlichen Motiven konkreter Individuen, sich zu engagieren, und den dominierenden Diskursen unterscheiden, muß sich aber doch gleichzeitig vergegenwärtigen, wie sehr eine politische Kultur Ausmaß und Begründungsformen von Engagement mit prägt." (Evers 1998, S. 187)

Nun sind dies Diskurse, also Begründungszusammenhänge (Evers 1998, S. 187), die nicht ausschließlich auf die Motive von Individuen zu bürgerschaftlichem Engagement fokussieren, weshalb eine Operationalisierung vorgenommen wurde. Für die Zuordnung der unterschiedlichen Motive zu den beiden Diskursen wurde daher folgende, spezifische Frage gestellt: Motiviert in republikanisch-kommunitaristischer Tradition die Identität als Teil der Gemeinschaft bzw. der Wunsch nach Gemeinschaft oder motiviert in liberal-individualistischer Tradition das individuelle Interesse bzw. die eigene Erfüllung?
Nachfolgend werden zunächst die sicherheitsorientierten und sicherheitsunabhängigen Motive dargestellt (Kapitel 7.1.4.2.1 & Kapitel 7.1.4.2.2), in einem daran anschließenden Kapitel werden diese hinsichtlich der beiden aufgezeigten Diskurse diskutiert (Kapitel 7.1.4.2.3) und schließlich kann aufgezeigt werden, dass der Teilnahme an den Gruppen(praktiken) Motivbündel zugrunde liegen.

---

153 Das Ziel der Verhinderung von Einbrüchen wird als originäres Ziel bezeichnet, da dieses als Grund für die Gruppengründung angegeben wurde. Weitere Ziele, die nicht auf den ersten Blick ersichtlich sind, werden in *Kapitel 7.2.6 Ziele & Wirksamkeitsperzeption* aufgegriffen.

7.1.4.3.1 Sicherheitsorientierte Motive

Die sicherheitsorientierten Motive meinen also, dass das originäre Ziel der Gruppe, nämlich Einbrüche zu verhindern, motivierend ist. Doch diese Motive lassen sich differenziert betrachten.

So kann sowohl der eigene Schutz vor Einbrüchen als auch der Schutz des Orts bzw. der Nachbarschaft vor Einbrüchen, also der Gemeinschaft, motivierend sein. Es ist motivierend, „weil [die Gruppenmitglieder] sich selbst schützen wollen" (G2_G3: 187) bzw. „nach wie vor selbst Interesse daran [besteht], dass bei uns keiner einbricht" (D_1: 68). In einem Fall ist dies auch mit der *eigenen Betroffenheit* begründet, also mit einem Einbruch bei dem/der Interviewten (C_2: 84). Zudem ist es motivierend, die *Gemeinschaft* vor Einbrüchen zu schützen und Nachbar:innen „zu signalisieren: ‚Hallo, wir sind für euch da und gucken einfach mal abends, dass alles ok ist in unserem Bezirk'" (F_3: 44).

> „Ja, eben was für die Gemeinschaft zu tun, gegen die Einbruchskriminalität, das hat mich schon immer geärgert, dass Leute einfach in fremdes Eigentum eindringen und sich was nehmen, was ihnen nicht gehört und wenn man da dazu beitragen kann, das zu vermindern, dann finde ich ist das ´ne gute Sache und das ist schon Motivation genug." (D2_3: 120)

Für eine „gute Sache [einzutreten], die jetzt allerdings nicht nur mir [...] hilft, sondern die halt wirklich dann für alle hier aus´m Dorf was bringt" (B2_1: 54), ist also eine sicherheitsorientierte Motivation, die die Gemeinschaft bzw. den Schutz der Gemeinschaft fokussiert. Die Überzeugung, für eine *gute Sache* einzutreten, also zu etwas Sinnhaftem beizutragen, ist für verschiedene Mitglieder motivierend. Hinzukommen kann zudem eine Form der *Kontrollvorstellung*, „das Gefühl, dass man was tut und nicht alles über sich ergehen lässt, das hat sich [mit Gruppengründung] schon geändert, ja" (C_1: 54). Kunz und Singelnstein (2016) schreiben, dass die situative Prävention, worunter das selbstständige Polizieren hier gefasst werden kann (vgl. ausführlich *Kapitel 7.2 Die Praxis der Gruppen*), „den sozialpsychologisch wichtigen Eindruck [vermittelt], dass wir Kriminalitätsrisiken nicht ohnmächtig ausgeliefert sind, sondern alle tätig dazu beitragen können, diese Risiken zu mindern" (Kunz und Singelnstein 2016, S. 156). Auch die angenommene *Wirksamkeit* kann für die Motivation, sich zu engagieren, wichtig sein[154]:

[154] Dies zeigte sich auch in *Kapitel 7.1.4.1.3 Problemwahrnehmung, Ortsbezug, Wirksamkeitsannahme und Engagementbereitschaft* – die Annahme der Wirksamkeit und ihre Bestätigung durch die Polizei wird als günstig für die Persistenz angesehen. Zur ausführlichen Analyse der Wirksamkeitsperzeption bezüglich des originären Ziels der

> „Motiviert wird man halt dadurch, dass das halt weniger geworden [ist] oder zum Teil eben überhaupt nichts mehr, dass macht einem ja selber Mut, dass man dann Ruhe reingekriegt hat [...] mit den vielen Helfern." (C_2: 84)

Andere berichten zudem, froh darüber zu sein, gegangen zu sein, wenn sie von der/dem zuständige:n Kontaktpolizist:in hören, dass „kein Einbruch nichts, kein Diebstahl" (G2_G3: 123) stattfand:

> „Also dann freuen wir uns, also sagen wir: ‚Hat es doch gewirkt, dass wir auch präsent auf der Straße sind', ne." (G2_G3: 125)

Schließlich kann auch die *Wertschätzung bzw. Bestätigung*, die erfahren wird, explizit mit der Sicherheitsorientierung, dem Ziel der Gruppe, Einbrüche zu verhindern, verbunden werden:

> „Einfach nur für die Sicherheit zu sorgen und für die Leute, sag ich mal, da zu sein und, dass die Leute dann auch glücklich und zufrieden sind, sind auch manche Rückmeldungen [...] ‚Gut, dass es euch gibt und dadurch fühlen wir uns sicherer', also [...] mehr Bestätigung kann man gar nicht bekommen." (A_1: 78)

Es ist also festzuhalten, dass das Ziel der Verhinderung von Einbrüchen in unterschiedlichen Ausprägungen motivierend für die Mitglieder ist, sich der Gruppe anzuschließen bzw. aktiv zu bleiben.

7.1.4.3.2 Sicherheitsunabhängige Motive

Auch die sicherheitsunabhängigen Motive, also Motive, die unabhängig von dem originären Ziel der Verhinderung von Einbrüchen sind, lassen sich in verschiedenen Ausprägungen finden. Am häufigsten zeichnet sich ab, dass die Gruppe einen guten *Anlass* bietet, „dass man abends nochmal rauskommt" (F_3: 40), und zwar „auch bei schlechtem Wetter, obwohl man keinen Hund hat [...] ein bisschen was für die Gesundheit, ja" (C_1: 78). Während dieser Aspekt auch als „positiver Nebeneffekt" (B2_1: 36) bezeichnet wird, rückt er bei einem Befragten auf die Frage, was die wichtigsten Aspekte für die Freude an dem Engagement in der Gruppe seien in den Vordergrund:

> „Ach einfach mal ein bisschen den Kopf frei bekommen, bisschen rumlaufen. Bewegung. Eigentlich ist es die Bewegung, die man braucht." (A_2: 44)

Verhinderung von Einbrüchen wie auch weiteren Zielen vgl. *Kapitel 7.2.6 Ziele & Wirksamkeitsperzeption.*

Ein weiteres Mitglied sieht in seiner Gruppe nicht nur den „Zweck, potenzielle Einbrecher zu verscheuchen, sondern […] spazieren gehen hält ja auch gesund“ (F_1: 60).
Der Anlass kann dabei zudem mit einer Selbstverpflichtung bzw. einem *Pflichtgefühl* verbunden sein, tatsächlich zu gehen:

> „Und wir gehen eh abends spazieren, das ist eh eine Sache, die wir gut finden und das motiviert nochmal mehr, die Faulheit zu überwinden, gerade in der kalten Jahreszeit (lacht) tendiert man ja manchmal, das nicht zu tun.“ (F_2: 46)

Dieses Pflichtgefühl wird in einem weiteren Interview ebenfalls angesprochen und nicht nur mit der Selbstverpflichtung zum Spazierengehen verbunden, sondern mit der Aufrechterhaltung der Gruppe(npraktiken): So ist in einem Interview beschrieben, dass während der Coronazeit die Einbruchszahlen zurückgegangen seien, viele Anwohnende zur Zeit der Streifengänge zuhause waren, „immer alles hell“ (D2_3: 118) war, wenn sie unterwegs waren, und sie die Gänge aus einer Perspektive der Wirksamkeit als „nicht so übermäßig notwendig“ (D2_3: 118) einschätzten. Dennoch unternahmen sie diese aus „Pflichtgefühl, wir haben das jetzt übernommen und jetzt gehen wir und halten die Augen offen, und dass dieses ganze Projekt eben am Leben bleibt“ (D2_3: 116).
Des Weiteren findet sich das Motiv der *Gemeinschaft* bzw. auch der Wunsch nach Gemeinschaft; „was für die Nachbarn [zu tun], also für seine Mitmenschen. Das ist ja eigentlich so die wichtigste Botschaft“ (F_3: 88), was hier aber nicht explizit mit dem Ziel der Verhinderung von Einbrüchen verbunden wird. So schildert ein Interviewter, dass er davon berührt war, dass der/die Leiter:in der Gruppe ihn angesprochen habe und sie sich vorher nicht kannten, obwohl sie Nachbar:innen waren. Dies zeigte dem Interviewten, wie wenig aufmerksam man den Nachbar:innen gegenüber sei, „selbst in so kleinen Orten wie [Ortsname] […], wo man eigentlich denken sollte, kennt jeder jeden, aber das ist weit gefehlt“ (F_2: 16). Der Wunsch nach Nachbarschaft meint einen Zusammenhalt und ein Kümmern – auch hier tritt die Sicherheitsorientierung in den Hintergrund:

> „Eine Gruppe wie diese hat ja nicht nur Fremdzweck, sondern auch Selbstzweck. Sie dient ja auch dazu einfach für sich selber den Eindruck und das vermittelt zu haben: Ich kümmere mich mehr um meine Nachbarn als vielleicht heutzutage üblich ist […]. Es gibt eben diese Strömung der Vereinzelung von Wohnsituationen, Verlängerung von Jobs, längere Anfahrtszeiten, gerade wenn man in [Ort] wohnt, ist es, ich war sicher nicht der Einzige, der in [Großstadt in der Nähe] gearbeitet hat.“ (F_2: 24)

Damit wird über die Gruppe Nachbarschaft oder ein Gefühl von Nachbarschaft hergestellt, welches durch den gesellschaftlichen Wandel als verloren empfunden wird (vgl. auch *Kapitel 7.1.2 Ortsbeschreibung*). Hirtenlehner und Sessar (2017) schreiben, der tiefgreifende historische Wandel

> „ergreift nahezu alle Felder, die unseren Gesellschaften ihr Gesicht geben, darunter ökonomische, politische, soziale, kulturelle und moralische Institutionen. Diese verlieren vielfach ihre überkommenen Bedeutungen und ihr funktionales Zusammenspiel, etwa im Hinblick auf die Gewährleistung eines stabilen und emotional vertrauten Gemeinwesens. Globalisierung, Flexibilisierung, Enttraditionalisierung oder Individualisierung sind Leitbegriffe, die das Ausmaß und die Geschwindigkeit gegenwärtiger Transformationsprozesse erkennen lassen." (Hirtenlehner und Sessar 2017, S. 170)

Die Gruppen lassen sich auch als Gegenbewegung u. a. zur Individualisierung bzw. empfundenen Atomisierung von Individuen interpretieren. Mit dem Wunsch nach Gemeinschaft in der Nachbarschaft oder auch allgemein mit der Wichtigkeit einer gemeinschaftlichen Nachbarschaft kann auch ein Umstand einhergehen, der sich als *aktives Wohnen* bezeichnen lässt, was ein weiteres Motiv für die Gruppenteilnahme darstellt. So beschreibt ein:e Leiter:in, dass er/sie bereits im lokalen Sportverein engagiert sei und dass man immer „einen Bezug hier in [Ort] herstellen [muss], also nur hier wohnen, das ist nix, man muss auch irgendwas machen [...], das ist einfach so" (D_1: 28). Hier zeigt sich, wie sich die Norm des aktiven Wohnens, die bereits in Kapitel zur Persistenz der Gruppen identifiziert werden konnte (vgl. *Kapitel 7.1.4.1.4 Schlüsselpersonen, Anbindung an die Polizei & Normen*), in der individuellen Motivation niederschlägt. Dabei hat zu Beginn der Teilnahme am Polizieren ein:e Interviewte:r auch abgewogen, welche Form des Engagements sinnvoll ist:

> „Ach ja, wenn du jetzt in's Dorf ziehst, irgendwo engagieren ist ja vielleicht nicht schlecht. Mir liegt weder die Feuerwehr noch (lacht) der Schützenverein noch Fußball, dachte ich das ist ja vielleicht mal 'ne gute Alternative." (G_1: 52)

Zudem lassen sich Motive finden, die unter der Kategorie *Soziales* gefasst werden können. Motive also, die weniger mit dem expliziten Wunsch nach Gemeinschaft, sondern stattdessen mit Geselligkeit verbunden sind.[155] Ei-

155 Sicherlich sind Geselligkeit und Gemeinschaft interdependent und in einer Nachbarschaft, die als gemeinschaftlich empfunden wird, kommt es zu Geselligkeit. Zur Beschreibung der Motive ist diese Differenzierung aber deshalb sinnvoll, da hier das Genießen sozialer Interaktion nicht unbedingt mit einem Wunsch nach einer (Dorf)Gemeinschaft einhergehen muss.

nen gelungenen Rundgang machten somit „gute Gespräche mit meinem Begleitkumpan und das ein oder andere nette Gespräch mit einem […] Dorfbewohner [aus]. Also ist jetzt nicht so, dass ich sage, jippie juh, heute haben wir wieder zwei Meldungen […] abgesetzt, das ist es nicht, nein" (B2_2: 82). Gespräche „an der Gartenpforte" (C_1: 74) und Begegnungen sind für mehrere Interviewte motivierend; Menschen zu sehen und mit ihnen zu sprechen bzw. zu „quatschen, das passiert nicht, wenn man zuhause rumhockt" (D_1: 60). Unter Soziales kann zudem gefasst werden, wenn sich Interviewte als „sehr hilfsbereit" (B1_1: 104) beschreiben, als „so eingestellt, dass ich gerne Mitbürgern helfe in irgendeiner Art und Weise und das gehört für mich einfach dazu" (F_3: 40) oder „so ´ne soziale Ader" (B2_1:50) haben, sich ganz gerne engagieren bzw. schon ihr „Leben lang irgendwie ehrenamtliche Tätigkeiten" (D_1: 62) machen. Neben solchen mehrfachengagierten Personen, die zumeist auch die Leiter:innen der Gruppen sind, kann die Teilhabe an den Gruppen auch zur Vernetzung gerade für zugezogene Ortsbewohner:innen beitragen, was als motivierend beschrieben wird:

> „Man sieht sich einmal in der Woche, man redet ja auch dazwischen ein bisschen, guckt da und kriegt auch mal eine Info von anderen und, wie gesagt, dadurch habe ich auch viele Leute hier kennengelernt." (B1_2: 22)

Der soziale Aspekt und die Vernetzungsmöglichkeit können mit einem weiteren Motiv einhergehen, nämlich zu erfahren, was im Ort los ist, also ‚mal eine Info von anderen' (s.o.) zu bekommen und so *Wissen* über Geschehnisse im Ort zu generieren:

> „Ach, so das Miteinander, so ein bisschen auch zu hören, was so im Dorf los ist. Das ist so für mich so ein bisschen der Kontakt in´s Dorf, weil da sind unheimlich viele dabei, die gut vernetzt sind, […] das ich […] mitkriege, was los ist." (G_1: 54)

Zudem nennen einige Befragte auch *Wertschätzung und Bestätigung* als motivierend für das Engagement. Dass es „einem auch gedankt" (B1_1: 104) wird und, „dass das immer noch guten Zuspruch hat" (C_1: 54). Schließlich wird auch die *informelle Organisation* als motivierend empfunden, dass kein „strenge[r] Zwang" existiert, „also wenn's nun gar nicht geht, dann lässt man´s dies eine Mal, dann ist es nicht schlimm, das macht denn nichts" (D2_3: 116).

Insgesamt zeigen sich verschiedene Aspekte, die für die Mitglieder motivierend sind, um im Rahmen der Gruppe polizierend tätig zu werden. All diese Aspekte sind nicht unmittelbar sicherheitsorientiert. Das bedeutet nicht, dass die Verhinderung von Einbrüchen nicht auch als wichtig angesehen wird, jedoch stehen in diesen Aussagen andere Motive im Vordergrund, die u.a. mit Geselligkeit, Gemeinschaft und Gesundheit bzw. Spazierengehen verknüpft sind.

7.1.4.3.3 Verortung der Motive im liberal-individualistischen und republikanisch-kommunitaristischen Diskurs

Die identifizierten Ausdifferenzierungen (oder Unterkategorien) der Motive unter der Einteilung in sicherheitsunabhängige und sicherheitsorientierte Motive lassen sich zudem dem liberal-individualistischen und republikanisch-kommunitaristischen Diskurs zuordnen, wobei gefragt wurde, ob die Identität als Teil der Gemeinschaft bzw. der Wunsch nach Gemeinschaft oder das individuelle Interesse bzw. die eigene Erfüllung im Vordergrund stehen.

Die sicherheitsunabhängigen Motive, die dem liberal-individualistischen Diskurs zugeordnet werden können, sind: *Anlass*, *Soziales,* in der Ausprägung, dass damit Geselligkeit verbunden ist, *Wertschätzung und Bestätigung* sowie *Wissen* und die Befürwortung der *informellen Organisation* der Gruppe. Es steht weniger die Art des Engagements im Vordergrund, sondern bspw. das individuelle Bedürfnis, etwas für die Gesundheit zu tun, und dafür einen Anlass zu haben oder zu schaffen sowie Geselligkeit im Sinne sozialen Austauschs.

Die sicherheitsunabhängigen Motive, die dem kommunitaristisch-republikanischen Diskurs zugeordnet werden können, sind: *Gemeinschaft, Pflichtgefühl* und *aktives Wohnen.* Hier leitet sich die Motivation aus der Identität als Mitglied der Gemeinschaft oder aufgrund des Wunsches nach Gemeinschaft/der gewünschten Zugehörigkeit zur Gemeinschaft bzw. einer Idee von Gemeinschaft ab, wobei das Dorf bzw. der Ort als Referenzrahmen dient.

Die sicherheitsorientierten Motive, die dem liberal-individualistischen Diskurs zuzuordnen sind, sind: *eigener Schutz*, *eigene Betroffenheit*, zu einer *guten Sache* beizutragen, ein Gefühl von Kontrolle zu erlangen bzw. eine *Kontrollvorstellung, Wertschätzung und Bestätigung* (in seiner sicherheitsorientierten Ausprägung) sowie *Wirksamkeit.* Das eigene Haus soll geschützt werden, es soll der eigenen Erfüllung bzw. der individuellen Sinngebung (Schüll 2004, S. 85; Enquete-Kommission "Bürgerschaftliches Engagement" 2002, S. 37) dienen und die damit verbundene empfundene Wirksamkeit der Gruppe hinsichtlich der Verhinderung von Einbrüchen wird ebenfalls als motivierend empfunden.[156]

156 Hier zeigt sich deutlich die analytische Natur der Unterscheidung, die nicht immer trennscharf erfolgen kann: Wirksamkeit ist nicht zwangsläufig und eindeutig dem liberal-individualistischen Diskurs zuzuordnen, denn die Wirksamkeit könnte sich ja auch darauf beziehen, dass die Gemeinschaft tatsächlich geschützt wird, weil das Engage-

Zudem gibt es ein Motiv, das sicherheitsorientiert und mit dem republikanisch-kommunitaristischen Diskurs verbunden ist: Die *Gemeinschaft* vor Einbrüchen zu schützen. Sicherheit, im Sinne der Verhinderung von Einbrüchen, für den Ort bzw. für die Nachbar:innen zu schaffen, zeigt sich hier als motivierend. Dabei ist sowohl hinsichtlich der sicherheitsorientierten als auch der sicherheitsunabhängigen Motive deutlich der Anschluss an den *kommunitaristischen* Diskurs zu sehen, es geht um den Ort, und der Wille, sich hier zu engagieren, oder auch das Gefühl der Verpflichtung gegenüber dieser (erwünschten) Gemeinschaft, der eigenen Nachbarschaft, sind motivierend und weniger die Identität als Bürger:in eines größeren politischen Gemeinwesens, wie es beim republikanischen Diskurs der Fall ist.
In Tabelle 7 sind die Beschreibungen überblicksartig zusammengefasst.

Tabelle 7, Motive bürgerschaftlichen Polizierens, eigene Darstellung

	Sicherheitsorientiert	**Sicherheitsunabhängig**
Liberal-individualistisch	Eigener Schutz Eigene Betroffenheit Gute Sache Kontrollvorstellung Wertschätzung & Bestätigung Wirksamkeit	Anlass Informelle Organisation Soziales – Geselligkeit Wertschätzung & Bestätigung Wissen
Republikanisch-kommunitaristisch	Gemeinschaft: vor Einbrüchen schützen	Gemeinschaft: Engagement im Ort Pflichtgefühl Aktives Wohnen

ment wirksam ist. Da dies aber in den Interviews nicht explizit verbunden wurde, sondern es eher um die generelle Überlegung ging, dass es motivierend ist, dass das eigene Engagement einen Beitrag leistet, dass man damit also zu etwas Sinnhaftem beiträgt, wurde die Wirksamkeit dem liberal-individualistischen Diskurs zugeordnet. Es ließen sich insgesamt allerdings nicht alle Textstellen, die unter der Kategorie Motivation gefasst wurden, in der Kreuztabelle verorten. Beispielsweise ließ sich die singuläre Aussage, das Engagement mache Spaß (G2_G3: 83), die aber nicht weiter spezifiziert wird, zwar dem liberal-individualistischen Diskurs, aber nicht eindeutig hinsichtlich der Sicherheitsrelevanz zuordnen.

7.1.4.3.4 Motivkonstellationen und Motivbündel

Die oben nachgezeichneten Motive der Mitglieder sind ein Rundumblick über alle Mitglieder in allen Gruppen. Dabei sind die Motive als Motivbündel zu begreifen: Das Vorkommen sicherheitsorientierter Motive bei einer Person beinhaltet nicht den Ausschluss sicherheitsunabhängiger Motive bei derselben Person, ebenso wie die Interpretation der Aussagen in Anknüpfung an den liberal-individualistischen Diskurs nicht die Anknüpfung an den republikanisch-kommunitaristischen Diskurs ausschließt.

Tabelle 8 zeigt daher das (Nicht-)Vorhandensein von Motiven bei den einzelnen Interviewten. Hier zeigt sich nämlich auch, dass das (Nicht-)Vorhandensein von Motiven nicht von der jeweiligen Gruppenzugehörigkeit abhängt. Mitglieder derselben Gruppe können unterschiedlich motiviert sein, gleichzeitig treten ähnliche Motivkonstellationen bei Mitgliedern unterschiedlicher Gruppen auf.

Über die 18 Interviewten hinweg gibt es fünf Motivkonstellationen, betrachtet man nur die Überkategorien der Sicherheitsrelevanz sowie die Zuordnung zum liberal-individualistischen und republikanisch-kommunitaristischen Diskurs (vgl. Tabelle 8, Motivkonstellationen).

- Sicherheitsorientiert + liberal-individualistisch (*ein:e Interviewte:r, schwarz hinterlegt in Tabelle 8*)
- sicherheitsunabhängig + liberal-individualistisch + republikanisch-kommunitaristischen (*2 Interviewte, dunkelgrau hinterlegt in Tabelle 8*)
- sicherheitsunabhängig + sicherheitsorientiert + liberal-individualistisch (*3 Interviewte, mittelgrau hinterlegt in Tabelle 8*)
- sicherheitsunabhängig + liberal-individualistisch (*ein:e Interviewte:r, hellgrau hinterlegt in Tabelle 8*)
- sicherheitsunabhängig + sicherheitsorientiert + liberal-individualistisch + republikanisch-kommunitaristisch (*11 Interviewte, weiß hinterlegt in Tabelle 8*)

Tabelle 8, Motivkonstellationen, eigene Darstellung

	Sicherheitsunabhängig	**Sicherheitsorientiert**	**Liberal-individualistisch**	**Republikanisch-kommunitaristisch**
A1		x	x	
A2	x		x	x
A3	x	x	x	
B1_1	x	x	x	
B1_2	x	x	x	x
B2_1	x	x	x	x
B2_2	x	x	x	x
C1	x	x	x	x

C2	x	x	x	
D1	x	x	x	x
D2_3	x	x	x	x
F1	x		x	
F2	x	x	x	x
F3	x	x	x	x
G1	x		x	x
G2_3	x	x	x	x

Bei den meisten Interviewten sind also Motive in allen Kategorien zu finden.

Dabei ist zudem nicht nur das Vorhandensein von Motiven in Anknüpfung an beide Diskurse sowie sicherheitsorientierte und sicherheitsunabhängige Motive festzustellen, sondern in Einzelfällen lassen sich diese kaum voneinander differenzieren. Ein offensichtliches Beispiel für die Verknüpfung der beiden Diskurse zeigt sich insbesondere beim ‚aktiven Wohnen'. Aus der Überzeugung heraus, dass das Wohnen im Dorf mit einem Engagement im Dorf bzw. einem ‚Bezug zum Dorf' verbunden sein sollte, wird rational abgewogen, welches Engagement machbar bzw. „nichts [ist], was einen überfordert" (D2_3: 116). Die Idee, etwas für die Dorfgemeinschaft zu tun, wird also ergänzt um eine an den liberal-individualistischen Diskurs anknüpfende Abwägung, wie dies getan werden könnte, welche Form des Engagements den individuellen Bedürfnissen entspricht:

> „Mir ist es wichtig zu zeigen, dass man Interesse an dem Dorf hat, so dass man irgendwie ein Stück weit auch dazugehören will, nicht nur hier rumwohnen will sozusagen, sondern einfach im Grunde auch sich für den Ort engagiert. So und das war einfach die Idee, wo wir gesagt haben: ‚Ok, das ist jetzt nicht besonders aufwändig, da kann man was tun, das ist für uns gesund, wir wollen auch was tun.'" (D_1: 64)

Weitere Beispiele für eine Verbindung der vier Überkategorien zeigen sich, wenn Interviewte sagen, die Teilnahme an der Gruppe „ist a) machbar, b) eine gute Idee und c) etwas, was auch […] dem eigenen Wertesystem entspricht" (F_2: 46) oder auch das Gefühl zu haben „man tut was für den Ort und gleichzeitig natürlich auch für sich" (D2_3: 116). Zusätzlich kann das Soziale bzw. die Geselligkeit, die an der Gruppe zum Teil sehr geschätzt wird, zu einer als gemeinschaftlich empfundenen Nachbarschaft beitragen bzw. können sich diese beiden den unterschiedlichen Diskursen zugeordneten Aspekte Soziales und Gemeinschaft, gegenseitig bedingen.

Schließlich können sich die Motive auch ändern bzw. ihre Relevanz, wie die Analyse des Transkripts A2 zeigt. So stellt die interviewte Person die Bewegung und den sozialen Austausch in den Fokus und nennt diese als motivierend für das Engagement. Das ursprüngliche Motiv, sich zu beteiligen, knüpft allerdings an den kommunitaristisch-republikanischen Diskurs an: Es wird beschrieben, dass zur Gründungszeit der Gruppe jede:r jede:n kannte und damit geworben wurde, dass es ein soziales Engagement sei, dem er sich dann gerne anschließen wollte:

> „Ja, man kannte sich ja hier, so jeder kennt jeden und dann hieß es: ‚Du, pass mal auf, wir machen da so eine Geschichte und das ist ein soziales Engagement', dann hab ich gesagt: ‚Ja, warum denn nicht, klar, machen wir.'" (A_2: 46)

Dabei verknüpft der Interviewte allerdings keines der Motive mit dem Ziel der Verhinderung von Einbrüchen (vgl. auch Tabelle 8).
Insgesamt ist festzuhalten, dass bei einigen Interviewten ein grundsätzlicher Wunsch nach Gemeinschaft und Nachbarschaft sichtbar ist oder auch die Überzeugung bzw. Norm, dass man sich im Wohnort engagieren sollte, dort nicht nur „rumwohnen" (D_1: 64) will. Für die alltägliche Motivation zu gehen bzw. zu polizieren sind allerdings auch andere Motive relevant oder stehen sogar im Vordergrund: Der soziale Aspekt, also Geselligkeit und Kontakt in den Ort bzw. eine Vernetzung, der Anlass, den die Gruppe bietet, um einen gesundheitsförderlichen Spaziergang zu unternehmen, oder auch die Wertschätzung, die die Mitglieder durch das Engagement erfahren. Diese Aspekte sind für einige Interviewte so zentral in ihrer Motivation, dass das originäre Ziel der Gruppen, die Verhinderung von Einbrüchen, zum Teil hinter die genannten sicherheitsunabhängigen Motive rückt. Auch wenn die Präsenz dieser sicherheitsunabhängigen Motive auffällig ist und zunächst kontraintuitiv erscheinen mag, bestätigt sie doch bisherige Forschungsergebnisse zu bürgerschaftlichem Sicherheitsengagement[157], in dem unterschiedliche Motive bzw. Motivbündel zu finden sind (vgl. bspw. Birenheide 2009; Butcher 2019; Albrecht 2002; Schreiber 2005). So schreibt bspw. Albrecht 2002, wenn auch im Kontext von kriminalpräventiven Räten, dass „die Organisation von Interessen, die sich allein an Kriminalitätsverhütung orientieren, kaum möglich erscheint" (Albrecht 2002, S. 36).

7.1.5 Zwischenfazit: Warum gibt es die Gruppen?

Es lässt sich festhalten, dass während der Gründungsphase das Problem bzw. die Wahrnehmung eines Umstands als Problem zentral ist, um eine Form von Anfangsmotivation zu schaffen, wobei die Schlüsselperson der Initiator:in bzw. die Initiatorperson sowie die Polizei in den Gründungsphasen entscheidende Rollen spielen (vgl. *Kapitel 7.1.3 Phasen der Gruppengründung*). Auch in der Aufrechterhaltung bzw. Persistenz der Grup-

[157] Das allerdings auch andere Tätigkeiten von Bürger:innen im Bereich von Sicherheit umfasst und nicht ausschließlich auf bürgerschaftliches Polizieren fokussiert.

pen, zum Teil über Jahrzehnte, sind die Initiatorperson, deren Rolle sich hier aber zu einer Leitungsperson wandelt, die zumeist weiterhin die Motivation aufrechterhält, aber primär organisatorische Aufgaben, wie das Erstellen von Plänen und die Planung von Treffen, übernimmt, und die Polizei zentral für die Persistenz der Gruppen.

Die Beschäftigung mit den Motiven der Mitglieder, die zum Teil über Jahrzehnte Bestand haben, zeigt aber, dass es für die meisten Befragten nicht ausschließlich um das konkrete Problem geht, das tagtäglich (bzw. wöchentlich, je nach Frequenz des Gehens) motivierend wäre, sondern hier sind auch andere Motive relevant oder sogar im Vordergrund. Das aus der Forschung zu bürgerschaftlichem Engagement bekannte Motivbündel (Müller et al. 2017, S. 415) kann auch für die Mitglieder der hier untersuchten Gruppen bestätigt werden. Die Gruppen erfüllen für die individuellen Mitglieder unterschiedliche Funktionen – die Funktion der Geselligkeit, des Spazierengehens, des eigenen und/oder gemeinschaftlichen Schutzes, des Gefühls der Kontrolle oder Kontrollierbarkeit, der Wertschätzung und der Erfüllung der eigenen Werte bzw. konkret der Norm, sich zu engagieren. Es zeigte sich, dass der Idee dieses bürgerschaftlichen Engagements, der Verhinderung von Einbrüchen, grundsätzlich zugestimmt werden muss, dass aber für die alltägliche Motivation auch wichtig sein kann, inwieweit das Engagement den individuellen Bedürfnissen entspricht. Dabei schließt das Ergebnis einerseits an die Diskurse um Ehrenamtlichkeit dahingehend an, dass es eine informelle Organisation ist, die, auch wenn das Engagement hier nicht als Ehrenamt bezeichnet wird, bezüglich der Organisationsform und einer „Entidealisierung der Motive“ (Schüll 2004, S. 81) dem ‚neuen Ehrenamt‘ nahe ist (vgl. *Kapitel 2.2.2 Ehrenamt*). Gleichzeitig ist aber das gemeinschaftliche bzw. der Wunsch nach Gemeinschaft/Nachbarschaft nicht verschwunden – neben den liberal-individualistischen Motiven, der persönlichen Passform des Engagements, zeigen sich individuell auch republikanisch-kommunitaristische Einstellungen.

Hinsichtlich Letzterem lassen sich die Gruppen auch als Gegenbewegung zu einer individualisierten Gesellschaft verstehen. Dieses Ergebnis bestätigt damit die Einzelfallstudie von Birenheide, die anhand einer polizierenden Gruppe von 1999 zeigt, wie sich eine „Sicherheitscommunity“ (Birenheide 2009, S. 215) bildet und u.a. festhält:

> „Die Intention der Bürgerinitiative liegt somit nicht nur in dem Bedürfnis, mehr Sicherheit zu schaffen, sondern auch in dem Wunsch nach mehr Gemeinschaftlichkeit. Sicherheitsarbeit wird damit zu einem Vergemeinschaftungsfaktor.“ (Birenheide 2009, S. 187)

Die Bestätigung dieses Ergebnisses für zeitgenössische Gruppen ist auch deswegen plausibel, da gesellschaftlicher Wandel seit 1999 noch rascher

vorangeschritten ist – insbesondere durch die Digitalisierung. Allerdings wurde auch schon historischen Vereinen, wenn auch nicht unbedingt hinsichtlich Sicherheitsarbeit, Bestrebungen zugeschrieben, die Atomisierung der (lokalen) Gesellschaft zu verhindern. So ist in *Kapitel 2.2.1 Ehrenamt und bürgerschaftliches Engagement in historischer Perspektive* festgehalten, dass sich die besondere Qualität der historischen Vereine in ihrem Beitrag zeige, die „Gefahr einer Atomisierung der Gesellschaft" (Schmidt 2007, S. 15) zu überwinden und soziales Kapital anzuhäufen.
Die Beschreibung der Gruppentreffen als gemütliches Beisammensein sowie die Wichtigkeit des sozialen Aspekts für die Motivation weisen darauf hin, dass der Aspekt des Anlasses, nicht nur für den gesundheitsförderlichen Spaziergang, sondern auch für alles Gesellige und teils auch Gemeinschaftliche, was mit den Gruppenpraktiken verbunden sein kann, einen Grund für ihre Persistenz darstellt.
Dabei ist jedoch der Wunsch nach Gemeinschaft für die Interviewten nicht unbedingt so unabhängig von dem Ziel, Einbrüche zu verhindern, wie es auf den ersten Blick erscheinen könnte.
Schreiber (2005) schreibt im Kontext kommunaler Kriminalprävention, die dem Staat eine symbolische Bürgernähe und daraus erhofftes Vertrauen durch Bürger:innen einerseits und neue Steuerungs- und Ordnungsmechanismen andererseits ermöglicht:

> „Die Kommunale Kriminalprävention dient demnach nicht vorrangig dem gemeinschaftlichen Vorgehen gegen Verbrechen und Unsicherheit, sondern der Herstellung eines Gemeinschaftsgefühls selbst." (Schreiber 2005, S. 82)

Im Fall des hier betrachteten Phänomens zeigt sich, wie die Aspekte der Sicherheit und der Gemeinschaft bzw. eines Gemeinschaftsgefühls miteinander verschränkt werden. So wurden Veränderungen im sozialen Gefüge der Orte beschrieben (vgl. *Kapitel 7.1.2 Ortsbeschreibung*), die dazu führen, dass die Orte größer und anonymer werden bzw. mindestens als anonym(er) empfunden werden. Diese Anonymität sowie die Beschreibung als ‚Schlafdörfer', also Orte, in denen gewohnt wird, wo aber tagsüber wenige Menschen zuhause sind, werden als günstig für Einbrüche angesehen. Die Anonymität zu überwinden und mehr aufeinander zu achten, wird dabei auch als Möglichkeit angesehen, Einbrüche zu verhindern bzw. unwahrscheinlicher zu machen. Diese Verschränkung von (dem Wunsch nach) Gemeinschaft und Sicherheit vor Einbrüchen erschwert es, für die individuellen Mitglieder zu beantworten, ob ein Aspekt – und wenn ja, welcher – im Vordergrund steht.
Insgesamt zeigt die Beschäftigung mit den Beschreibungen der Orte, in denen die Gruppen aktiv sind, den Gründungsphasen, der Persistenz, die eine Herausforderung darstellen kann, sowie mit den individuellen Motiven der

Gruppenmitglieder aber auf, dass die Antwort auf die Frage, warum es die Gruppen gibt, nicht (mehr) ausschließlich in der Verhinderung von Wohnungseinbrüchen liegt, sondern auch die Aspekte der Gemeinschaft oder zumindest der Geselligkeit wichtig sind.
Nach dieser umfassenden Betrachtung der Gruppengründung, der Persistenz und den Motiven individueller Mitglieder wird nachfolgend die Praxis der Gruppe fokussiert.

7.2 Die Praxis der Gruppen

Die Tätigkeiten der Gruppen haben gemeinsam, dass sie der sekundären Prävention[158] (Feltes 2008, S. 252) bzw. der situativen Prävention (Singelnstein & Kunz, S. 156) zuzuordnen sind. Sie haben zum Ziel, Tatgelegenheiten zu reduzieren, bzw. streben sie eine Verringerung von Gelegenheitsstrukturen für Einbruchdiebstahl an, wobei insbesondere die Abschreckung potenzieller Straftäter:innen im Fokus steht. Dazu werden die Gruppenmitglieder polizierend tätig: Sie organisieren Streifengänge, Rundengänge oder Spaziergänge – wie beschrieben variieren die Bezeichnungen je nach Gruppe – und achten auf ‚Auffälligkeiten'. Damit fallen sie auch unter die in *Kapitel 1.1.2.2 Nachbarschaftswache und -streife* entwickelte Definition einer Nachbarschaftsstreife, wobei für sie allerdings nicht generell Sicherheit im Fokus steht, sondern spezifisch die Verhinderung von Einbrüchen an ihrem Wohnort.
In *Kapitel 4 Vigilantismus – Begriffe, Erklärungen, theoretische Ansätze* wurde bezüglich des Vigilantismus deutlich, dass Vigilant:innen das Verhalten anderer *regulieren* wollen. Auf die daran anschließend in *Kapitel 4.6 Vigilantismus als Ausgangspunkt zur Auseinandersetzung mit polizierenden*

158 In der Kriminologie wird zwischen primärer, sekundärer und tertiärer Prävention unterschieden. Die primäre Prävention meint die Verringerung von Kriminalitätsursachen, hierzu zählen bspw. politische Maßnahmen in der Familien-, Sozial- und Schulpolitik. Die sekundäre Prävention meint Abschreckung und Verfolgung potenzieller Straftäter:innen; die Verschlechterung von Tatgelegenheiten ist eines von verschiedenen Beispielen (die von Strafgesetzen bis zu Sicherheitstechnik reichen). Die tertiäre Prävention zielt auf die Eindämmung von Rückfällen, bspw. durch Hilfe zur Integration nach Strafentlassung (Feltes 2008, S. 251–252). Armborst 2018 weist darauf hin, dass diese Begriffe zum Teil, wenn auch nicht völlig deckungsgleich verwendet, von den Bezeichnungen der universellen, selektiven und indizierten Prävention abgelöst wurden: „Universelle Prävention ist darauf angelegt möglichst flächendeckend und frühzeitig die Entstehung von Risikofaktoren zu unterbinden. Sekundäre/selektive Prävention beeinflusst über einen kurz- und mittelfristigen Zeitraum bereits ausgeprägte Risikofaktoren. Tertiäre/indizierte Prävention ist reaktiv und zielt darauf ab, bereits manifestierte Kriminalität zu reduzieren und Rückfälligkeit zu verhindern" (Armborst 2018, S. 4).

Bürgergruppen aufgeworfene Frage, inwieweit sich die Praxis der Gruppe auf das Verhalten anderer bezieht, lässt sich abgeschwächt festhalten, dass sie sich in ihren Tätigkeiten am Verhalten anderer *orientieren*, wobei, je nach Handlung und Person, auch ein Wille zur Regulierung des Verhaltens präsent sein kann, was jedoch nicht gewaltsam erfolgt. Differenzieren lässt sich dies in eine *Orientierung am Verhalten (potenzieller) Täter:innen* und eine *Orientierung am Verhalten der Anwohnenden.*[159] Bevor die Gruppenpraktiken differenziert nach diesen beiden Kategorien dargestellt werden, wird zunächst die allgemeine Praxis des Polizierens fokussiert: Wie beschreiben die Interviewten die Spazier-, Runden-, oder Streifengänge?

7.2.1 Praxis des Polizierens

Der Begriff Polizieren ist im Rahmen dieser Arbeit nicht auf polizeiliche Tätigkeiten beschränkt (vgl. ausführlich *Kapitel 1.1.1.1 Polizei, Polizieren und die Pluralisierung polizierender Akteure*). Die hier zugrundeliegende Definition des Polizierens, u. a. die personelle Bestreifung zur Aufrechterhaltung von Sicherheit und Ordnung, gleichwohl wie und von wem Sicherheit und Ordnung definiert werden, umfasst die hier betrachteten Gruppen, auch wenn sie eine niedrigschwellige Form des Polizierens wählen, also u. a. ohne robuste Ausrüstung, die sich auf einen umgrenzten Bereich der Sicherheitsproduktion bzw. Kriminalprävention, primär den Schutz vor Einbrüchen, bezieht.[160] Daran schließt sich die Frage an, wie genau die Praxis des Polizierens der Gruppen ausgestaltet ist, was also dieses niedrigschwellige Polizieren in Form von ‚Spazier-, Streifen- oder Rundengängen‘ ausmacht.

Diese primäre Tätigkeit der Gruppen wird als „ein ganz normaler Spaziergang“ (B1_1: 62; A_1:2) oder auch als eine „kleine Spazierrunde“ (F_3: 20) beschrieben. Diese ergänzen die Mitglieder um eine besondere Aufmerksamkeit: Der „typische Spaziergang ist eigentlich geprägt von Aufmerksamkeit“ (F_2: 6). Es wird mit „offenen Augen“ (C_1: 32) gegangen,

---

159 Einige mit dem Polizieren zusammenhängende Tätigkeiten der Gruppen lassen sich nicht trennscharf dem einen oder anderen zuordnen, da sie zumindest potenziell bzw. theoretisch Wirkung auf beides entfalten könn(t)en. Dennoch ermöglichte diese Trennung eine differenzierte Analyse der Tätigkeiten polizierender Bürgergruppen, die sich – je nach Orientierung – unterschiedlich darstellen.

160 Dabei bezeichnen die Gruppen ihre Streifen-, Runden- oder Spaziergänge alltagssprachlich nicht als polizieren und zum Teil zeigt sich, dass die Semantik auch wichtig ist: Bspw. nannte der/die neue Leiter:in die Aktivität einer Gruppe nicht mehr Streifen-, sondern Spaziergänge (F_1: 26). Ein:e Interviewte:r hält auch fest: „Also polizieren, nee das tun wir eigentlich auch nicht (lacht)“ (D2_3: 145). Im Nachgespräch zu dem Interview konnten die Definition und ihre Entkopplung von Polizeiarbeit aber noch einmal differenziert werden.

man „guckt sich da ein bisschen um" (F_3: 48), „guckt links und rechts" (C_1: 2) und hat „die Augen nicht nur geradeaus", sondern beobachtet das Umfeld (A_3: 12) oder bleibt „dann auch einfach mal stehen" und schaut, was passiert (D_1: 52). Das Polizieren beinhaltet also ein Scannen der Umgebung (vgl. im polizeilichen Kontext Howe 2016, S. 32). Diese „Scanvorgänge" (van Elsbergen 2004b, S. 17) können auch ein kurzes „Aufhellen von bestimmten Zonen, Ecken, Straßen und sonstigen Orten" (van Elsbergen 2004b, S. 17) umfassen:

> „Und dann gehen wir langsam und gucken nach rechts und links und man weiß ja, wenn man schon ein paar Mal gegangen ist, welche Ecken da sind oder wo man da reinleuchtet oder wo ein Bachlauf ist, wo ein Versteck sein könnte oder sowas." (B1_2: 24)

Die konkrete Praxis kann dabei je nach Gruppenmitglied variieren: Von einem „aufmerksame[n] Spaziergang" (D2_3: 2), bei dem mehr „nach rechts und links [geguckt wird], als man beim normalen Spaziergang vielleicht tun würde" (D2_3: 2), bis hin zu einem aktiven Suchen:

> „Jeder hat da ja so einen eigenen Stil, der eine ist eher defensiv, der andere kommt und sagt: ‚Ich schleich hier ein bisschen rum und gucke und beobachte' und der nächste will natürlich auch sehr gesehen werden und leuchtet in jede Ecke und sobald irgendwo eine Katze aus´m Busch kommt, wird in den Busch geleuchtet, auch das gibt´s und dazwischen alle Facetten."(C_1: 60)

Die polizierende Tätigkeit wird insgesamt als „unspektakulär" (F_2: 26) beschrieben: Es „fühlt sich an wie ganz normale Spaziergänge halt mit leuchten und genauer hingucken" (B1_1: 78).

Die von den Gruppenmitgliedern beschriebenen Formen des Polizierens lassen sich trotz der individuellen Unterschiede bzw. Facetten als präventives Polizieren fassen, das durch eine risikoorientierte Aufmerksamkeit (Abrahamsen und Williams 2009, S. 5, vgl. Kapitel 3.4.4) geprägt ist – also durch eine bestimmte Weise des Reagierens auf potenzielle Gefahren bzw. konkret die potenzielle Gefahr von Einbrüchen, was in den folgenden Kapiteln genauer betrachtet wird. Um also einen genaueren Einblick in die konkrete Ausgestaltung des präventiven Polizierens zu erhalten, werden nachfolgend die Praktiken der Gruppen dargestellt.

7.2.2 Orientierung am Verhalten von (potenziellen) Täter:innen

In diesem Kapitel werden eben jene Praktiken der Gruppen dargestellt, denen eine Orientierung am Verhalten (potenzieller) Täter:innen zugrunde liegt. Dies ist zunächst die Präsenz, die durch das Polizieren geschaffen und von der sich eine abschreckende Wirkung erhofft wird. Weitere Praktiken sind das Melden von Auffälligkeiten an die Polizei, der Austausch bzw. das Melden von Auffälligkeiten innerhalb der Gruppe sowie die Intervention, die in Form des Ansprechens oder (unauffälligen) Verfolgens von als verdächtig empfundenen Personen auftritt.

7.2.2.1 Präsenz & Abschreckung

Interviewte aus allen Gruppen geben an, dass mit der Präsenz von Gruppenmitgliedern in der Nachbarschaft Abschreckung bzw. ein „abschreckende[r] Effekt" (D2_3: 156) mit Blick auf potenzielle Täter:innen erreicht werden soll: „Wir wollen einfach, ja, so diesen Abschreckungseffekt hier haben" (D2_3: 12).

Dieses Ziel wird zum Teil noch genauer erläutert und eine Anknüpfung an den Routine Activity Approach wird deutlich (vgl. auch *Kapitel 3.4.3 Gouvernementalität und Sicherheitsproduktion*). So soll Bewegung geschaffen werden zu bestimmten Zeiten oder in Bereichen, die unbelebt wirken. Der Routine Activity Approach zeigt auf, dass sozialer Wandel Routineaktivitäten verändere und Tatgelegenheiten schaffe, was dazu führen kann, dass „sich die tatgeneigte Person in einer Gelegenheits- und Entscheidungssituation wieder[findet], in der sie rational die Vor- und Nachteile der Tatbegehung abwägt" (Neubacher 2020, S. 110). Diesen sozialen Wandel beschreiben Interviewte bspw., wenn sie die Orte als ‚Schlafdörfer' (vgl. *Kapitel 7.1.2 Ortsbeschreibung*) bezeichnen. Das Zeigen von Präsenz durch die Gruppen ist somit „eine [...] Maßnahme [...], die dafür sorgt, dass in der dunklen Jahreszeit Bewegung in einer sonst unbelebten Gegend ist" (F_2: 14), „[S]peziell wenn das Wetter schlecht ist" (C_1: 8) oder auch allgemein, wenn Nachbar:innen „gut und gerne auch mal zur Arbeit oder sonst irgendwo" (D_1: 14) hingehen.

Zum Teil dient die durch drei der sieben Gruppen genutzte Ausstattung von Jacken oder Warnumhängen dazu, sich zu zeigen bzw. sich „der Öffentlichkeit zu erkennen" (A_1: 4) zu geben.[161] Andere Gruppen weisen hingegen keine durch Ausstattung generierte Erkennbarkeit auf; „wir wollen als zivile Bürger spazieren gehen und nicht auffallen" (C_2: 102). Aber auch bei den durch ihre Kleidung (Warnumhang, Jacke) als Teil der Gruppe identifizierbaren Personen liegt der Fokus darauf, natürliche Bewegungen künstlich zu erzeugen, und nicht auf einer an sich abschreckenden Präsenz, bspw. durch Bewaffnung oder robuste Ausrüstung, wie dies insbesondere

161 Zudem weisen Interviewte aber auch darauf hin, dass hier nicht nur potenzielle Einbrecher:innen abgeschreckt werden sollen, sondern die Warnumhänge als „Erkennungsmerkmal" (B1_1: 64) dienen, damit „die Bürger wissen, wenn jetzt Leute hinter ihren Häusern hergehen, dass [...] das welche sind [von] [Gruppenname] und dass das dann halt auch seine Richtigkeit hat" (B2_1: 6).

bei der Polizei der Fall sein kann.[162] Stattdessen soll die allgemeine Anwesenheit dafür sorgen, dass potenzielle Täter:innen das Entdeckungsrisiko nutzenrational als hoch einschätzen und sich gegen eine Tatbegehung entscheiden. Ein Interviewter fasst zusammen:

> „Wir bieten in einer Jahreszeit, in der bestimmte Wohngegenden vollkommen stillliegen und riesenviel Zeit lassen, um irgendetwas Verbrecherisches zu tun, da schaffen wir aktiv Bewegung." (F_2: 38)

Hinter dieser situativen Prävention, dem Minimieren von Gelegenheitsstrukturen bzw. dem Routine Activity Approach steht der Gedanke, dass Kriminalität als alltägliches Risiko auftritt, das eingeschätzt und reguliert werden muss, was mit dem Polizieren in Form der Abschreckung versucht wird (Garland 1996, S. 446, vgl. auch Kapitel 3.4.3).

Abschreckend wirken sollen neben dem Polizieren auch Schilder, die von drei Gruppen an den jeweiligen Ortseingängen sowie teilweise an Feldwegen aufgestellt wurden, „wo wir wussten, wo die Einbrecher kamen" (B1_1: 66-68), und die sichtbar auf die Existenz der Gruppe bzw. allgemein aufmerksame Nachbar:innen hinweisen. Die vier Gruppen, die in ihren jeweiligen Orten keine zentralen Schilder aufgestellt haben, berichten, dass sie zum Teil Aufkleber oder kleinere Schilder an ihren Häusern angebracht haben, auf denen ‚Wachsamer Nachbar' (vgl. *Kapitel 1.1.2.2 Nachbarschaftswache und -streife*) aufgedruckt ist. Ein:e Kontaktpolizist:in beschreibt dies:

> „Es gibt auch so Aufkleber ‚Wachsamer Nachbar', das kleben die sich gerne auf Briefkästen oder so, das ist so ein gelber Aufkleber und da steht dann ‚Wachsamer Nachbar' drauf. Das hat dann auch nochmal was mit ihren Streifengängen zu tun." (PDG: 14)

Während die im Ort verteilten Schilder durch die jeweiligen Gemeinden bezahlt wurden[163], sind die Aufkleber Teil des ‚Programms Polizeiliche Kriminalprävention der Länder und des Bundes' (ProPK) und werden zumeist durch die (Kontakt)Polizist:innen ausgegeben.

---

162 Ausnahme davon stellt eine Beschreibung dar, in der betont wird, dass es wichtig sei, leise und unauffällig zu sein, um potenzielle Täter:innen im Bereich des Vandalismus an Fahrzeugen nicht zu stören: „Wenn man sich nicht unterhält, dann werden auch, sag ich jetzt mal, Autoaufbrecher oder so, die fühlen sich dann nicht so gestört, als wenn sie dann schon welche hören, die sich unterhalten" (A_3: 10). Dies ist eine Ausnahme, denn hier geht es nicht darum, abzuschrecken, sondern aufzuklären, indem unauffällig getätigte Beobachtungen an die Polizei weitergemeldet werden sollen.

163 Wobei die Schilder in einer Gruppe zunächst über Spenden finanziert wurden, bevor die Gemeinde Geld dafür zur Verfügung stellte.

Schließlich kann Präsenz und Abschreckung auch breiter verstanden werden. Nicht nur die physische Präsenz der Personen oder Schilder im öffentlichen Raum, sondern auch die mediale Präsenz, das Bekanntmachen der Gruppe, wird von Mitgliedern aus fünf Gruppen explizit mit einem erhofften Abschreckungseffekt verbunden. Über sechs Gruppen wurde schon mindestens einmal in der Zeitung oder sogar in Form von Fernsehformaten berichtet.[164]

> „Und das Wichtigste ist natürlich auch immer, dass man an die Öffentlichkeit geht und dadurch auch eine gewisse Prävention erzielt, ja. Um potenzielle, würde ich mal sagen, Einbrecher oder so davon abzuhalten, da irgendwas zu machen. Weil, wenn Sie das nur heimlich machen und so weiter, also […] das muss ja bekannt sein das Ganze." (F_3: 24)

Neben der Wichtigkeit von Öffentlichkeitsarbeit bezüglich des Gewinnens neuer Teilnehmer:innen (vgl. *Kapitel 7.1.4.3 Akquisestrategien*) sind die perzipierten Adressat:innen dieser Form der Öffentlichkeit also auch potenzielle Täter:innen: „Damit auch jeder, der meint, er müsste hier sein Unwesen treiben, auch sieht, dass wir aufpassen" (C_1: 72).
Während es als wichtig angesehen wird, dass die grundsätzliche Existenz der Gruppe bekannt ist, wird durch einige Interviewte zudem betont, dass nicht alle Informationen zur Gruppe veröffentlicht werden sollten. So würden bspw. die genauen Zeiten, zu denen Gruppenmitglieder im Ort unterwegs sind, nicht herausgegeben (A_1: 22, A_3: 90, C_2: 12). Zudem wird von einigen Interviewten betont, dass es „immer unterschiedliche, undurchsichtige Zeiten" (B1_1: 10) sind, zu denen die Gruppenmitglieder unterwegs sind, sodass „man nicht den Eindruck erweckt, hier heute Abend kommen sie da wieder lang" (C_2: 6). Es zeigt sich hier der Versuch des Bildens eines spezifischen lokalen panoptischen Blickes – das Wissen um die Gruppe bei gleichzeitigem Nichtwissen um ihre genauen Pläne führt zu einer potenziellen, nicht auszuschließenden Beobachtung, womit Personen in ihrem Verhalten beeinflusst werden sollen; konkret also von ihrem Einbruchsvorhaben zumindest am jeweiligen Ort abgebracht werden sollen. Die Wirkung einer solchen Überwachung bzw. konkret des Wissens um eine solche potenzielle Überwachung soll permanent werden, „auch wenn ihre Durchführung sporadisch ist" (Foucault 1994, S. 258). Diese Überlegungen zur Abschreckung haben also eine Macht- bzw. Ermächtigungsdimension: Es soll unsicherer und unkalkulierbarer werden für potenzielle Täter:innen, wodurch Kontrolle bzw. das Gefühl der Kontrollierbarkeit für sich selbst und Anwohnende (zurück)gewonnen wird. Nicht nur die Tä-

164 Ein:e Leiter:in berichtet, dass er/sie sich zurückhält, was Öffentlichkeitsarbeit angeht. Über Gruppe G fanden sich somit auch kaum Berichte in der lokalen Presse.

ter:innen können jederzeit und überall auftauchen, „sodass wir im Grunde eigentlich den ganzen Tag mit Einbrüchen rechnen müssten“ (D_1: 16), auch die Gruppenmitglieder sind potenziell immer aufmerksam.[165] Die damit einhergehenden spezifischen Vorstellungen von Täter:innen im Bereich Einbruchdiebstahl werden in *Kapitel 7.2.5 Identifizierung von Verdächtigem & Abweichendem* behandelt. Nachfolgend wird zunächst eine weitere im Kontext des bürgerschaftlichen Polizierens auftretende Praktik betrachtet: das Melden an die Polizei und das Melden innerhalb der Gruppen.

7.2.2.2 Melden

Das Melden von Auffälligkeiten an die Polizei ist eine durch alle Interviewte beschriebene Praktik. Für einige Interviewte bleibt dieses Handeln jedoch eine theoretische Möglichkeit: So geben acht der 18 interviewten Gruppenmitglieder an, im Kontext der Gruppenaktivitäten noch nie die Polizei gerufen zu haben. In zwei Gruppen geben alle Interviewten an, bereits die Polizei gerufen zu haben, in allen anderen Gruppen gibt es Interviewte, die schon Meldungen gemacht oder eben nicht gemacht haben. Zum Teil wird die Praktik des Meldens auch hinsichtlich der Verdeutlichung der Grenzen des eigenen Handelns sowie der Differenzierung der Aufgaben zwischen Polizei und Gruppe angeführt. Es wird nicht eingegriffen, sondern an die Polizei gemeldet, was auch mit „beobachten und melden“ (B1_2: 78) oder „bloß nichts machen, bloß nicht aktiv werden, wenn’s irgend möglich ist beobachten, im Hintergrund bleiben und informieren, Polizei alarmieren“ (C_1: 32) umschrieben wird (vgl. ausführlich *Kapitel 7.2.2.4 Grenzen des Handelns: täter:innenorientiert)*. Dies erklärt auch, warum die Praktik zumindest als theoretische Möglichkeit auch von jenen benannt wird, die noch nie etwas gemeldet haben.
Die gesamte Anzahl an Meldungen, die bei der Polizei eingehen, werden durch die Kontaktpolizist:innen gruppenspezifisch unterschiedlich geschätzt.

> „Ja, Tipps, das ist immer ganz unterschiedlich […] also […] in einem halben Jahr, wenn sie was feststellen, irgendwas Verdächtiges für halt die Ehrenamtlichen, ich sage mal, das liegt zwischen […] 10 und 25-30 Hinweisen.“ (PC: 20)

> „Ja, das ist jetzt schwer zu sagen. Das war in den ersten Jahren waren‘s relativ viele, das waren fast, ja fast täglich Meldungen in der

165 Dieser panoptische Blick ist hinsichtlich der Wichtigkeit des Schaffens von Öffentlichkeit zu finden und wird um eine sichtbare Abschreckung in Form des Polizierens ergänzt – im Gegensatz zum panoptischen Machtmodell sind die Beobachter:innen also sehr regelmäßig, wenn auch variierend je nach Gruppe, sichtbar. Der Verweis auf den panoptischen Blick soll in diesem Zusammenhang allerdings auch insbesondere die Machtdimension sichtbar machen, die in der Praxis der Gruppe verankert ist.

> Anfangszeit. […] also ich habe jetzt in den letzten 2,5 -3 Jahren ca. 300 Meldungen bekommen, […] in den letzten vier Wochen hab ich vielleicht 5 Meldungen bekommen. In der Anfangszeit war's deutlich mehr."[166] (PB: 26)

Während diese Kontaktpolizist:innen also eine konkrete Anzahl an Hinweisen schätzen, die zum Teil auch in Lageberichten der Polizei dokumentiert würden (PC: 18), weisen andere Polizist:innen darauf hin, dass diese Meldungen nicht erhoben würden, vermuten aber, dass es nicht viele Hinweise gebe (PDG: 42):

> „Mir sind da gar nicht so viele Dinge bekannt, wo die dann mal angerufen hätten. Es müssen sehr wenige gewesen sein, und wohl auch länger her, ich habe sie jetzt nicht mehr direkt im Gedächtnis." (PF: 30)

Neben den Meldungen an die Polizei berichten Mitglieder aus drei Gruppen, dass sie den Messenger-Dienst WhatsApp nutzen, u.a. um Aspekte, die aufgefallen sind, direkt an mehrere Personen weiterzuleiten und sich hinsichtlich als verdächtig empfundener Beobachtungen zu vergewissern (B1_1: 4)[167]:

> „[W]ie jetzt eben habe ich reingeguckt, es steht im Moment öfter ein Auto rum, so ein kleiner Lieferwagen, es ist […] von der Gasheizung, der macht irgendwo Kontrollen und geht in verschiedene Häuser […], hat aber ein Kennzeichen von [weit entfernte deutsche Stadt]. Also ist es aufgefallen, dann schreibt auch einer rein: ‚Nee der Mann, der kontrolliert Heizungen' und dann ist die Sache erledigt, ja. Und dann wissen alle anderen Bescheid." (B1_2: 8)

Eine Abklärung von Beobachtungen kann, je nachdem, welches Wissen zu einer Beobachtung durch die anderen Gruppenmitglieder generiert werden konnte, auch in einer genaueren Überwachung resultieren:

---

166 Hier sei allerdings betont, dass sich die Anzahl auf das gesamte Gebiet bezieht, in dem sich eine Vielzahl solcher Gruppen gegründet hat, u.a. Gruppe B1 und B2, und die Meldungen nicht alle aus einem Ort bzw. durch eine Gruppe erfolgten.

167 Eine frühe Version eines solchen Austauschs, so schildern es Interviewte, war eine Telefonpyramide. Wurde etwas Verdächtiges bemerkt, wurde diese in Gang gesetzt und die Mitglieder der Gruppe schalteten die Außenbeleuchtung ihrer Häuser an, so „wurde der ganze Ort hell" (D_1: 32). Solche Telefonketten werden für die heutige Praxis der Gruppen nicht mehr beschrieben, was auch mit dem Aufkommen und der Installation von Bewegungsmeldern erklärt wird.

> „Neulich fuhr hier so 'nen Müllsammler rum, das geht dann sofort rum, aber der ist schon öfter hier gewesen, also insofern hat sich das. Für denjenigen, der das noch nicht gelesen […] oder gesehen hatte, der schreibt das halt nochmal rein. Naja gut, dann sagen wir: ‚Ok, das ist einer, der ist schon überprüft'. Aber wir haben auch schon welche gehabt, da stehen sie hier mit zwei oder drei Autos und gehen von Tür zu Tür und dann werden die auch gleich überwacht, ne." (C_2: 146)

Eine Besonderheit der Verknüpfung von Meldungen innerhalb der Gruppe und Meldungen an die Polizei wird zudem von zwei Gruppen berichtet, die eine Form der Meldung beschreiben, die sich als ‚bürgerschaftliches Fahnden' beschreiben lässt. Die Gruppen sind in einem Gebiet verortet, in dem mehrere Gruppen in unterschiedlichen Orten aktiv sind. Die ortspezifischen Gruppen sind nicht nur untereinander, sondern auch in einer größeren WhatsApp Gruppe ortsübergreifend miteinander vernetzt. So beschreibt ein:e Interviewte:r, dass zusätzlich zu einer Meldung an die Polizei auch innerhalb dieser Vernetzung ‚verdächtige Fahrzeuge' gemeldet und über das gesamte Gebiet verfolgt würden, wobei die Polizei hinsichtlich des Aufenthaltsorts des Fahrzeugs auf dem Laufenden gehalten werde (B1_1: 34). Der/die zuständige Polizist:in fasst zusammen:

> „Und so ist es uns schon öfters gelungen, ich sag jetzt mal die verdächtigen Fahrzeuge zu kontrollieren, weil die Bürger mehrfach angerufen haben. […] [D]adurch konnten wir halt eben ganz gezielt, die Streife, sag ich mal, an das verdächtige Fahrzeug heranführen." (PB: 126)

In den aufgeführten Beispielen lassen sich bereits einige Inhalte der Meldungen ablesen, die sich insbesondere auf Fahrzeuge und Personen beziehen und die auf Basis der durch Gruppenmitglieder etablierten risikoorientierten Aufmerksamkeit identifiziert werden. „Auffälligkeiten" (B1_1: 108) oder auch Dinge, „die unnormal sind hier im Dorf" (B2_1: 10), werden somit an die Polizei oder zunächst innerhalb der Gruppe weitergeleitet. Die daran anschließende Frage, was als verdächtig angesehen wird, ist Inhalt des *Kapitels 7.2.5 Identifizierung von Verdächtigem & Abweichendem*. Nachfolgend wird zunächst die letzte am Verhalten von Täter:innen orientierte Praktik dargestellt: die Intervention.

7.2.2.3 Intervention

Intervention meint in diesem Kontext Handeln, welches über das Präsenzzeigen und ggf. Melden von Auffälligkeiten hinausgeht. Es zeigte sich insbesondere in Form des Verfolgens und des Ansprechens von Personen.

Das Verfolgen von Personen kann von defensiven bis offensiven Formen der Verfolgung reichen und in der Praxis verschwimmen. Zwei Interviewte schildern, manchmal hinter als verdächtig empfundenen Personen herzugehen oder mit dem Fahrrad zu fahren, „natürlich nicht so auffällig, dass derjenige das merkt“ (G2_G3: 232), während das Gruppenmitglied einer anderen Gruppe eine offensivere Form der Verfolgung durch ein weiteres Gruppenmitglied als unerwünschte Ausnahme beschreibt:

> „Ja, und dann ist ihnen leider aus unserem Kreis, was heißt leider, ja doch leider, er hätte es nicht tun sollen, ist ihm hinterhergelaufen und hat ihn natürlich verloren. Der hat sich hinter irgendeine Hecke geschmissen und dann war er weg und außerdem war er schnell, ja.“ (F_1: 12)

Ein:e weitere:r Interviewte:r beschreibt, dass es zu den Anfangszeiten der Gruppe „schon so ein paar abenteuerliche Geschichten von anderen [Gruppenmitgliedern] [gab], die dann auf Strumpfsocken ins Auto sind, um einen Verdächtigen zu verfolgen, also die sich da schon ein bisschen in das Thema reingesteigert haben (lacht) […]. Gibt es schon“ (G_1: 32). Insgesamt wird die Verfolgung in ihrer offensiven Ausprägung als Ausnahme beschrieben, in der defensiven Ausprägung wird sie von vier Mitgliedern aus zwei Gruppen benannt.

Eine weitere beschriebene Praktik ist das Ansprechen von als verdächtig empfundenen Personen. Dies wird von fünf Interviewten aus vier Gruppen beschrieben. Dabei werden unbekannte Personen gefragt, ob sie Hilfe benötigen, um herauszufinden, um wen es sich handelt bzw. was die Person in dem Ort möchte:

> „[D]a kann man ruhig mal ansprechen: ‚Suchen Sie vielleicht etwas, kann ich Ihnen weiterhelfen?'. Machen wir auch, man muss ja nicht für alles direkt die Polizei rufen. Das man sich einen Eindruck verschaffen kann. Manche sagen dann: ‚Ja, ich such den und den'. Dann kann man schon weiterhelfen und es gibt aber auch welche, die [sagen]: ‚Äh, mh, nee (~).' Ja, wo man den Eindruck hat, die hat man jetzt ertappt an so einer komischen Reaktion.“ (B1_1: 56)

Merke man allerdings beim Ansprechen, „da [ist] irgendwas, dann sollte man tatsächlich auch die Polizei anrufen“ (G2_G3: 38). Das Ansprechen wird dabei selbst von den Personen, die dies als Praktik schildern, eher als theoretische Möglichkeit beschrieben bzw. als etwas, das selten vorkomme. So beschreibt ein:e Interviewte:r konkret, dass er/sie in „einem Fall […] auch mal Leute angesprochen“ (B2_1: 20) habe.

Eine weitere spezifische Intervention zeigt sich in der Schilderung eines Interviewten. So stellten Mitglieder der Gruppe fest, dass in einem leeren Haus Licht brannte. Eine den Hausbesitzer:innen bekannte Person, die einen Hausschlüssel besaß, betrat daraufhin das Haus und bemerkte, dass die

Hintertür geöffnet war, woraufhin sowohl Nachbar:innen als auch die Polizei gerufen wurden: „Und dann kamen einige mit Hunden, das Haus wurde umstellt und dann kam die Polizei“ (C_2: 24). Allerdings handelte es sich um eine Fehleinschätzung, da die Terassentür lediglich versehentlich aufgelassen wurde.

Insgesamt wird das Intervenieren, sowohl in Form des Ansprechens als auch in der Form des Verfolgens oder anderer Formen der Intervention, vereinzelt und als Ausnahme und nicht durch Mitglieder aller Gruppen beschrieben, was deswegen nicht überrascht, da die Praxis des Polizierens als unspektakulär beschrieben wurde (vgl. *Kapitel 7.2.1 Praxis des Polizierens*). Die Schilderung solcher Ereignisse ist in den Interviews vielfach mit einer Reflexion über die Grenzen des Handelns verknüpft, denn das Handeln in Orientierung am Verhalten der Täter:innen, welches über das Melden an die Polizei hinausgeht, wird auch als Grenze des eigenständigen Handelns angesehen. Diese Grenzen des Handelns stehen im Fokus des nächsten Kapitels.

7.2.2.4 Grenzen des Handelns: täter:innenorientiert

Die am Verhalten potenzieller Täter:innen orientierten Praktiken können also vom Zeigen von Präsenz über das Melden innerhalb der Gruppe oder an die Polizei bis hin zu einem Handeln in Form der Intervention geordnet werden. Je stärker sich das Handeln von Personen vom Zeigen von Präsenz zur Intervention verschiebt, desto mehr nähern sie sich einem Bereich, in dem vigilantes, d. h. gewaltanwendendes Handeln, zur Option werden kann. In *Kapitel 5.1 Das Verhältnis zur Gewalt* ist festgehalten, dass ein Gewalteinsatz im Bereich des Polizierens allein schon zur Selbstverteidigung näher liegt als in anderen Bereichen bürgerschaftlichen Engagements und damit stärker reflektiert werden muss.

In 14 Interviews mit 16 Gruppenmitgliedern finden sich Aussagen, in denen deutlich wird, dass die Intervention in Form des Handelns, welches über das Präsenzzeigen und ggf. Melden von Auffälligkeiten hinausgeht, als Grenze des eigenen Handelns angesehen wird.[168] So würden die Gruppenmitglieder „niemals selbst Handeln“ (B1_1: 108), „nicht selbst Handeln, nicht selbst eingreifen oder irgendetwas machen oder rumschreien oder wie auch immer“ (A_2: 98): „man darf ja jemanden festhalten, aber selbst das würde keiner machen, ne“ (B1_1: 56):

> „Da gibt es ganz klar die Maßregel, dass wir […] uns sehr stark zurückhalten. Also wir gehen auf keinen Fall auf irgendwelche Leute zu,

[168] Das bedeutet nicht, dass die beiden Interviewten, die diese Grenze nicht explizit reflektieren, diese nicht ziehen. Hier zeigten sich Positivabgrenzungen, sie beschrieben also erneut ihre Praktiken, aber ohne explizit Grenzen zu reflektieren: „Wir wollen als zivile Bürger spazieren gehen“ (C_2: 102).

> die uns als verdächtig erscheinen. Wir beobachten nur, mehr nicht.“ (F_1: 8)

Zum Teil grenzen sich die Mitglieder dabei explizit von Gewalt ab, wenn sie sagen, dass sie weder einschreiten noch „Gewalt ausüben“ (B2_1: 72): „Da wird keiner körperlich tätig werden“ (D_1: 18). Zudem wird auch die Eigensicherung betont, sich nicht in Gefahr zu begeben (A_3: 78, D2_3: 49, F_3: 14, D_1: 18), denn Eigensicherheit bzw. Eigenschutz „geht vor“ (A_1: 124, G_1: 103). Zudem betonen Interviewte die Grenzen der Ausstattung, dass sie weder bewaffnet sind noch über eine robuste Ausrüstung, also bspw. Pfefferspray, Schlagstöcke o.Ä. (vgl. auch *Kapitel 7.1.1.1 Organisation der Gruppen*), verfügen oder sich uniformieren würden: „Also irgendwie mit Bewaffnung oder so, das käme überhaupt nicht in Frage. (D2_3: 147).[169]

Die in *Kapitel 7.2.2.3 Intervention* dargestellten Interventionen, also bspw. das Verfolgen, stellen zwar Ausnahmen dar oder werden mit dem Melden an die Polizei verbunden, zeigen aber auch auf, dass Grenzen verschwimmen können. So hält ein Interviewter auch fest, dass diese Grenzen zwischen den Mitgliedern variieren würden, und hält Interventionen zumindest theoretisch durch einige Mitglieder für möglich:

> „Es gibt auch Menschen in dieser Gruppe, gerade diejenigen, die schon viel länger dabei sind, als ich es war, und auch länger als [Leiter:in der Gruppe] […], die eine wesentlich stärkere invasive Einstellung dazu hatten. Also das waren Menschen, von denen man in Diskussionen den Eindruck hat, die würden dann auch reingehen. Wenn die da was sehen (lacht), Tür auf und dann: ‚Eh was machst du hier‘.“ (F_2: 28)

Zudem berichtet ein Mitglied von Diskussionen in der Gründungsphase der Gruppe, in denen überlegt wurde, „wie intensiv gehen wir da hinterher“ (C_1: 32) (vgl. auch *Kapitel 7.1.3 Phasen der Gruppengründung*). Das Mitglied einer weiteren Gruppe berichtet, dass der eine oder andere Ideen einbringen würde, „was wir noch machen können, aber das ist halt immer gefährlich, […], also ich warne immer davor, irgendwas selbst zu initiieren“ (F_3: 50).

---

169 Die Ausnahme stellt eine Aussage aus einem Interview dar, in dem die Interviewten sagen, dass sie sich „in einem Anfall von Sicherheitswahn mal ein Pfefferspray zugelegt [haben]. Das nehmen wir denn tatsächlich mit, wo wir es schon haben. Aber das ist eigentlich relativ sinnfrei, also auf den Straßen von [Ort] braucht man in der Regel dann kein Pfefferspray (lacht). Würden wir heute denn auch nicht mehr kaufen, denke ich.” (D2_3: 147)

Da der Interviewleitfaden auch eine Frage zu den Unterschieden der jeweiligen Gruppe und einer ‚Bürgerwehr' enthielt, grenzen sich Interviewte von ‚Bürgerwehren' ab.[170] Bürgerwehren stehen für die Interviewten dabei für Intervention und Vigilantismus und sind „scharf drauf [...], böse Menschen zu finden" (D2_3: 12). Die Abgrenzung von Bürgerwehren geht somit mit einer Abgrenzung von Vigilantismus einher, aber auch darüber hinaus, da bereits jegliches Intervenieren als Grenze des eigenen Handelns beschrieben wird:

> „Also, wir wehren uns nicht und wir treten auch nicht offensiv auf, ja. [M]an soll wissen, dass es uns gibt, aber nicht, dass wir überall eingreifen oder da irgendwie am besten noch Exerzierübungen machen, ja. Dann wäre ich auch nicht mehr dabei." (C_1: 94)

In einem Interview wird zudem ergänzt, dass die Gruppen auch keine Kontrollen durchführten, dass also Personen in als verdächtig empfundenen Fahrzeugen nicht durch Gruppenmitglieder kontrolliert würden, bspw., indem gesagt würde: „‚Zeigen Sie mal Ihren Personalausweis, was machen Sie hier?', also das sind nicht unsere Aufgaben" (D2_3: 154).
Diese Grenze wird auch von Seiten der Polizei aufgegriffen: „Es darf auf keinen Fall so sein: ‚Wer sind Sie? Zeigen Sie mir Ihren Ausweis'. Da ist ´ne Grenze überschritten" (PB: 42). Zudem sollen die Gruppenmitglieder aus polizeilicher Sicht nicht eingreifen und beispielsweise versuchen Täter:innen aufzuhalten (PC: 14). Sie sollen stattdessen in dem Rahmen handeln, den die Polizei vorgibt, und bekommen „intensiv gesagt, bitte nicht selbst machen, sondern direkt die Polizei anrufen" (F_3: 26):

> „[H]alt auch in dem Rahmen [handeln], wie wir es so sagen. Also nicht jetzt selbst versuchen, Leute festzunehmen, Fahrzeuge zu kontrollieren oder so etwas. Sondern das der Polizei überlassen." (PDG: 74)

> „Die Bürger sollen wachsam sein, was ja auch hier dieses polizeiliche Konzept ist, ‚Wachsamer Nachbar'. Mir ist wichtig, dass ich den Bür-

170 Es gab sowohl Interviewte, die den Begriff als Abgrenzung selbst einbrachten als auch Interviewte, die aufgrund der Frage Abgrenzungen vornahmen. Ein:e Interviewte:r stellte zudem die Rückfrage, was unter einer Bürgerwehr zu verstehen sei – „Tja, was ist eine Bürgerwehr? (G_1: 100) – und ein:e weitere:r Interviewte:r korrigierte auch den in einem Interview verwendeten Begriff der Bürgerinitiative: „Das ist keine Bürgerinitiative. Da bestehen wir also auch drauf, wir sind auch keine Bürgerwehr oder ne Bürgerinitiative, sondern wir sind einfach nur Freiwillige, die das ehrenamtlich machen, also bitte auch nicht erwähnen irgendwo Bürgerinitiative sonst irgendwas" (A_1: 20).

> gern sage: ‚Auf keinen Fall selbst einschreiten'. Die sollen die Polizei informieren und sollen sich nicht selbst in Gefahr begeben." (PB: 30)

Die Polizei setzt hier die Rahmenbedingungen und zeigt Grenzen des Handelns auf. Daher ist es auch nicht überraschend, dass die Reflexion der Grenzen des eigenständigen Handelns der Gruppen kohärent sind mit den Grenzen, die die Polizei den Gruppen gegenüber betont. So beschreibt ein Gruppenmitglied:

> „Wenn ich jetzt hier aus dem Fenster gucke und gegenüber bricht jemand ein, würde ich nicht das Fenster aufmachen, würde da rumbrüllen, sondern würde sofort einfach zum Hörer greifen, würde im Revier anrufen, würde sagen: ‚Ja, das sehe ich gerade'. Und das ist auch so diese ständige Schulung hätte ich beinahe gesagt, über die Jahre hinaus, dieses Impfen der Polizisten: ‚Das und das seh ich gerade', und da werden die mir schon sagen, was ich zu tun und zu lassen habe." (C_1: 94)

Hinsichtlich der Grenzen des eigenen Handelns deutet sich somit auch die Aufgabendifferenzierung zwischen Polizei und Gruppe an, wobei die Gruppe berichtet und die Polizist:innen „müssen dann entscheiden, was sie machen" (A_2: 108).

Auch wenn also die Grenzen des Handelns verschwimmen können und individuelle Entscheidungen zu Interventionen führen könn(t)en, lässt sich festhalten, dass die Interviewten sich hinsichtlich der polizierenden Praxis von Gewalt und darüber hinaus auch von der Intervention in Situationen, in denen es potenziell zu Gewalt kommen könnte, abgrenzen. Das Gewaltmonopol bleibt bei der Polizei, die zudem Einfluss auf die Ausrichtung der Gruppe nimmt und Rahmenbedingungen des Handelns vermittelt bzw. setzt.

7.2.2.5 Handeln in Erweiterung des Staates: Praktiken im Rahmen polizeilicher Vorgaben

Aus den Gruppenpraktiken, die am Handeln potenzieller Täter:innen orientiert sind, sowie aus den Grenzen des Handelns ist abzuleiten, dass sich die Gruppen bei der Bestimmung dessen, was sie zu verhindern versuchen, an rechtsstaatlichen Gesetzen orientieren: Einbruchsdiebstahl, den sie verhindern wollen, ist gesetzeswidrig. Eine darüberhinausgehende Verhinderung bspw. von unerwünschtem, aber nicht kriminellem Verhalten, wie es für eine durch Lub (2018a, 118, 120) beschriebene Nachbarschaftsstreife der Fall ist, die bspw. Jugendliche von öffentlichen Plätzen wegschickte, ließ sich nicht finden (vgl. *Kapitel 5.4 Zusammenführung der Dimensionen*). Zudem grenzen die Interviewten sich von gewalttätigem Handeln ab und sind auch nicht robust ausgestattet. Die Anbindung an die Polizei ist informell, allerdings gibt die Polizei den Rahmen des Handelns vor und die Praktiken sind eng verknüpft mit präventiven polizeilichen Ansätzen wie der ‚Aktion Wachsamer Nachbar'. Auch wenn die Gruppen also nicht ursprünglich oder top down im Auftrag der Polizei polizieren, wie es bei ehrenamtlichem Polizieren der Fall ist (vgl. *Kapitel 1.1.2.1 Ehrenamtlich Polizierende*), so ist ihr Handeln doch polizeilich beeinflusst bzw. sogar vorgegeben. Der Vermittlung von Wissen um Präventionsansätze folgt die freiwillige Umsetzung dieser durch die Gruppen. Diese gouvernementale Einbindung der Gruppen wird aber zumindest theoretisch um einen Moment der Disziplin oder auch der Souveränität (vgl. *Kapitel 3.4.1 Gouvernementalität und Staat*) ergänzt: Die Polizist:innen könn(t)en sich schließlich bei Grenzüberschreitungen von der Gruppe abwenden, die „Unterstützung also mit sofortiger Wirkung dann unterbrechen und sagen: ‚Nein, das ist nicht mehr mein Anliegen'" (PC: 42). Dies ist nicht im Interesse der Gruppen, da die polizeiliche Bestärkung für sie zentral ist, wie herausgestellt werden konnte.

Bezugnehmend auf die von Schmidt-Lux (2013b) entwickelte Typologie ist festzuhalten, dass die Gruppen weder an Stelle des Staates handeln, da sie nicht stellvertretend für staatliche Instanzen einspringen, noch als der ‚bessere' Staat, da sie nicht neben dem Staat agieren und kein Verhalten sanktionieren oder bestrafen, noch jenseits des Staates, da sie keine neue soziale Ordnung jenseits des Staates gewaltsam etablieren wollen. Stattdessen ist ihr Handeln, welches am Verhalten von Täter:innen orientiert ist, aufgrund des dargestellten Einflusses der Polizei auf die Gruppen als ein *Handeln in Erweiterung zum Staat* zu fassen. Sie handeln also nicht institutionell angebunden an staatliche Instanzen, diese bzw. die Polizei unterstützen sie jedoch, geben den Rahmen des Handelns vor und werden im Zweifel dazu gerufen. Die Gruppen übernehmen dabei aber nicht in erster Linie Aufgaben, für die staatliche Akteure zuständig wären, und die die Gruppen aufgrund einer staatlichen Abwesenheit übernehmen (vgl. auch *Kapitel 7.1.3.2 Handlungsdruck*). Stattdessen ergänzen bzw. erweitern sie die staatliche Sicherheitsproduktion um Aspekte, die von staatlichen Akteuren nicht übernommen würden bzw. werden könnten; insbesondere das Schaffen von ‚natürlicher' Bewegung (in unbelebten Gegenden) und die das Polizieren prägende risikoorientierte Aufmerksamkeit in der Nachbarschaft, die durch das Melden an die Polizei ergänzt wird.[171]

171 Da Grundlage dieser Überlegungen die Typologie von Schmidt-Lux ist, sei hier betont, dass es keine Erweiterung des Staates meint, die Schmidt-Lux im Sinne des Handelns als der bessere Staat beschreibt. Die Gruppen erweitern den Staat also nicht, indem sie den Bereich sanktionierter Handlungen erweitern, sondern indem sie staatliches Polizieren um bürgerschaftliches Polizieren erweitern (vgl. Schmidt-Lux 2013b, S. 108).

Nachfolgend werden weitere Praktiken der Gruppen dargestellt; nämlich jene Praktiken, die am Handeln der Anwohnenden orientiert sind.

7.2.3 Orientierung am Verhalten der Anwohnenden

Die Orientierung am Verhalten der Anwohnenden bezieht sich auf die Vermittlung von Präventionsstrategien. Anwohnende umfassen dabei sowohl Mitglieder der Gruppen als auch Nachbar:innen, die nicht in den Gruppen aktiv sind, und sollen diese Strategien umsetzen, um Einbrüche weniger wahrscheinlich zu machen. Diese Vermittlung von Präventionsstrategien lässt sich damit auch als Etablierung von Präventionsnormen bezeichnen. Dabei wird eine Änderung im Bewusstsein und Verhalten der Anwohnenden hinsichtlich der Prävention von Einbrüchen angestrebt. Hier ist die von David Garland beschriebene adaptive Strategie in der Reaktion auf Kriminalität offensichtlich – Anwohnende sollen Maßnahmen zur Prävention von Wohnungseinbrüchen treffen, die Gruppen wirken dabei als Multiplikatoren für das Wissen um Präventionsstrategien, welches ihnen durch die Polizei vermittelt wurde, und zum Teil auch als Kontrolleur der Umsetzung dieser.

> „Und das muss jedem klar sein, dass man selbst ein Stück dazu beitragen kann, um so einen eigenen Ort so ein bisschen sicherer zu machen." (D_1: 34)

Ein grundsätzlicher Unterschied zur Orientierung am Verhalten potenzieller Täter:innen ist dabei, dass eine generelle Verhaltensveränderung der Anwohnenden hinsichtlich der Umsetzung der Präventionsstrategien angestrebt wird, während die Verhaltensänderung, die hinsichtlich der Einbrecher:innen angestrebt wird, nicht als grundsätzlich erreichbar angesehen wird; dort geht es um das Unterlassen der Begehung von Wohnungseinbrüchen zumindest am Wohnort der Gruppen. Während die Praktiken, bis auf die Intervention, die am Verhalten von potenziellen Täter:innen orientiert ist, in allen Gruppen identifizierbar sind, kann der explizite Versuch der Etablierung von Präventionsnormen, die Orientierung am Verhalten der Anwohnenden, in fünf Gruppen festgestellt werden. Die Etablierung kann sich auf die Haussicherung, auf eine risikoorientierte Aufmerksamkeit sowie auf das Melden von Auffälligkeiten beziehen. Hinzukommt, dass Gruppen auch bezüglich der Prävention von Trickbetrug sensibilisiert werden, worauf in einem knappen Exkurs eingegangen wird.

7.2.3.1 Haussicherung

Hinsichtlich der Haussicherung werden verschiedene Aspekte beschrieben, auf die Anwohnende achten sollten: Insbesondere sollten die Fenster und Türen sowie Hof- und Garagentüren geschlossen sein, zudem wird z. T. darauf verwiesen, dass es wichtig sei, Lampen bzw. Bewegungsmelder ein-

zuschalten, also „das Haus nicht unbewohnt aussehen zu lassen“ (B1_1: 12), oder Leitern nicht draußen stehen sowie Schlüssel nicht stecken zu lassen. Es werde auf „Einfallstore für Menschen [geachtet], die es nicht so ehrlich meinen“ (F_2: 8), es wird gefragt „ist […] die Zauntür oder die Hoftür geschlossen oder ist sie offen, […] sind die Rollladen geschlossen, sind Fenster im ersten Stock zum Beispiel, gerade wenn ein Balkon da ist, gekippt oder gar offen, was wir auch schon erlebt haben“ (F_2: 8).
Das Wissen um eine solche Haussicherung zum Schutz vor Wohnungseinbrüchen erhalten die Gruppenmitglieder insbesondere durch die (Kontakt)Polizist:innen. Für einige der ersten Informationsveranstaltungen (vgl. auch *Kapitel 7.1.3.3 Entwicklung einer Idee bürgerschaftlichen Polizierens*) wird beschrieben, dass die Polizei über Einbruchschutz informierte und auch bei den regelmäßigen Treffen sind solche Hinweise weiterhin ein zentrales Thema. Ein Gruppenmitglied fasst zusammen:

> „[W]ir werden immer regelmäßig informiert […], die Polizei macht ja ´ne ganze Menge: Einbruchsschutz, sicheres Zuhause und so weiter. Über diese Dinge wird ganz viel aufgeklärt.“ (G_1: 8)

Vier der fünf Polizist:innen beschreiben, dass sie in diesem Kontext auf Informationsmaterial von ProPK zurückgreifen, welches sie an die Gruppen weitergeben:

> „Wenn ich Informationsmaterial hatte über den passiven Einbruchsschutz zum Beispiel, [...] habe ich das auch mal zu diesen Zusammenkünften mitgenommen und ausgelegt, da konnte sich dann auch jeder bedienen.“ (PF: 24)

Damit sich solche Präventionsstrategien hinsichtlich der Haussicherung innerhalb der Gruppe, aber auch über die Gruppenmitglieder hinaus, im Ort etablieren und damit zu Präventionsnormen werden, verfolgen die individuellen Mitglieder verschiedene Strategien. Eine direkte Ansprache von Auffälligkeiten, die am Haus festgestellt wurden, bspw. indem geklingelt wird, wird von sechs Gruppenmitgliedern aus vier Gruppen beschrieben:

> „Es ist mir also auch schon ein paar Mal passiert, insbesondere bei älteren Leuten, die natürlich sagen: ‚Ach, abends wird nochmal gelüftet‘. Aber wenn es schon dunkel ist, und die wissen auch nicht, welcher Gefahr die sich da aussetzen, ja, dass da schnell mal einer eingestiegen ist und dann ungewollt in der Wohnung steht. Ja, da wird geklingelt bei den Leuten und [es] wird gesagt: ‚Schließen Sie doch bitte Ihr Fenster‘ oder wie auch immer.“ (F_3: 2)

> „[W]ir achten auch darauf (lacht), wenn gerade im Sommer einer mal draußen ´ne Leiter stehen lässt, ne, den sprechen wir auch schon mal

> kollegial an, […] einen Nachbarn oder, wer auch immer, man kennt sich in so einem kleinen Ort ja auch meistens:, ‚Ja räum mal deine Leiter weg, die lädt ja gerade dazu ein, dass dir einer über den Balkon in deine Bude steigt'." (C_1: 8)

Ein anderer Interviewter beschreibt, dass er Informationszettel in den Briefkasten werfe und begründet dies damit, dass er nur bei Häusern auf die Sicherung achte, wo gerade niemand zuhause sei:

> „[W]as ich auch selbst schon gemacht habe ist, ich habe immer einen kleinen Schreibblock dabeigehabt, wo ich dann schreibe: ‚Liebe Grüße von [Name der Gruppe], wir würden Ihnen raten, dass man vielleicht im ersten Stock darauf achtet, die Tür nicht gekippt zu lassen, wenn Sie nicht im Haus sind". Schmeißen wir rein, eigene Telefonnummer dazu, dass die sich melden können, falls irgendwas ist, nicht dass die denken, wer schreibt, wer kontrolliert mich denn hier." (F_2: 10)

Somit zeigen sich also unterschiedliche Herangehensweisen der Ansprache, direkt, wenn Personen zuhause sind sowie indirekt, wenn Personen nicht zuhause sind. Vor einer direkten Ansprache[172] wird von zwei Interviewten zudem eine Beobachtung bzw. eine Generierung von Wissen um konkrete (fehlende) Haussicherungen beschrieben. In einem Fall bedeutet dies, dass „gerade dann, wenn […] zwei oder drei Tage hintereinander" (F_2: 6) fehlende Haussicherungen auffallen, ein Hinweis gegeben werden könne. Ein:e weitere:r Interviewte:r beschreibt, dass die durch die Gruppe genutzte WhatsApp Vernetzung auch dazu genutzt werde:

> „Wir haben aber bei den [Bezeichnung Gruppenmitglieder] […] auch eine extra WhatsApp Gruppe, wo dann reingeschrieben wird: ‚Ist euch schon aufgefallen bei Hausnummer 3 steht das Fenster auf Kipp und es ist dunkel, es ist noch niemand da, war das vorige Tage auch schon, ist das noch jemandem aufgefallen?' oder so. Und dann sprechen wir aber auch die Leute an, die Bürger, ne, anschließend: ‚Hör mal, wäre besser, wenn Fenster zu wär' und so weiter." (B1_1: 36)

172 Neben dem direkten Tätigwerden, also der direkten Ansprache in Form des Klingelns oder auch des Einwerfens eines Zettels, beschreibt ein:e weitere:r Interviewte:r, dass am nächsten Tag bzw. bei Gelegenheit darüber gesprochen werde bzw. man einen Tipp gebe: „[W]enn's abends dann dunkel ist und irgendwie nichts beleuchtet, sagt man vielleicht nächsten Tag mal Bescheid, sagt: ‚Du pass auf, gestern Abend war so duster bei euch, macht mal das Licht bisschen besser, wenn da so ein bisschen Bewegung drin ist oder da Bewegungsmelder so', das macht man sicherlich auch schon mal" (D_1: 2).

Eine generelle Herstellung von Aufmerksamkeit zum Thema der Haussicherung stellt ein:e Interviewte:r her, indem er/sie bspw. Pressemeldungen zu Einbrüchen über die WhatsApp Vernetzung verteilt und diese um Präventionsstrategien ergänzt:

> „Oder wenn mir auffällt, in der Pressemitteilung ist es wichtig, dass es leicht war, ins Haus reinzukommen, durch ein gekipptes Fenster […], dann weise ich da auch nochmal drauf hin: ‚Keine Fenster gekippt lassen' und so weiter, ne. Ich guck immer, ob ich irgendwas finde in der Pressemitteilung, damit ich den Bürgern dann noch einen Ratschlag geben kann." (B1_1: 42)

Insgesamt gibt es also unterschiedliche Herangehensweisen des Versuchs Präventionsnormen zu etablieren, die sich in ihrem Nachdruck und der damit einhergehenden Dringlichkeit unterscheiden, wobei auffällt, dass die Unterschiede auch zwischen den Gruppenmitgliedern derselben Gruppe bestehen – während bspw. ein Gruppenmitglied bei Anwohnenden klingelt, wirft eine andere Person, die in der gleichen Gruppe aktiv ist, einen Notizzettel in den Briefkasten.
Dabei wird eine geringe Sicherung des eigenen Hauses teilweise als ‚Einladung' verstanden. Auf die Frage, ob Anwohnende angesprochen würden, antwortet ein:e Interviewte:r:

> „Ja klar, ja klar, und sei es, weil sie ihre Garage mal wieder haben offen stehen lassen. Also ganz triviale Sachen, aber das ist ja unser Job, dass wir in unserer Gegend darauf achten, dass auch niemand angezogen wird, wenn so eine Garage offensteht im Winter. Dann ist das ja eine Einladung, ne." (F_1: 16)

Wenn Roth (2000) also schreibt, dass vormals eingespielte Abgrenzungen, wie u.a. die Abgrenzung von privat/öffentlich durch aktive Bürgerinnen und Bürger herausgefordert würden (Roth 2000, S. 33, vgl. 2.2.3.2), wird dies zumindest in Ansätzen auch hier deutlich: Das Offenlassen der Türen ist hier keine private Entscheidung oder ein persönliches Risiko, sondern als Einladung für Einbrecher:innen ein Risiko für den gesamten Ort.
Diese Verschiebung von privatem zu öffentlichem Interesse wird in einem Beispiel besonders deutlich. So beschreiben zwei Interviewte, dass sie eine Familie drei Mal darauf aufmerksam gemacht hätten, dass deren Hausschlüssel von außen stecke, diese aber immer „Ausreden" (G2_G3: 7) gehabt hätten:

> „Und, naja, wie gesagt, drei Mal sind wir davor gewesen und das haben wir dann [Kontaktpolizist:in] erzählt und dann ist [Kontaktpolizist:in] mal vorgefahren, […] weil's bei uns ja nicht gefruchtet hat. […] Und irgendwann ein halbes Jahr später haben wir gesehen, dass

> der Schlüssel wieder von außen steckte. G2: Da haben wir gesagt, es hat keinen Zweck. G3: Also, wir haben gesagt, das ist so einfach, die ziehen den Schlüssel raus, wenn einer einbrechen möchte, der macht sich ´nen Abdruck, […] und dann irgendwann, wenn die Leute nicht zuhause sind, können sie da so rein.“ (G2_G3: 7-11)

Die Gruppenmitglieder verfügen hier über Wissen hinsichtlich einer bestimmten Form des Vorgehens von Einbrecher:innen, welches sie dazu bewegt zu versuchen, darauf abgestimmte Präventionsstrategien als Normen zu etablieren, sodass das Risiko minimiert werden kann. Da es in diesem Fall aber nicht gelingt, wird der/die Kontaktpolizist:in hinzugezogen. Dieses Beispiel zeigt auf, dass ein Verstoß gegen diese Normen auch zu Frustration führen kann, sodass in der (Nicht)-Etablierung von Präventionsnormen zumindest potenziell und abhängig von Individuen Konfliktpotenzial liegen kann.
Dabei zeigt sich, dass die Haussicherung, die versucht wird als Norm zu etablieren, mit einer (Selbst)Responsibilisierung einhergeht:

> „[D]ie fallen hier von der Autobahn schnell [in] [Ortsname] ein, gucken wo ein Haus dunkel ist, dann sind die ja innerhalb von 5 Minuten fertig, wenn nichts noch zusätzlich gesichert ist. Und da muss man schon selbst als Bürger auch mithelfen und vorsorgen, damit nicht direkt gesehen werden kann, es ist niemand da, ne.“ (B1_1: 12)

Hinsichtlich der Haussicherung gibt es also eine Eigenverantwortung für den Schutz vor Einbrüchen, die Gruppenmitglieder übernehmen und darüber hinaus von Anwohnenden erwarten oder erwünschen.

7.2.3.2 Aufmerksamkeit & Melden

Neben der Sicherung des Hauses versuchen einige Gruppenmitglieder und polizeiliche Ansprechpartner:innen die Präventionsstrategien Aufmerksamkeit und Melden zu etablieren. Die risikoorientierte Aufmerksamkeit wird auch als Sensibilisierung beschrieben, also als die Lenkung des Blicks auf für den Ort Außergewöhnliches oder Auffälliges bzw. eben auf Risiken, was bspw. eine Aufmerksamkeit hinsichtlich der korrekten Haussicherung umfassen kann. Hinzu kommt, dass bei Auffälligkeiten die Polizei angerufen bzw. dass Informationen weitergeleitet werden sollen (vgl. zur konkreten Praktik des Meldens *Kapitel 7.2.2.2 Melden*).
In diesem Kontext wird ebenfalls auf die präventiven Kampagnen ‚Wachsamer Nachbar‘ oder ‚Nachbarn schützen Nachbarn‘ verwiesen, denn „die Bürger sollen wachsam sein, was ja auch hier dieses polizeiliche Konzept ist, ‚Wachsamer Nachbar‘“ (PB: 30):

> „Das war auch mal so eine Kampagne […]: ‚Nachbarn schützen Nachbarn‘, indem sie jetzt einfach mal gucken, was ist denn bei mei-

> nem Nachbarn so los, bewegen sich da irgendwelche Leute oder so, oder stehen die Fenster auf oder, wenn er im Urlaub ist, kümmere ich mich drum, die Rollladen runterzumachen und so weiter, ja. Und dann […] mit der Polizei Kontakt aufnehmen." (F_3: 16)

Während des Polizierens, aber auch darüber hinaus, sind die Gruppenmitglieder aufmerksam, wobei das Etablieren dieser risikoorientierten Aufmerksamkeit keine einfache Aufgabe sei, sondern „schon ein Stück Arbeit" (B1_1: 34), wie ein:e Leiter:in berichtet. Dabei ist es auch die Polizei, die bestärkt, weiterhin wachsam zu sein, „auch wenn´s dieses Jahr etwas weniger Einbrüche gibt, die Zahlen können wieder steigen" (PB: 110). Einerseits zeigt sich also eine Orientierung an polizeilichen Präventionsprogrammen hinsichtlich der etablierten Praktiken, andererseits zeigt sich aber auch die Unabhängigkeit bzw. Freiwilligkeit der Gruppe – die Umsetzung der Präventionsprogramme erfordert Arbeit auf Seiten der polizeilichen Ansprechpartner:innen, Leiter:innen oder weiterer Gruppenmitglieder.

Noch deutlicher wird dies bei der Präventionsstrategie ‚Melden'. Auch wenn ein:e Leiter:in beschreibt, dass es lange gedauert habe, bis sie die Gruppenmitglieder überzeugt habe, selbst bei der Polizei anzurufen (B1_1: 46), sind es primär die (Kontakt)Polizist:innen, die „den Bürgern an die Hand geben, hier meldet zeitnah Verdächtiges der Polizei" (PB: 46):

> „Dass die [Gruppenmitglieder] halt auch merken, ok, das ist Polizei, aber die sind ansprechbar, wir können da anrufen, wir müssen da keine Angst haben. […] Ich habe mit Engelszungen auf die eingeredet, dass die wirklich etwas melden. Die sollen ja nicht nur Streife gehen, sondern wenn sie Beobachtungen machen: ‚Meldet euch!' […]. Es ist vollkommen egal, ob jetzt eine Feststellung getroffen wird […] von der Polizei oder ob die wichtig ist oder wie wichtig überhaupt. Die sollen das hier melden, mitteilen und dann sehen wir weiter. Das ist ganz wichtig gewesen, also puh, das ist auch immer noch Arbeit, also das glaubt man gar nicht, aber das ist so." (PDG: 14)

Polizeilicherseits zeigt sich hier ein Wunsch nach Informationen, die durch die Gruppenmitglieder generiert werden können, sodass diese als erweitertes Auge für die Polizei wirken.

Neben den Präventionsstrategien Haussicherung, Melden und Aufmerksamkeit, welche die Gruppen und die Polizei versuchen als Präventionsnormen zu etablieren, gibt es zudem die Vermittlung von Präventionsstrategien hinsichtlich Trickbetrugs. Diese sind im Gegensatz zu den anderen Strategien nicht unmittelbar mit dem Polizieren verknüpft, werden aber durch einige Gruppenmitglieder und Kontaktpolizist:innen ebenfalls als wichtig angesehen, weshalb auf sie in einem knappen Exkurs eingegangen wird.

7.2.3.3 Exkurs: Prävention von Trickbetrug

Mitglieder von drei Gruppen und die Kontaktpolizist:innen von zwei Gruppen erwähnen Trickbetrug und damit einhergehende Präventionsstrategien. Die Leitung einer Gruppe beschreibt diesen Bereich als einen wichtigen Baustein der Gruppe, bei der es nicht nur um Einbruchdiebstahl gehe, sondern auch um die Verhinderung von Trickbetrug. Die Gruppe wirke dabei als „Plattform" über die die Mitglieder, unter denen es viele Senior:innen gebe, informiert würden (G_1: 8). Diese Plattform nutzen die beiden Kontaktpolizist:innen zur Verbreitung von Wissen um Trickbetrug:

> „Aktuelle Delikte, die gerade wirklich zurzeit so im Umlauf sind, [...] das war vor ein paar Jahren der Enkeltrick. Das hat zwar nichts mit den [Bezeichnung für die Gruppen] an sich zu tun, aber natürlich, der Altersdurchschnitt, könnte schon manchmal sein. Oder falscher Polizeibeamte, dass ich dazu ganz kurz was erzähle. Also dafür ist die Zeit auch immer da, also ich nehme mir die Zeit dann bei so einem Treffen, das ist immer abends. Dass ich dann auch nochmal erzähle, das ist gerade höchst aktuell, bitte achten Sie darauf oder so. Das wird auch gerne von denen aufgesaugt, solche Informationen. Sei es für sie selbst oder für die Eltern oder so." (PDG: 14)

Die Gruppen stellen also eine Möglichkeit dar, bereits für Kriminalitätsphänomene sensibilisierte und daran interessierten Personen weiteres Wissen zu vermitteln, welches sie zudem weitertragen können bzw. sollen. Zum Teil wirken Gruppenmitglieder dabei auch als Vermittler:innen von Kontakten zu weiteren interessierten Ortsbewohner:innen. So beschreiben zwei Kontaktpolizist:innen, dass sie über die Mitglieder weitere Vorträge zu Präventionsthemen in anderen Gruppen, bspw. einer Kirchengruppe (PC: 36), organisierten, sodass sich da „auch was anderes für andere Bereiche [erschließt]. Also das ist ganz schön eigentlich (lacht)" (PDG: 44). Der als gut beschriebene Kontakt der Gruppen zu den (Kontakt)Polizist:innen (vgl. ausführlich *Kapitel 7.3.2.2 Bewertung der Polizei durch Gruppenmitglieder*) ermöglicht hier einen (informellen) Austausch über Aspekte, die über den Bereich des Einbruchdiebstahls hinausgehen können.

7.2.3.4 Grenzen des Handelns: anwohnendenorientiert

Birenheide (2009) schreibt, dass die Verbindung zwischen Nachbarschaftshilfe und Sicherheitsinteresse einen ambivalenten Kern habe, da es einerseits darum gehe, „Formen demokratischer Konfliktlösung [bzw. Problembearbeitung, Anm. d. Verf.] zu implementieren, die andererseits jedoch zu Überwachung und Ausschluss führen" (Birenheide 2009, S. 79) bzw. führen können. Trotz der informellen Organisation der Gruppe erscheint Kontrolle hier, ähnlich wie in der Untersuchung von Birenheide, in einer strukturierteren Weise verglichen mit einer „sporadischen, sozialen Nachbar-

schaftskontrolle, denn sie ist nicht formlos in die Struktur des Miteinanders eingebunden, sondern geplant und kontinuierlich und mit einem Anruf bei der Polizei in ihrer Konsequenz eindeutig“ (Birenheide 2009, S. 223).
Doch auch bei den am Verhalten der Anwohnenden orientierten Praktiken reflektieren Gruppenmitglieder die Grenzen des Handelns. So beschreibt ein:e Interviewte:r die Grenzen der Etablierung von Präventionsnormen, die durch einen freundlichen Hinweis und nicht durch Besserwisserei umgesetzt werden sollten:

> „Also, wir halten das schon so ein bisschen, so kann ich´s jedenfalls von mir sagen, so ein bisschen in Grenzen. Also, was ist unsere Aufgabe und was ist auch nicht unsere Aufgabe. So ein freundlicher Hinweis, der auch gern mal angenommen wird, das das gehört dazu. Ich sag mal das Besserwisserische gehört nicht dazu, so. Und im Regelfall sind alle alt genug, um sich selbst zu schützen [...] also, das übertreiben wir hier nicht, ne.“ (D_1: 42)

Zudem zeigen auch die polizeilichen Ansprechpartner:innen den Gruppen in diesem Kontext Grenzen auf und betonen bspw., dass nicht in Wohnzimmer geleuchtet werden sollte (C_1: 60) oder dass zwar auf Grundstücke geschaut werden könne, diese aber niemals betreten werden dürften: „Also solche Sachen, das gebe ich denen mit, ja“ (PDG: 50). Grenzen sehen die Polizist:innen dabei bei einer Bevormundung von Anwohnenden (PC: 42), einem „Schnüffeln oder Neugierig sein“ (PA: 34) sowie in einer Maßregelung (PA: 72). In Gruppe B zeigt sich eine Grenze dahingehend, dass im Zuge der Gruppengründung Personen angeben sollten, wenn sie nicht wollten, dass ihr Grundstück „ausgeleuchtet wird“ (B1_1: 36). Jene Grundstücke, von denen Besitzer:innen dies nicht wollen, werden ausgelassen (B1_2: 30-32).[173]
In den vorangegangenen Kapiteln konnte gezeigt werden, dass die Herangehensweisen bei dem Versuch Präventionsnormen zu etablieren individuell geprägt und unterschiedlich in ihrem Nachdruck sind. Zum Teil differenzieren Interviewte zudem gruppenbezogene Praktiken von individuellen Handlungen, die zwar während des Polizierens auftreten können, aber keine abgestimmte Gruppenpraktik darstellten. In Gruppe A, deren Mitglieder die Etablierung von Präventionsnormen auch nicht explizit als Gruppen-

173 Hier sind allerdings auch Überschneidungen der Kategorien ‚Orientierung am Verhalten potenzieller Täter:innen‘ und ‚Orientierung am Verhalten der Anwohnenden‘ sichtbar: Die Praktiken sind nicht klar zuzuordnen – so kann das Ausleuchten der Wohnzimmer sowohl dem Ziel der Etablierung von Präventionsnormen, wenn dem Ausleuchten bspw. ein Hinweis folgt, die Fenster nicht auf Kipp zu lassen, wie auch der Kontrolle, ob dort Einbrecher:innen ausgemacht werden können, dienen.

praktik beschreiben[174], schildert ein:e Interviewte:r, dass es zwar Mitglieder gebe, die Bescheid sagten, wenn die Außenbeleuchtung an Häusern nicht funktioniere, dies aber nicht ihre Aufgabe im Rahmen der Gruppenaktivität sei:

> „Das liegt auch gar nicht in unserem, in Anführungsstrichen, Aufgabenbereich. […] [W]ir schreiben ja keinem vor, was er tun und lassen soll. […] [D]as sind zweierlei Paar Schuh, da haben wir nichts mit zu tun. Man kann es machen, klar, sicher aus Bereitschaft, sag ich jetzt mal, aus Hilfsbereitschaft oder irgendwas, sagen: ‚Hier pass mal auf, ne'. Was ja einige vielleicht auch machen oder gemacht haben bei den Hausmeistern oder so, und sagen: ‚Hier Müller, musste mal deine Lampe wechseln'. Ja gut, ne." (A_1: 36)

Ein Interviewter fasst zusammen, es sei „ein schmaler Grat zwischen Fürsorge, auch ungefragter Fürsorge (lacht) […] und der Akzeptanz des Anderen für diese Fürsorge. Da gibt es natürlich auch unterschiedliche Meinungen" (F_2: 10). Auf diesem schmalen Grat werden Entscheidungen individuell getroffen und die unterschiedlichen Einstellungen führen dazu, dass Mitglieder unterschiedlich handeln. So zeigt das in *Kapitel 7.2.3.1 Haussicherung* aufgeführte Beispiel, bei dem Interviewte den/die Kontaktpolizist:in verständigten, nachdem in einem Haus wiederholt der Schlüssel von außen steckte, damit also gegen die Norm der Haussicherung verstoßen wurde, dass das Gefühl der Verantwortlichkeit für die Etablierung von Präventionsnormen auch zu Spannungen zwischen Anwohnenden, die diese nicht umsetzen, und den jeweiligen Gruppenmitgliedern führen kann. Auch wenn also bestimmte Handlungen von den Gruppentätigkeiten differenziert werden und nicht alle Gruppen und Gruppenmitglieder überhaupt versuchen, Präventionsnormen zu etablieren, besteht das Potenzial, dass individuell über die Gruppenzugehörigkeit ein Verantwortungsgefühl empfunden wird, diese zu etablieren, um Einbrüche zu verhindern, was zu Konflikten führen kann.

7.2.3.5 Handeln in Erweiterung des Staates: Präventionsnormen als Selbsttechnologien

Die Übernahme von Präventionsstrategien sowie ihre Etablierung als Normen zeigen eben jenes Scharnier, an dem Technologien des Regierens und Technologien des Selbst ineinandergreifen. Es konnte gezeigt werden, dass die Polizei als staatlicher Akteur Präventionsstrategien einführt und die Gruppen in der Übernahme dieser bestärkt, es sind daran anschließend aber

174 So konnte die explizite Beschreibung der Etablierung von Präventionsnormen in fünf Gruppen identifiziert werden (vgl. *Kapitel 7.2.3 Orientierung am Verhalten der Anwohnenden*).

die Gruppenmitglieder, die diese (freiwillig) übernehmen und sie zudem auch versuchen zu etablieren.[175] Es ist eine Form des Regierens in Foucaults weitem Verständnis: Sie wird nicht nur durch staatliche Institutionen ausgeübt, sondern es zeigen sich Praktiken der Selbst- und Fremdführung auch von Bürger:innen untereinander (vgl. *Kapitel 3.4.1 Gouvernementalität und Staat*). Die Förderung von Selbsttechnologien, hier die Etablierung von Präventionsnormen, wird an die Bestrebungen der Polizei sowie an Regierungsziele gekoppelt, anders gesagt: Die Bürger:innen möchten etwas für die Sicherheit tun, wenden sich an für Sicherheit zuständige staatliche Akteure, die Polizei, und etablieren mit deren Unterstützung und durch deren Einflussnahme, insbesondere über das durch diese weitergetragene Wissen, eine Form des (Selbst)Regierens. Der Staat ist Bezugs- aber nicht Ausgangspunkt (Bublitz 2014, S. 86). Die Gruppenmitglieder nehmen eine Multiplikatorenfunktion für die kriminalpräventiven Strategien der Polizei ein:

> „Und die [Gruppenmitglieder] reden auch mit anderen Leuten, […] die sie kennen: ‚Ja hier ne, achte mal auf dies oder das', haben sie schon mal Broschüren verteilt." (PDG: 44)

Dabei zeigt sich deutlich, wie ein solches gouvernementales Regieren funktionieren kann und dass die Grundlage Freiwilligkeit darstellt, auf deren Basis sich die Praktiken der Gruppe zur Umsetzung polizeilicher Präventionsstrategien entwickeln können:

> „[E]s gab vor vielen Jahren in [Bundesland] mal die Aktion ‚Wer nix tut, macht mit'. Und die hat zu mehr Zivilcourage aufgefordert und von möglichen Zeugen genau dasselbe erwartet, nämlich […] bringen Sie sich nicht in Gefahr, als oberster Satz: ‚Beobachten, notieren, mitteilen'. Und da haben wir in [Stadt] auch ein Riesending draus gemacht […]. Ich will nur […] damit sagen, wir haben immer wieder dazu ermuntert, genau das zu tun, was die [Bezeichnung für Gruppenmitglieder] von sich aus gemacht haben." (PF: 56)

So schreiben Rose und Miller: „Personal autonomy is not the antithesis of political power, but a key term in its exercise, the more so because most individuals are not mereley the subjects of power but play a part in its operations"(Rose und Miller 1992, S. 174).

---

175 In diesem Kontext zeigt sich das gouvernementale Regieren bzw. das Scharnier, in dem Technologien des Regierens und Technologien des Selbst ineinandergreifen, noch deutlicher als bei den am Verhalten der Täter:innen orientierten Praktiken, wo auch Momente der Souveränität und Disziplin sichtbar werden.

Für die Gruppen sind damit in ihrer normativen Orientierung nicht nur festgeschriebene gesetzliche Normen wichtig, sondern zumindest einige Gruppen versuchen, darüber hinaus Präventionsstrategien als Normen zu etablieren, und sind damit hinsichtlich der Dimension der normativen Orientierung näher an staatlichen Vorstellungen bzw. konkreten Programmen orientiert als auf den ersten Blick erkennbar wäre. So zeigte sich, dass zumindest aus Sicht einiger Gruppenmitglieder auch Anwohnende eine (nicht kriminelle) Form abweichenden Verhaltens zeigen können, wenn sie Präventionsstrategien nicht umsetzen.[176]

Insgesamt liegen diesem Handeln in Erweiterung des Staates und dabei sowohl den Praktiken, die am Verhalten (potenzieller) Täter:innen orientiert sind, als auch die in diesem Kapitel betrachteten am Verhalten der Anwohnenden orientierten Praktiken, Vorstellungen und Wissen zugrunde, die zentral sind für deren (wirksame) Ausgestaltung. Nachfolgend werden deshalb die Vorstellungen und das Wissen betrachtet, die/das Gruppenmitglieder über Täter:innen haben, und daran anschließend jene Vorstellungen und jenes Wissen, die/welches sie zur Identifizierung von Verdächtigem und Abweichendem heranziehen.

7.2.4 Täter:innenvorstellung

> „Ich stell mir das immer so vor, dass es in Einbrecherkreisen auch sowas gibt wie einen TripAdvisor, ne, und da möchte ich einfach dazu beitragen, dass [Ort] da eine ganz schlechte Bewertung kriegt." (D2_3: 12)

Dieses Zitat umfasst bereits viele Aspekte, die auch bei weiteren Interviewten hinsichtlich der Vorstellung über Einbrecher:innen vorgefunden wurden.[177] Täter:innen werden überwiegend anschließend an die von Garland beschriebene adaptive Strategie als rationale Akteure gesehen (vgl. *Kapitel 3.4.3 Gouvernementalität und Sicherheitsproduktion*), weniger, wie im Kontext der „criminology of the other", als „alien other" (Garland 1996, S. 461). Diese rationalen Akteure sind demnach informiert und (untereinan-

---

176 Dies ist aber, wie beschrieben, nicht für alle Gruppen und auch nicht für alle Interviewten feststellbar.

177 In drei Interviews ließen sich keine deutlichen Passagen finden, die Rückschlüsse auf die Täter:innenvorstellung zuließen – abgesehen von dem Rückschluss, der aufgrund der Hoffnung auf einen abschreckenden Effekt gezogen werden kann: Dass es sich nämlich um nutzenrationale Täter:innen handelt, die aufgrund der physischen oder medialen Präsenz der Mitglieder oder der Schilder/Aufkleber rational abwägen, wie hoch das Entdeckungsrisiko ist und sich daraufhin gegen den Ort als Ziel für Einbrüche entscheiden (vgl. *Kapitel 7.2.2 Orientierung am Verhalten von (potenziellen) Täter:innen*).

der) vernetzt. Das Herstellen von Öffentlichkeit über Medien soll dazu führen, dass sich die Existenz der Gruppe verbreitet und dass die informierten und (untereinander) vernetzten (potenziellen) Täter:innen nutzenrational abwägen, ob sie Orte für ihre Einbrüche wählen, in denen Gruppen aktiv sind:

> „Ich denk mal, auch die Einbrecher sind vernetzt und die können ja auch lesen oder so ′ne Sendung sehen und unter denen spricht sich das Ganze dann auch rund, ne.“ (B1_1: 30)

Auf die Frage, was gegeben sein müsste, damit die Interviewten sagen würden, dass die Gruppe nicht mehr notwendig wäre, antworten Befragte somit auch, dass sich eine Auflösung der Gruppe herumsprechen könnte und dann vielleicht wieder Einbrüche stattfänden, „wenn die Leute vielleicht auch merken, oder es spricht sich auch rum, [Ort] macht keinen Streifengang mehr. Dann würden sie vielleicht wieder kommen“ (G2_G3: 237).[178]

Damit einher geht zum Teil auch die Annahme einer Professionalität von Täter:innen, „das Bewusstsein […], wir haben [es] gerade mit professionellen Einbrechern“ (F_2: 28) zu tun, welche bspw. beobachten, wenn Anwohnende das Haus verlassen und zur Arbeit gehen (G2_G3: 36).

Insgesamt zeigt sich über die verschiedenen Interviewten hinweg ein Bild von vernetzten, informierten, z. T. intelligenten und professionellen sowie nutzenrationalen Täter:innen oder „Einbrecherbanden“ (D2_3: 162). Die „‘economic‘ rationality“ (Garland 1997, S. 185, vgl. Kapitel 3.4.3) beim Nachdenken über Kriminalität zeigt sich somit in der Tätervorstellung der Interviewten. Konkret beschreibt O’Malley hinsichtlich Kriminalität das „abstract and universal 'abiographical' individual“ (O'Malley 1992, S. 264):

> „It thinks in cost-benefit terms – weighing up the risks, potential gains and potential costs, and then committing an offence only when the benefits are perceived to outweigh the losses.” (O'Malley 1992, S. 264)

Immer noch rational, allerdings weniger ‚abiographical‘ erscheinen potenzielle Täter:innen in einer Interviewpassage:

178 Passiert dennoch ein Einbruch, beschreibt dies ein Interviewter auch als Versehen bzw. eine Ausnahme, verübt von jemandem, der (ungewöhnlicherweise) nicht informiert und vernetzt ist: „Drei oder vier Jahre lang war mal überhaupt nichts, ne, und dann war mal wieder einer, aus Versehen wahrscheinlich (lacht), der hat das nicht gewusst“ (C_2: 46).

> „Ich weiß jetzt nicht, wie es jetzt wieder ausgeht, wenn wieder viele Leute ärmer werden durch die Coronakrise, ob dann nicht wieder verstärkt Einbrüche begangen werden.“ (B1_2: 72)

Hier wird Armut als kriminogener Faktor reflektiert, der nach der Coronakrise u. U. dazu beiträgt, dass wieder mehr Einbrüche stattfinden. Dass ein Gedanke zu Ursachen von Kriminalität lediglich singulär in dieser Aussage gefunden wurde, ist deswegen nicht überraschend, weil es bei dieser Form des Polizierens nicht um (die Bekämpfung von) Ursachen von Kriminalität geht. So schreiben auch Kunz und Singelnstein (2016), dass die situative Prävention ideologisch indifferent sei und „keine Festlegung auf eine bestimmte Vorstellung von den Ursachen der Kriminalität“ (Kunz und Singelnstein 2016, S. 156) verlange. Dies findet sich auch im Routine Activity Approach, in dem zwar von einer/m motivierten Täter:in ausgegangen wird, Gründe für deren/dessen Tatneigung jedoch nicht erklärt werden, und der somit mit einem „Abstrahieren von der Täterpersönlichkeit“ (Neubacher 2020, S. 110) einhergeht (vgl. *Kapitel 3.4.3 Gouvernementalität und Sicherheitsproduktion*).
Es gibt weitere Spezifika, die lediglich bei einzelnen Interviewten hervortraten, die aber nicht ausgeklammert werden sollen. So verortet ein Gruppenmitglied die professionellen und raffinierten Täter:innen explizit im ‚Osten‘:

> „Die sind so raffiniert in der Zwischenzeit, die sind auch ausgebildet, die sind auch hochintelligent die Leute, meistens kommen sie aus dem Osten, die haben es auch nicht weit bei uns bis zur Autobahn, ruckzuck sind die weg.“ (A_2: 18)

Andere Interviewte vermuten Täter:innen überall. Dies ist offensichtlich, wenn eine Person beschreibt, dass nicht der gesamte Ort zu Treffen eingeladen wird:

> „Jeder, der mitläuft, ist eingeladen. Also ganz [Ort] laden wir nicht ein, weil wir ja dann nicht wissen, da werden ja auch […] Informationen besprochen, die vielleicht ganz attraktiv wären für jemanden, der Böses vorhat. Und deswegen laden wir nur Leute ein, […] die wir also kennen.“ (F_1: 46)

Zudem unterscheiden Interviewte zum Teil zwischen lokalen und international agierenden Tätergruppierungen. „Die Lokalen“ (F_1: 32) bzw. der „ortsansässige Einbrecher“ (F_1: 32) werden mit Beschaffungskriminalität verbunden und seien damit nicht abzuwehren, „wenn der seinen nächsten Schuss braucht, […] in der Gegend kennt er sich aus und weiß, wo er hingeht“ (F_1: 32). Dieses Verhalten erscheint also nicht rational und kalkulierbar und damit nicht verhinderbar, wie es für die Einbruchsversuche oder

-pläne professioneller Täter:innen angenommen wird. Ein weiterer Interviewter aus derselben Gruppe sieht ebenfalls einen Unterschied zwischen professionellen Einbrecher:innen und Amateuren, wobei hier andersherum, die professionell agierenden Einbrecher:innen durch nichts abgeschreckt werden könnten, während die Amateure abgehalten werden könnten:

> „Ein Profi, den interessiert das überhaupt nicht, der wartet, bis wir um die Ecke sind, und steigt ein, fertig. […] Da kommen Sie nicht mit gegen an, weder mit so einer Maßnahme und auch die Polizei nicht. Aber ein Gelegenheitseinbrecher, ein Amateur, ein nicht so gewiefter Mensch, der dann vielleicht eine Stunde oder so […] das Haus beobachtet und merkt, verdammt, ich bin hier nicht so alleine und da kommen Leute, leuchten mit der Taschenlampe rum und die gucken sich um und haben jetzt gerade in meine Richtung geschaut, die werden sie davon abhalten können." (F_2: 38)

Damit einher geht zudem die Vorstellung, dass professionelle Einbrecher:innen nicht nur nicht abgeschreckt werden, sondern die Anwesenheit der Gruppe sogar als Herausforderung betrachten. So sei die Strategie, Wohngebiete belebt aussehen zu lassen (vgl. auch *Kapitel 7.2.2.1 Präsenz & Abschreckung*) sinnvoller,

> „als dass, ich sage, man stellt explizit Wachen auf. […] Also, wenn so was passiert, lockt man eigentlich nur Profis an. Und die sagen: ‚Ok, Jungs (lacht), ihr denkt ihr seid sicher, euch zeige ich es'." (F_2: 62)

In dieser Passage wird zum einen noch einmal deutlich, inwiefern Kriminalität auch hinsichtlich der Tätervorstellung als etwas Normales und Alltägliches angesehen wird (vgl. auch *Kapitel 3.4.3 Gouvernementalität und Sicherheitsproduktion*). Das Verüben von Straftaten stellt sich in dieser Überlegung als Job dar, in dem, wie es auch bei regulären Jobs vorkommt, der/die Berufstätige Ehrgeiz hat, sich beweisen zu wollen, und über den er/sie Bestätigung (für das eigene professionelle Handeln) generiert. Zum anderen wird aber auch deutlich, dass aus derselben Differenzierung in ‚professionelle' und ‚amateurhafte' Täter:innen unterschiedliche Schlüsse gezogen werden, worauf aber wiederum mit derselben Strategie geantwortet wird. Die generelle Differenzierung erläutert auch ein:e Kontaktpolizist:in:

> „Es ist zum Beispiel aufgrund der Beschaffenheit des Tatortes nicht selten der Fall, dass man unterscheidet zwischen örtlichen Tätern und überregional agierenden und zwar professionell agierenden Tätern. Auch die Erkenntnisse, die wir hatten, und dazu zählt zum Beispiel, dass ein professioneller Täter sich selten länger als drei Minuten in einem Anwesen aufhält, […] Und dann haben wir örtliche Täter, sa-

> gen wir mal, im BTM Beschaffungsbereich, die scheuen auch sich nicht davor zurück, mal eine Scheibe einzuwerfen und einzusteigen, die wollen nur schnelles Geld und die sind sehr dilettantisch, so sieht der Tatort dann auch aus und das geht nach einem vollkommen anderen Modus Operandi. Also solche Dinge habe ich den Leuten dann auch mal erklärt, weil es die interessiert hat.“ (PF: 18)

Es zeigt sich also, dass die Gruppenmitglieder dieses Wissen bzw. die Vorstellungen von Täter:innen von dem/der polizeilichen Ansprechpartner:in beziehen.[179] Zudem ist aus der Forschung bekannt, dass Vorstellungen über Täter:innen auch aus den Medien (Birenheide 2009, S. 22–23; Garland 2000, S. 353; vgl. allgemein auch Bidlo 2011) wie auch aus politischen Diskussionen (vgl. auch zu law-and-order Politik und die dadurch ermöglichte Demonstration staatlicher Handlungsfähigkeit Birenheide 2009, S. 22) resultieren können.[180] So ist die stereotype Verortung von Täter:innen(gruppen) im ‚Osten‘ ein gängiges medial vermitteltes Bild (Birenheide 2009, S. 37; Bartsch et al. 2014, S. 486).[181]
Insgesamt artikulieren die meisten Interviewten also konkrete Vorstellungen von den (potenziellen) Täter:innen, die u.a. auf von den polizeilichen Ansprechpartner:innen vermittelten Informationen basieren. Auch wenn ihre Praktiken auf die „räumlich-situative Gelegenheit und die Tat selbst“ (Birenheide 2009, S. 69) fokussieren, liegen diesen Praktiken Annahmen über nutzenrationale Täter:innen zugrunde.

7.2.5 Identifizierung von Verdächtigem & Abweichendem

In den vorangegangenen Kapiteln konnte herausgearbeitet werden, dass die Gruppenmitglieder eine risikoorientierte Aufmerksamkeit etablieren und

179 Zur wissenschaftlichen Beschäftigung mit der Perseveranz von Einbrechenden und Wissen um Wohnungseinbrecher:innen vgl. bspw. Rudnitzki 2006; Dreißigacker et al. 2018.

180 Zudem sind die Bereiche nicht trennscharf. So werden Aussagen von Polizei und Politiker:innen medial vermittelt. Bartsch et al. 2014 halten fest, dass eine „von Verantwortlichen aus Polizei und Politik vertretene These [ist], dass für den Anstieg der Wohnungseinbruchszahlen vornehmlich osteuropäische Banden verantwortlich seien, die in Folge der Öffnung der innereuropäischen Grenzen nach Deutschland kämen und hier gut organisiert und professionell Taten nach § 244 Abs. 1 Nr. 3 StGB verübten“ (Bartsch et al. 2014, S. 486). Zudem, und dies ist insbesondere relevant, können „die medialen Darstellungen den politischen Vertretern und sozialen Institutionen als wesentliche Handlungsgrundlage dienen“ (Birenheide 2009, S. 23) – dies kann wiederum auch Auswirkungen auf Sicherheitspolicys und polizeiliches Handeln haben.

181 Dieses Bild konnte durch wissenschaftliche Studien nicht bestätigt werden: Dreißigacker et al. 2015, S. 310; vgl. auch Bartsch et al. 2014.

diese teilweise versuchen auf weitere, in der Nachbarschaft ansässige Personen auszuweiten: Auch diese sollen Aufmerksamkeit gegenüber ihrer Nachbarschaft etablieren bzw. soll ihr Blick gelenkt werden auf für den Ort Außergewöhnliches oder Auffälliges, was auch als Sensibilisierung beschrieben wird. Hier schließt sich die Frage an, was genau das Auffällige und Außergewöhnliche ausmacht und wie es bestimmt wird.

Ganz konkret wird Auffälliges durch Gruppenmitglieder in Bezug auf Häuser, Fahrzeuge und Personen identifiziert. Hinsichtlich der Häuser wird auf „irgendwie Einbruchspuren, offenes Fenster" (D_1: 10) oder auch „Lichter im Haus, die offensichtlich nicht zur Hausbeleuchtung gehören" (F_2: 6), geachtet und hinsichtlich der Fahrzeuge insbesondere auf ortsfremde Kennzeichen. Verdächtig sind Personen bspw., „wenn jetzt jemand im Auto sitzt und denn im Dunkeln, denn vielleicht auch noch raucht zum Beispiel, oder wenn jemand irgendwo vor der Haustür steht, [...] meist mit'm Fahrzeug und nicht aussteigt" (C_1: 12). Ein:e weitere:r Interviewte:r beschreibt zudem eine beispielhafte Situation, die verdächtig erschien:

> „In dem Fall [...] war halt auffällig gewesen, dass die so ein bisschen abgesetzt voneinander gegangen sind, ja, dass sich die Person, die vorne gegangen ist, [...] immer, ja ich sag mal so, ja einfach so vom Gefühl her, auffällig oft umgeschaut [hat]." (B2_1: 20)

Dabei ist, wie es ein:e Kontaktpolizist:in beschreibt, „verdächtig [...] natürlich relativ, kommt auf die Örtlichkeit an, wenn in einer Sackgasse ein fremdes Fahrzeug auf und ab fährt, das heißt mit einem auswärtigen Kennzeichen oder so. Sowas halt" (PDG: 14). Letztlich interpretiert die beobachtende Person die Situation: „Das entscheidet der [Bezeichnung für Gruppenmitglied] selbst, wenn ihm was sehr, sehr, sehr komisch vorkommt. Nech, wenn er denkt: ‚Oh, Moment, hier ist irgendwie was faul'" (C_2: 24). Es ist also festzuhalten, dass Handlungen, Personen und Umstände, die als verdächtig interpretiert werden, situations-, personen- und ortsbezogen sind.

Etwas, das als „unnormal" (B2_1: 10) in einem Ort oder einer Situation empfunden wird, würde unter anderen Umständen, in anderen Situationen, an anderen Orten und/oder in der Bewertung durch andere Personen womöglich keine Aufmerksamkeit erregen. Dabei wird teilweise auch auf ein „komisches Bauchgefühl" (B1_1: 42) verwiesen; auch durch polizeiliche Ansprechpartner:innen: „Ich sag immer, das Bauchgefühl ist entscheidend" (PB: 42):

> „Naja, ich sag mal, da kann man auch einfach nur den gesunden Menschenverstand mal walten lassen, ja. Nicht jeder, der nachts durch den Stadtteil spaziert, ist gleich verdächtig, aber man hat irgendwann so

> ein gesundes Bauchgefühl [...]. Also insofern kann man da jetzt nicht mal sagen, das ist verdächtig, das nicht.“ (PA: 28)

Aus den Interviews heraus wurde allerdings zudem deutlich, dass das beschriebene Bauchgefühl, welches hinsichtlich der Bewertung verdächtiger Situationen benannt wird, nicht in einem luftleeren Raum entsteht, sondern durch verschiedene Aspekte geprägt wird: Durch das Wissen um die Wohngegend, (zumindest vereinzelt) durch Vorurteile bzw. Stereotype und durch von der Polizei vermitteltem Wissen bzw. Informationen.
Zunächst ist die Voraussetzung für das Polizieren Wissen um die Wohngegend, also Wissen um den Ort. So beschreibt ein:e Interviewte:r, dass auf „Unterschiede zum Regelbetrieb“ (F_1: 10) geachtet werde. Ohne ein Verständnis, wie eine Wohngegend alltäglich aussieht, also ohne Kenntnis über den ‚Regelbetrieb‘, ist es auch nicht möglich, Abweichendes oder Außergewöhnliches zu entdecken und bspw. zu identifizieren, „ist das möglicherweise ein Firmenwagen, der ein fremdes Kennzeichen hat, aber sowieso immer hier steht, weiß man dann eben schon mal“ (D_1: 2).[182] Ein:e andere:r Interviewte:r teilt zudem Personen, die sich im Dorf aufhalten in drei Gruppen ein: Anwohnende, Besucher:innen und die Gruppe der Unbekannten, wobei Letztere durch die Gruppenmitgliedern besonders fokussiert würden:

> „Also man muss dazu wissen, dass die Dörfer hier in [Gebiet] relativ klein sind und da kennt man sich und da kennt man auch viele, sag ich mal, auswärtige Leute, die jetzt aber halt dann Dorfbewohner auch besuchen und dann gibts eben noch die Gruppe der Unbekannten und da achten wir dann halt besonders drauf.“ (B2_1: 12)

In einer Gruppe ist der/die Initiator:in der „Dreh- und Angelpunkt“ (B1_2: 82), an dem sich dann auch Wissen um den Ort zentralisiert:

> „[Initiator:in] weiß denn so viel, kriegt ja auch von anderen dann schon mal Bescheid gesagt, auch wenn einer Besuch da hat und sagt schon mal: ‚Jetzt steht aber bei uns länger ein Auto, was von [Ort] oder von sonst was [...], das ist unser Besuch‘, ne. [...] Aber das geht nicht über die Gruppe, das wird denn meistens privat gemacht.“ (B1_2: 82)

182 Auf die Frage, worauf geachtet werden müsste, wenn die Gruppe durch die Interviewerin begleitet würde, antworteten Befragte demgemäß auch: „Äh, pff, Ihnen würde wahrscheinlich gar nicht viel auffallen, ne, weil Sie mit [Ort] nicht so vertraut sind. Wir wohnen jetzt seit 30 Jahren hier und wir achten also schwerpunktmäßig auf fremde Autos, logisch, ne. Und wenn uns irgendwas anderes komisch vorkommt“ (D2_3: 8).

Insgesamt ist das präventive Polizieren mit einer Suche nach Fehlern im Bild (vgl. auch Howe 2016, S. 33) verbunden. Dazu muss das Bild ausreichend verinnerlicht sein und regelmäßig aktualisiert werden. Der Beschreibung von Orten als ‚Schlafdörfer', in denen die Menschen zum Schlafen sind und tagsüber arbeiten (vgl. *Kapitel 7.1.2.5, Überblick: Günstige Voraussetzungen für Einbrüche & Verringerung von Gelegenheitsstrukturen*), kommt hier eine besondere Bedeutung zu, da dieser Umstand die Internalisierung des ‚Normalzustands' verhindern kann. Die regelmäßigen Gänge, das Augen offenhalten, ist zwar primär zur Abschreckung gedacht, trägt jedoch offensichtlich auch dazu bei, sich auszukennen und Abweichungen identifizieren zu können, denn dabei „kriegt man ja unheimlich viel mit" (F_3: 40).

Neben dem über den Ort bestehenden, durch die Anwohnenden generierten Wissen anhand dessen Abweichungen identifizierbar werden, können auch Kriterien einfließen, die auf Vorurteilen und Stereotypen beruhen[183]; explizit zeigte sich dies zumindest bei einzelnen Mitgliedern:

> „Also ich will nicht, ich will keinen (lacht) diskriminieren, aber wenn, ich sag mal aus dem Osten irgendwo so ein Kennzeichen auftaucht, guckt man schon zweimal hin." (A_2: 26)

> „Das war allerdings abends, stand ein weißer älterer Lieferwagen hier auf dem [Straßenname] mit Herrschaften drin, die erkennbar nicht aus Deutschland kamen und da haben wir dann mal sicherheitshalber die Polizei über das Kennzeichen informiert." (B2_2: 28)

Dabei kann auch die Größe des Ortes eine Rolle spielen. In sehr kleinen Orten, in denen tatsächlich jede:r jede:n kennt und zusätzlich sogar der gängige Besuch der Ortsbewohner:innen gekannt wird, werden alle, die zur „Gruppe der Unbekannten" (B2_1: 12) gezählt werden, genauer betrachtet, da bereits ihre Anwesenheit eine Abweichung vom Regelbetrieb darstellen kann. In Orten, die größer sind, wo nicht jede:r jede:n kennt, sondern „viele kennen viele, ja" (C_1: 66), scheint es wahrscheinlich, dass weitere Kriterien zur Identifizierung von Verdächtigem angelegt werden.[184]

Zudem geben die polizeilichen Ansprechpartner:innen Wissen in Form von Hinweisen weiter, auf was geachtet werden könnte, und beeinflussen damit, was als verdächtig interpretiert wird:

> „Wenn im Fahrzeug, ortsfremdes Kennzeichen […], mehrere Personen drinsitzen, zwei oder drei, ich sag jetzt mal, dunkle Gestalten, dann sollten doch die Alarmglocken angehen. […] Oder zwei sind

183 Vgl. dazu ausführlicher *Kapitel 7.3.3.5 (Potenzielle) Auswirkungen des Sicherheitsbündnisses.*

184 Was allerdings nicht bedeutet, dass dies für andere Orte nicht zusätzlich gilt.

> ausgestiegen, einer bleibt im Auto, das sind so Tipps, die wir dann schon mal geben, also das ist so dieser direkte Austausch, den wir dann schon mal den Gruppen so an die Hand geben.“ (PB: 42)

Das polizeilich vermittelte Wissen unterteilt sich hier in allgemeine Empfehlungen, die den Schilderungen, auf was die Gruppenmitgliedern achten, entsprechen (s.o.), und konkrete sicherheitsrelevante Hinweise. Letzteres bezieht sich auf Wissen, welches die Polizei über Kriminalität in der Gegend hat und an die Gruppe weitergibt. So stehen Gruppen „in regem Kontakt [mit der Polizei] und ja, da kriegen wir halt auch schon mal […] Hinweise, auf was man vielleicht ein bisschen mehr achten sollte“ (B2_1: 12). So geben zwei Kontaktpolizist:innen bspw. Beschreibungen von Fahrzeugen sowie Teile der Kennzeichen weiter, auf die Gruppenmitglieder dann verstärkt achten:

> „„Achtet mal drauf, weißer Mercedes oder roter Opel, [...] solche Fahrzeuge [sind] immer dann gesehen worden, wenn in der Nähe eine Straftat passiert ist.“ (C_1: 14)

Diese Weitergabe von Informationen durch die Polizei an die Gruppe wird auch durch die interviewten Kontaktpolizist:innen beschrieben:

> „Das hatten wir zum Beispiel mal, da ist dieser rote Golf mit, ich glaube es war ein [deutsche Kleinstadt] Kennzeichen, der immer wieder im Bereich von irgendwelchen Einbruchsorten, Tatorten, angetroffen wurde. Dann würde ich das so mitteilen, ja. […] Personalien würde ich nicht machen […]. Eigentlich auch keine Kennzeichen, nur wenn es so ist, dass es wirklich, dann sage ich roter Golf [deutsche Kleinstadt] Kennzeichen mit keinen weiteren Buchstaben oder irgendwelche Ziffern oder so. […] Das ist auch schon ein paar Jahre her.“ (PDG: 50)

> „Wir teilen dann auch soweit mit, für den Bereich, wenn Wohnungseinbrüche sind, wenn zum Beispiel so eine Tätergruppe mal irgendwo aufgefallen ist, wenn die unterwegs sind mit ausländischen Kennzeichen. Das ist dann so, […] wir geben nicht das komplette Kennzeichen mit, sondern sagen ok, ist eine ausländische Tätergruppe, die ist mit einem weißen Sprinter unterwegs und hat ein ausländisches Kennzeichen und dann schauen die dann soweit mal.“ (PC: 22)

Auch wenn Grenzen hinsichtlich der Informationen, die weitergegeben werden dürfen, genannt werden, bspw. keine Personalien oder vollständigen Autokennzeichen, wird eine besondere Beziehung zur Polizei, durch welche die Gruppen „Sonderwissen“ (Birenheide 2009, S. 157) beziehen, deutlich. Dieses Sonderwissen ist durch Exklusivität gekennzeichnet: Die

Tätigkeit der Gruppen und die damit einhergehende Beziehung zur Polizei sichert es ihnen und führt dazu, dass die Gruppenmitglieder neben der allgemeinen Aufmerksamkeit auch einen spezifischeren, besonders fokussierten Blick etablieren.

Trotz dessen zeigte sich insgesamt keine übereinstimmende, klar umrissene „positiv bestimmte Kategorie des verdächtigen Subjekts“ oder ein „allgemeines Konzept des Verdächtigen‘“ (Kreissl 1987, S. 278), was hätte identifiziert werden können; stattdessen gibt es individuelle Unterschiede, sodass eine Unbestimmtheit des Verdächtigen (vgl. auch Birenheide 2009, S. 197; Lub 2018a, S. 128)[185] bleibt.

Aber auch diese Unbestimmtheit des Verdächtigen, die der risikoorientierten Aufmerksamkeit also zugrunde liegt, kann dazu beitragen, dass nicht kriminalitätsbezogene bzw. konkreter einbruchsbezogene Gründe für bspw. unbekannte Autos oder Personen, die sich im Ort aufhalten, im Bewusstsein in den Hintergrund rücken. So berichten sieben Interviewte aus vier Gruppen auch von Fehlinterpretationen, also von Beobachtungen, die sich später als harmlos herausstellten: bspw. ein Ortsansässiger, der Besucher:innen den Ort zeigte (C_2: 34), Betrunkene, die in einem geparkten Auto sitzenblieben (D2_3: 35), eine neue Zeitungsbotin, die schon die Häuser für den nächsten Tag ablief (C_1: 12), oder auch ein Auto, das Besucher:innen gehörte (F_3: 80). Zum Teil wurden diese Annahmen aufgeklärt, ohne die Polizei hinzuzuziehen, teilweise wurde die Polizei gerufen. Bei der Polizei gehen damit also auch Meldungen ein, die auf Fehlinterpretationen beruhen:

> „Sehr oft kriegen wir eine Rückmeldung [von der Polizei] das und das ist […] in Ordnung oder das sind welche, die hier eine Arbeitserlaubnis haben, […] fahren mit englischen Nummernschildern herum […] na gut, das kann man ja vorher nicht wissen.“ (C_2: 160)

Kreissl (2001) reflektiert die Semantik der Inneren Sicherheit und argumentiert, dass Innere Sicherheit keine Systemeigenschaft sei, „sondern eine Kategorie, ein Schema der Beobachter, mit deren Hilfe das, was passiert, in einer bestimmten Weise gesehen und interpretiert werden kann“ (Kreissl 2001, S. 157). Es zeigt sich, dass die risikoorientierte Aufmerksamkeit insbesondere auf polizeilich vermitteltem Wissen sowie auf Wissen um den Ort basiert (wobei dieses Wissen nicht ‚objektiv‘ oder neutral sein muss,

---

[185] Wobei sich im Gegensatz zu der durch Birenheide untersuchten Gruppe, die hier betrachteten Gruppen deutlich näher an durch die Polizei als verdächtig beschriebenen Aspekten orientieren und eben nicht festgestellt werden konnte, dass der Fokus der Gruppen neben Straftaten zusätzlich auf anderem Verhalten liegen würde (vgl. *Kapitel 7.2.2.5 Handeln in Erweiterung des Staates: Praktiken im Rahmen polizeilicher Vorgaben*).

vgl. *Kapitel 7.3.1 Wissen*), wobei Devianz und Normalität (vgl. auch O'Malley, S. 189) im Sinne von abweichendem bzw. für den Ort ‚ungewöhnlichem' oder auffälligem vs. ‚normalem' Verhalten bestimmt wird, auch wenn sich keine trennscharfe Kategorie des Verdächtigen entwickelt und sich die Interpretation auch zwischen Mitgliedern derselben Gruppen unterscheiden kann.

7.2.6 Ziele & Wirksamkeitsperzeption

Die Einschätzungen zur Wirksamkeit der oben beschriebenen Gruppenpraktiken sind unmittelbar verbunden mit den Zielen der Gruppe, da die Wirksamkeit anhand der Zielerreichung beurteilt wird. Primäres Ziel ist, wie beschrieben, die *Verhinderung von Einbrüchen*. Es gibt aber weitere (Sub)Ziele, die hinsichtlich der Erreichung des primären Ziels als zuträglich oder auch generell als erstrebenswerte Ziele angesehen werden. Es konnten die *Aufklärung von Straftaten* (insbesondere Einbrüche), wobei das Weiterleiten von Hinweisen an die Polizei und daraus resultierende Ermittlungserfolge gemeint sind, die *Etablierung von Präventionsnormen*, die *Steigerung des Sicherheitsgefühls* der Anwohnenden und das *Generieren sozialen Kapitals* identifiziert werden.
Dabei ist wichtig zu betonen, dass in diesem Kapitel die Wirksamkeits*perzeption* aus Sicht der Interviewten beschrieben wird. Eine Messung der tatsächlichen Wirksamkeit oder Effektivität der Gruppen bedürfte einer anderen Methodik (vgl. bspw. Bennett et al. 2006; Lub 2018a, S. 13–18).
Hinsichtlich der Wirksamkeitsperzeption wurden zunächst alle vorliegenden Aussagen zur Wirksamkeit den unterschiedlichen Zielen zugeordnet und als *wirksam (+)*, *ambivalent (+/-)* und *nicht wirksam (-)* codiert. Nachfolgende Grafik zeigt an, wie hoch der Anteil der Aussagen zur Wirksamkeit der Praxis der Gruppe innerhalb der verschiedenen Ziele an den Subkategorien wirksam, ambivalent oder nicht wirksam ist. Dabei variiert die Zahl der Gesamtkodierungen in den unterschiedlichen Kategorien. Wenngleich keine Aussage zur Häufigkeit der Nennungen getroffen wird, gibt diese Darstellungen einen ersten Einblick in die Wirksamkeitsperzeption.
So ließen sich hinsichtlich des primär genannten Ziels, der Verhinderung von Einbrüchen, ca. 71 % der Aussagen der Kategorie ‚wirksam' zuordnen, ca. 28 % der Kategorie ambivalent und ca. 2 % der Kategorie nicht wirksam. Die Wirksamkeit hinsichtlich der Aufklärung wird etwas ambivalenter perzipiert oder teilweise sogar hinterfragt, während die Gruppenpraxis hinsichtlich der Etablierung von Präventionsnormen und des Generierens sozialen Kapitals in den meisten Aussagen, die dazu getroffen wurden, als wirksam angesehen wird. In Aussagen, in denen die Wirksamkeit hinsichtlich eines subjektiven Sicherheitsgefühls reflektiert wird, wurde die Praxis der Gruppe dahingehend immer als wirksam angesehen (vgl. Abbildung 6).

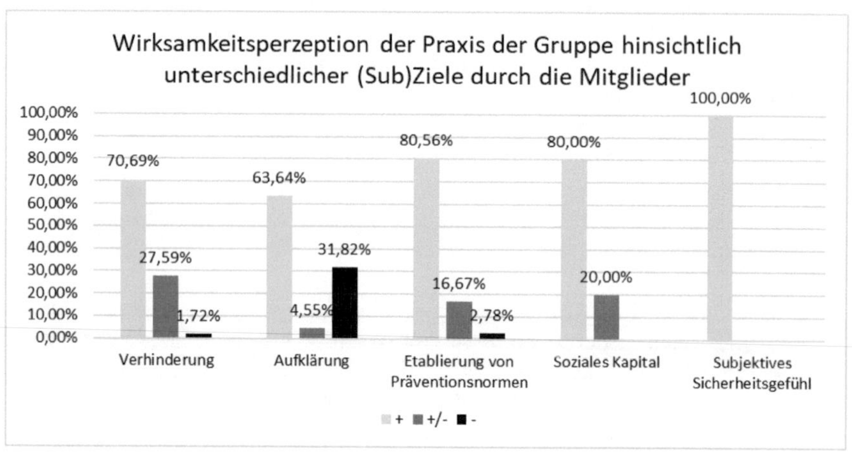

Abbildung 6, Wirksamkeitsperzeption aus Sicht der Gruppenmitglieder, eigene Darstellung

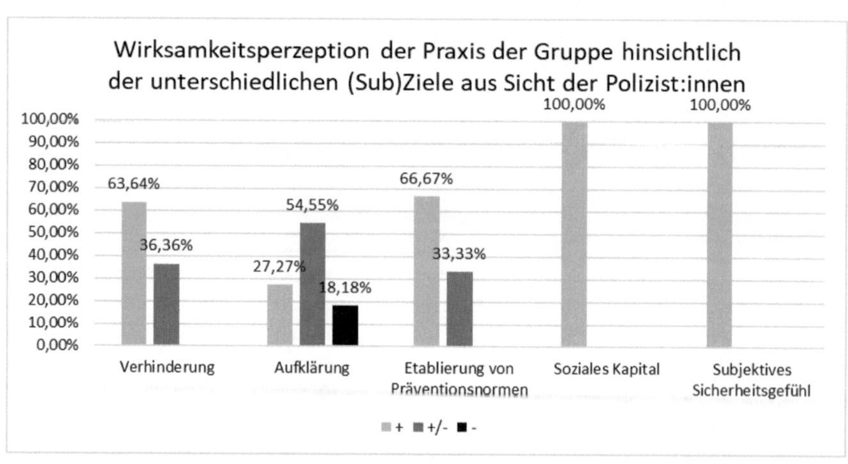

Abbildung 7, Wirksamkeitsperzeption aus Sicht der polizeilichen Ansprechpartner:innen, eigene Darstellung

Die Aussagen zur Wirksamkeit der Gruppenpraxis hinsichtlich der unterschiedlichen (Sub)Ziele sind bei den polizeilichen Ansprechpartner:innen ähnlich verteilt, auch wenn die Wirksamkeit hinsichtlich der Aufklärung eher ambivalent eingeschätzt wird, während die Einschätzungen der Gruppenmitglieder hierzu eher entweder der Subkategorie wirksam oder der Subkategorie unwirksam zugeordnet wurden (vgl. Abbildung 7).
Diese Übersicht zeigt auf, dass die Gruppenmitglieder ihre Praxis hinsichtlich der verschiedenen Ziele nicht als uneingeschränkt wirksam ansehen bzw. die Wirksamkeit zum Teil sogar hinterfragen. Jedoch handelt es sich hier um qualitative Daten und die Statistik kann die inhaltliche Argumentation nicht abbilden, sodass nachfolgend eine genauere inhaltliche Beschäftigung mit der Wirksamkeitsperzeption hinsichtlich der unterschiedlichen (Sub)Ziele, die mithilfe der in *Kapitel 7.2.2 Orientierung am Verhalten von (potenziellen) Täter:innen* und *7.2.3 Orientierung am Verhalten der Anwohnenden* beschriebenen Praktiken der Gruppen erreicht werden sollen, erfolgt.

7.2.6.1 Verhinderung

Die Verhinderung von Einbrüchen als primäres Ziel wird durch andere Ziele beeinflusst – bspw. sollen durch die Etablierung von Präventionsnormen auch Einbrüche verhindert werden. Aber wie schätzen die Gruppenmitglieder generell die Wirksamkeit der Gruppen(praktiken) bezüglich der Verhinderung von Einbrüchen ein?
13 Interviewte betonen die Wirksamkeit der Gruppe hinsichtlich der Erfüllung dieses Ziels, bspw., indem sie beschreiben, dass es „ruhiger geworden ist" (A_1: 68), dass man „einigermaßen Ruhe reingekriegt" (C_2: 40) hat bzw. „die Einbrüche, die sind dann deutlich zurückgegangen" (D2_3: 57), „also die Leute merken schon, dass man hier Streife geht" (G2_G3: 36). Zur Unterstreichung der Wirksamkeit wird dabei auch auf die Einbruchsstatistik zurückgegriffen, die durch die Polizei weitergetragen wird:

> „Was man sicher nachvollziehen konnte, da hilft uns dann die Polizei mit ihren Statistiken, dass die Einbruchsrate tatsächlich vor allem in dem Gebiet, das wir begehen, gesunken ist. Das ist jetzt nicht um 100 Prozent gesunken und auch nicht um 90, aber es ist deutlich niedriger und wenn ich die Zahlen aus 2017 richtig im Kopf habe, ist das etwa ein Drittel niedriger als in den umliegenden Gemeinden bei vergleichbarer Wohnsituation." (F_2: 22)

Das durch die Polizei vermittelte Wissen sind Statistiken zu Einbruchsdiebstahl, die für den Nachweis der Wirksamkeit der Gruppen genutzt werden; auch durch die polizeilichen Ansprechpartner:innen:

> „Die Zahlen haben für sich gesprochen, ich hatte da Tabellen auch angefertigt. [Initiator:in] […]liegen die Zahlen auch noch vor, es ist kein Zufall, dass da ein signifikanter Unterschied zu den anderen Gemeinden war." (PF: 18)

> „Letztes Jahr zum Beispiel sind die Einbruchszahlen zurückgegangen, das ist mit Sicherheit auch ein Verdienst der wachsamen Nachbarn." (PB: 110)

> „[D]ie Zahlen sprechen eigentlich immer für sich […], sicherlich man hat immer mal wieder einen versuchten Einbruchsdiebstahl in Wohnungen oder auch einen vollendeten, aber die Zahlen sind also nicht so herausragend, wie zum Beispiel in anderen Ortschaften […]. Das ist also schon ein sehr guter Effekt." (PC: 30)

Der Vergleich zu anderen ähnlichen Orten wird zum Teil um die Reflexion über einen Verdrängungseffekt begleitet (B2_1: 68), der vermutet wird. Die Wirksamkeit ist also bezogen auf die Wirksamkeit der Verhinderung von Einbrüchen am konkreten eigenen Wohnort:

> „Gut man kann sagen, na jetzt verlagert sich das in Nachbardörfer, das bleibt in der Summe das Gleiche, aber kann ja jeder Ort machen, wenn er's möchte, ne." (D2_3: 157)

Festgehalten werden kann, dass die positive Beurteilung der Wirksamkeit zur Verhinderung von Einbrüchen auf der polizeilichen Kriminalstatistik und auf – damit einhergehenden – ortsübergreifenden Vergleichen basiert. Ambivalente Einschätzungen bezüglich der Wirksamkeit finden sich bei 11 Interviewten. So wird darauf verwiesen, dass man „nicht immer überall" (C_1: 56) sein könne; „wir können nicht vor jedem Haus ´nen Posten hinstellen oder sowas, dann gehen sie von der Rückseite rein (lacht)" (C_2: 40) bzw. „ganz verhindern kann man's natürlich dann auch nicht" (D_1: 16). Dies wird durch zwei Interviewte zusätzlich mit der Anzahl der Personen in der Gruppe verknüpft: Um mehr Einbrüche zu verhindern, „sind wir eben einfach zu wenig Leute" (G2_G3: 71). Hinzu kommt, dass Abschreckung nicht bei allen Täter:innen funktioniere. Als Beispiel werden ‚professionelle Täter:innen', die Autoaufbrüche verüben, bei denen „uns selbst die Polizei [sagt], da könnt ihr danebenstehen, das würden nicht mal unsere Beamten mitkriegen" (A_2: 18), aber auch amateurhafte bzw. ortsansässige, drogenabhängige Täter:innen (F_1: 32) angeführt (vgl. auch *Kapitel 7.2.4 Tätervorstellung*). Zudem wird die Schwierigkeit der Messbarkeit dieser Wirksamkeit reflektiert, die auch zwei Polizist:innen betonen (PB: 132; PDG: 16).

> „Und das ist auch total schwankend, wie viel Einbrüche sind, es gab wirklich Phasen da war fast gar nichts [...] und dann gibts wieder so Phasen, da ist mehr. Und wenn man dann [Kontaktpolizist:in] fragt [...]: ‚Naja, das liegt manchmal auch daran, dass dann vielleicht jemand wieder aus dem Gefängnis freigekommen ist (lacht), zum Beispiel, ne, dass es dann wieder stärker wird, oder es hört auf einmal auf, weil jemand dann tatsächlich verhaftet wurde.“ (G_1: 48)

> „Die Wirksamkeit können Sie ja nie prüfen. Sie wissen ja nicht, ob sie irgendwo mal gesehen wurden, da war der Einbrecher: ‚Das lass ich mal lieber, da kommt einer der geht auffällig langsam oder der guckt mir zu, das lassen wir‘, das sehen sie ja nicht, da meldet sich ja niemand.“ (C_1: 54)

Hier ist also eine Ambivalenz zu sehen. Es wird Wert auf die Statistik gelegt, auch wenn, zumindest teilweise, gleichzeitig die Grenzen dieser Statistik hinsichtlich einer Bewertung der Wirksamkeit der Gruppen bewusst sind. Dies wird auch im nachfolgenden Zitat deutlich:

> „Es ist halt nicht messbar, aber die Polizei [Ortsname] hat uns auch immer in die Kriminalstatistik mit aufgenommen und drauf hingewiesen, dass durch gute oder vernetzte Nachbarn oder wachsame Nachbarn die Einbrüche mit zurückgegangen sind, ne.“ (B1_1: 30)

So führt die Schwierigkeit in der Messbarkeit der Wirksamkeit der Praktiken einerseits dazu, dass sie nicht genauer evaluiert wird, sodass bei der Einschätzungen dahingehend auch auf Grenzen der Messbarkeit verwiesen wird. Andererseits ist somit auch eine (mögliche) Unwirksamkeit nicht messbar und das Gefühl, etwas Wirksames zu tun, wird nicht unterminiert. Die Bewertung der Wirksamkeit hinsichtlich der Verhinderung von Einbrüchen auf Basis der polizeilichen Kriminalstatistik bietet also Interpretationsspielraum. Teilweise sind ambivalente Aussagen aber auch in Richtung eines Hinterfragens der Wirksamkeit zu verorten:

> „Vermeintlich ist es ja erfolgreich, ich weiß gar nicht letztes oder vorletztes Jahr war auch ein Artikel in [Lokalpresse], dass die Zahl der Einbrüche abgenommen hat und nach Aussage des Kriminalpolizeichefs, sag ich jetzt mal, sieht er dabei die Rolle eben der [Gruppe] positiv, also letztendlich, vermeintlich sag ich einfach deshalb, ob das tatsächlich dazu beiträgt, dass hier weniger Einbrüche stattfinden, das kann ich nicht sagen.“ (B2_2: 88)

Deutliche Zweifel hinsichtlich der Wirksamkeit der Gruppe in Bezug auf die Verhinderung von Wohnungseinbrüchen fanden sich in einem Interview:

> „Was man natürlich ganz schwer beurteilen kann, ist, ob das einen Effekt hat, das weiß ich nicht, manchmal denk ich so, dass es das vielleicht auch gar nicht hat, weil, wenn man dann mal die Statistiken hört von [Kontaktpolizist:in], sind viele Einbrüche auch tatsächlich tagsüber, wenn die Leute arbeiten gehen." (G_1: 28)

Dies stellt aber die Ausnahme dar und hat, was ebenfalls eine Ausnahme darstellt, zur Folge, dass diese:r Interviewte insbesondere das Ziel der Etablierung von Präventionsnormen bzw. die Prävention, auch hinsichtlich des Trickbetrugs, im Fokus der Gruppe sieht (vgl. *Kapitel 7.2.3.3. Exkurs: Prävention von Trickbetrug*).

7.2.6.2 Aufklärung

Fünf Interviewte trafen Aussagen, in denen sie die Aufklärung bzw. die Hilfe zur Aufklärung, also das Weiterleiten von Hinweisen an die Polizei, um Täter:innen zu identifizieren oder zu stellen, als wirksam ansahen. Dabei wurden sowohl allgemeine Aussagen kodiert als auch Schilderungen von Einzelfällen, die als beispielhafte Nachweise für diese Wirksamkeit herangezogen werden.
Ersteres zeigt sich beispielsweise in folgendem Zitat:

> „[A]lso vermehrt Meldungen an die Polizei in [Ort] [...] von Auffälligkeiten, über 90% konnten wohl aufgeklärt werden durch unsere Hinweise. Und ja, es kamen auch viele Hinweise, die im Nachhinein noch gebraucht werden konnten, wenn irgendwo was passiert war." (B1_1: 4)

So würden die Meldungen der Gruppe B1 sowie der Gruppe B2 einen Mehrwert für die Polizei darstellen (B2_1: 36), durch die „auch schon Personen identifiziert werden konnten als Straftäter" (B2_1: 48). Auch die Leitung der Kriminalprävention hält fest, dass die Polizei nützliche Hinweise bekomme, „was eben der polizeilichen Ermittlungsarbeit zuspielt" (PA: 36). Einzelne Beispiele beziehen sich darauf, dass Kennzeichen gemeldet wurden, woraufhin jemand aufgegriffen wurde (A_2: 24), oder die direkte Begegnung mit Täter:innen wird geschildert, die von Gruppenmitgliedern gestört wurden „und die sind dann abgehauen und die Polizei ist dann gekommen und konnte [die] dann auch festnehmen" (B1_1: 56). Dabei seien einzelne Erfolge, wie beispielsweise ein von Gruppe C geschildertes Melden eines Fahrzeugs, was in einer polizeilichen Verfolgungsjagd und einer Verhaftung endete, auch „für die Motivation gut" (C_1: 22).
Eine ambivalente Einschätzung hinsichtlich der Wirksamkeit der Aufklärung trifft ein:e Interviewte:r, wenn er/sie sagt, dass die Hoffnung da sei, doch mal jemanden zu beobachten und einen Hinweis an die Polizei weiterleiten zu können:

> „Und hoffen, dass wir mal irgendwann den ein oder anderen, vielleicht doch dann mal, durch Zufall. Weil das ist ein Zufallsprinzip. Das ist eine Nadel im Heuhaufen suchen.“ (A_1: 112)

Ansonsten wird von den polizeilichen Ansprechpartner:innen die Schwierigkeit der Messbarkeit betont, hier allerdings dahingehend, dass nicht bei allen Gruppen differenziert werde, wer Meldungen gemacht hat: Gruppenmitglieder oder andere Anwohnende. Dies erschwere die Einschätzung hinsichtlich der Wirksamkeit in Bezug auf die Aufklärung (vgl. auch *Kapitel 7.2.2.2 Melden*).
Einige Interviewte geben zudem an, „irgendwelche Auffälligkeiten, Personen haben wir schon mal gesehen, aber was so groß rausgeschlagen hat, kann ich nicht sagen“ (B1_1: 78) oder „aber so einen richtig dicken Fisch habe ich noch nicht rausgezogen und da kann ich Ihnen sagen, eigentlich hat das keiner“ (F_1: 12) bzw., „dass wir jetzt einen entdeckt haben, der gerade einbricht, das war noch nicht der Fall“ (F_3: 24). Dies bestätigen auch polizeiliche Ansprechpartner:innen:

> „Wirklich eine richtige Beobachtung auf frischer Tat oder so, das hatten wir aber leider noch nicht, ′nen Einbrecher.“ (PDG: 14)

7.2.6.3 Etablierung von Präventionsnormen

Als wirksam beschreiben 13 Gruppenmitglieder die Etablierung von (den unterschiedlichen) Präventionsnormen (vgl. *Kapitel 7.2.3 Orientierung am Verhalten der Anwohnenden*) – entweder in Bezug auf sich selbst oder auch allgemein in Bezug auf den Ort oder die Gruppen(mitglieder). Die Übernahme der Präventionsstrategien als Selbsttechnologien wird dabei als wirksam angesehen, denn „man ist wesentlich sensibler geworden, ja. Und das hat dann auch mit dem Rundgang nichts zu tun, wenn mir da was auffällt“ (B1_2: 42), man gehe „auch mit anderen Augen durch das Dorf, also vorher hat mich ′ne Leiter irgendwo nicht interessiert oder hat mich eine offene Tür nicht interessiert“ (C_1: 74) bzw. laufe man „auch tagsüber nicht mehr so nur mit den Augen geradeaus. Man guckt schon mal links und rechts und guckt schon mal, ist das normal oder das ist jetzt ganz anders als es gestern war, das fällt einem dann schon schneller auf“ (A_3: 74):

> „G2: [M]an achtet auch genauer […] Wenn man spazieren geht, das ist uns aufgefallen, man guckt. G3: Ja das geht schon automatisch […] G3: Ja, im Laufe der Jahre wird man ja auch sensibler.“ (G2_G3: 227-231)

Die Übernahme der Präventionsnormen wird zum Automatismus und die spezifische auf Einbrüche fokussierte risikoorientierte Aufmerksamkeit ist nicht nur während der Runden-, Streifen- oder Spaziergänge präsent. Aber nicht nur die geänderte eigene Wahrnehmung, die mit einer risikoorientierten Betrachtung der Umwelt bezüglich der Gefahr von Einbrüchen einhergeht, wird beschrieben, sondern auch eine allgemeine Etablierung der Präventionsnormen, dass „die Leute […] auf jeden Fall aufmerksamer geworden [sind], man hat auch den Eindruck, dass die Leute so wieder mehr so auf die anderen mit achten, sag ich mal" (B2_1: 40).[186] So seien „die Leute […] sensibler geworden für das Thema" (B1_2: 50), was auch ein:e Polizist:in bezüglich des Anrufens bei der Polizei zur Weiterleitung von Meldungen und Informationen beschreibt: „Die haben auch mittlerweile wirklich so ein Händchen dafür und das klappt gut" (PB: 46). Dies zeigt sich für eine:n Interviewte:n in der Etablierung des Anbringens von Schildern sogar über die Gruppenmitglieder hinausgehend:

> „[A]lso, was mir auffällt ist, man sieht schon häufiger diese ‚Aufmerksamer Nachbar Schilder', wo ich weiß, das ist kein [Bezeichnung für Gruppenmitglied), ich denke schon, dass ein gewisses Bewusstsein im Ort dadurch geschaffen wurde." (G_1: 28)

Dabei beschreiben auch jene Gruppenmitglieder, die die Etablierung von Präventionsnormen nicht explizit als Praxis beschrieben haben, also bspw. nicht angaben, ihre Nachbar:innen auf offene Fenster oder Türen anzusprechen (vgl. *Kapitel 7.2.3 Orientierung am Verhalten der Anwohnenden*), eine Wirksamkeit hinsichtlich der Etablierung von Präventionsnormen. Es zeigt sich, dass dieses Ziel also bei allen Gruppen vorhanden ist, wenn auch zum Teil primär oder ausschließlich auf sich selbst oder Gruppenmitglieder fokussiert und weniger auf eine allgemeine Etablierung im Ort.

Ambivalente Aussagen hinsichtlich der Wirksamkeit der Etablierung von Präventionsnormen werden von fünf Mitgliedern getroffen. So seien beispielsweise Personen nach dem Sommer oder während des „Übergang[s] von dem Hellen abends dann ins Dunkle" (F_3: 8), wenn die Uhrzeit umgestellt wird, hinsichtlich der Haussicherung „wieder nachlässig und man muss wieder dran erinnern" (B1_1: 12). Bezüglich der durch Gruppenmitglieder getätigten Hinweise zur Haussicherung sind „viele auch dankbar und viele sind eben, ignorieren das einfach, die haben ´nen Hund. Der passt schon auf" (G2_G3: 6). Ein:e Polizist:in beschreibt zudem, dass aus ver-

---

186 Ein:e Interviewte:r verknüpft dies auch mit der Informationsveranstaltung, so bekomme sie auch Rückmeldung von Anwohnenden: „‚Also seit ich bei dir auf der Infoveranstaltung gewesen bin, guck ich viel öfter mal zum Fenster raus, wenn ich ein Auto hör', die wohnte auch in der Seitenstraße, ‚sonst hör ich das Auto und hab nicht geguckt und jetzt guck ich, was ist denn das und so.'" (B1_1: 34)

schiedenen Orten, in denen es überall Gruppen gibt, unterschiedlich häufig Meldungen getätigt würden, aus einigen Orten bzw. Gruppen deutlich weniger Meldungen kämen (PB: 50), und ein:e weitere Polizist:in beschreibt, dass es „auch immer noch Arbeit sei", Bürger:innen davon zu überzeugen, der Polizei Auffälligkeiten zu melden, „also das glaubt man gar nicht, aber das ist so" (PDG: 14) (vgl. auch *Kapitel 7.2.3.2 Aufmerksamkeit & Melden*).
Ein einzelnes Beispiel für die eindeutige Nicht-Wirksamkeit stellt das in *Kapitel 7.2.3.1 Haussicherung* dargestellte Beispiel dar, in dem Interviewte schildern, dass eine Familie trotz mehrfacher Hinweise durch die Interviewten ihre Hausschlüssel von außen stecken ließ.

7.2.6.4 Generierung sozialen Kapitals & Steigerung des Sicherheitsgefühls

Bereits in den Kapiteln zur Gruppengründung und Persistenz[187] zeigte sich die zentrale Rolle, die soziales Kapital für die Gründung und Aufrechterhaltung spielt, und dass durch die Gruppe potenziell soziales Kapital gebildet werden kann. Die Wirksamkeit der Gruppe hinsichtlich des Generierens sozialen Kapitals wird von sieben Interviewten betont. So wird beschrieben, dass „der Zusammenhalt [...] größer geworden [ist], dass einer auf den anderen achtet" (B1_1: 90), dass „das ganze Lebensgefühl [...] etwas positiver geworden [ist], ja, und die Leute untereinander sind auch freundlicher, bis auf vielleicht wenige Ausnahmen, aber ja, freundlicher zueinander, ja? Weil sie auch wieder mehr dadurch in Kontakt getreten sind, ne" (B1_2: 52), dass „sich auch teilweise Freundschaften entwickelt" (B2_1: 36) haben:

> „Also da wird man freundlich begrüßt, angesprochen wie geht's so und so, dass, so bisschen vom Gefühl her, dass da zum Teil der Zusammenhalt etwas stärker geworden ist." (B2_2: 18)

Auch die aktive Herstellung eines solchen Zusammenhalts wird durch einen Interviewten beschrieben:

> „Und dann halt, was auch sehr wichtig war, wir haben beispielsweise mal ein Fest organisiert, wo wir alle, die diese Streife laufen, eingeladen haben, einfach zum gemütlichen Beisammensein. [...] Und das kam gut an bei den Nachbarschaften, bei den Leuten, um einfach dieses Wir-Gefühl und diese Zusammengehörigkeit einfach noch ein bisschen zu steigern." (F_3: 16)

187 Vgl. *Kapitel 7.1.3 Phasen der Gruppengründung* und *Kapitel 7.1.4 Persistenz der Gruppen: günstige und hemmende Faktoren aus Sicht der Mitglieder und der polizeilichen Ansprechpartner:innen*.

Ambivalente Aussagen werden von drei Mitgliedern aus den Gruppen B1 und B2 getroffen, die beschreiben, dass sich, zumindest in den größeren WhatsApp Vernetzungen, nicht alle Gruppenmitglieder persönlich kennen (B1_1: 54) bzw. ist ein:e Interviewte:r unsicher, ob sich alle persönlich kennen (B2_2: 70).

> „Also, man sieht sich und dann unterhält man sich, aber einen engen Kontakt irgendwie einen engen privaten Kontakt habe ich eigentlich zu niemandem.“ (B1_2: 42)

Das dennoch beschriebene Zusammengehörigkeitsgefühl erscheint hier ein primär digital vermitteltes zu sein – soziales Kapital wird in dieser Gruppe offensichtlich indirekt über die Nutzung einer WhatsApp Gruppe hergestellt. So gibt es auch keine Aussagen, in denen das Generieren sozialen Kapitals durch die Gruppen hinterfragt oder negiert würde.
Ähnlich stellt es sich bei der Perzeption der Wirksamkeit der Gruppenpraktiken mit Blick auf die Steigerung des Sicherheitsgefühls[188] dar: Hier konnten weder Aussagen gefunden werden, die als ambivalent hätten eingestuft werden können, noch Aussagen, in denen die Gruppen als unwirksam hinsichtlich der Steigerung des Sicherheitsgefühls angesehen würden. Sieben Interviewte geben an, dass die Gruppenpraktiken wirksam bezüglich einer Steigerung des subjektiven Sicherheitsgefühls sei. Das „subjektive Sicherheitsgefühl ist dadurch sehr gewachsen“ (B1_1: 50) und hat „sich positiv entwickelt“ (B2_2: 58); „also da fühlen sie sich auch ein bisschen sicher“ (G2_G3: 83). Dies wird zum Teil auch mit der Rückmeldung an die Gruppenmitglieder durch Anwohnende verknüpft, die, so Gruppenmitglieder, sagten: „‚Gut, dass es euch gibt‘, und ‚dadurch fühlen wir uns sicherer‘“ (A_1: 78).

7.2.7 Zwischenfazit: Was tun die Gruppen?

Die primäre Tätigkeit der Gruppen sind ihre Streifen-, Runden- oder Spaziergänge, wobei anhand der vorangegangenen Kapitel gezeigt werden konnte, wie dieses präventive Polizieren ausgestaltet ist und welche weiteren Praktiken damit einhergehen oder ergänzt werden. Die Wahl dieser Praktiken sowie ihre Umsetzung sind maßgeblich durch die Polizei beeinflusst, die Wissen weitergibt, die Gruppen, bspw. im Zeigen von Präsenz, dem „Beobachten und Weitergeben und niemals selbst in Gefahr begeben“ (PF: 20), bestärkt und Grenzen aufzeigt, sodass diese Form bürgerschaftlichen Polizierens als ein Handeln in Erweiterung des Staates bezeichnet

---

188 Das subjektive Sicherheitsempfinden wie auch die Kriminalitätsfurcht sind in der kriminologischen Forschung ein umfassend betrachtetes Phänomen, welches in dieser Arbeit nicht näher betrachtet wird. Vgl. dazu ausführlich u. a. Birenheide 2009; Schartau et al. 2018; Gerhold 2020; Hahne et al. 2020.

werden kann. Der Praxis des Polizierens liegt dabei ein risikoorientiertes Denken zugrunde. Sie stellt damit einen kalkulatorischen, präventiven Ansatz dar, der durch die Kontrolle von Räumen, die Sammlung von Statistiken, die Erstellung von Gefahrenkategorien sowie durch, wenn auch unterschiedlich intensiv ausgeübte, Überwachung funktioniert (Abrahamsen und Williams 2009, S. 5, vgl. Kapitel 3.4.3 Gouvernementalität und Sicherheitsproduktion). Es lässt sich eine Formalisierung der „sporadischen, sozialen Nachbarschaftskontrolle“ (Birenheide 2009, S. 223) diagnostizieren. Beispielsweise die Aufmerksamkeit Nachbar:innen gegenüber, das Ansprechen von Unbekannten, die Mitteilung des Nachbarn/der Nachbarin, dass man am Wochenende Besuch habe (also ein fremdes Auto vor der Einfahrt stehen könnte) oder auch der Austausch über unbekannte Autos können in einem – gut vernetzten – Dorf oder Ort auch ohne eine solche Gruppe stattfinden.[189] Beispielhaft ließe sich hier die Aussage des Bürgermeisters in einem 400-Einwohner:innen-Ort heranziehen, der im Kontext eines Interviews mit Spiegel Online zum Umstand, dass in dem Ort noch keine Coronafälle aufgetreten waren, die Gemeinschaft im Ort hervorhebt und betont:

> „In einer kleinen Gemeinde wie Lieg wird schon genau geschaut, was der Nachbar macht oder wenn unbekannte Autos durch die Straßen fahren und wer eventuell beim Nachbarn zu Besuch ist.“ (Preker 2021)

Allerdings scheint diese informelle soziale Kontrolle, die als Beiwerk des sozialen Austauschs entsteht, für einige Anwohnende nicht (mehr) ausreichend, um das Gefühl zu haben, vor Kriminalität bzw. speziell vor Wohnungseinbruch sicher(er) zu sein (vgl. ähnlich auch Kreissl 1987, S. 278). Es findet also eine Formalisierung statt: Eine Gruppe gründet sich und setzt eine niedrigschwellige Form des Polizierens um. Damit sind die Praktiken der hier untersuchten Gruppen trotz deren informeller Organisationsform (vgl. *Kapitel 7.1.1.1 Organisation der Gruppen*) als vergleichsweise, verglichen mit sporadischer Nachbarschaftskontrolle, formalisiert zu beschreiben.

Dabei werden die Gruppenpraktiken von den Mitgliedern zwar größtenteils, aber nicht hinsichtlich jeden (Sub)Ziels oder uneingeschränkt als wirksam angesehen, sondern es erfolgt eine Reflexion der eigenen Tätigkeiten, die insbesondere auf Basis des von der Polizei vermittelten Wissens um die Kriminalität(sentwicklung), konkret um Formen von Kriminalität wie auch um Häufigkeiten, stattfindet. Da bezüglich der Praktiken der Gruppen, die am Verhalten potenzieller Täter:innen orientiert sind, Gren-

189 Hier sollte betont werden, dass nicht alle Praktiken durch alle Gruppen umgesetzt werden.

zen der Wirksamkeit reflektiert werden, bspw., wenn betont wird, dass man nicht überall sein könne oder nicht jede:r Täter:in abgeschreckt werden könne, werden diese Praktiken um Anpassungen des eigenen Verhaltens, um die Umsetzung von Präventionsstrategien und ihre Etablierung als Präventionsnormen, ergänzt sowie teilweise an Anwohnende, die keine Gruppenmitglieder sind, weitergetragen.

Schreiber (2005) schreibt (mit Verweis auf Frehsee (1998)) zur Verantwortungsübertragung an Bürger:innen im Rahmen kommunaler Kriminalprävention:

> „Soziale Kontrolle, die traditionell von der Familie und im Wohnumfeld ausgeübt wurde und immer mehr schwindet, wird durch solche Konzepte der kommunalen Kriminalprävention wieder ins alltägliche Lebensumfeld eingespeist, dabei aber ‚von oben' gesteuert." (Schreiber 2005, S. 82)

Auf die Gruppen angewandt, kann festgehalten werden, dass deren präventives Polizieren zwar bottom-up initiiert wurde, jedoch der Polizei sowie polizeilichen Präventionsprogrammen eine zentrale Rolle zukam und zukommt – sowohl während der Gründung der Gruppe als auch in der heutigen Praxis. Betrachtet man die Praktiken der Gruppen genauer, lässt sich festhalten, dass ihre Praxis eine starre Einteilung in bottom-up und top-down initiierte Gruppen herausfordert, dass ein gouvernementales Regieren etabliert wird. Im nachfolgenden Kapitel steht die Ausprägung eben dieses gouvernementalen Regierens und die zentrale Forschungsfrage des empirischen Teils dieser Arbeit im Fokus: Nämlich wie sich das Verhältnis zwischen Polizei und Gruppen, zwischen staatlichen und zivilgesellschaftlichen Akteuren, darstellt.

7.3 Wissen & Anbindung an die Polizei als zentrale Kategorien präventiven bürgerschaftlichen Polizierens

Die Analysen bezüglich der Gründungsphase(n) der Gruppen, ihrer Persistenz, der Praxis und ihrer Ziele und Wirksamkeitsperzeption haben gemeinsam, dass zwei Aspekte wiederholt relevant sind: die Anbindung bzw. das Verhältnis zur Polizei sowie Wissen.

Bereits in der Gründungsphase wirkt die Polizei als Rahmengeberin von Möglichkeiten und Grenzen bürgerschaftlichen Polizierens, nimmt Einfluss auf die Ausgestaltung und wird durch Gruppenmitglieder als wesentlich für die Gründung angesehen. Gleichzeitig ist bereits in der Gründungsphase Wissen um Einbruchschutz, aber auch um die eigenen Rechte, damit einhergehende Grenzen des Handelns oder eventuell aus dem Engagement resultierende Verantwortung zentral und wird durch die Polizei vermittelt. Auch die schließlich etablierten Praktiken der Gruppen sind sowohl hinsichtlich der Orientierung am Verhalten von (potenziellen) Täter:innen wie auch am Verhalten von Anwohnenden verwoben mit von der Polizei vermitteltem Wissen und Rahmenbedingungen bzw. polizeilichen Präventionsprogrammen.[190] Hinsichtlich der Persistenz der Gruppe wird der Polizei ebenfalls eine zentrale Rolle zugeschrieben, denn während sich die Bestärkung durch die Polizei günstig auf die Persistenz der Gruppen sowie die Akquise neuer Mitglieder auswirke, könnte eine durch die Polizei angestrebte Formalisierung der Gruppe, bspw. durch die Anforderung polizeilicher Führungszeugnisse, oder die Ablehnung der Gruppe sich auch hemmend auf ihre Persistenz auswirken. Die Bestärkung durch die Polizei erfolgt dabei auch in Form der Bestätigung der Wirksamkeit der Gruppe durch polizeiliche Vertreter:innen, was ebenfalls mit der Vermittlung von Wissen verbunden ist – nämlich mit dem Wissen um die Kriminalitätsentwicklung über die polizeiliche Kriminalstatistik. Auch wenn auf Grenzen der Messbarkeit bezüglich der Wirksamkeit der Gruppen verwiesen wird, erscheint diese Statistik für viele Gruppenmitglieder wichtig, da darüber ein Rückgang von Einbrüchen bestätigt werden kann.

Dabei sind die beiden Aspekte ‚Wissen' und ‚Anbindung an die Polizei' nicht nur separat wichtig, sondern auch miteinander verknüpft (vgl. Abbildung 8).

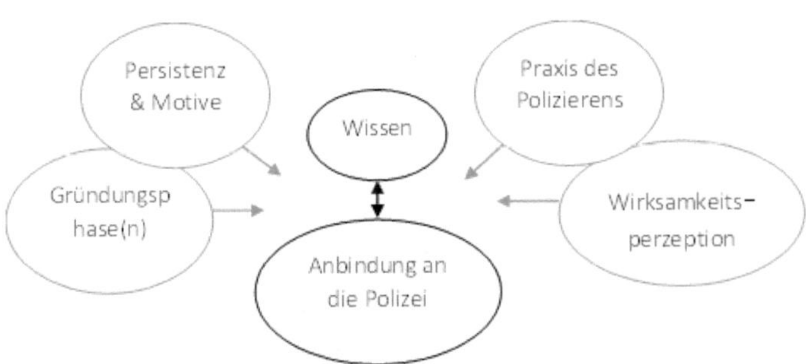

Abbildung 8, Zentrale Kategorien & Verknüpfungen, eigene Darstellung

Nachfolgend erfolgt daher zunächst eine ausführlichere Beschäftigung mit dem Aspekt Wissen, wobei aufgezeigt wird, welches Wissen relevant ist und wann Wissen durch die Polizei vermittelt oder wann es durch die Gruppe generiert wird (Kapitel 7.3.1). Daran anschließend wird das Verhältnis von Polizei bzw. den polizeilichen Ansprechpartner:innen und den

190 Schließlich ließ sich der Aspekt des Wissens sogar in den individuellen Motiven wiederfinden: So ist die Teilnahme an der Gruppe für einige Interviewte motivierend, da sie darüber Wissen um den Ort generieren können.

Gruppen(mitgliedern) genauer betrachtet, es wird die gegenseitige Bewertung aufgegriffen (Kapitel 7.3.2.1 & 7.3.2.2), die konkreten Aufgaben, welche die Polizei den Gruppen gegenüber übernimmt, dargestellt (Kapitel 7.3.2.3) und schließlich die Entwicklung eines Vertrauensverhältnisses und einer besonderen Beziehung herausgearbeitet (Kapitel 7.3.2.4).
Schließlich kann als Ergebnis festgehalten werden, dass das Verhältnis zwischen Polizei und Gruppen als lokale Sicherheitsbündnisse gefasst werden kann, die bezüglich verschiedener Aspekte genauer analysiert werden. Bevor also die Frage nach dem Verhältnis zwischen Polizei und Gruppen beantwortet wird (Kapitel 7.3.4), wird in Kapitel 7.3.3 die Bündnisbildung dargestellt (Kapitel 7.3.3.1), auf die Aufgabenteilung in den Sicherheitsbündnissen eingegangen (Kapitel 7.3.3.2), Responsibilisierung und Versicherheitlichung in den Sicherheitsbündnissen analysiert (Kapitel 7.3.3.3 & 7.3.3.4) und (potenzielle) Auswirkungen der Sicherheitsbündnisse diskutiert (Kapitel 7.3.3.5).

7.3.1 Wissen

In den vorangegangenen Kapiteln ist deutlich geworden, dass Wissen eine zentrale Kategorie für die Gruppen darstellt. Dabei ist vorwegzunehmen, dass Wissen hier nicht ‚objektives' Wissen meinen muss, nicht neutral sein muss. Bezüglich der Gouvernementalität ist Wissen wichtig für die „Produktion und Reproduktion einer ‚normalen' homogenen Gesellschaft" (Herrmann 2014, S. 146), für die Regulation der Bevölkerung mithilfe von „Techniken permanenter Überprüfung, Kalkulation und (statistischer) Berechnung" (Krasmann 1999, S. 109) (*Kapitel 3.4.1 Gouvernementalität und Staat*). Wissen ist dabei nicht neutral, sondern „stellt bereits eine intellektuelle Bearbeitung der Realität dar, an der dann politische Technologien ansetzen können" (Lemke et al. 2015, S. 20–21). Denn selbst wenn es neutral erscheint, „können ein und dieselben Dinge uns durch den Hinweis auf Risiken plötzlich in einem neuen Licht erscheinen und […] die Wahrnehmung von Problemen und Verhaltensweisen verändern" (Krasmann 2003, S. 113).
Das für die Gruppen wichtige Wissen ließ sich in fünf Kategorien differenzieren: Wissen um Kriminalität, um Präventionsstrategien, um konkrete sicherheitsrelevante Informationen, um Ermittlungsergebnisse und Wissen um den Ort. Das Wissen um Kriminalität umfasst Wissen um Kriminalitäts*entwicklungen*, also ob und wieviel passiert, was in Form von statistischen Angaben insbesondere zur Entwicklung von Einbruchskriminalität vorliegt bzw. den Gruppen durch die Polizist:innen mitgeteilt wird, und das Wissen um Kriminalitäts*formen*, also wie etwas passiert, was bestimmte (neue) Vorgehensweisen oder (neue) Formen von Kriminalität, bspw. einen bestimmten „Modus Operandi" (PDG: 50; PF: 18), umfassen kann und ebenfalls durch die Polizist:innen mitgeteilt wird. Daneben gibt es das Wis-

sen um Präventionsstrategien, die die Gruppen als Selbsttechnologien übernehmen und, zumindest teilweise, versuchen als Präventionsnormen zu etablieren, und das Wissen um konkrete sicherheitsrelevante Informationen – also bspw. konkret im Umfeld der Gruppe auftauchende Kriminalitätsphänomene oder auch die Mitteilung bestimmter sicherheitsrelevanter Aspekte, bspw. Teilkennzeichen von Fahrzeugen, die der Polizei bekannt sind und die als verdächtig im Kontext von Wohnungseinbrüchen gelten. Wissen um Ermittlungsergebnisse meint bspw. Wissen darüber, inwieweit Hinweise zur Aufklärung einer Straftat beigetragen haben (könnten). Schließlich ist das Wissen um den Ort bzw. Entwicklungen im Ort wichtig – ohne das Wissen um den Ort kann keine Abweichung vom Normalzustand festgestellt werden (vgl. auch *Kapitel 7.2.5 Identifizierung von Verdächtigem & Abweichendem*).

In Abbildung 9 ist die Benennung dieser unterschiedlichen Kategorien des Wissens über die Interviewten hinweg erfasst. Wissen um Kriminalität wurde in ca. 90 % der Interviews thematisiert, Wissen um den Ort bzw. Entwicklungen im Ort in ca. 81 %, Wissen um konkrete sicherheitsrelevante Informationen und Präventionsstrategien ließen sich in ca. der Hälfte der Transkripte codieren und Wissen um Ermittlungsergebnisse in ca. 24 %.

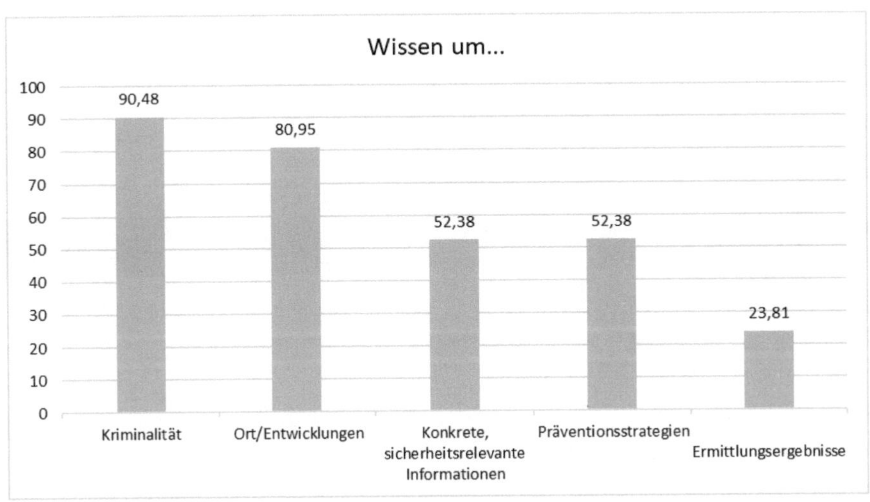

Abbildung 9, Wissenskategorien nach Häufigkeit, eigene Darstellung

Das Wissen fließt dabei zumeist von der Polizei an die Gruppen. Die Weitergabe von Wissen um den Ort ist die einzige Wissenskategorie, bei der Informationen der Gruppenmitglieder an die Polizei fließen (vgl. Tabelle 9).[191]

Tabelle 9, Wissenskategorien / Generierung & Weitergabe, eigene Darstellung

<table>
<tr><th>Wissenskategorie</th><th>Generierung & Weitergabe</th></tr>
<tr><td>Wissen um Kriminalität
o Kriminalitätsentwicklung (Statistik)
o Kriminalitätsform</td><td rowspan="4">Wissensgenerierung und -weitergabe durch die Polizei an die Gruppen</td></tr>
<tr><td>Wissen um Präventionsstrategien</td></tr>
<tr><td>Wissen um konkrete sicherheitsrelevante Informationen</td></tr>
<tr><td>Wissen um Ermittlungsergebnisse</td></tr>
<tr><td>Wissen um den Ort</td><td>Wissensgenerierung durch die Mitglieder; z. T. Weitergabe des Wissens an die Polizei</td></tr>
</table>

Die Polizei wirkt also als Expertin, denn in der polizeilichen Kriminalstatistik erhebt sie das von fast allen Gruppenmitgliedern benannte Wissen um Kriminalität und hat exklusiven Zugriff auf diese Zahlen. Rose und Miller (1992) schreiben zur Expertise:

> „By means of expertise, self regulatory techniques can be installed in citizens that will align their personal choices with the ends of government. The freedom and subjectivity of citizens can in such ways become an ally, and not a threat, to the orderly government of a polity and a society." (Rose und Miller 1992, S. 189)

Hier zeigt sich die Verknüpfung von Wissen bzw. dieser Expertise und Regierung praktisch: Das Wissen ist für die Gruppen(mitglieder) notwendig, sie stimmen die eigenen Praktiken darauf ab – sowohl mit Blick auf das

191 Dies beinhaltet auch Informationen oder Meldungen von Gruppenmitgliedern an die Polizei, die diese ohne das Wissen um den Ort nicht identifizieren könnten, bspw. unbekannte Fahrzeuge.

Verhalten der Täter:innen als auch mit Blick auf das eigene Verhalten sowie jenes der Anwohnenden. Nicht nur potenzielle Täter:innen werden als nutzenrationale Individuen gedacht, die eine Abwägung treffen zwischen dem u. U. zu erreichenden Nutzen aus einem Einbruch und der Gefahr, entdeckt zu werden, sondern auch die Gruppenmitglieder treffen basierend auf dem Wissen, das sie insbesondere durch den Kontakt zur Polizei generieren, in ihrem Sinne nutzenrationale Entscheidungen. So wird auf Basis des oben differenzierten Wissens risikoorientiert bestimmt, was verdächtig ist und was nicht. Zudem ist die Vorstellung der Täter:innen als vernetzt, informiert, z. T. intelligent und professionell konkret, greifbar und das Problem der Einbrüche wird damit (zumindest vermeintlich) bearbeitbar (vgl. auch *Kapitel 7.2.4 Tätervorstellung*). Über Wissen wird die Gefahr bzw. das Risiko eines Einbruchs kommuniziert und Handlungsbedarf plausibilisiert, gleichzeitig wird versucht, diese Gefahr zu rationalisieren bzw. sie in ein versicherungstechnologisch kalkulierbares Risiko zu übersetzen (vgl. auch O'Malley 2004; zitiert in Stenson 2007b, S. 186), indem möglichst viel Wissen um Kriminalitätsformen und -entwicklungen akkumuliert wird. Auf Basis dieses Wissens wird dann das eigene Handeln angepasst – bspw., indem Wissen um eine neue Vorgehensweise, „dass da irgendwie die Häuser anders ausbaldowert werden" (PC: 16), erlangt wird, sodass Gruppenmitglieder wissen, auf was sie bei ihren Runden-, Streifen- oder Spaziergängen zukünftig verstärkt achten könnten.

Es zeigen sich allerdings auch Unterschiede in den Reaktionen auf das erlangte Wissen, es werden von den Individuen unterschiedliche Handlungen abgeleitet – in der Gründungsphase bspw. dahingehend, dass Personen unterschiedlich auf das Wissen um Einbrüche in der Nachbarschaft reagieren: Während es Personen gibt, die keinen Handlungsbedarf sehen, investieren andere in Sicherheitstechnik und die im Rahmen dieser Studie interviewten Personen schließen sich zu einer Gruppe zusammen. Auf die Gruppenpraktiken bezogen lässt sich fortführen, dass es individuelle Unterschiede in der Praxis des Polizierens gibt: Beispielsweise führt das Wissen um Präventionsstrategien bei einigen Gruppenmitgliedern zum Versuch, diese zu etablieren, während andere sie ausschließlich als Selbsttechnologien internalisieren. Das Melden von Auffälligkeiten ist für einige Gruppenmitglieder zentral, während andere noch nie etwas gemeldet haben und während es Personen gibt, die auf den Gängen aktiv nach Auffälligkeiten suchen, sind andere zurückhaltender. Dasselbe Wissen führt also nicht unbedingt zu denselben Handlungen. Zwar lässt sich ein Regieren über Wissen identifizieren, aber dieses Wissen zu vermitteln und mit Präventionsstrategien und polizeilich erwünschtem Handeln zu verknüpfen, ist sowohl für die Polizei als auch für die Bürger:innen, wenn diese als Multiplikator:innen für das polizeiliche Expertenwissen fungieren, „schon ein Stück Arbeit" (B1_1: 34) bzw. „immer noch Arbeit" (PDG: 14) (vgl. auch *Kapitel 7.2.2.2 Mel-*

den, 7.2.3.2 Aufmerksamkeit & Melden und *7.2.6.3 Etablierung von Präventionsnormen*).
Nachfolgend werden daher in der genaueren Betrachtung des Verhältnisses zwischen Polizei und Gruppen auch die verschiedenen Aufgaben aufgegriffen, die die Polizei bzw. die konkreten polizeilichen Ansprechpartner:innen neben dem Vermitteln von Wissen mit Blick auf die Gruppen(praxis) übernehmen.

7.3.2 Das Verhältnis von Polizei & Gruppen

Die Betrachtung des Verhältnisses von Polizei und Gruppen ist in die Betrachtung der gegenseitigen Bewertung, der konkreten Aufgaben der polizeilichen Ansprechpartner:innen und schließlich der Betrachtung der Entwicklung eines Vertrauensverhältnisses und einer besonderen Beziehung zwischen den beiden untersuchten Akteuren gegliedert.
Zunächst wird die gegenseitige Bewertung fokussiert: Wie bewerten die Gruppenmitglieder die Polizei und/oder die polizeilichen Ansprechpartner:innen und wie bewerten andersherum die polizeilichen Ansprechpartner:innen die Gruppen? [192]

7.3.2.1 Bewertung der Gruppen durch die polizeilichen Ansprechpartner:innen

Alle polizeilichen Ansprechpartner:innen beurteilen die Gruppen positiv. Es sei „'ne tolle Sache" (PA: 34), „läuft aber hier in [Gebiet] sehr, sehr gut" (PB; 30) und „das wird von ganz oben halt auch abgesegnet und auch gern gesehen und unterstützt" (PDG: 14). Ein:e Kontaktpolizist:in fasst zusammen: „[I]ch steh dem sehr positiv gegenüber" (PC: 56). Auch die konkrete Zusammenarbeit mit den Gruppen wird positiv bewertet: So könne man „gut miteinander arbeiten" (PDG: 52), es gebe ein „angenehmes Klima bei diesen Besprechungen" (PF: 26).
Drei Polizist:innen drücken zudem Bewunderung gegenüber den Gruppen aus, ihre Betreuung sei bspw. „eine Herzensangelegenheit" (PC: 36) oder:

> „Also ich bewundere das, denn das sind ja Privatleute, die in einigen Orten, in einigen Gruppen tatsächlich 365 Tage im Jahr laufen, ne, bei Wind und Wetter. Gehen die abends hier ihre Runde spazieren und sind wachsam und also dieses Engagement über all die Jahre, das be-

192 Dabei muss festgehalten werden, dass lediglich in sechs Interviews Bewertungen der Polizei erfolgten, während in allen Interviews mit den Polizist:innen Bewertungen der Gruppen zu finden waren. Dies ist deswegen nicht überraschend, weil der Leitfaden für die Interviews mit den polizeilichen Ansprechpartner:innen eine Frage zur Bewertung der jeweiligen Gruppe(n) enthielt, während die allgemeine Bewertung der Polizei durch die Gruppenmitglieder nicht explizit abgefragt wurde.

wundere ich und das geben wir auch schonmal als Rückmeldung, ne, das ist schon außergewöhnlich." (PB: 44)

Eine solche bestärkende Rückmeldung kommt auch bei den Gruppenmitgliedern an; so wird von vier Gruppenmitgliedern diese Anerkennung der Gruppe durch die Polizei aufgegriffen. Ein:e Leiter:in betont darüber hinaus, dass ihre Gruppe die Rückmeldung durch Polizist:innen bekommen habe, dass sich auch weitere Dienststellen diese Form des Polizierens wünschten:

> „Bei ihnen [der Polizei] würde auch öfter von anderen Dienststellen mal genauer nachgefragt, was das denn so ist, wie das denn so abläuft, was es denn für Erfolge gibt und würden dann schon neidisch über den Tellerrand gucken: ‚Ja, sowas wünschen wir uns auch von unseren Bürgern', ne. Letztes Jahr hat ein Polizist aus [Bundesland] angerufen, ob ich die [Gruppe B] mal vorstellen könnte." (B1_1: 94)

Punktuell zeigt sich also offensichtlich doch der Versuch der Aktivierung von Bürger:innen in diesem Bereich durch staatliche Akteure.
Dass zwei Gruppen aber zunächst mit Vorsicht betrachtet wurden, wird anhand eines anderen Beispiels deutlich: Ein:e Kontaktpolizist:in berichtet, dass die neue Dienststellenleitung „zunächst Vorbehalte hatte" (PDG: 14), als sie von der Gruppe hörte. Nachdem über die Gruppenpraktiken aufgeklärt worden sei, war sie jedoch „sehr beruhigt und hat das Ganze natürlich seitdem auch unterstützt, unter anderem auch mal durch einen Besuch bei so einem [Treffen]" (PDG: 14).

7.3.2.2 Bewertung der Polizei durch Gruppenmitglieder

Die Bewertung der Polizei konnte in die allgemeine Bewertung der Polizei(praktiken) sowie in die Bewertung in Bezug auf die Gruppenpraktiken bzw. die Bewertung des Verhältnisses zur Polizei differenziert werden.
Bezüglich der allgemeinen Bewertung gibt es drei Interviewte, die Kritik an geringer Polizeipräsenz üben, und ein:e Kontaktpolizist:in gibt an, dass diese Kritik durch Gruppenmitglieder an sie herangetragen worden sei (PDG: 56). Auffällig ist, dass diese Wahrnehmung geringer Polizeipräsenz als Problem bei zwei Interviewten erst im Rahmen von Informationen im Kontext der Gruppenaktivitäten wahrgenommen wurde. So berichtet ein Mitglied, auf der Informationsveranstaltung erfahren zu haben, dass für den Flächenkreis ein Streifenwagen in der Nacht eingesetzt sei und „wenn in [Ort] oben was passiert und hier dann bei uns was passiert, dann brauchen die mal locker eine halbe Stunde bis die von [Ort] überhaupt hier sind. […] Das [ist] eher übersichtlich, was da die Polizeipräsenz anbelangt" (B2_2: 42). Ein:e weitere:r Interviewte:r berichtet, erst durch die Gruppe B1 festgestellt zu haben, „wie runtergefahren die Polizei hier im [Ortsname] war.

Was ich vorher nie gemerkt habe, wo dann die Polizei auch sagte bei einer Meldung: ‚Ja, aktuell haben wir leider keinen Streifenwagen frei'“ (B1_1: 96).

Andere Interviewte empfinden die Polizeipräsenz in ihren jeweiligen Wohnorten als ausreichend. In zwei Interviews wird darauf verwiesen, dass die Polizei „regelmäßig Streife fährt“ (A_3: 102):

> „Außerdem fährt die Polizei jetzt hier auch öfter, also morgens, mittags, abends [G3: ja]. Viele sagen immer, die Polizei fährt ja nicht rum. Stimmt nicht, wir sehen sie öfters [G3: ja]. Also wir kennen ja auch einige, da winkt man sich schon zu oder so. Also, die fahren hier schon häufig.“ (G2_G3: 113)

Das Wissen um Polizeipraktiken und das Kennen der Polizist:innen wirken sich offensichtlich darauf aus, dass die Polizei wahrgenommen wird.

Zudem wird vereinzelt Kritik an der Justiz geübt, die dann teilweise auch an den/die Kontaktpolizist:in herangetragen wird (PDG: 54). So beschreibt das Mitglied einer Gruppe, dass die Justiz nicht mitspiele, wenn „dann mal wirklich was Tolles, ja ein Fisch ins Netz gegangen ist“ und er/sie daher das Gefühl habe, „manche[…] Verbrecher […] müssen zunächst mal das Bonusheft vollbekommen, bevor da überhaupt mal was passiert“ (B1_1: 98). Diese Aussagen passen dabei zur in *Kapitel 7.2.4 Tätervorstellung* beschriebenen Tätervorstellung rational kalkulierender Täter:innen, die auch die Strafe in ihren Entscheidungsprozess der Begehung einer Straftat einbeziehen – aus Perspektive diese:r:s Interviewten erscheinen die Strafen dafür offensichtlich nicht ausreichend, das Handeln des Justizapparats nicht repressiv genug.

Sowohl die Kritik an der Justiz als auch die Kritik an geringer Polizeipräsenz zeigen auf, dass nicht die Polizei an sich kritisiert, sondern als „handcuffed from within“ (Marx und Archer 1976, S. 134) angesehen wird. Dabei wird aber die klassische Begründung für Vigilantismus, nämlich das Einspringen für aus Sicht der Vigilant:innen versagende staatliche Instanzen, für die Gruppenpraktiken nicht benannt.[193]

Bei der Bewertung der Polizei im Kontext der Gruppenpraktiken bzw. des Verhältnisses der Gruppen zur Polizei wird der „sehr gute Kontakt zur Polizei“ (A_1: 44), der gute „Austausch mit der Polizei“ (B1_1: 94) oder auch der gute „Draht zur Polizei“ (D_1: 2) beschrieben:

> „Also, für uns ist diese Zusammenarbeit mit der Polizei, so wie sie ist, eigentlich optimal, dieses Beratende, wohlwollend Unterstützende.“ (D2_3: 152)

[193] Ein Ergebnis, das auch die Analyse des Gründungsprozesses – mit einer Ausnahme – bestätigte (vgl. *Kapitel 7.1.3 Phasen der Gruppengründung*).

Auch wird bspw. konkret mit Blick auf eine:n Kontaktpolizist:in betont, dass die Person genau richtig an dieser Stelle sei (D2_3: 45).
Als kritisch zu interpretierende Bewertungen des Verhältnisses zu den polizeilichen Ansprechpartner:innen und der Polizei beziehen sich auf Grenzen der Wissensvermittlung sowie auf Situationen, in denen Hinweise nicht ernstgenommen wurden. Ersteres wird bei drei Gruppenmitgliedern deutlich: Hier stellt sich der Wunsch nach umfangreicherem (Sonder)Wissen größer dar, als es teilweise durch die Polizist:innen vermittelt wird.[194] Dem Wissen um konkrete sicherheitsrelevante Informationen sind aufgrund von Datenschutzbestimmungen Grenzen gesetzt:

> „Es ist nach wie vor nicht […] möglich, dass die Polizei natürlich von sich aus schon mal Informationen gibt, so: ‚Achtet mal auf dies und achtet mal auf jenes', dürfen die natürlich nicht (lacht).“ (D_1: 72)

Zudem gibt es in einer Gruppe auch die Beschreibung von Grenzen des Wissens um die Kriminalitätsentwicklung. So wird geschildert, dass der Wechsel des/der Kontaktpolizist:in dazu führte, dass keine Statistiken mehr mitgeteilt würden bzw. dass der neue Kontaktpolizist noch überzeugt werden müsse, „dass er die Statistik auch liefert (lacht)“ (F_1: 48).

> „Die sind normalerweise sehr vorsichtig, [statistische Daten] rauszugeben. Der jetzige, es hat gerade ein Wechsel stattgefunden […], da hat ein neuer Kollege begonnen und der war sehr vorsichtig und hat gar keine Daten rausgegeben.“ (F_1: 32)

Ein weiterer Interviewter verweist zudem darauf, dass es „nicht so befriedigend“ (A_2: 22) sei, wenn keine Rückmeldung dahingehend gegeben werde, was aus einem Anruf bei der Polizei geworden sei – wenn also kein Wissen um Ermittlungsergebnisse geteilt wird. Allerdings habe man „in der Zwischenzeit auch Verständnis dafür entwickelt“ (A_2: 22), dass die Polizei dies nicht dürfe.
Ein:e Kontaktpolizist:in beschreibt ebenfalls das Wissen um Ermittlungsergebnisse, die auf Hinweisen durch Gruppenmitgliedern basieren, als zentral:

> „Und was denen GANZ wichtig ist, […] dass die auch, wenn die etwas melden, […] dass sie eine Rückmeldung bekommen durch die Polizei. Das ist denen gaanz wichtig, dass man halt sieht: ‚Ok, was ist aus meinem Hinweis geworden?'. Das gilt für jeden Bereich der Hinweisgebung, aber da, ganz, ganz stark ist das.“ (PDG: 14)

[194] Es gibt weitere Interviewte, die ebenfalls auf die Grenzen dessen hinweisen, was die Polizei an Wissen vermittelt. Aus diesen Aussagen ließ sich der Wunsch nach mehr Informationen aber nicht eindeutig interpretieren.

Mit Blick auf *Kapitel 7.3.1 Wissen* und die zentrale Stellung von Wissen, welches zur Bearbeitung und Rationalisierung des Risikos von Einbrüchen und als Nachweis der Wirksamkeit der Gruppenpraktiken benötigt wird, überrascht es nicht, dass Gruppenmitglieder zum Teil mehr Wissen aus der Beziehung zur Polizei erhoffen, als kommuniziert wird.
Eine deutlichere Kritik wird von zwei Interviewten zudem an Situationen geübt, in denen Hinweise durch Polizist:innen nicht ernstgenommen wurden oder dies zumindest so empfunden wurde (B1_1: 46; D_1: 48). In diesen Fällen wandten sich die Leiter:innen an die zuständigen Ansprechpartner:innen bei der Polizei, die dem nachgehen konnten und identifizieren konnten, „warum hat das da nicht funktioniert, was war da“ (D_1: 48).

> „Ich habe dann meine:n [Ansprechpartner:in] angerufen, gesagt: ‚Also, so funktioniert das nicht, das und das ist vorgefallen', und das hat [Ansprechpartner:in] dann innerhalb der Wache sofort geklärt, ne.“ (B1_1: 46)

Es deutet sich hier bereits an, dass eine Beziehung zwischen Polizei und Gruppen entsteht, innerhalb derer Gruppen Ansprechbarkeit auch einfordern. Nachfolgendes Kapitel fokussiert daher explizit die polizeilichen Aufgaben bezüglich der Gruppen.

7.3.2.3 Polizeiliche Aufgaben

Grundsätzlich sind die Kontaktpolizist:innen im Bereich der polizeilichen Kriminalprävention tätig. Präventionsarbeit wird dabei zum Beispiel in Kitas und Schulen sowie im Rahmen von Seniorenarbeit geleistet. Dabei geht es um Kriminalprävention, aber auch um präventive Maßnahmen im Bereich Verkehr. Die Kontaktpolizist:innen halten Vorträge und führen Projekte durch. Zum Teil sind sie zudem in Ermittlungstätigkeiten eingebunden, bspw. im Rahmen von Anfragen anderer Behörden. In einem Fall gehen die Tätigkeiten darüber hinaus, hier bearbeiten die Kontaktpolizist:innen auch die in ihrem Bereich anfallenden Straftaten (PF: 2). Zwei Polizist:innen betonen dabei, dass sie diese Aufgaben „selbstbestimmt“ (PDG: 8) bzw. „sehr autark“ (PF: 4) machen. Ein:e Polizist:in ist, wie bereits in *Kapitel 6.1.2.2 Sample: Interviewte Gruppen(mitglieder) & Polizeibeamt:innen* angemerkt, nicht in der Kriminalprävention als Kontaktpolizist:in tätig, sondern im Bereich der Bearbeitung von Einbruchsdelikten. Er/Sie ist „da jetzt so reingerutscht, das hätte genauso ein [Kontaktpolizist] sein können“ (PB: 84).
In den vorangegangenen Kapiteln konnten verschiedene Aufgaben, die die Polizist:innen mit Blick auf die Gruppen übernehmen, identifiziert werden. Auch wenn diese Aufgaben nicht festgelegt und formalisiert sind, zeigen sie sich über die verschiedenen Gruppen bzw. polizeilichen Ansprechpartner:innen hinweg. Bereits in der Gründungsphase bei der Entwicklung ei-

ner Idee bürgerschaftlichen Polizierens vermittelt die Polizei Wissen und gibt dabei Handlungsempfehlungen, bestärkt die Gruppen, zeigt Grenzen auf und bietet Ansprechbarkeit. Hinsichtlich der Orientierung am Verhalten potenzieller Täter:innen kommt zu diesen Aufgaben hinzu, Hinweisen nachzugehen bzw. Kontrollen durchzuführen. Bezüglich der Orientierung am Verhalten der Anwohnenden kommt zudem die Etablierung von Präventionsnormen durch die Polizist:innen hinzu.

Handlungsempfehlungen meinen, dass die Polizist:innen den Gruppen „Tipps" (D_1: 18, PB: 80) geben, dass die Gruppen „so ein bisschen so eine Anleitung halt auch bekommen" (PDG: 14). Dies kann auch mit dem Aufzeigen von Grenzen einhergehen, dass also bspw. mit der Polizei „genau geguckt [wurde], wo die Grenzen sind, wie weit, wo ich aufpassen muss, wenn mir irgendwas auffällt, also bis hierhin und nicht weiter" (B1_1: 26) (vgl. *Kapitel 7.1.3.3, Entwicklung einer Idee bürgerschaftlichen Polizierens*). Die Bestärkung der Gruppen in ihrem Handeln bzw. in der Entwicklung ihrer Form präventiven bürgerschaftlichen Polizierens durch die Polizei drückt sich darin aus, dass die polizeilichen Ansprechpartner:innen sich bei den Gruppen für ihre Tätigkeit bedanken (B1_1: 94; PB: 132) oder „schon mal so eine Motivationsemail" (PB: 110) schreiben bzw. kommunizieren, „es ist für uns unheimlich wichtig, was ihr macht" (PF: 20). Ein:e Kontaktpolizist:in betont, dass Wertschätzung „halt ein ganz großer Punkt" (PDG: 14) sei.

Hinzu kommt, dass die Polizist:innen den Hinweisen der Gruppen nachgehen und gegebenenfalls Kontrollen bspw. gemeldeter Fahrzeuge durchführen. Die Etablierung von Präventionsnormen ist bereits ausführlich in *Kapitel 7.2.3 Orientierung am Verhalten der Anwohnenden* dargestellt und bezieht sich u.a. auf die Etablierung risikoorientierter Aufmerksamkeit und die Aufforderung, Auffälliges an die Polizei zu melden.[195]

Die von den meisten Interviewten genannten polizeilichen Aufgaben sind die Vermittlung von Wissen, das Etablieren von Präventionsnormen und die polizeiliche Ansprechbarkeit. Dass ca. 95 % der Interviewten die Aufgabe des Vermittelns von Wissen beschreiben, ist wenig überraschend mit Blick auf die Wichtigkeit, die Wissen für die Praktiken der Gruppen einnimmt (vgl. Abbildung 10).

195 Die Etablierung von Präventionsnormen und das Vermitteln von Wissen sind dabei eng verwoben, da aufbauend auf dem Wissen Handlungen erfolgen (sollen).

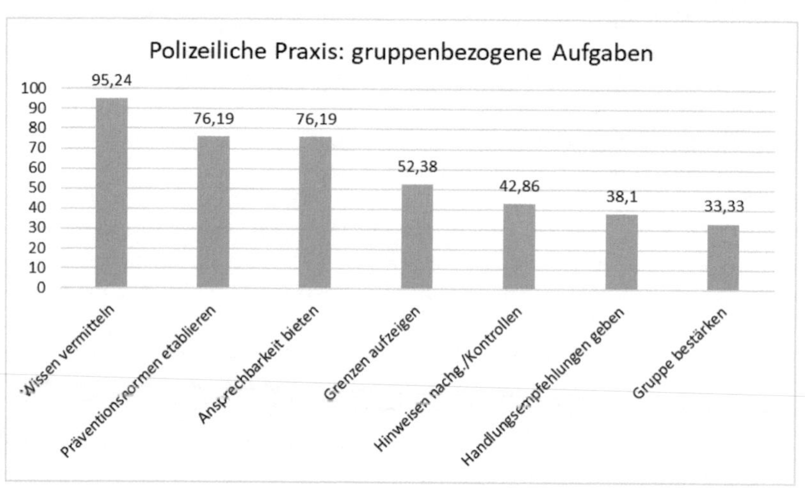

Abbildung 10, Polizeiliche Praxis: gruppenbezogene Aufgaben nach Häufigkeit, eigene Darstellung

7.3.2.4 Entwicklung eines Vertrauensverhältnisses & einer besonderen Beziehung

Insgesamt entwickelt sich zwischen den Gruppen und den jeweiligen polizeilichen Ansprechpartner:innen ein Vertrauensverhältnis und eine besondere Beziehung, die sich allgemein in den verschiedenen Aufgaben zeigen, wie bspw. in der exklusiven Wissensvermittlung und der Bestärkung der Gruppen, zudem aber in drei Aspekten nochmal besonders deutlich werden: In der polizeilichen Aufgabe der Ansprechbarkeit (1), in einer besonderen Stellung der Gruppen gegenüber der Polizei oder mindestens in einer als solche empfundenen besonderen Stellung (2) sowie in einer gegenseitigen Multiplikator:innenfunktion (3). Diese Aspekte werden nachfolgend ausführlicher betrachtet.

Die Ansprechbarkeit (1), die auch eine der polizeilichen Aufgaben darstellt, beinhaltet, dass die Polizei für die Gruppen für Fragen erreichbar ist und dass ein informeller Austausch stattfindet, worüber Vertrauensarbeit geleistet wird. So zeigt sich die Ansprechbarkeit bspw. im Gründungsprozess, wenn der/die Leiter:in beschreibt, dass er/sie „ein ganzes Jahr von einem Polizisten beraten worden“ (B1_1: 4) sei (vgl. *Kapitel 7.1.3.3, Entwicklung einer Idee bürgerschaftlichen Polizierens*), daran, dass die Polizei zumeist auf den ersten Informationsveranstaltungen dabei war (vgl. *Kapitel 7.1.3.4 Gründung*) und auch generell daran, dass es explizite Ansprechpartner:innen bei der Polizei für die Gruppen gibt, die langfristig als solche fungieren und für die Gruppenmitglieder insbesondere telefonisch oder per

E-Mail erreichbar sind. Gruppenmitglieder aus Gruppe D beschreiben, dass der/die Kontaktpolizist:in zur Verfügung stehe, „wenn wir hier von [Ort] aus mal irgendeinen Rat brauchen“ (D_1: 20) bzw., dass er/sie „immer sehr ansprechbar“ (D2_3: 45) sei. Ein Gruppenmitglied hält zudem fest:

> „Man kann auch so anrufen, das haben die uns auch angeboten, auch unter dieser speziellen Nummer, die wir haben. [...] Selbst wenn man mal privat irgendwo was hat [...], dann können wir jederzeit bei denen nachfragen.“ (A_1: 24)

Die Ansprechbarkeit kann dabei also auch über Ansprechbarkeit mit Blick auf die Gruppenaktivitäten hinausgehen. So stehe der/die Kontaktpolizist:in zur Verfügung, „wenn wir hier von [Ort] aus mal irgendeinen Rat brauchen“ (D_1: 20), ein:e Kontaktpolizist:in betont, ansprechbar zu sein „natürlich dann auch, wenn Fragen sind, [...] ja, auch aus anderen Bereichen“ (PC: 16) und ein:e weitere:r Kontaktpolizist:in betont:

> „Da gabs auch mal Dinge abseits der [Bezeichnung für Gruppenmitglieder], da sind einige Leute ja noch in anderer Art und Weise ehrenamtlich tätig und wenn da ein Problem aufgetaucht ist oder die sind da nicht zurechtgekommen und dann haben die auf‘m kleinen Dienstweg angefragt, was sie jetzt am besten machen sollen, und das war mir nie zu viel, da auch entsprechende Ratschläge zu geben.“ (PF: 28)

Somit wird das Vertrauensverhältnis zwischen Gruppen und Polizist:innen aktiv hergestellt. Dies wird auch deutlich, wenn ein:e Polizist:in schildert, dass es wichtig sei, dass die Gruppenmitglieder sie/ihn kennen, „auch ein Gesicht zu einem Namen haben“ (PB: 64), darin, dass es, wenn sich Kontaktpolizist:in und Gruppenmitglieder treffen, „auch mal ein Pläuschchen sozusagen“ (PA: 38) gebe, oder darin, dass man „ein persönliches Gespräch dann nochmal führt. Also nicht nur auf der dienstlichen Schiene“ (PC: 14). Ein:e Kontaktpolizist:in beschreibt, dass er/sie seit mittlerweile 10 Jahren für zwei Gruppen zuständig ist und hält fest:

> „Das finden die auch sehr angenehm, weil sie einfach, wenn ich mit denen spreche, ist das schon so ein bisschen, ja wir haben einen leichten persönlichen Kontakt. Sie kennen mich, die wissen, wie ich gestrickt bin so ein bisschen [...]. Also, dass die da so ein bisschen so einen Abstand ablegen zur Polizei.“ (PDG: 14)

Ein:e Kontaktpolizist:in betont explizit, dass eine Vertrauensbasis unerlässlich sei (PF: 26), und ein:e weitere:r hält fest: „ja und das wächst dann mit der Zeit zusammen“ (PC: 36).
Diese Vertrauensbasis bzw. diese besondere Beziehung zeigt sich auch in der (mindestens als solchen empfundenen) besonderen Stellung gegenüber

der Polizei (2). In fünf Interviews mit Mitgliedern aus vier Gruppen wird betont, dass die Polizei in zwei bis drei Minuten da sei, „weil die auch wissen, wer wir sind, was wir machen und dass wir hier rumlaufen“ (A_2: 22) bzw., „wenn wir die [Polizei] anrufen und sagen, dass wir hier von [Gruppenname] sind, dann sind die sofort da, insofern ist diese Zusammenarbeit sowieso gegeben“ (C_2: 116). Ein weiterer Interviewter beschreibt zudem, dass das Weiterleiten von Hinweisen über die Amtsnummer des Reviers geschieht, „also nicht so ne nicht ganz so hektisch werden, ne, und dann schicken die in der Regel auch, wenn wir sagen, dass wir [Gruppenname]-[Ort] gehören, schicken die auch ein Fahrzeug, das dann mal eine Überprüfung da vornimmt“ (C_1: 14). In einem weiteren Interview wird der Eindruck, dass Hinweise durch Gruppenmitglieder priorisiert werden, ebenfalls reflektiert:

> „Also, wie gesagt, dass sie [die Polizei] sagen, hier die [Gruppenname] tun was für uns, ne, dann tun wir auch was für die [Gruppenname], […] so empfinde ich das und so ist es glaube ich auch, denn wenn wir anrufen, die sind unheimlich schnell da.“ (G2_G3: 115)

Zudem beschreiben zwei Interviewte für die Gründungsphase:

> „[Das] war schon, dass die Polizei das Ganze auch gefördert hat […]. Wir hatten dann auch immer den [Plan] der Polizei gegeben und die hat gesagt […], die Zeiten, die nicht abgedeckt sind, da fahren wir dann auch mal durch den Ort, um das Ganze noch so ein bisschen, naja, die Lücken auszugleichen.“ (D2_3: 83)

Zwei Polizist:innen beschreiben ebenfalls eine besondere Stellung der Gruppen(mitglieder). So beschreibt ein:e Polizist:in, dass die Listen mit den Namen der Gruppenmitglieder im Polizeikommissariat aushingen, sodass, wenn Hinweise eingingen, abgeglichen werden könne, ob diese von einem Gruppenmitglied kämen, um dann zu „sagen, ok, das ist wirklich ein ernstgemeinter, ja Hinweis denn“ (PC: 72).

Dies stellt sich allerdings gruppenspezifisch unterschiedlich dar. Ein:e polizeiliche:r Ansprechpartner:in betont auch, dass es ihm/ihr bei den Veranstaltungen wichtig sei, dass vermittelt werde, dass man sich nicht organisieren müsse, sondern dass jede:r die Polizei verständigen könne (PB: 78):

> „Mir ist immer wichtig zu sagen, die Bürger müssen ja nicht hier in einer WhatsApp Gruppe drin sein, die müssen nicht in einer Bürgerinitiative sein, die können jederzeit natürlich (lacht) als normaler Bürger die Wache anrufen, dann wird dem Hinweis nachgegangen.“ (PB: 28)

Inwieweit die Polizei in einigen Orten, in denen die Gruppen aktiv sind, tatsächlich schneller an den Einsatzorten ist bzw. den Hinweisen der Gruppen eher nachgeht, ist hier nicht zweifelsfrei zu bestimmen. Allerdings verweist bereits der Eindruck, eine Sonderstellung einzunehmen, den die entsprechenden Gruppenmitglieder haben und der teilweise auch durch ihre polizeilichen Ansprechpartner:innen bestätigt wird, auf eine besondere Beziehung.
Dabei sind die polizeilichen Ansprechpartner:innen allerdings nicht mit der gesamten Polizei gleichzusetzen. Sie übernehmen stattdessen eine Multiplikator:innenfunktion (3) für Gruppenbelange innerhalb der Polizei. Der als gut beschriebene Kontakt zur/zum polizeilichen Ansprechpartner:in überträgt sich nicht automatisch auf die gesamte Polizei, sondern erfordert den Einsatz der zuständigen (Kontakt)Polizist:innen. Dies beschreibt ein:e Polizist:in in Bezug auf das Abarbeiten von Hinweisen:

> „Die Kollegen im Streifendienst, die arbeiten dann Einsätze ab und dann fehlt manchmal die Rückmeldung [an die Gruppen]. Dass man da nochmal auch hier bei den Kollegen drauf einwirkt, bitte gebt doch einfach nur nochmal ´ne Rückmeldung, ruft da an, sagt: ‚Hier, wir haben die kontrolliert oder wir haben niemanden angetroffen.'" (PDG: 14)

So informieren die polizeilichen Ansprechpartner:innen innerhalb der Polizei über die Existenz der Gruppen und deren Praktiken oder betonen, bei Hinweisen durch Gruppenmitglieder solle besonders genau hingeschaut werden. Ein:e Polizist:in beschreibt, er/sie habe „die Kollegen im Wechselschichtdienst entsprechend sensibilisiert und […] gesagt, wenn die [Gruppe F] anrufen, nehmt das auf jeden Fall ernst" (PF: 20). Ein Gruppenmitglied umreißt den/die polizeiliche:n Ansprechpartner:in entsprechend auch wie folgt:

> „Eine Kontaktperson, die dafür sorgt, dass die Polizei die Akzeptanz auch behält, dass die auch wissen, dass wir da sind und was wir tun, wie wir draufzugehen." (F_2: 42)

Dass die Gruppenmitglieder ebenfalls zu Multiplikator:innen polizeilicher Interessen oder genauer der Umsetzung polizeilicher Präventionsprogramme werden, konnte in *Kapitel 7.2.3 Orientierung am Verhalten der Anwohnenden* ausführlich dargestellt werden. Das durch die polizeilichen Ansprechpartner:innen vermittelte Wissen und die Tipps bzw. Präventionsnormen werden durch die Gruppenmitglieder internalisiert und teilweise versucht zu etablieren (vgl. *Kapitel 7.2.3.5 Handeln in Erweiterung des Staates: Präventionsnormen als Selbsttechnologien*):

> „[Kontaktpolizist:in] sagt dann immer nochmal: ‚Sagen Sie das ihren Eltern, sagen Sie das Ihren Großeltern' und, je nachdem, wer's so ist, und verbreiten Sie das, was hier so passiert und das ist ja auch ganz wichtig, ne." (D2_3: 47)

Die gegenseitige Multiplikator:innenfunktion zeigt also ebenfalls ein Vertrauensverhältnis zwischen den polizeilichen Ansprechpartner:innen und den Gruppen(mitgliedern) auf.
Auch wenn die Polizist:innen die Gruppen individuell betreuen, es keine formalisierten Vorgaben gibt und Unterschiede in der Intensität des persönlichen Austauschs sichtbar sind, vom ‚Kennen des Gesichts zum Namen' bis hin zum persönlichen Gespräch, welches über die ‚dienstliche Schiene' hinausgeht, lassen diese verschiedenen identifizierten Aspekte doch auf ein Vertrauensverhältnis und eine besondere Beziehung zwischen Gruppen(mitgliedern) und polizeilichen Ansprechpartner:innen schließen.

7.3.3 Lokale Sicherheitsbündnisse

Wie interagieren also zivilgesellschaftliche und staatliche Sicherheitsakteure hinsichtlich der, in diesem Fall, Praktiken des Polizierens? Was für Sicherheitsgefüge sind zu beobachten?
Die beobachteten Sicherheitsgefüge (Abrahamsen und Williams 2009, S. 3) bestehen aus zwei lokalen Akteuren: den polizeilichen Ansprechpartner:innen als staatlichem Akteur sowie den Gruppen bzw. den Gruppenmitgliedern als zivilgesellschaftlichem Akteur. Diese Akteure kooperieren und etablieren dabei ein gouvernementales Regieren. Um eben diese Form des Regierens, die aus der Beziehung zwischen Polizei und Gruppen entsteht, analytisch präziser fassen zu können, als es der Verweis auf die ‚besondere Beziehung' (*Kapitel 7.3.2.4 Entwicklung eines Vertrauensverhältnisses und einer besonderen Beziehung*) könnte, wird der Begriff des Bündnisses von Negnal und Kiefer (2017) herangezogen, auch wenn diese ihn für den breiteren Bereich der Kriminalprävention entwickeln (vgl. *Kapitel 3.3.2 Der Staatszweck Sicherheit und das Gewaltmonopol*).
Nachfolgend wird gezeigt, dass von einem Sicherheitsbündnis zwischen Polizei und Gruppen gesprochen werden kann und dass es zu einer Aufgabenteilung im Sicherheitsbündnis kommt, wobei aber keine Aufgabenverschiebung festgestellt wurde, sondern eine Übernahme neuer Aufgaben sowohl auf Seiten der Polizei als auch auf Seiten der Bürger:innen. Zudem kann gezeigt werden, dass aus der Sicherheitsforschung bekannte Aspekte, Responsibilisierung und Versicherheitlichung, auch in den untersuchten Sicherheitsbündnissen wiederzufinden sind – allerdings in Varianten. Schließlich werden (potenzielle) Auswirkungen der Sicherheitsbündnisse reflektiert.

7.3.3.1 Bündnisbildung

Den Bündnisbegriff beschreiben Negnal und Kiefer (2017) im Kontext der Bildung von Bündnissen im Bereich der Kriminalprävention, in welches sich das hier vorliegende präventive Polizieren auch einordnen lässt, folgendermaßen (vgl. auch *Kapitel 3.3.2 Der Staatszweck Sicherheit und das Gewaltmonopol*):

> „Bündnisse verstehen wir als – aus polizeilicher Perspektive – professionelle Zusammenschlüsse mit wechselseitigen Erwartungen der Beteiligten, die sich auf das richten, was ‚präventiert' werden soll." (Negnal und Kiefer 2017, S. 170)

Dabei schließen sich die Bündnispartner:innen zusammen, „weil sie an einer ‚Sache' arbeiten, die für sie von Belang ist" (Negnal und Kiefer 2017, S. 170). Diese bezeichnen die Autorinnen im Anschluss an Latour (2004) als ‚matter of concern', der das Bündnis konstituiert, denn er „impliziert (1) eine Betroffenheit, die die jeweiligen AdressatInnen als (2) RepräsentantInnen zivilgesellschaftlicher oder staatlicher Akteursgruppen aufruft, die sich einer Sache (3) im Zuge einer öffentlichen Problematisierung widmen" (Negnal und Kiefer 2017, S. 170–171).
Im Rahmen der hier vorliegenden Bündnisse lässt sich von informellen statt von professionellen Bündnissen[196] sprechen, in die, mit Ausnahme von Impulsgebungen aus der Lokalpolitik bei der Gründung oder dem Verfügbarmachen von Mitteln für die Ausstattung von Gruppen durch die Gemeinde, lediglich zwei Akteure involviert sind. Doch auch hier gibt es eine Betroffenheit, also Einbrüche, sowie den öffentlichen Aufruf bzw. die Problematisierung sich einer Sache, nämlich der Verhinderung von Einbrüchen durch die Teilnahme an der Gruppe, zu widmen.
Birenheide (2009) beschreibt in ihrer Arbeit zu einer polizierenden Bürgergruppe, wie diese eine Sicherheitscommunity schaffen, in der Sicherheit zum Vergemeinschaftungsfaktor wird (Birenheide 2009, 187; 236). Darüber hinaus kann für die hier untersuchten Gruppen von einem Sicherheits*bündnis* gesprochen werden. Das zu identifizierende Sicherheitsgefüge (Abrahamsen und Williams 2009, S. 3) ist ein Bündnis, in dem die Bestrebungen der Autoritäten, also der Polizei, und der Gruppen auf der lokalen Ebene synchronisiert werden und welches sich durch diesen Prozess reproduziert. Wenn ein:e Polizist:in betont, die Gruppen hätten das Konzept ‚Wachsame Nachbarn' „wunderbar umgesetzt" (PB: 96), zeigt sich die Verknüpfung von Regierungstechniken und Selbsttechnologien innerhalb des Bündnisses und damit die Erreichung des Ziels „to align the actors' objectives with those of the authorities" (Garland 1997, S. 187): ein gouvernementales Regieren entsteht.

196 Für den Professionsbegriff im Kontext von Sicherheit vgl. auch Hirschmann 2015.

Mit Gründung der Gruppen entstand also durch die Absprache und den Austausch mit der Polizei eine neue Struktur der Unterstützung, des Wissensaustauschs und der Kooperation (Garland 1996, S. 454): lokale Sicherheitsbündnisse. Auch wenn darauf hingewiesen wird, dass die Polizei ein „stiller Beobachter“ (PB: 22) sei, die polizeiliche Einmischung auch der „Killer für die Ehrenamtlichkeit" (PF: 60, vgl. auch *Kapitel 7.1.4.1.2 Polizeikontakt & Organisationsform*) sein könne oder „die Polizei […] das Mittel (lacht) zum Zweck hätte ich fast gesagt“ (D_1: 86) sei, zeigt sich in der Praxis eine „beidseitige Inanspruchnahme“ (Ruhnau und Liebhart 2019, S. 107), ein Bündnis: „Die können uns gebrauchen, wir können die gebrauchen, so (lacht) nicht mehr und nicht weniger“ (D_1: 86).
Die festgestellte beidseitige Inanspruchnahme, das Synchronisieren der Bestrebungen sowie die präzisere Bezeichnung des Verhältnisses als Bündnis sollen allerdings keinesfalls implizieren, dass es sich um ein ausgewogenes Machtverhältnis handelt. Denn die Kontrolle und auch das staatliche Gewaltmonopol verbleiben bei der Polizei. Daher wird nachfolgend die Aufgabenteilung im Sicherheitsbündnis genauer betrachtet.

7.3.3.2 Aufgabenteilung im Sicherheitsbündnis

> „Wir berichten und die [Polizist:innen] müssen dann entscheiden, was sie machen.“ (A_2: 108)

In *Kapitel 7.2.2.4 Grenzen des Handelns: täter:innenorientiert* wurde mithilfe dieses Zitats schon einmal auf die Aufgabendifferenzierung zwischen Polizei und Gruppen im Kontext der Grenzen des Handelns verwiesen. Gruppenmitglieder „beobachten und melden“ (B1_2: 78) und die Polizei ist für jegliche Form von Intervention zuständig[197] oder wie ein:e Interviewte:r beschreibt:

> „Wir haben eine ganz klare Arbeitsteilung. […] Wir sind Zivilisten, die einfach unser Haus und Hof sozusagen im Blick haben und nicht mehr und nicht weniger. Und wenn uns was auffällt, dann kommen die Profis, dann kommt die Polizei. [….] [Eine] ganz klare Schnittstelle.“ (F_1: 112; 116)

Diese Aufgabenteilung ist abgestimmt und die Grenzen des Handelns der Gruppen sind in den Schilderungen der interviewten Mitglieder und Polizist:innen kohärent. Im Sicherheitsbündnis kommt es also zu einer Arbeitsteilung.

---

[197] Dass hier Grenzen auch verschwimmen könn(t)en und in einigen Gruppen Mitglieder doch nicht ausschließlich beobachteten und meldeten, ist in *Kapitel 7.2.2.3 Intervention* dargestellt. Diese Interventionen stellen jedoch Ausnahmen dar.

Diese Arbeitsteilung beinhaltet allerdings keine „neue[…] Verantwortungsteilung“ (Enquete-Kommission "Bürgerschaftliches Engagement" 2002, S. 33) zwischen Staat und Zivilgesellschaft im Bereich der Sicherheitsproduktion, denn es kann nicht davon gesprochen werden, dass (vormals) staatliche Aufgaben von Bürger:innen übernommen werden. Stattdessen werden auf beiden Seiten *neue Verantwortlichkeiten* hinzugenommen. Die Gruppen etablieren ein Handeln in Erweiterung zum Staat, sie übernehmen Aufgaben, die vorher entweder informeller Art waren, bspw. informelle soziale Kontrolle in kleinen Orten, oder nicht in dem Maße existierten, bspw. die Etablierung von Präventionsnormen. Diese Aufgaben waren und sind dabei keine Aufgaben, die ausschließlich von der Polizei übernommen wurden oder übernommen werden könnten. Diese übernimmt wiederum diverse Aufgaben hinsichtlich der Gruppen, von der Ansprechbarkeit bis zur Vermittlung von Wissen (vgl. *Kapitel 7.3.2.3 Polizeiliche Aufgaben*), und etabliert „a new set of co-ordinating and activating roles“ (Garland 1996, S. 454) sowie eine beaufsichtigende und partnerschaftliche Rolle (Frevel 2015, S. 280–281; John 2013, S. 24) zusätzlich zu ihren traditionellen Funktionen. Für die konkrete Arbeit in den Bündnissen kann dabei auch nicht von einer eindeutigen Tendenz „from rowing to steering“ (Abrahamsen und Williams 2009, S. 4, Kapitel 3.5), sondern eher von einem staatlichen ‚rowing *and* steering‘ gesprochen werden. Das Regieren aus der Distanz, womit auf die verstärkte staatliche steering-Funktion verwiesen wird (bspw. Juhila et al. 2017, S. 14; Beste 2000), ist im Bereich der hier untersuchten Sicherheitsbündnisse um „hands on“ (Butcher 2019, S. 76) Elemente ergänzt: Offensichtlich zu sehen in den Aufgaben, die die Polizei übernimmt, sowie in den routinisierten Treffen und in der Weitergabe der Pläne der Gruppen an die Polizei.[198]

Dabei lassen sich für die hier identifizierten lokalen Sicherheitsbündnisse eine „Verschiebung von formellen zu informellen Formen der Regierung und die Konstitution neuer Techniken individueller und kollektiver Führung“ (Lemke 2020, S. 439, Kapitel 3.4.1) feststellen, bei der das Gewaltmonopol des Staates als nicht statische Größe durch die Aufgabendifferenzierung im Sicherheitsbündnis in einem kontinuierlichen Prozess aufrechterhalten und verteidigt (Beck und Schlichte 2014, S. 19), dabei also verstetigt und nicht hinterfragt oder herausgefordert wird. Die Freiwilligkeit des Zusammenschlusses bzw. die Freiheit und Subjektivität der Gruppenmitglieder wird dabei zum Verbündeten und nicht zur Bedrohung des Staates (Rose und Miller 1992, S. 189). Wie in *Kapitel 7.3.3.1 Bündnisbildung* angedeutet, ist dabei zu sehen, dass es sich bei den Bündnispartner:innen nicht um ausgeglichen machtvolle Akteure, also zwei gleichrangige Knoten

198 Auch wenn es hier Unterschiede zwischen den Gruppen gibt – bspw. in der Frequenz der Treffen (vgl. *Kapitel 7.1.1.1 Organisation der Gruppen*).

in einem Sicherheitsgefüge, handelt (vgl. auch Stenson 2007b, S. 191; Garland 1997, S. 195, Kapitel 3.4.2). Stattdessen behält der staatliche Akteur Polizei die Kontrolle. Negnal und Kiefer (2017) weisen darauf hin, dass in Fällen, in denen Polizist:innen zu den einzigen Ansprechpartner:innen werden, ihnen dieser Umstand eine „besondere, machtvolle Position als ‚ExpertInnen' verleiht" (Negnal und Kiefer 2017, S. 184). Dieser Umstand kann für die hier identifizierten lokalen Sicherheitsbündnisse festgehalten werden.

7.3.3.3 Responsibilisierung im Sicherheitsbündnis

Für die identifizierten Sicherheitsbündnisse konnte also keine Auslagerung staatlicher Aufgaben auf Bürger:innen festgestellt werden. Dennoch lässt sich von einer Responsibilisierung sprechen. O'Malley (2009) schreibt, dass Responsibilisierung sich auf einen Prozess bezieht, bei dem Individuen für Aufgaben verantwortlich gemacht werden, die vorher die Pflicht von jemand anderem, in der Regel einer staatlichen Behörde, oder überhaupt nicht als Verantwortung anerkannt waren (O'Malley 2009, S. 276, Kapitel 3.4.3). Auch wenn der Staat seine Verantwortung nicht abgibt, die Gruppenmitglieder also keine Aufgaben übernehmen, die vorher durch eine staatliche Behörde ausgeübt wurden, übernehmen die Gruppenmitglieder eine größere Verantwortung für die Verhinderung von Wohnungseinbrüchen als vor der Gruppengründung. Sie übernehmen durch ihre Praktiken, die in dem Maß vor Gruppengründung nicht umgesetzt waren, Verantwortung. Zwar liegt die Verantwortung für die eigene Sicherheit und das soziale und räumliche Umfeld grundsätzlich zunächst bei den Bürger:innen selbst: „Mögliche Gefahren und Risiken gilt es zu erkennen und sich mit dem eigenen Handeln darauf einzustellen" (Frevel 2016, S. 21, Kapitel 3.3.2). Die Gruppenpraktiken gehen aber in ihrer Formalisierung informeller sozialer Prozesse und der teilweise zu identifizierenden Etablierung von Präventionsnormen, die wiederum teilweise mit einer Verschiebung privater Belange zu öffentlichen Belangen einhergehen kann (vgl. *Kapitel 7.2.3.1 Haussicherung*), in ihrer Verantwortungsübernahme weiter. Aufgrund ihres Wissens um Kriminalität und der Risikoorientierung in ihren Praktiken des Polizierens sichern sich die verantwortlichen und rationalen Individuen gegen das Einbruchsrisiko ab (Lemke 2000, S. 38):

> „Falls sie dennoch zu Verbrechensopfern werden, müssen sie sich deshalb fragen lassen, ob sie die Risiken nicht fehlerhaft kalkuliert haben und ihre Opferrolle teilweise oder ganz selbst verschuldet ist. Auf diese Weise wird die Optimierung der eigenen Sicherheit gleichzeitig zu einem Zeichen der individuellen Autonomie und zu einem gesellschaftlichen Imperativ: Es ist nicht nur irrational, sondern auch unmoralisch, es ‚den Verbrechern zu einfach zu machen' und der All-

> gemeinheit die (finanziellen) Folgelasten von Verbrechen aufzuerlegen, die prinzipiell vermeidbar sind." (Lemke 2000, S. 38–39)

Bzw. sind es im Fall der Gruppen weniger finanzielle Folgelasten, sondern der Ort wird aus Sicht der Gruppenmitglieder einem nicht völlig vermeidbaren, aber eindämmbaren Risiko ausgesetzt (vgl. *Kapitel 7.2.3.1 Haussicherung*).
O'Malley (2009) schreibt zudem, dass neben der Verantwortungsübernahme für (sinkende) Kriminalitätsraten eine enge Zusammenarbeit zwischen Polizei und Gemeinden impliziere, dass die Gemeinden die Polizeiarbeit bekämen, die sie verdienten:

> „Through such techniques as police-community consultation committees and public audits, citizens have been expected to become active on their own behalf – responsible customers of police services who should not passively accept what was provided, but should make the effort to demand 'world class' service." (O'Malley 2009, S. 277)[199]

Dieses Aktivwerden als verantwortungsbewusste Kund:innen von Polizeiarbeit zeigte sich, wenn der Eindruck entstand und/oder durch Kontaktpolizist:innen vermittelt wurde, dass Hinweise von Gruppenmitgliedern ernster genommen würden als von anderen Bürger:innen oder auch, dass die Polizei in den Lücken der Pläne einer Gruppe Streife fuhr (vgl. *Kapitel 7.3.2.4 Entwicklung eines Vertrauensverhältnisses & einer besonderen Beziehung*). Es zeigt sich auch in dem Anspruch, den einige Gruppenmitglieder an die Polizei stellen, wenn es bspw. um die polizeiliche Rückmeldung zu Hinweisen geht (vgl. *Kapitel 7.3.2.2 Bewertung der Polizei durch Gruppenmitglieder*).
Eine weitere konkrete Forderung an den Staat ist in einem Beispiel im Kontext der Gruppen B1 und B2 zu finden. So führte die Gründung dieser beiden Gruppen dazu, dass Bürger:innen auffiel, „wie runtergefahren die Polizei hier im [Ortsname] war" (B1_1: 96). Die Polizei kommunizierte das Problem der Unterbesetzung gegenüber Gruppenmitgliedern, was in diesem Fall wiederum zu Handlungen auf Seiten der Gruppen, nämlich zu einer Petition für mehr Polizei führte:

> „Da haben wir auch eine Petition gehabt, mehr Polizei für den Kreis [Ortsname], wir sind der äußerste Zipfel von [Bundesland] und hatten irgendwie das Gefühl, wir sind hier vergessen worden von [Hauptstadt des Bundeslandes], von der Landesregierung. Und dann haben wir dann Unterschriften gesammelt für mehr Polizei." (B1_1: 96)

199 Damit liege auch andersherum schlechte Polizeiarbeit zumindest teilweise in der Verantwortung von Bürger:innen (O'Malley 2009, S. 277).

In der Wahrnehmung der/des Interviewten hat(te) das Gebiet eine „frontier quality“ (Abrahams 1998, S. 24), wobei allerdings statt vigilantem Handeln eine Kombination aus eigenem Handeln und der Forderung nach staatlichem Handeln gewählt wurde. Mittlerweile sei „mehr Personal angekommen“ (B1_1: 96). Das Sicherheitsbündnis von Polizei und Bürger:innen führte also zu einem Appell bzw. einer Aufforderung an politische Akteure. Auch wenn im Rahmen dieser Arbeit nicht zu bestimmen ist, welchen Einfluss die Petition tatsächlich auf die Aufstockung hatte, zeigt sich insgesamt, dass ein solches Sicherheitsbündnis zumindest potenziell auch zu einer doppelten Ausweitung staatlicher Kontrolle führen kann: Nicht nur als Ausweitung staatlichen Einflusses über das Sicherheitsbündnis, sondern auch über Forderungen an die Polizei durch die responsibilisierten Bürger:innen, die u.U. sogar zu einer Aufstockung der Polizei beitragen können. Butcher (2019) schreibt, dass es einer gewissen Ironie nicht entbehre, dass die Ausweitung bürgerschaftlichen Engagement (bzw. „citizenship“) dazu führe, dass besser über ihre Rechte informierte Bürger:innen die Durchführung formeller ordnungsgemäßer Verfahren fordere, was zu einem großen Teil auf Kosten der staatlichen Ressourcen gehe:

> „Citizens then, appear increasingly likely to demand more from the state, precisely when the emergence of responsibilisation strategies suggests an acknowledgement and re-articulation of its limits.” (Butcher 2019, S. 77)

Die Responsibilisierung von Bürger:innen bei gleichzeitiger Begrenzung deren Handelns ist dabei zudem kein Prozess, der ‚einfach so‘ vor dem Hintergrund einer (zumindest staatlich angestrebten) politischen Kultur der Eigenverantwortung und des erwünschten bzw. zu fördernden bürgerschaftlichen Engagements stattfindet bzw. sich entwickelt. Stattdessen zeigen die hier untersuchten Fälle im Bereich bürgerschaftlicher Sicherheitsarbeit auf, dass Responsibilisierung Arbeit erfordert. Diese Arbeit ist konkret in den Aufgaben, die die Polizei bezüglich der Gruppen übernimmt, sichtbar, insbesondere in der Verknüpfung von Wissen mit erwünschtem Handeln, durch welche Bürger:innen überzeugt werden (sollen), dass eben dieses erwünschte Handeln auch in ihrem eigenen Interesse ist (Garland 1997, S. 188). Die Arbeit der Bürger:innen besteht wiederum in der Umsetzung des erwünschten Handelns, in der Selbstresponsibilisierung sowie in der Multiplikator:innenfunktion und damit einer Responsibilisierung von Bürger:innen untereinander – besonders deutlich zu sehen in der Etablierung von Präventionsnormen.
Auch Garland schreibt:

> „Where it works – **and one should not underestimate the difficulties involved in making work** [Hervorh. durch d. Verf.] – the respon-

> sibilization strategy leaves the centralized state machine more powerful than before, with an extended capacity for action and influence." (Garland 1996, S. 454)

Auch wenn die Gruppen eine Möglichkeit bieten, polizeiliche Präventionsprogramme zu implementieren, gerade vor dem Hintergrund, dass Kriminalität „nicht zu den Themen gehört, mit denen sich der Großteil der Menschen ständig beschäftigt" (Klotter und Mayer 2018, S. 116), wird die polizeiliche Arbeit nicht zwangsläufig als effizient wahrgenommen. Dies wird in einem Polizeiinterview deutlich, in dem ein:e Kontaktpolizist:in beschreibt, froh darüber zu sein, sich bezüglich der Aufgabe der Betreuung der Gruppen gegenüber der Polizei nicht rechtfertigen zu müssen, obwohl die Wirksamkeit der Gruppen nicht gemessen, Kosten und Nutzen der Unterstützung nicht evaluiert werden:

> „Also ich bin sehr froh, dass das hier unterstützt wird, dass ich das weiter unterstützen darf und betreuen darf, und dass da halt auch keiner sagt: ‚Ja, wir haben hier keine Zahlen'. Was ich halt gesagt hab, ne, die Prävention kann man nicht messen […]. Also von daher, da gibts gar nichts und das soll auch so bleiben. Also das ist so ein bisschen so, dass ich halt froh bin, dass ich das nicht hier irgendwie rechtfertigen muss." (PDG: 42)

Sowohl die Anspruchsstellungen als auch dieses Beispiel der Kosten-Nutzen-Rechnung für die polizeiliche Arbeit zeigen auf, dass im Fall der Gruppen eine Responsibilisierung von Bürger:innen als Ausprägung ökonomischer bzw. neoliberaler Rationalität mit dem Ziel der Einsparung staatlicher Leistungen hier also nicht direkt bzw. kurzfristig umgesetzt ist.[200] Die Responsibilisierung von Bürger:innen stellt also nicht automatisch ein „Terrain kostenneutraler symbolischer Politik" (Zimmer und Nährlich 2000, S. 15) dar.

Die hier beobachtete Form der Responsibilisierung ermöglicht staatlichen Akteuren also mehr Einfluss, aber sie kann auch zu weitergehenden Ansprüchen der Bürger:innen an die staatlichen Akteure führen und erfordert Arbeit. Zusätzlich dazu bestätigen auch die Hürden der Gruppengründung und der Wunsch einiger Polizist:innen nach einem solchen Engagement, das dann aber nicht zustande kommt, sowie die allgemein geringe Anzahl

200 Lemke et al. 2015 schreiben aber auch: „Die Geschichte ist nicht die Ausführung eines Plans, sondern das, was ‚zwischen' diesen beiden Ebenen liegt. Daher bestimmt Foucault Rationalitäten als Teil einer Realität, die gerade durch das ‚Scheitern' von Programmen gekennzeichnet ist" (Lemke et al. 2015, S. 22). Gouvernementalitätsanalysen evaluieren also nicht politische Programme als „‚umgesetzt' oder ‚verfälscht'", als „erfolgreich ‚verwirklicht' […] oder ‚gescheitert'" (Lemke et al. 2015, S. 23).

solcher Gruppen in Deutschland eine Feststellung, die Butcher (2019) für Großbritannien trifft:

> „The inconsistent and patchy involvement of citizens in schemes such as Neighbourhood Watch suggests that responsibilisation as a strategy of state power still can be, and is, frequently resisted." (Butcher 2019, S. 78)

7.3.3.4 Versicherheitlichung im Sicherheitsbündnis

Die Nachzeichnung und Analyse von Versicherheitlichungsprozessen ist nicht Ziel dieser Arbeit (vgl. dazu ausführlich Bust-Bartels 2021), dennoch wird dieser Aspekt zumindest knapp aufgegriffen, weil es naheliegt, dass es im Kontext von Sicherheitsbündnissen, Responsibilisierung und einer Ausweitung staatlicher Kontrolle zu Versicherheitlichung kommt.
Anschließend an die Ausführungen in *Kapitel 3.3.1 Der Sicherheitsbegriff und seine Erweiterung* kann Versicherheitlichung verstanden werden „als eine veränderte Wahrnehmung und Deutung von sozialen Phänomenen durch die besondere Beachtung von Risiken und Gefahren bzw. Schutz- und Sicherheitsbedarfen. […] Die Versicherheitlichung von Problemen führt so zunehmend zu einer Integration von vormals nicht maßgeblich als sicherheitsrelevant bewerteten Phänomenen in die sicherheitspolitische Diskussion" (Frevel und John 2014, S. 345–346).
Ziel der Gruppen ist die Verhinderung von Einbrüchen. Bezüglich der Orientierung am Verhalten potenzieller Täter:innen ließen sich keine Versuche finden, darüberhinausgehendes Verhalten zu verhindern, das als unerwünscht angesehen und als Sicherheitsproblem interpretiert wird, obwohl es nicht kriminell oder ordnungswidrig ist. So beschreibt auch ein Mitglied:

> „Es geht nicht um diese Kleinigkeiten, sondern ist irgendwo was Auffälliges, macht sich irgendwo einer in Anführungsstrichen ‚verdächtig', dass er da am Auto rumspielt oder, ja steigt einer irgendwo über´n Balkon. Also solche Dinge. Die also wirklich, ja, die schon zum Einbruch gehören." [(A_1: 4)

In einem weiteren Interview ist zudem eine Resilienz gegenüber Sachbeschädigung an durch die Gruppe aufgestellten Schilder erkennbar:

> „Leider wird auch das eine oder andere [Schild] dann mal, fällt dann mal dem Vandalismus zum Opfer. Dann hängen wir wieder ein Neues auf […]. Das passiert auch, aber ich glaube, […] dass sind vielleicht eher, was weiß ich, dumme Jungenstreiche, Jugendliche oder so, die vielleicht ein bisschen viel gefeiert haben und dann denken, sie müssen so ein Schild beschädigen. Ja, da sehen wir dann halt drüber hinweg und montieren es wieder neu." (B2_1: 68)

Nicht im Fokus der Gruppe sind also offenbar „physical or social signs of disorder“ (Lub 2018a, S. 4). Die thematische Eingrenzung, der Fokus auf Einbrüche, scheint zu verhindern, dass andere Themen im Bereich von Sicherheit und Ordnung sowie weitere nicht originär sicherheitsrelevante Themen im Kontext der Gruppenaktivitäten verhandelt und schließlich versicherheitlicht werden.

Dennoch ließen sich auch für die hier untersuchten Gruppen Versicherheitlichungsprozesse identifizieren: So kann es durch die etablierte risikoorientierte Aufmerksamkeit zu einer Umdeutung ziviler Sachverhalte in kriminalitätsbezogene Sachverhalte kommen (Steffen 2009, S. 49). Die Ausweitung des Wissens um Präventionsmaßnahmen führt auch zu einer Ausweitung des Wissens „über die Möglichkeit des Eintretens von unerwünschten Ereignissen“ (Krasmann 2003, S. 113). Situationen, die fälschlicherweise als kriminalitätsbezogen interpretiert wurden, zeigen, dass eine besondere Beachtung von Risiken und Gefahren bzw. Schutz- und Sicherheitsbedarfen zu einer veränderten Wahrnehmung und Deutung der Situationen führten, sie also versicherheitlicht wurden (vgl. *Kapitel 7.2.5 Identifizierung von Verdächtigem & Abweichendem*). Dies gilt dann auch für die Orientierung am Verhalten der Anwohnenden, wenn deren Nichtbeachtung von Präventionsstrategien durch Gruppenmitglieder als unerwünscht angesehen und als zu bearbeitendes Sicherheitsproblem interpretiert wird. Durch das Sicherheitsbündnis ist es dabei wahrscheinlich, dass die Polizei schneller hinzugezogen wird als vorher, was ebenfalls einer Versicherheitlichung zuträglich ist.

Hinzu kommt, dass die Wahrnehmung von Einbrüchen als Problem zentral ist, um die Gruppen aufrechtzuerhalten, sodass es notwendig ist, das Risiko des Einbruchs zu betonen, „auch wenn´s dieses Jahr etwas weniger Einbrüche gibt, die Zahlen können wieder steigen“ (PB: 110; *Kapitel 7.2.3.2 Aufmerksamkeit & Melden*). Eine Auswirkung der Sicherheitsbündnisse kann also, zumindest potenziell, eine veränderte Bedrohungswahrnehmung durch die Ortsbewohner:innen sein (vgl. auch Bust-Bartels 2021, S. 273).

Auswirkungen der Sicherheitsbündnisse sowie ein Ausblick auf Forschungsbedarfe bezüglich solcher Auswirkungen stehen daher im Fokus des nächsten Kapitels.

7.3.3.5 (Potenzielle) Auswirkungen des Sicherheitsbündnisses

Aufgrund des Forschungsdesigns der Studie können nicht zu allen bislang aus der Forschung bekannten Auswirkungen ähnlicher Gruppen Ergebnisse präsentiert werden. Auswirkungen, die eindeutig auf Grundlage der dargestellten Ergebnisse feststellbar sind, sind Auswirkungen auf die Gruppen bzw. deren Mitglieder selbst sowie auf die Polizei. Weitere potenzielle

Auswirkungen werden nachfolgend auf Basis bisheriger Forschung angerissen und bezüglich der hier untersuchten Gruppen reflektiert.[201]
Eine eindeutige Auswirkung der hier untersuchten Sicherheitsbündnisse ist die Ausweitung staatlichen Einflusses in die Sphäre der Zivilgesellschaft. Wie auch in anderen Bereichen der pluralisierten Sicherheitsarbeit zeigt sich über die Sicherheitsbündnisse eine Ausdehnung staatlicher Kontrollmöglichkeiten (Frevel und John 2014, S. 354). Trotz der Anspruchsstellungen durch die und der Einflüsse der Gruppenmitglieder ist es die Polizei, die die Kontrolle behält, und sind es die Gruppen, die sich an polizeilichen Präventionsprogrammen orientieren. Dabei sind die Aufgaben der Polizei allerdings nicht zu unterschätzen: Bündnisbildung, -aufrechterhaltung und Tätigkeiten im Bündnis erfordern polizeiliche Ressourcen bzw. Einsatz der jeweiligen polizeilichen Ansprechpartner:innen.
Für die Gruppenmitglieder kann das Sicherheitsbündnis individuell unterschiedliche Auswirkungen haben, je nachdem, welche Motive im Vordergrund stehen – bspw. vom Genießen der Gemeinschaft und Geselligkeit bis zum Gefühl, Kontrolle (zurück)zuerlangen bzw. dem Risiko von Einbrüchen nicht ohnmächtig ausgeliefert zu sein, sondern dazu beizutragen, dieses zu mindern (vgl. *Kapitel 7.1.4.3, Motive bürgerschaftlichen Polizierens*). Eine allgemeine Auswirkung ist soziales Kapital, welches zudem durch den Kontakt zur Polizei über den Bereich der Zivilgesellschaft hinaus ausgeweitet wird und Einflussmöglichkeiten eröffnet, die in den Anspruchsstellungen deutlich werden. Auch wenn also, wie beschrieben, eher der Staat in die Zivilgesellschaft hineinreicht als andersherum, eröffnen sich den Mitgliedern durch das Bündnis doch andere Möglichkeiten als Nicht-Mitgliedern – besonders deutlich zu sehen in dem Erhalt von (Sonder)Wissen. Sollten zudem die Schilderungen zutreffen, dass Polizist:innen Hinweise von Gruppenmitgliedern ernster nehmen oder Lücken in den Plänen durch zusätzliche Streifen ausgleichen, würden Orten, in denen die jeweiligen Gruppen tätig sind, zudem mehr staatliche Sicherheitsleistungen zuteil. Insbesondere da aus der Forschung bekannt ist, dass nicht jede Nachbarschaft „so privilegiert ist, sich selbst zu helfen" (Hohmeyer 2000; vgl. auch Birenheide 2009, S. 243), Lub (2018a) für die Niederlande feststellt, dass die Wahrscheinlichkeit der Gründung einer „neighbourhood watch group" u.a. mit der Höhe des Einkommensniveau steigt (Lub 2018a, S. 27–30), sowie Forschung aus Großbritannien und den USA zeigt, dass „citizen participation flourishes best in already privileged communities, while community organizations are less common in the poor, disadvantaged areas where they are most needed" (van Steden et al. 2011, S. 436),

201 Ausgespart werden dabei Reflexionen zu Auswirkungen auf das Aufkommen von Einbrüchen, also die Effektivität, da bereits betont wurde, dass es zur Prüfung dieser Wirksamkeit einer anderen Methodik bedürfte.

würden somit Privilegien verstärkt.[202] Mithilfe der hier zugrundeliegenden Datenbasis sind solche zusätzlichen staatlichen (Sicherheits)Leistungen allerdings valide nur für das Sonderwissen festzuhalten.
Daran anschließend lassen sich weitere potenzielle Auswirkungen, die aus vorheriger Forschung bekannt sind, reflektieren. Auswirkungen einer risikoorientierten Aufmerksamkeit bzw. eines versicherheitlichten Blicks auf den Ort können bezüglich weiterer Anwohnender oder bezüglich beobachteter Personen, die (u.U. sogar mehrfach) kontrolliert werden, zu Spannungen führen. So hält Lub (2018a) für die durch ihn untersuchten Gruppen fest, dass es auch zu negativen Effekten wie einer exzessiven sozialen Kontrolle und Stigmatisierung kommen kann (Lub 2018a, S. 140). Er fasst zusammen:

> „As a result, at least in the Netherlands, the moral issue is not so much residents seeking self-justice or resorting to violence. The real moral issue is more subtle and obscure. The string commitment of volunteers to the safety ideal in combination with low-threshold digital reporting can generate a growing category of unacceptable behaviour, culminating in perhaps hidden, but sometimes excessive forms of social control of both marginalised groups and the wider neighbourhood population." (Lub 2018a, S. 141)

Für die hier untersuchten Gruppen kann ebenfalls festgehalten werden, dass es nicht zu Selbstjustiz oder Gewalt kommt. Potenziell kann es auch bei ihnen zu Schließungsmechanismen kommen, also zu einer Begrenzung öffentlichen Raums, in dem in zu kontrollierende und nicht zu kontrollierende Personen unterschieden wird und für Erstere ein Aufenthalt im Ort mit Überwachung oder Kontrolle verbunden ist – sind diese Angehörige marginalisierter gesellschaftlicher Gruppen, ist dies besonders problematisch (vgl. dazu ähnlich auch Birenheide 2009, 158, 226). Fehlinterpretationen konnten auch für die hier untersuchten Gruppen festgestellt werden und die beschriebenen individuellen Facetten der Ausgestaltung des Polizierens machen es wahrscheinlich, dass es Gruppenmitglieder gibt, die zu solchen Schließungsmechanismen und/oder Stigmatisierungen, bspw. im Kontext der Identifizierung von Verdächtigen, beitragen. So beschreibt ein:e Leiter:in: „Es kommt schon teilweise hoch, so Vorurteile und so" (G_1: 44).
Allerdings kommt es wegen dieser Facetten und der Heterogenität der Gruppenmitglieder auch zu Diskussionen innerhalb der Gruppen.[203] So be-

202 Vgl. auch *Kapitel 3.5 Die Pluralisierung der Sicherheitsproduktion, Gewaltmonopol und Gouvernementalität.*

203 Etwas, das Lub 2018b ebenfalls feststellt: Auch er beschreibt Facetten der Polizierens durch verschiedene Mitglieder derselben polizierenden Gruppe (Lub 2018b, S. 916).

schreibt der/die Leiter:in hinsichtlich der Vorurteile: „Da muss man gegensteuern, indem man eben bedächtig und ruhig ist“ (G_1: 44) und ein:e Kontaktpolizist:in beschreibt kontroverse Diskussionen bezüglich des Handelns und bspw. des Meldens an die Polizei:

> „Manches aber auch, das dann einer sagt: ‚Also, ich würde das jetzt so machen‘, da sagt der andere: ‚Nee, das sehe ich ganz anders, das ist für mich normal‘, ‚Nee, für mich ist das nicht normal, ich rufe da an‘[…], also da gibt´s schon kontroverse Diskussionen.“ (PDG: 54)

Gruppenmitglieder sind also nicht immer einer Meinung und es deutet sich auch eine gruppeninterne Kontrolle an.[204] Präventionsstrategien werden zudem auch bei den Gruppenmitgliedern selbst nicht als uneingeschränkt durchgesetzt angesehen: Das Melden an die Polizei wird trotz der Teilnahme an der Gruppe offensichtlich häufig mit Vorsicht oder teilweise auch gar nicht umgesetzt (vgl. *Kapitel 7.2.6.3 Etablierung von Präventionsnormen, 7.2.2.2 Melden* und *7.2.3.2 Aufmerksamkeit & Melden*).
Auswirkungen auf Anwohnende sind hier ausschließlich in der Perzeption der Interviewten zu bestimmen – also dahingehend, wie die Interviewten die Bewertung der Gruppenpraxis durch Anwohnende perzipieren. Dabei ist ein Großteil der Einschätzungen positiv, es wird Gutheißung, Akzeptanz und Toleranz von Anwohnenden gegenüber der Gruppen beschrieben, was auch in *Kapitel 7.2.6.4 Generierung sozialen Kapitals & Steigerung der Sicherheitsgefühls* deutlich wurde: So bekommen Gruppenmitglieder die Rückmeldung von Anwohnenden, dass diese sich durch die Gruppentätigkeiten sicher(er) fühlten. Sieben Interviewte berichten zudem über kleine Spenden von Anwohnenden oder ansässigen Unternehmen, sodass die Gruppen bspw. bei einem Gruppentreffen davon essen gehen können.[205] Über Spott gegenüber den Gruppen oder ein Belächeln der Gruppenpraktiken wird vereinzelt berichtet (B1_1: 38, B1_2: 18, G_1: 60), von stärkerer Kritik berichten zwei Personen. Kritisiert wurde das Ausleuchten von Gärten (vgl. *Kapitel 7.2.3.4 Grenzen des Handelns: anwohnendenorientiert*) oder die Gruppe wurde, so die Beschreibung eines/einer Interviewten, für eine Bürgerwehr gehalten und daher abgelehnt (B2_1: 46). Insgesamt erhalten die Gruppenmitglieder also positive Rückmeldungen, es zeigt aber

204 Etwas, das auch Pridmore et al. 2019 für über WhatsApp vernetzte Gruppen im Bereich der Sicherheit in den Niederlanden feststellen (Pridmore et al. 2019, S. 110).

205 Ein Gruppenmitglied berichtet zudem, dass früher gespendet wurde und dieses Geld in Ausstattung investiert wurde: „Früher gab´s mal welche, die haben grundsätzlich gespendet, […] 20 Euro oder so was Ähnliches. Das war natürlich ganz gut, davon haben wir damals die Lampen gekauft und oder sonst irgendwie wo was an Ausrüstung.“ (C_2: 50).

nicht nur das Beispiel aus *Kapitel 7.2.3.1 Haussicherung*, in dem ein Konflikt um die Umsetzung bzw. Einhaltung von Präventionsnormen beschrieben ist, dass Auswirkungen zumindest potenziell auch Spannungen oder Konflikte sein können.

Bescherer (2017) hält, wenn auch für bürgerschaftliches Sicherheitsengagement ohne polizierende Tätigkeit, fest, dass nicht jede Form bürgerschaftlichen Sicherheitsengagements ausgrenzend und repressiv sein müsse, deshalb aber dennoch nicht frei von Ambivalenzen sei. Dies ist auch auf Basis der hier erhobenen Daten festzuhalten: Auch wenn eine Gewaltanwendung unwahrscheinlich ist und eine Heterogenität der Umsetzung des Polizierens gegeben – sowohl zwischen den Gruppen als auch zwischen den individuellen Gruppenmitgliedern –, gibt es Ambivalenzen, muss das gebildete soziale Kapital nicht zwangsläufig eine ausschließlich sozial integrative Wirkung zur Folge haben. Solche ambivalenten Auswirkungen sind aber eben jene Aspekte, die mit den vorliegenden Daten nur begrenzt ermittelt werden können. Denn sie beziehen sich auf den Ort und auf an den Gruppen nicht beteiligte Anwohnende oder weitere Personen, mit denen keine Interviews geführt wurden oder die im Rahmen eines ethnografischen Ansatzes beobachtet wurden. Zudem bedingt die Heterogenität der Gruppenmitglieder, dass nicht festgestellt werden kann, welche weiteren Ansichten vorhanden sind oder ob sich bestimmte Ansichten als Mehrheitsmeinung in den Sicherheitsbündnissen durchgesetzt haben.

7.3.4 Zwischenfazit: Wie stellt sich das Verhältnis zwischen Polizei und Gruppen dar?

Die Verhältnisse zwischen den jeweiligen polizeilichen Ansprechpartner:innen und Gruppen stellen sich also als lokale Sicherheitsbündnisse dar. Innerhalb der Sicherheitsbündnisse zeigen sich Handlungsformen, die auf die „Lenkung, Kontrolle, Leitung von Individuen und Kollektiven zielen und gleichermaßen Formen der Selbstführung wie Techniken der Fremdführung umfassen“ (Lemke et al. 2015, S. 10). In ihnen werden Selbsttechnologien gefördert und an Regierungsziele gekoppelt (Lemke et al. 2015, S. 29). Damit sind die Sicherheitsbündnisse als Scharnier zwischen Machtbeziehungen und Subjektivierungstechniken zu verstehen und auch als Verbindung zwischen Staat und Zivilgesellschaft. Krasmann (2003) schreibt, dass das Konzept der Gouvernementalität eine dichotomisierende Gegenüberstellung von Staat und Gesellschaft und Individuum oder von öffentlich und privat durchkreuze (Krasmann 2003, S. 69). Dennoch konnte mithilfe der analytischen Trennung von Staat und Zivilgesellschaft aufgezeigt werden, wie auf Basis von Wissen Technologien des Regierens und Technologien des Selbst verknüpft werden, und die Materialisierung von Macht, die sich über das Wissen in die Praktiken einschreibt (Krasmann 2003, S. 73), konnte nachgezeichnet werden: Sie verbleibt beim

Staat, auch wenn es zu Ansprüchen an den Staat kommt und zumindest potenziell auch zu Herausforderungen kommen kann. Auch wenn der Staat zwar „by no means the fons et origo of all governmental activity" (Garland 1997, S. 175) ist, konnte anhand des Beispiels bürgerschaftlichen Polizierens empirisch verdeutlicht werden, dass staatliche Akteure nicht einfach gleichrangige Akteure unter vielen im pluralisierten Sicherheitsgefüge sind. Das Polizieren durch Bürger:innen kann zu Konkurrenz und/oder Konflikten führen, bezüglich der untersuchten Gruppen ist dies aber nicht der Fall. Die klare Aufgabenteilung führt dazu, dass ein Spannungsverhältnis umgangen wird: Das Handeln in Erweiterung des Staates fordert diesen nicht heraus, der Staat behält die Kontrolle. In den Sicherheitsbündnissen wird das Gewaltmonopol verstetigt und die staatliche Einflussmöglichkeit in Bereiche, in denen dies vormals nicht der Fall war, ausgeweitet. Dabei haben die staatlichen Akteure zwar immer die Option, disziplinarisch tätig zu werden, insbesondere entsteht die Ausweitung des Einflusses jedoch über Wissen.

Bezüglich der zweiten Fragestellung, wie die Gruppen sich etablieren konnten, ist damit auch festzuhalten, dass sie sich über die Sicherheitsbündnisse etablieren konnten: Ihre Tätigkeit wird nicht zur Bedrohung, sondern zur Möglichkeit für staatliche Akteure, Präventionsprogramme zu implementieren. Dabei konnte allerdings auch festgehalten werden, dass die Etablierung der Bündnisse Arbeit darstell(t)e, dass staatlicherseits mehr Aufgaben übernommen und keine Aufgaben abgegeben werden, dass Responsibilisierungsprozesse zwar nachgezeichnet werden können, die responsibilisierten Bürger:innen jedoch Ansprüche stellen: Auf einen Rückzug des Staates würde oder wird mit Protest reagiert.

8 Fazit

Die vorliegende Arbeit hatte die Sicherheitsarbeit zwischen Staat und Zivilgesellschaft zum Thema und polizierende Bürgergruppen zum konkreten Untersuchungsgegenstand.
Dabei konnten nachfolgende drei Forschungsfragen beantwortet werden:

- Wie lässt sich das Verhältnis polizierender Bürgergruppen zum Staat konzeptualisieren?
- Wie stellt sich das Verhältnis zwischen etablierten polizierenden Bürgergruppen und der Polizei im lokalen Sicherheitsgefüge dar?
- Wie konnten sich die Gruppen etablieren?

Theoretische Grundlagen
Dazu wurden zunächst in drei Kapiteln theoretische Grundlagen erarbeitet. In *Kapitel 2. Zivilgesellschaft & bürgerschaftliches Engagement* wurden grundlegende Begriffe und Definitionen erarbeitet, was u.a. eine Differenzierung zwischen ehrenamtlichem und bürgerschaftlichem Polizieren ermöglichte, und es wurde festgehalten, dass das Polizieren durch Bürger:innen bürgerschaftliches Engagement darstellen kann, aber nicht muss. Die Aufarbeitung der Forschung zu Zivilgesellschaft und bürgerschaftlichem Engagement ermöglichte zudem eine Betrachtung von Engagement im Bereich der Sicherheit an den Überschneidungsflächen der Sphären Staat und Zivilgesellschaft, was eine Reflexion von Ambivalenzen, Spannungsverhältnissen und dem Handeln zugrundeliegender Normen ermöglichte. Bürgerschaftliches Engagement im Bereich von Sicherheit und insbesondere in Form des Polizierens befindet sich in einem Spannungsfeld zwischen bürgerschaftlicher und staatlicher Sicherheitsproduktion, da erstere in den originären Zuständigkeitsbereich des Staats hineinreichen kann. Um dieses Spannungsfeld genauer zu verstehen, wurden in *Kapitel 3. Staat & Sicherheitsproduktion* grundlegende staatstheoretische Auseinandersetzungen aufgearbeitet und der Sicherheitsbegriff und seine Erweiterung sowie die Auswirkungen einer pluralisierten Sicherheitsproduktion auf das staatliche Gewaltmonopol diskutiert. Zudem wurden als Kontrast dazu Foucaults Staatsverständnis und die Gouvernementalität aufgearbeitet, da diese Überlegungen es erlauben, Zivilgesellschaft und Staat nicht als getrennte Sphären wahrzunehmen und eine alternative Perspektive zur Betrachtung der Beziehungen zwischen Staat und Zivilgesellschaft im Bereich der Sicherheitsproduktion einzunehmen. Die theoretischen Ansätze und Diskussionen dieses Kapitels boten dabei eine Grundlage, auf der das Sicherheitsgefüge zwischen Staat und Zivilgesellschaft analysiert werden konnte. Da es neben der Aufarbeitung bürgerschaftlichen Engagements und Zivilgesellschaft zudem einer Beschäftigung mit den Grenzen des Han-

delns im Rahmen bürgerschaftlichen Polizierens bedurfte, erfolgte in *Kapitel 4. Vigilantismus* eine Aufarbeitung verschiedener Ansätze des Vigilantismus. Neben der Funktion dieses Kapitels, Grenzen des Handelns im Bereich bürgerschaftlicher Sicherheitsarbeit bzw. bürgerschaftlichen Polizierens analysieren zu können, bietet die Vigilantismusforschung Perspektiven und Erklärungen, die auch für die in dieser Arbeit empirisch untersuchten Gruppen aufschlussreich waren, auch wenn diese nicht als vigilant zu klassifizieren waren.

Zentrales Ergebnis des theoretischen Teils der Arbeit: Konzeptualisierung des Verhältnisses von polizierenden Bürgergruppen und Staat
Abgeleitet aus der hier knapp zusammengefassten theoretischen Basis erfolgte die Beantwortung der ersten Forschungsfrage nach einer Konzeptualisierung des Verhältnisses von polizierenden Bürgergruppen und Staat. Das erste Ergebnis der Arbeit ist also das in *Kapitel 5. Konzeptualisierung des Verhältnisses polizierender Bürgergruppen zum Staat* entwickelte dreidimensionale Konzept zur Verortung polizierender Bürgergruppen im Verhältnis zum Staat. Aus den zuvor aufgearbeiteten theoretischen Grundlagen wurde deutlich, dass das Verhältnis zwischen Staat und polizierenden Bürgergruppen insbesondere in drei Dimensionen abzubilden ist: in der Nähe der Gruppen zur Gewalt, in ihrer institutionellen Anbindung an die Polizei und in ihrer normativen Ausrichtung. Dabei stellen diese drei Dimensionen Kontinua dar, auf denen polizierende Bürgergruppen verortet werden können.
So reicht die Nähe zur Gewalt von gering bis hoch und Gruppen können über ihre Ausstattung sowie ihre öffentliche Gewaltaffirmation eingeordnet werden. Gruppen mit einer geringen Nähe zur Gewalt sind bspw. die Sicherheitspartner Brandenburg und Nachbarschaftsstreifen ohne robuste Ausrüstung und ohne öffentliche Gewaltaffirmation. Gruppen mit einer hohen Nähe zur Gewalt sind bspw. bewaffnete Bürgerwehren. Dazwischen lassen sich weitere Gruppen, bspw. der Freiwillige Polizeidienst Baden-Württemberg (ohne öffentliche Gewaltaffirmation, mit Bewaffnung) oder der Freiwillige Polizeidienst Hessen, die Sicherheitswachten in Sachsen und Bayern sowie Nachbarschaftsstreifen (ohne öffentliche Gewaltaffirmation, mit robuster Ausrüstung) einordnen. Alleine über die Einordnung bezüglich der Nähe zur Gewalt lässt sich das Verhältnis zum Staat allerdings nicht ableiten: Nicht jede:r Vigilant:in handelt entgegen staatlicher Ziele (vgl. *Kapitel 4.4 Vigilantes Handeln im Verhältnis zum Staat*) und zudem würde in dieser Dimension der Freiwillige Polizeidienst Baden-Württemberg in einem größeren Spannungsverhältnis zum Staat verortet als polizierende Bürgergruppen, die zwar (noch) nicht bewaffnet sind, aber dennoch völlig andere Ziele als der Staat verfolgen, bspw. demokratiefeindlich sind. Daher war die Entwicklung der beiden weiteren Dimensio-

nen, institutionelle Anbindung an die Polizei und normative Ausrichtung, notwendig.
Die institutionelle Anbindung an die Polizei reicht von eingebundenen Formen bis zu unkooperativen Formen polizierender Bürgergruppen. Die dahinter liegende Frage zur Einordnung auf diesem Kontinuum ist die Frage nach dem institutionalisierten Verhältnis zwischen Polizei und Gruppen. Hier reichen die polizierenden Gruppen also von eingebundenen Freiwilligen Polizeidiensten und Sicherheitswachten bis hin zu unkooperativen Bürgerwehren. Dazwischen lassen sich die Sicherheitspartner Brandenburg aufgrund eines von den Sicherheitswachten und Freiwilligen Polizeidiensten differierenden Aufbaus (vgl. *Kapitel 1.1.2.1 Ehrenamtlich Polizierende*) sowie tolerierte und kooperierende – also im Austausch mit der Polizei stehende – Formen einordnen. Der Vorteil des Kontinuums ist dabei, dass Varianten differenziert erfasst werden können: bspw. können tolerierte oder kooperierende Gruppen von einer aktiven Kooperation auf lokaler Ebene bis zu reiner Toleranz der Gruppen durch die Polizei reichen. Da in den Dimensionen Nähe zur Gewalt und institutionelle Anbindung an die Polizei aber bislang die inhaltliche Ausrichtung der Gruppen nicht abgebildet ist – bezüglich der Anbindung an die Polizei also bspw. eine nicht-institutionalisierte rechte Bürgerwehr, die gegen Geflüchtetenunterkünfte organisiert ist, in demselben Verhältnis zum Staat verortet würde wie eine nicht-institutionalisierte Nachbarschaftsstreife, die sich bspw. gegen Einbrüche organisiert – bedarf es einer weiteren Dimension.
Die normative Ausrichtung reicht von der Orientierung an rechtsstaatlichen Gesetzen und einem Gesetz als Rahmen für das Polizieren bis zu einer Orientierung an ‚eigenen Gesetzen'. Dieser Dimension zugrunde liegt also nicht die Frage, was das Ziel des Polizierens ist, sondern die Frage, an was sich die Bürgergruppen orientieren, um dieses Ziel zu definieren: an rechtsstaatlichen Gesetzen oder an subjektiven Normen? Hier reichen die polizierenden Gruppen vom ehrenamtlichen Polizieren, bei dem sich Bürger:innen an rechtsstaatlichen Gesetzen und explizit an dem jeweiligen dem ehrenamtlichen Polizieren zugrundeliegenden Gesetz orientieren, bis hin zu Gruppen, die sich an ‚eigenen Gesetzen' orientieren, bspw. rechtsextreme Gruppen, die die Etablierung einer neuen sozialen Ordnung jenseits des Staates anstreben. Dazwischen gibt es Gruppen, bspw. Nachbarschaftsstreifen, die sich an rechtsstaatlichen Gesetzen orientieren, deren Existenz aber kein eigenes Gesetz zugrunde liegt, an dem sie sich orientieren müssten, und Nachbarschaftsstreifen, bei denen eine geringe Orientierung an subjektiven Normen identifizierbar ist, bspw. weil sie ihrem Handeln einen weiten Sicherheitsbegriff zugrunde legen. Zudem orientieren sich bspw. rassistische Bürgerwehren an subjektiven Normen.
Die drei Dimensionen wurden schließlich in einem dreidimensionalen Würfelmodell zusammengeführt, innerhalb dessen es möglich ist, verschie-

dene Gruppen zu verorten und das (Spannungs-)Verhältnis der Gruppen zum Staat zu bestimmen – dies war anhand der einzelnen Dimensionen, wie gezeigt wurde, nicht ausreichend möglich.

Mehrwert der theoretisch hergeleiteten Konzeptualisierung & Forschungsbedarfe

Eine Stärke des entwickelten mehrdimensionalen Konzepts ist die Möglichkeit, unterschiedliche polizierende Bürgergruppen zu betrachten. Es hat den Vorteil, dass verschiedene Formen polizierender Bürgergruppen nicht gleichgesetzt, sondern differenziert analysiert werden können. So ermöglicht die Darstellung der Dimensionen als Kontinua – statt fest umrissener Kategorien oder Typen – auch Schattierungen abzubilden und den Umstand zu verdeutlichen, dass es zu Verschiebungen in der grundsätzlichen Ausrichtung oder auch in der implementierten Praxis polizierender Bürgergruppen kommen kann. Sie bietet demnach einen Ausgangspunkt zur theoretisch begründeten differenzierten Beschäftigung mit dem breiten Feld polizierender Bürgergruppen und ermöglicht eine Reflexion der Grenzen bürgerschaftlichen Polizierens auch jenseits des Rückgriffs auf illustrative empirische Beispiele.

Damit stellt das Konzept einen theoretischen Rahmen dar, an den weitere (empirische) Forschung anknüpfen kann. Zudem ist es als theoretisch begründeter Ausgangspunkt zur Weiterentwicklung zu verstehen: zur Übertragung auf bzw. Anpassung für andere Phänomene, in denen das Verhältnis zum Staat interessiert, oder durch Ergänzung oder (theoretisch begründete) Ersetzung von Dimensionen auch im Kontext weiterer, weniger auf das Verhältnis zum Staat fokussierter Fragestellungen zum Polizieren durch Bürger:innen.

So ist das hier entwickelte Konzept zur Einordnung polizierender Bürgergruppen notwendigerweise auf die interessierende Fragestellung zum Verhältnis zwischen Staat und (Zivil-)Gesellschaft im Bereich der Sicherheitsproduktion konzentriert. Andere denkbare Dimensionen zur generellen Ein- bzw. Verortung von polizierenden Bürgergruppen, wie bspw. der Organisationsgrad bzw. die interne Organisationsstruktur oder sogar die Motive der Mitglieder[206], können für andere Fragestellungen möglicherweise relevant sein, werden durch die Konzeptualisierung allerdings nicht abgedeckt (vgl. in diesem Kontext bspw. auch die Ansätze bzw. die Typologien von Bust-Bartels 2021; Quent 2016b). Das Konzept wurde zudem bezüglich des hier vorliegenden Untersuchungsgegenstands der polizierenden Bürgergruppen entwickelt; andere Formen von Sicherheitsarbeit durch Bürger:innen benö-

206 Bspw. wäre in diesem Kontext auch eine weitergehende Analyse von sicherheitsorientierten bis sicherheitsunabhängigen Motiven denkbar (vgl. Kapitel 7.1.4.3 Motive bürgerschaftlichen Polizierens).

tigen andere Dimensionen – so wäre für die Analyse bürgerschaftlichen Engagements in Kriminalpräventiven Räten bspw. die normative Ausrichtung eine interessante Dimension zur Aufarbeitung der Agenden verschiedener Akteure sowie auch die institutionelle Anbindung an die Polizei; die Nähe zur Gewalt wäre aber sicherlich wenig hilfreich.

Empirische Untersuchung: Methodik & Reichweite
Das mehrdimensionale Konzept ist als Antwort auf die erste Forschungsfrage zu verstehen und damit ein erstes theoretisch hergeleitetes Ergebnis der vorliegenden Arbeit. Darüber hinaus konnte es zudem herangezogen werden, um eine spezifische Form polizierender Bürgergruppen abgrenzen und daran anschließend empirisch betrachten zu können, die weder ehrenamtlich noch vigilant polizierend tätig sind.
So wurden für die empirische Betrachtung Gruppen ausgewählt, die nicht in die Polizei eingebunden oder an die Polizei angebunden, sondern bottom-up entstanden sind (institutionelle Anbindung an die Polizei), keine Nähe zur Gewalt aufweisen (Nähe zur Gewalt), und die sich in ihrer normativen Ausrichtung an rechtsstaatlichen Gesetzen orientieren, aber deren Aufgaben nicht wie bei ehrenamtlich Polizierenden in einem eigenen Gesetz festgeschrieben sind (Normative Ausrichtung). Hinzu kam das Kriterium des längerfristigen Bestehens, um ein tatsächlich etabliertes Verhältnis zwischen Polizei und Gruppen betrachten zu können. Das Sample bestand dabei aus sieben Gruppen, die in den Dimensionen gleich zu verorten waren, aber unterschiedlich lange bestehen.
Dabei ist zu betonen, dass das hier untersuchte Phänomen in Deutschland relativ wenig verbreitet ist (verglichen bspw. mit seiner Verbreitung in den Niederlanden oder Großbritannien), die sieben betrachteten Gruppen damit vermutlich schon einen relativ großen Teil existierender Gruppen abbilden (vgl. allerdings auch *Kapitel 6.1.1.3 Eine unvollständige Grundgesamtheit*) und ihre empirische Betrachtung zudem eine Forschungslücke im deutschsprachigen Raum schließt: Hier wurde bislang entweder eine einzelne Gruppe betrachtet (bspw. Birenheide 2009; Schmidt-Lux 2013a; Ruhnau und Liebhart 2019) oder mehrere Gruppen, die in unterschiedlichen Bereichen des dreidimensionalen Modells zu verorten wären (Bust-Bartels 2021).
Die Entscheidung für eine qualitative, explorative methodische Herangehensweise, das Führen qualitativer Leitfadeninterviews und anschließende Auswertung mithilfe einer qualitativen Inhaltsanalyse in Anlehnung an Schreier (2012), stellte sich dabei für das Erkenntnisinteresse als sinnvoll heraus. Mit dieser Methode wurde Offenheit gegenüber einem wenig beforschten Phänomen bewahrt, sie ermöglichte, die subjektiven Deutungsmuster zu erheben und daran anschließend eine systematische Interpretati-

on der Daten mithilfe eines induktiv-deduktiven Kategoriensystems durchzuführen.
Dennoch ist eine Einschränkung der Reichweite der Arbeit durch das Sample gegeben: So sind ausschließlich recherchierbare Gruppen aus westdeutschen Bundesländern vertreten, in denen Mitglieder interessiert an einem Interview waren. Hinzukommt, dass die Interviewten via Schneeballverfahren ausgewählt wurden, sodass die Gefahr besteht, dass die erhobenen Daten aus einem bestimmten Netzwerk stammen und/oder die Erzählbereitschaft und -richtung bereits im Vorhinein durch die jeweiligen ersten, den Kontakt herstellenden Ansprechpersonen beeinflusst waren.
Bevor also auf die Ergebnisse des zweiten, empirischen Teils der Arbeit eingegangen wird, ist festzuhalten, dass sich die Reichweite dieses empirischen Teils auf die interviewten Gruppen und die Aussagen der interviewten Mitglieder bezieht, wobei es aufgrund der grundsätzlich ähnlichen Strukturen und Praktiken der hier betrachteten Gruppen wahrscheinlich ist, dass ähnlich verortete Gruppen den hier untersuchten Gruppen in den verschiedenen analysierten Aspekten zumindest ähneln. Grundsätzlich repräsentieren diese Gruppen also den Ausschnitt einer spezifischen Form polizierender Bürgergruppen und erweitern den bislang geringen Forschungsstand um Analysen zum Verhältnis dieses kaum beforschten Phänomens, nämlich lokal akzeptierter, weder im Rahmen eines institutionalisierten Ehrenamts aktiver noch vigilant agierender Gruppen, zum Staat.

Zentrale Ergebnisse des empirischen Teils der Arbeit: Sicherheitsbündnisse zwischen Staat und Zivilgesellschaft
Im zweiten, empirischen Teil der Arbeit wurden die Forschungsfragen beantwortet, wie sich das Verhältnis zwischen etablierten polizierenden Bürgergruppen und der Polizei im lokalen Sicherheitsgefüge darstellt und wie sich die Gruppen etablieren konnten. Dazu wurde erneut auf die in den Kapiteln 2-4 erarbeiteten theoretischen Grundlagen zurückgegriffen.
Der empirische Teil der Arbeit (*Kapitel 7. Bürgerschaftliches Polizieren*) ist in drei Kapitel untergliedert. In den ersten beiden Kapiteln wurde den Fragen nachgegangen, warum es die Gruppen gibt (*Kapitel 7.1. Struktur, Kontext, Gründungsphase(n) und Persistenz*) und was die Gruppen tun (*Kapitel 7.2. Die Praxis der Gruppen*). Darauf aufbauend konnte das Verhältnis zwischen Polizei und Gruppen analysiert und somit die Forschungsfragen beantwortet werden (*Kapitel 7.3. Wissen & Anbindung an die Polizei als zentrale Kategorien präventiven bürgerschaftlichen Polizierens*).
In *Kapitel 7.1 Struktur, Kontext, Gründungsphase(n) und Persistenz* sind zunächst der Aufbau der Gruppen, ihre Organisation, ihre Mitgliederstruktur und der Kontext (also die Orte, in denen sie aktiv sind) beschrieben. Dabei wurde festgehalten, dass sich die Gruppen trotz individueller Spezifika in ihrem Aufbau bzw. in ihrer Organisation ähneln. Besonders hervor-

zuheben sind hier die Informalität der Gruppen und die Mitgliederstruktur, die tendenziell Männer und lebensältere Menschen umfasst – allerdings wurde auch die verbreitete Beteiligung von Frauen betont, da bisherige Forschung aufzeigt, dass Sicherheitsaufgaben primär Männern zugeschrieben werden. Auch der Kontext, in dem die unterschiedlichen Gruppen aktiv sind, stellte sich ähnlich dar: knapp zusammengefasst, anonymer werdende bzw. als solche empfundene Orte. Zudem durchliefen alle Gruppen, wenn auch variierend in der Ausprägung, vier Gründungsphasen: Problemwahrnehmung, Handlungsdruck, Entwicklung einer Idee bürgerschaftlichen Polizierens und schließlich die Gründung.

An diese Ergebnisse schloss die Beschreibung verschiedener günstiger und hemmender Faktoren für die Persistenz der Gruppen aus Sicht der Mitglieder und der polizeilichen Ansprechpartner:innen an, wobei den jeweiligen Leitungspersonen sowie der Polizei die zentralen Rollen zukommen; ihre (Nicht)-Tätigkeit wirkt sich also besonders auf die Persistenz der Gruppen aus. Soziales Kapital stellt dabei sowohl Voraussetzung als auch Ausfluss der untersuchten Gruppen dar. Schließlich wurden auch die individuellen Motive der Interviewten betrachtet, die in sicherheitsunabhängige und sicherheitsorientierte Motive sowie im Anschluss an den liberal-individualistischen und republikanisch-kommunitaristischen Diskurs aufbereitet und analysiert wurden. Festzuhalten ist, dass bei den Interviewten die aus der Forschung bekannten Motivbündel zu identifizieren sind.

Die Antwort auf die Frage, warum die Gruppen existieren, kann aus den erarbeiteten Unterkapiteln dahingehend beantwortet werden, dass die Wahrnehmung von Einbrüchen als Problem, für das eine Lösung gesucht wird, um den Wunsch nach Gemeinschaft und/oder Geselligkeit ergänzt wird. Daraus entsteht eine kaum mehr zu differenzierende Verschränkung zwischen (dem Wunsch nach) Sicherheit vor Einbrüchen und Gemeinschaft. Dieses Ergebnis findet sich auch in der Untersuchung von Birenheide (2009), in der sie festhält, dass Sicherheitsarbeit zum Vergemeinschaftungsfaktor wird.

In *Kapitel 7.2 Die Praxis der Gruppen* wurde zunächst die generelle Praxis der Gruppen beschrieben, welche von einem präventiven Polizieren mit einer risikoorientierten Aufmerksamkeit geprägt ist. Die konkreten Praktiken wurden zudem in eine Orientierung am Verhalten von potenziellen Täter:innen und der Orientierung am Verhalten von Anwohnenden differenziert. Die bezüglich der Orientierung am Verhalten von potenziellen Täter:innen identifizierten Praktiken umfassen Präsenz & Abschreckung, das Melden sowie die Intervention (vgl. *Kapitel 7.2.2.1, Kapitel 7.2.2.2* und *7.2.2.3*). Es konnte festgehalten werden, dass sich die Gruppen von Gewalt abgrenzen und die Reflexion der Grenzen des eigenständigen Handelns durch die Gruppenmitglieder kohärent ist mit den durch die polizeilichen Ansprechparter:innen aufgezeigten Grenzen; das Gewaltmonopol verbleibt

bei der Polizei, die zudem Rahmenbedingungen des Handelns vermittelt und Einfluss auf die Ausrichtung der Gruppen nimmt. Die Orientierung am Verhalten von Anwohnenden umfasst die Etablierung von Präventionsnormen: konkret die Haussicherung, die Aufmerksamkeit und das Melden sowie die Prävention von Trickbetrug (vgl. *Kapitel 7.2.3.1, Kapitel 7.2.3.2* und *7.2.3.3*). Dabei reflektierten die Gruppen ebenfalls Grenzen des Handelns, wie bspw. Besserwisserei. Die Grenzen bezüglich der Orientierung am Verhalten der Anwohnenden sind aber stärker individuell beeinflusst als die Grenzen bezüglich der am Verhalten potenzieller Täter:innen orientierten Praktiken: So wurde festgehalten, dass sich bspw. der Nachdruck, mit der die Etablierung der Präventionsnormen verfolgt wird, zwischen den Gruppenmitgliedern unterscheidet.
Hinsichtlich beider Aspekte, unter die die Praktiken untergeordnet wurden, lässt sich festhalten, dass die Gruppen ein Handeln in Erweiterung des Staates etablieren. Bezüglich der am Verhalten potenzieller Täter:innen orientierten Praktiken orientieren sich die Gruppen an rechtsstaatlichen Gesetzen, legen keine darüberhinausgehenden subjektiven Normen an und setzen überwiegend Praktiken um, die auch in polizeilichen präventiven Ansätzen festgeschrieben sind. Dabei erweitern sie die staatliche Sicherheitsproduktion bzw. polizeiliches Polizieren um Tätigkeiten, die durch staatliche Akteure nicht übernommen werden oder werden könnten: insbesondere die Schaffung von ‚natürlicher' Bewegung in (unbelebten) Gegenden und eine risikoorientierte Aufmerksamkeit in der Nachbarschaft. Hinsichtlich der Orientierung am Verhalten der Anwohnenden zeigte sich das Handeln in Erweiterung des Staates in der Internalisierung der Präventionsnormen als Selbsttechnologien: Die Übernahme der Präventionsstrategien und ihre Etablierung als Normen verweisen auf eben jenes in den Gouvernementalitätsstudien identifizierte Scharnier, an dem Technologien des Regierens und Technologien des Selbst ineinandergreifen. Die Förderung der Selbsttechnologien, hier die Etablierung von Präventionsnormen, wird an die Bestrebungen der Polizei und an Regierungsziele gekoppelt. Daher kann zudem festgehalten werden, dass für die Gruppen nicht nur gesetzlich festgeschriebene Normen wichtig sind, an denen sie sich orientieren, sondern auch die vermittelten Präventionsnormen, sodass die Gruppen stärker an staatlichen Vorstellungen bzw. zum Teil auch konkreten polizeilichen Programmen orientiert sind, als auf den ersten Blick erkennbar war.
Da die Wahl der Praktiken durch Vorstellungen von Täter:innen (bzw. Einbrecher:innen) und Verdächtigem beeinflusst ist, wurden diese Aspekte in zwei weiteren Kapiteln dargestellt. Knapp zusammengefasst basiert die Vorstellung von Täter:innen als nutzenrationale Akteure insbesondere auf von der Polizei vermitteltem Wissen. Bezüglich der Identifizierung von Verdächtigem und Abweichendem konnte festgehalten werden, dass die Interpretation von Umständen als verdächtig situations-, orts- und perso-

nenabhängig sind. Diese Interpretation entsteht jedoch nicht im luftleeren Raum, sondern ist ebenfalls durch das von der Polizei vermittelte Wissen, durch das Wissen um die Wohngegend und teilweise durch Stereotype geprägt – letztere waren bei den hier interviewten Personen allerdings mehrheitlich nicht nachweisbar. Insgesamt bleibt eine Unbestimmtheit des Verdächtigen und die Interpretation unterscheidet sich auch zwischen den Mitgliedern derselben Gruppe.

Schließlich wurden zur umfassenden Betrachtung der Praktiken der Gruppen auch die Ziele und die Wirksamkeitsperzeption aufgearbeitet. Hier konnten die Verhinderung von Einbrüchen, die Aufklärung von Straftaten, die Etablierung von Präventionsnormen, die Steigerung des Sicherheitsgefühls sowie das Generieren sozialen Kapitals als Ziele identifiziert werden. Bezüglich der Wirksamkeitsperzeption ist festzuhalten, dass die Praktiken der Gruppen nicht bezüglich jeden Ziels oder uneingeschränkt als wirksam empfunden werden. Vielmehr erfolgt eine Reflexion der Wirksamkeit der Praktiken, die insbesondere auf durch die Polizei vermitteltem Wissen um Kriminalität basiert.

Die Antwort auf die Frage, was die Gruppen tun, kann anhand des herangezogenen Datenmaterials also dahingehend beantwortet werden, dass sie ein präventives Polizieren etablieren, dem ein risikoorientiertes Denken zugrunde liegt. Es kann zudem als ein Handeln in Erweiterung des Staates gefasst werden, da die Wahl der Praktiken sowie ihre Umsetzung maßgeblich von der Polizei beeinflusst werden, die sowohl bestärkend als auch begrenzend wirkt und Wissen vermittelt. Es konnten eine Formalisierung der „sporadischen, sozialen Nachbarschaftskontrolle“ (Birenheide 2009, S. 223) diagnostiziert werden sowie die Etablierung eines kalkulatorischen, präventiven Ansatzes, der durch die Kontrolle von Räumen, die Sammlung von Statistiken, die Erstellung von Gefahrenkategorien und – wenn auch unterschiedlich intensiv ausgeübte – Überwachung funktioniert (Abrahamsen und Williams 2009, S. 5).

Aufbauend auf den bislang dargestellten Ergebnissen ließ sich im letzten Kapitel schließlich die Frage beantworten, wie sich das Verhältnis zwischen Staat und Gruppen darstellt.

Aus den in den in Kapitel 7.1 und 7.2 erfolgten Deskriptionen und Analysen wurde deutlich, dass die Aspekte ‚Wissen‘ und ‚Anbindung an die Polizei‘ immer wieder relevant und darüber hinaus auch miteinander verbunden sind. In der Gründungsphase ist die Polizei Rahmengeberin und wird als wesentlich für die tatsächliche Gründung angesehen. Schon in dieser Phase vermittelt sie Wissen um Einbruchsschutz, um Rechte und Grenzen des Handelns. Die etablierten Praktiken sind eng verknüpft mit dem von den polizeilichen Ansprechpartner:innen vermittelten Wissen bis hin zu einer starken Orientierung an bzw. Umsetzung von polizeilichen Präventionsprogrammen. Auch hinsichtlich der Persistenz wird auf die zentrale

Rolle der Polizei verwiesen: polizeiliche Bestärkung wird als günstig für die Persistenz angesehen – diese Bestärkung erfolgt dabei u.a. durch eine Bestätigung der Wirksamkeit der Gruppen (über Kriminalstatistiken), was ebenfalls eine Vermittlung von Wissen darstellt.

Daher erfolgte in Kapitel 7.3 zunächst auch eine genauere Analyse des Aspekts Wissen. Hier musste festgehalten werden, dass Wissen nicht unbedingt neutral ist, sondern „bereits eine intellektuelle Bearbeitung der Realität dar[stellt], an der dann politische Technologien ansetzen können" (Lemke et al. 2015, S. 20–21). Das für die Gruppen relevante Wissen konnte in fünf Kategorien gegliedert werden: Wissen um Kriminalität, Wissen um Präventionsstrategien, Wissen um konkrete sicherheitsrelevante Informationen, Wissen um Ermittlungsergebnisse und Wissen um den Ort. Dabei zeigte sich, dass lediglich das Wissen um den Ort von der Gruppe an die Polizei fließt. Hinsichtlich aller anderen Formen vermitteln die polizeilichen Ansprechpartner:innen Wissen an die Gruppen und wirken somit als Expert:innen. Dadurch etabliert sich ein Regieren über Wissen in Foucaults Verständnis. Dieses erfordert allerdings Arbeit durch die Polizei bzw. polizeilichen Ansprechpartner:innen und die als Multiplikator:innen für das vermittelte Wissen wirkenden Bürger:innen, denn es muss eine Verknüpfung des Wissens mit den erwünschten Handlungen erfolgen: So konnte gezeigt werden, dass dasselbe Wissen nicht automatisch zu denselben Handlungen und/oder einer Verhaltensänderung führt, und es konnten, neben dem Vermitteln von Wissen, noch weitere Aufgaben identifiziert werden, die die polizeilichen Ansprechpartner:innen übernehmen und die in den vorherigen Kapitel immer wieder auftauchten: Sie tragen zur Etablierung der Präventionsnormen bei, bieten Ansprechbarkeit, zeigen Grenzen auf, gehen Hinweisen nach und führen Kontrollen durch, geben Handlungsempfehlungen und bestärken die Gruppen.

Aufbauend auf diesen identifizierten polizeilichen Aufgaben sowie auf der Deskription der gegenseitigen Bewertung ließ sich insgesamt ein Vertrauensverhältnis und eine besondere Beziehung zwischen polizeilichen Ansprechpartner:innen und den Gruppen identifizieren – während die polizeilichen Ansprechpartner:innen den Gruppen uneingeschränkt positiv gegenüberstehen, betonten die Gruppenmitglieder zwar ebenfalls ein sehr gutes Verhältnis zu den polizeilichen Ansprechpartner:innen, merkten aber zumindest vereinzelt kritisch an, wenn es zu Grenzen bezüglich der Wissensvermittlung kam oder durch sie weitergeleitete Hinweise nicht ernstgenommen worden seien.

Da der Verweis auf eine besondere Beziehung aber kaum analytische Präzision besitzt, die das entstehende gouvernementale Regieren fasst, wurde stattdessen der Begriff des Sicherheitsbündnisses nach Negnal und Kiefer (2017) herangezogen. Das Verhältnis zwischen den hier untersuchten zivilgesellschaftlichen und staatlichen Sicherheitsakteuren, das Sicherheitsge-

füge, in dem sie agieren, stellt sich also als Sicherheitsbündnis dar. In diesem werden die Bestrebungen der Autoritäten, also der Polizei, und der Gruppen auf lokaler Ebene synchronisiert, indem Regierungstechniken mit Selbsttechnologien verknüpft werden. Durch diesen Prozess reproduziert sich das Sicherheitsbündnis zudem. Es stellt ein informelles Bündnis aus zwei Akteuren dar, in dem auf die Betroffenheit von Einbrüchen mit einem öffentlichen Aufruf bzw. einer Problematisierung, sich einer Sache zu widmen – nämlich der Verhinderung von Einbrüchen durch die Teilnahme an der Gruppe –, reagiert wird.
Dabei ist allerdings zu betonen, dass der Bündnisbegriff kein ausgeglichenes Machtverhältnis impliziert: Bereits in den Kapiteln 7.1 und 7.2 kristallisierte sich heraus, dass die Kontrolle bei der Polizei verbleibt. Es kommt nicht zu einer neuen Verantwortungs*teilung,* sondern beide Akteure nehmen Verantwortlichkeiten und Aufgaben hinzu: Die Gruppen etablieren ein Handeln in Erweiterung des Staates. Die Polizei bzw. die polizeilichen Ansprechpartner:innen übernehmen „a new set of co-ordinating and activating roles“ (Garland 1996, S. 454) zusätzlich zu ihren traditionellen Funktionen. Es kommt zur „Verschiebung von formellen zu informellen Formen der Regierung und [zur] Konstitution neuer Techniken individueller und kollektiver Führung“ (Lemke 2020, S. 439, Kapitel 3.4.1). Dennoch lässt sich eine Responsibilisierung diagnostizieren: Auf Basis ihres Wissens um Kriminalität und der Risikoorientierung übernehmen die Gruppenmitglieder eine größere Verantwortung für die Verhinderung von Einbrüchen als vor der Gruppengründung und werden dabei zu verantwortungsbewussten Kund:innen von Polizeiarbeit. Dabei konnte allerdings gezeigt werden, dass Responsibilisierung kein Prozess ist, der einfach so aufgrund einer (zumindest staatlich angestrebten) politischen Kultur der Eigenverantwortung stattfindet und vor dem Hintergrund einer ökonomischen bzw. neoliberalen Rationalität mit dem Ziel der Einsparung staatlicher Leistung kurzfristig und kostenneutral umgesetzt werden kann: Sie erfordert Arbeit auf Seiten der Polizei – Verknüpfung des Wissens mit dem durch die Bürger:innen erwünschten Handeln – und auf Seiten der Bürger:innen – Selbstresponsibilisierung sowie eine auf einer Multiplikator:innenfunktion basierenden Responsibilisierung untereinander. Dabei kann es grundsätzlich auch zu einer Versicherheitlichung kommen: Im Rahmen der untersuchten Gruppen konnte zwar keine Ausweitung des Fokus auf „physical or social signs of disorder“ (Lub 2018a, S. 4) ausgemacht werden, jedoch kann die etablierte risikoorientierte Aufmerksamkeit zur Umdeutung ziviler in kriminalitätsbezogene Sachverhalte führen.
Insgesamt zeigt sich, dass es, auch wenn Anspruchsstellungen der Bürger:innen an die Polizei identifiziert werden und sich über das Sicherheitsbündnis (potenzielle) Einflussmöglichkeiten eröffnen, in dem Sicherheitsbündnis eher zu einer Ausweitung staatlichen Einflusses in den Bereich der

Zivilgesellschaft kommt als andersherum. Die Verhältnisse der untersuchten etablierten Gruppen zum Staat stellen sich also als Sicherheitsbündnisse dar, wobei sich die Gruppen eben darüber etablieren können bzw. konnten: Ihre Tätigkeit wird nicht zur Bedrohung für den Staat, sondern zur Möglichkeit der Implementierung von Präventionsprogrammen. Die Sicherheitsbündnisse stellen dabei das Scharnier zwischen Machtbeziehungen und Subjektivierungstechniken dar.

Mehrwert der empirischen Ergebnisse & Forschungsbedarfe

Die Forschungsfrage nach dem Verhältnis dieser etablierten Gruppen zur Polizei im lokalen Sicherheitsgefüge konnte also mit ihrer Identifikation als lokale Sicherheitsbündnisse beantwortet werden. Dabei stellt die vorliegende Arbeit keine klassische Gouvernementalitätsstudie dar, denn ihre theoretische Basis bilden darüber hinaus weitere Ansätze und die Betrachtung von Staat und Zivilgesellschaft als separate Sphären stellte sich als analytisch hilfreich dar. Allerdings lieferte Foucaults Ansatz der Gouvernementalität sowie insbesondere die Weiterentwicklung in den Gouvernementalitätsstudien Perspektiven und Begriffe, die für die Analyse des Verhältnisses zwischen Polizei und Gruppen erkenntnisreich waren. Mithilfe der Gouvernementalitätsperspektive konnte empirisch aufgezeigt werden, wie Technologien des Regierens und Technologien des Selbst ineinandergreifen, auf lokaler Ebene wirken – zumindest bezüglich der Gruppen(mitglieder) und polizeilichen Ansprechpartner:innen – und wie staatliche und private Akteure Regierung(spraktiken) gemeinsam herstellen. Die empirische Betrachtung dieses Scharniers ermöglichte eine präzise Erfassung des Verhältnisses von Staat bzw. staatlichen Sicherheitsakteuren und den polizierenden Bürgergruppen als Sicherheitsbündnis, welches auf den ersten Blick nicht zu erkennen war und welches auch erklärt, warum die Gruppen sich in ihren Strukturen und Praktiken ähneln, obwohl sie, größtenteils, nicht untereinander vernetzt sind. Während Birenheide (2009) aufzeigte, wie eine ähnlich strukturierte polizierende Bürgergruppe eine Sicherheits*community* bildete, konnte dieses Ergebnis durch die vorliegende Arbeit dahingehend ergänzt werden, dass gezeigt werden konnte, wie polizierende Bürgergruppen Sicherheits*bündnisse* mit dem staatlichen Akteur Polizei bilden. Das Ergebnis bisheriger Forschung zur pluralisierten Sicherheitsarchitektur, in welcher der Staat seinen Einfluss ausweitet, konnte in der vorliegenden Arbeit zudem erstmals empirisch durch die Untersuchung mehrerer Gruppen auch auf zivilgesellschaftliche Akteure erweitert werden.

Dass Responsibilisierung Arbeit und kein zwangsläufiger Prozess ist und „one should not underestimate the difficulties involved in making [responsibilisation, Anm. d. Verf.] work" (Garland 1996, S. 454) wurde in der Forschung ebenfalls herausgestellt (vgl. auch Crawford 2001; Butcher 2019).

In der vorliegenden Arbeit konnte jedoch aufgearbeitet werden, was genau diese Arbeit ausmacht, und damit empirisch gezeigt werden, dass sie sich als umfang- und facettenreich darstellt. Gleichzeitig konnte die Feststellung von Butcher (2019), dass staatlichen Responsibilisierungsbestrebungen vielfach widerstanden wird, für den deutschen Kontext erklärt werden. Dabei wurde auch deutlich, wie die Distanz zwischen Staat und Zivilgesellschaft im Sicherheitsbündnis verringert, gehalten oder auch wieder vergrößert wird.

Die im ersten Teil der Arbeit entworfene Konzeptualisierung erwies sich dabei im empirischen Teil als hilfreich: Die genauere Beschäftigung mit den Gruppen bestätigte die zuvor getätigte Einordnung. Es wurde aber auch gezeigt, dass – trotz fehlender institutionalisierter bzw. formalisierter Anbindung an die Polizei – ein informelles Sicherheitsbündnis identifizierbar ist und die Gruppen enger an die Polizei angebunden sind, als es auf den ersten Blick erkennbar war. In ihrer normativen Ausrichtung orientieren die Gruppen sich zwar an rechtstaatlichen Gesetzen, für einige Gruppen stellen jedoch weitere Normen, nämlich Präventionsnormen, eine Basis für ihre Praktiken dar. Diese stehen allerdings in keinem Spannungsverhältnis zum Staat, sondern werden im Gegenteil auch von polizeilichen Ansprechpartner:innen vermittelt. Dass die Konzeptualisierung diese Feinheiten nicht abbildet, ist zwar festzuhalten, sie eignet sich aber dennoch für einen strukturierenden Zugriff auf ein breites und unübersichtliches Feld.

Aus den empirischen Ergebnissen sind aber auch weitere Forschungsbedarfe abzuleiten. So liegt es im Design als Interviewstudie sowie der Auswahl der Interviewpartner:innen (Gruppenmitglieder und polizeiliche Ansprechpartner:innen) begründet, dass in der vorliegenden Arbeit eine Untersuchung der Auswirkungen solcher Sicherheitsbündnisse über die Beteiligten hinaus nicht geleistet werden konnte. So hält Lub (2018b) bezüglich möglicher Auswirkungen bürgerschaftlichen Polizierens fest, dass einige Autor:innen bereits auf die „,dark side' of police-community co-productions and crime control by citizens" verwiesen hätten[207], dass aber wenig „actual empirical research has been done on the subject" (Lub 2018b, S. 909). Diese Forschungslücke, auch wenn es erste empirische Arbeiten von Birenheide (2009), Schmidt-Lux (2012, 2013a) und Bust-Bartels (2021) gibt, wurde durch die vorliegende Arbeit, verdeutlicht. Sie stellt dabei einen Anknüpfungspunkt dar, an der weitere Forschung ansetzen kann, bspw. um empirisch zu prüfen, welche – von unterschiedlichen Akteuren befürchteten oder auch erwünschten – Auswirkungen tatsächlich festzustellen sind.

Auch erscheint weitere Forschung zu digital unterstütztem Polizieren oder ausschließlich über digitale Medien stattfindender bürgerschaftlicher Si-

[207] Lub 2018b verweist hier auf Zedner 2009; Brewer und Grabosky 2014; Garland 2001 Brewer und Grabosky 2014; Garland 2001.

cherheitsarbeit erforderlich: So waren bei der Recherche zu polizierenden Bürgergruppen auch Gruppen zu finden, die ausschließlich über WhatsApp vernetzt waren, um darüber Auffälligkeiten zu melden und sich über Sicherheitsfragen auszutauschen. Dabei kann die Nutzung digitaler Medien zu einer umfassenderen Überwachung führen, als es bei Gruppen der Fall ist, die diese Möglichkeit nicht nutzen – dies ließ sich in der vorliegenden Studie bezüglich des ‚bürgerschaftlichen Fahndens' feststellen, was ohne die Vernetzung über WhatsApp nicht möglich wäre (vgl. *Kapitel 7.2.2.2. Melden*). So schreibt Lub (2018b), dass digitale Überwachungsmöglichkeiten die Hemmschwelle reduzierten,‚verdächtige' Handlungen oder Personen zu melden: „reporting to the police or fellow residents about suspicious behaviour or persons is just a phone swipe or a mouse click away" (Lub 2018b, S. 908). Während Forschung in diesem Bereich in den Niederlanden bereits existiert (vgl. bspw. auch Pridmore et al. 2019; van Steden und Mehlbaum 2022), gibt es in Deutschland kaum wissenschaftliche Auseinandersetzung zu solchen Phänomenen. Auch hier stellt sich neben Auswirkungen, Praktiken und Motiven die Frage nach dem Verhältnis zur Polizei: Werden auch bezüglich primär digital agierender Gruppen Sicherheitsbündnisse gebildet und wenn ja, wie wirken diese?

Die mehrdimensionale Konzeptualisierung könnte zudem für einen vergleichenden Ansatz genutzt werden. Dieser könnte hinsichtlich vigilanter Gruppen erfolgen, insbesondere erscheint aber ein Vergleich ehrenamtlichen Polizierens und informeller Gruppen ratsam. Denn die hier vorgestellten Ergebnisse zeigen eine informelle, aber dennoch enge Anbindung an die Polizei. Hier wäre zu fragen, ob Gruppen wie einige der hier untersuchten in Sicherheitsbündnissen aktiven Gruppen vielleicht sogar praktisch enger an den Staat angebunden sind als bspw. einige anerkannte Sicherheitspartner in Brandenburg. Diese sind zwar formal als solche ernannt und erhalten sogar eine geringe Aufwandsentschädigung. Aber auch hier ließe sich die praktische Zusammenarbeit der Polizei mit verschiedenen Sicherheitspartner betrachten und die lokalen Sicherheitsgefüge analysieren, um ein besseres Verständnis des bürgerschaftlichen Polizierens zu erhalten.

Insgesamt erscheinen im Kontext der weitergehenden Erforschung bürgerschaftlichen Polizierens insbesondere ethnografische Ansätze sinnvoll, die in den wenigen in diesem Forschungsbereich vorliegenden Arbeiten verfolgt wurden. Teilnehmende Beobachtungen des Polizierens und von Treffen sowie der Einbezug von Interviews mit weiteren Anwohnenden wären mit Blick auf die Auswirkungen sicher aufschlussreich. Quantitative Ansätze beispielsweise in Form einer standardisierten Befragung über mehrere Gruppen hinweg könnten weitere Einblicke in die Motive sowie Entstehungs- und Aufrechterhaltungsfaktoren geben – dies könnte beispielsweise vergleichend für ausschließlich polizierende, digital unterstützt polizierende oder ausschließlich digital aktive Gruppen umgesetzt werden. Dabei ist

allerdings zu beachten, dass eine ausschließlich quantitative Auswertung die Existenz und Relevanz von Sicherheitsbündnissen verdecken könnte: So ist die Relevanz der Sicherheitsbündnisse nicht ausschließlich anhand der Anzahl der Treffen zwischen polizeilichen Ansprechpartner:innen und Gruppen zu bewerten, sondern sie zeigt sich insbesondere in der Kommunikation übereinander, welche besser mithilfe qualitativer Methoden abgebildet werden kann.
Aufgrund der hier identifizierten relevanten Verbindung zwischen Polizei und Gruppen, also aufgrund des zentralen Ergebnisses des empirischen Teils der Arbeit – der Identifizierung von Sicherheitsbündnissen –, erscheint es bei zukünftiger Forschung in diesem Bereich insgesamt angeraten, den Fokus nicht allein auf die Gruppen zu legen, sondern die Praktiken und Ansätze der Polizei bzw. ein (erfolgreiches?) Verlangen von Gruppen nach einem „‚world class‘ service“ (O'Malley 2009, S. 277) einzubeziehen, auch wenn es auf den ersten Blick so scheint, als spielten staatliche Akteure keine zentrale Rolle bzw. als habe man es mit einem reinen bottom-up Phänomen zu tun. Insgesamt ist festzuhalten, dass, wie die Konzeptualisierung des ersten Teils der Arbeit, auch die empirischen Analysen und ihre Ergebnisse damit anschlussfähig für eine Übertragung und Weiterentwicklung im Rahmen weiterer Forschung sind: Hinsichtlich ähnlicher oder (stark) differierender Gruppen oder auch hinsichtlich völlig anderer Phänomene, bei denen aber ebenfalls Formen von Bündnissen, Responsibilisierung und/oder Versicherheitlichung und/oder eine Ausweitung staatlichen Einflusses über Wissen identifizierbar sein könnten bzw. zu vermuten sind.

Literaturverzeichnis

Abrahams, Ray (1998): Vigilant citizens. Vigilantism and the state. Cambridge: Polity Press.

Abrahamsen, Rita; Williams, Michael C. (2009): Security beyond the State. Global Security Assemblages in International Politics. In: *International Political Sociology* 3 (1), S. 1–17.

Adloff, Frank (2005): Zivilgesellschaft. Theorie und politische Praxis. Frankfurt a. M.: Campus Verlag.

Albrecht, Hans-Jörg (2002): Kriminologische Erfahrungen und kriminalpräventive Räte. In: Rainer Prätorius (Hg.): Wachsam und kooperativ? Der lokale Staat als Sicherheitsproduzent. 1. Aufl. Baden-Baden: Nomos (Staatslehre und politische Verwaltung), S. 22–40.

Anter, Andreas (2014): Max Webers Theorie des modernen Staates. Herkunft, Struktur und Bedeutung. 3., aktualisierte und überarbeitete Auflage. Berlin: Duncker & Humblot.

Anter, Andreas (2016): Max Weber und die Staatsrechtslehre. Tübingen: Mohr Siebeck.

Arfsten, Kerrin-Sina (2012): „Every man is entitled to defend his castle…“ - Vigilantismus während der London Riots. In: *Kriminologisches Journal* 44 (2), S. 101–117.

Arfsten, Kerrin-Sina (2020): Digitaler Vigilantismus. In: Thomas-Gabriel Rüdiger und Petra Saskia Bayerl (Hg.): Cyberkriminologie. Kriminologie für das digitale Zeitalter. Wiesbaden: Springer VS, S. 547–609.

Armborst, Andreas (2018): Einführung: Merkmale und Abläufe evidenzbasierter Kriminalprävention. In: Maria Walsh, Benjamin Pniewski, Marcus Kober und Andreas Armborst (Hg.): Evidenzorientierte Kriminalprävention in Deutschland. Ein Leitfaden für Politik und Praxis. Wiesbaden: Springer VS, S. 3–19.

Baeck, Jean-Philipp (2015): Bürgerwehr gegen Flüchtlinge; NEONAZIS-Patrouille. In: *die tageszeitung*, 10.10.2015, S. 54.

Balzer, Christoph (2018): Kommunale Ordnungsdienste. 1. Aufl. Wiesbaden: Kommunal- und Schul-Verlag (Sicherheit in Kommunen).

Bartsch, Tillmann; Dreißigacker, Arne; Blauert, Katharina; Baier, Dirk (2014): Phänomen Wohnungseinbruch – Taten, Täter, Opfer. In: *Kriminalistik* 68 (8-9), S. 483–490.

Bayerisches Staatsministerium des Innern, für Bau und Verkehr (2016): Sicherheit durch Stärke. Online verfügbar unter: https://www.stmi.bayern.de/med/aktuell/archiv/2016/160726sicherheit/, zuletzt geprüft am 18.07.2019.

Bayerisches Staatsministerium des Innern, für Sport und Integration (2019): Die Bayerische Sicherheitswacht. Ein besonderes Ehrenamt. Flyer. Stand: November 2018.

Bayley, David H.; Shearing, Clifford D. (1996): The Future of Policing. In: *Law & Society Review* 30 (3), S. 585–606.

Beck, Teresa Koloma; Schlichte, Klaus (2014): Theorien der Gewalt. Zur Einführung. Hamburg: Junius.

Behring, Angelika; Göschl, Alexandra; Lustig, Sylvia (1996): Zur Praxis einer „Kultur des Hinschauens“. Motivationslagen und Handlungsformen von Angehörigen der bayerischen Sicherheitswacht. In: *Kriminalistik* 50 (1), S. 49–54.

Beljan, Magdalena (2020): Regierung. In: Clemens Kammler, Rolf Parr und Ulrich Johannes Schneider (Hg.): Foucault-Handbuch. Leben - Werk - Wirkung. 2. Aufl. Stuttgart: J.B. Metzler, S. 328–330.

Bennett, Trevor; Holloway, Katy; Farrington, David P. (2006): Does neighborhood watch reduce crime? A systematic review and meta-analysis. In: *Journal of Experimental Criminology* 2 (4), S. 437–458.

Benz, Arthur (2008): Der moderne Staat. Grundlagen der politologischen Analyse. 2., überarbeitete und erweiterte Auflage. München: Oldenbourg Verlag.

Bescherer, Peter (2017): „Dieses Thema Sicherheit in diesem konservativen Sinne ist natürlich überhaupt nicht unseres“. In: *Soziale Probleme* 28 (2), S. 301–320.

Bescherer, Peter; Wetzel, Dietmar J. (2017): Urbane Sicherheit - Gerechtigkeitsansprüche in Theorie und Praxis. Das Beispiel BürgerInnenbeteiligung. In: Bernhard Frevel und Michaela Wendekamm (Hg.): Sicherheitsproduktion zwischen Staat, Markt und Zivilgesellschaft. Wiesbaden: Springer VS (Studien zur Inneren Sicherheit, 22), S. 11–30.

Beste, Hubert (2000): Bürgeraktivierung im System „innerer Sicherheit“. Die Wiederentdeckung des Lokalen. In: *Bürgerrechte & Polizei* 66 (2), S. 6–15.

Bidlo, Oliver (Hg.) (2011): Securitainment. Medien als Akteure der Inneren Sicherheit. 1. Aufl. Wiesbaden: VS Verlag für Sozialwissenschaften.

Bielicki, Jan (2019): Sofortlage. Sie ist der Normalfall im beruflichen Alltag von Polizisten. In: *Süddeutsche Zeitung*, 30.07.2019. Online verfügbar unter: https://www.sueddeutsche.de/politik/aktuelles-lexikon-sofortlage-1.4545884, zuletzt geprüft am 19.04.2023.

Biermann, Kai; Geisler, Astrid (2016): Ein Volk, viele Reiche, noch mehr Führer. Die Reichsbürger - ein Sammelbecken harmloser Spinner? In: *Zeit Online* 2016, 20.04.2016. Online verfügbar unter: https://www.zeit.de/politik/deutschland/2016-04/reichsbuerger-verfassungsschutz-radikalisierung-einzeltaeter, zuletzt geprüft am 19.04.2023.

Birenheide, Almut (2009): Private Initiativen für mehr Sicherheit als Form lokaler Vergesellschaftung. am Beispiel der Bürgerinitiative „Mehr Sicherheit in Großhansdorf“ e.V. Dissertation. Hamburg.

Bittner, Egon (1970): The functions of the police in modern society. Chevy Chase: National Institute of Mental Health (Crime and Delinquency Issues: A Monograph Series).

Bourdieu, Pierre (1983): Ökonomisches Kapital, kulturelles Kapitel, soziales Kapital. übersetzt durch Reinhard Kreckel. In: Reinhard Kreckel (Hg.): Soziale Ungleichheiten. Soziale Welt (Sonderband 2). Göttingen: Otto Schwartz & Co, S. 183–198.

Braun, Sebastian (2011): Sozialkapital. In: Thomas Olk und Birger Hartnuß (Hg.): Handbuch Bürgerschaftliches Engagement. Weinheim und Basel: Beltz Juventa, S. 53–64.

Breuer, Franz; Muckel, Petra; Dieris, Barbara (Hg.) (2019): Reflexive Grounded Theory. Eine Einführung für die Forschungspraxis. 4. Aufl. Wiesbaden: Springer VS.

Brewer, Russell; Grabosky, Peter (2014): The Unraveling of Public Security in the United States. The Dark Side of Police-Community Co-Production. In: *American Journal of Criminal Justice* 39 (1), S. 139–154.

Brodie, Janine (2004): Die Re-Formierung des Geschlechterverhältnisses. Neoliberalismus und die Regulierung des Sozialen. In: *Widerspruch: Beiträge zu sozialistischer Politik* 24 (46), S. 19–32.

Brown, Richard Maxwell (1975): Strain of Violence. Historical Studies of American Violence and Vigilantism. New York: Oxford University Press.

Bublitz, Hannelore (2014): Gouvernementalität, Normalisierung und Selbstführung. In: Andreas Vasilache (Hg.): Gouvernementalität, Staat und Weltgesellschaft. Wiesbaden: Springer VS, S. 83–99.

Bublitz, Hannelore (2020): Macht. In: Clemens Kammler, Rolf Parr und Ulrich Johannes Schneider (Hg.): Foucault-Handbuch. Leben - Werk - Wirkung. 2. Aufl. Stuttgart: J.B. Metzler, S. 316–319.

Burrows, William E. (1977): Vigilante! New York, London: Harcourt Brace Jovanovich.

Bust-Bartels, Nina Marie (2021): Bürgerwehren in Deutschland. Zwischen Nachbarschaftshilfe und rechtsextremer Raumergreifung. Bielefeld: transcript Verlag.

Butcher, Sean Barry (2019): Organised voluntary action in crime control and community safety: A study of citizen patrol initiatives in northern England. Leeds.

Buzan, Barry; Waever, Ole; Wilde, Jaap de (1998): Security. A new framework for analysis. Boulder, London: Lynne Rienner Publishers.

Cohen, Lawrence E.; Felson, Marcus (1979): Social Change and Crime Rate Trends. A Routine Activity Approach. In: *American Sociological Review* 44 (4), S. 588–608.

Crawford, Adam (2001): Joined-up but fragmented. Contradiction, ambiguity and ambivalence at the heart of New Labour's 'Third Way'. In: Roger Matthews und John Pitts (Hg.): Crime, Disorder and Community Safety. A New Agenda? London: Taylor & Francis Group, S. 54–80.

Crawford, Adam (2009): Plural Policing in the UK. Policing beyond the police. In: Tim Newburn (Hg.): Handbook of Policing. Cullompton, Devon [u.a.]: Willan Publishing, S. 147–181.

Crawford, Adam (2014): The Police, Policing and the Future of the extended policing familiy. In: Jennifer Brown (Hg.): The future of policing. London, New York: Routledge, S. 173–190.

Culberson, William C. (1990): Vigilantism: Political History of Private Power in America. Westport: Greenwood Press (Contributions in criminology and penology).

Daase, Christopher (2010a): Der erweiterte Sicherheitsbegriff. Hg. v. Projekt Sicherheitskultur im Wandel. Frankfurt a. M. (Working Paper, 1).

Daase, Christopher (2010b): Wandel der Sicherheitskultur. In: *Aus Politik und Zeitgeschichte* 2010 (50), S. 9–16.

Deakin, Hannah; Wakefield, Kelly (2014): Skype interviewing: reflections of two PhD researchers. In: *Qualitative Research* 14 (5), S. 603–616.

Dean, Mitchell (2007): Die „Regierung von Gesellschaften". Über ein Konzept und seine historischen Voraussetzungen. In: Susanne Krasmann und Michael Volkmer (Hg.): Michel Foucaults Geschichte der Gouvernementalität in den Sozialwissenschaften. Internationale Beiträge. Bielefeld: transcript Verlag, S. 75–104.

Debski, Andreas (2015): Immer mehr Bürgerwehren in Sachsen. Ministerium warnt vor Selbstjustiz. In: *Leipziger Volkszeitung*, 04.02.2015. Online verfügbar unter: http://www.lvz.de/Region/Mitteldeutschland/Immer-mehr-Buergerwehren-in-Sachsen-Ministerium-warnt-vor-Selbstjustiz, zuletzt geprüft am 24.10.2019.

Dehmel, Monika; Dehmel, Gregor (2009): Beteiligung schafft Sicherheit. Ein illustrierter Parforceritt durch die Praxis von Beteiligungsprojekten. In: Erich Marks und Wiebke Steffen (Hg.): Engagierte Bürger-sichere Gesellschaft. Ausgewählte Beiträge des 13. Deutschen Präventionstages (2. und 3. Juni 2008 in Leipzig). Mönchengladbach: Forum Verlag Godesberg, S. 253–274.

Deutscher Präventionstag und Veranstaltungspartner (2009): Leipziger Erklärung. In: Erich Marks und Wiebke Steffen (Hg.): Engagierte Bürger-sichere Gesellschaft. Ausgewählte Beiträge des 13. Deutschen Präventionstages (2. und 3. Juni 2008 in Leipzig). Mönchengladbach: Forum Verlag Godesberg, S. 5–7.

Dittmar, Norbert (2004): Transkription. Ein Leitfaden mit Aufgaben für Studenten, Forscher und Laien. 2. Aufl. Wiesbaden: VS Verlag für Sozialwissenschaften (Qualitative Sozialforschung - Praktiken - Methodologien - Anwendungsfelder, 10).

Doeleke, Karl (2016): Warnung vor neuen „Bürgerwehren". In: *Hannoversche Allgemeine Online*, 18.01.2016. Online verfügbar unter:

http://www.haz.de/Nachrichten/Der-Norden/Uebersicht/Warnung-vor-neuen-Buergerwehren-in-Niedersachsen, zuletzt geprüft am 17.08.2017.

Dreißigacker, Arne; Baier, Dirk; Wollinger, Gina Rosa; Bartsch, Tillmann (2015): Die Täter des Wohnungs-einbruchs: Sind es die „Osteuropäer", die „professionellen Banden" oder die „Drogenabhängigen"? In: *Kriminalistik* 69 (5), S. 307–311.

Dreißigacker, Arne; Wollinger, Gina Rosa; Bartsch, Tillmann; Baier, Dirk (2018): Möglichkeiten zur Prävention im Bereich Wohnungseinbruchdiebstahl. In: Maria Walsh, Benjamin Pniewski, Marcus Kober und Andreas Armborst (Hg.): Evidenzorientierte Kriminalprävention in Deutschland. Ein Leitfaden für Politik und Praxis. Wiesbaden: Springer VS, 887-910.

Dröge, Kai (2020): Qualitative Interviews am Telefon oder online durchführen. Informationen für Studierende. Hg. v. Institut für Sozialforschung, Hochschule Luzern.

Duden.de (2018): Bürgerwehr, die. Online verfügbar unter: https://www.duden.de/rechtschreibung/Buergerwehr, zuletzt geprüft am 20.04.2023.

Ehlers, Jan Philip (2003): Aushöhlung der Staatlichkeit durch Privatisierung von Staatsaufgaben? Genuine Staatsaufgaben und das Prinzip der demokratischen Legitimation staatlichen Handelns als Grenzen der Privatisierung von Aufgaben der vollziehenden Gewalt. Frankfurt a. M. [u.a.]: Peter Lang (Reihe II Rechtswissenschaft, 3684).

Ehm, Markus (2005): Der Freiwillige Polizeidienst in Baden-Württemberg. Eine Institution zwischen Aufstockung und Abschaffung. Frankfurt a. M.: Verlag für Polizeiwissenschaft (Polizeiwissenschaftliche Analysen, 6).

Elias, Norbert; Scotson, John L. (1990): Etablierte und Außenseiter. Frankfurt a. M.: Suhrkamp.

Enquete-Kommission „Bürgerschaftliches Engagement" (2002): Bürgerschaftliches Engagement: auf dem Weg in eine zukunftsfähige Bürgergesellschaft. Bericht. Hg. v. Deutscher Bundestag (Drucksache, 14/8900).

Evers, Adalbert (1998): Soziales Engagement. Zwischen Selbstverwirklichung und Bürgerpflicht. In: *Transit. Europäsische Revue* (15), S. 186–200.

Evers, Adalbert (1999): Verschiedene Konzeptionalisierungen von Engagement. Ihre Bedeutung für Analyse und Politik. In: Ernst Kistler, Heinz-Herbert Noll und Eckhard Priller (Hg.): Perspektiven gesellschaftlichen

Zusammenhalts. Empirische Befunde, Praxiserfahrungen, Meßkonzepte. Berlin: Ed. Sigma, S. 53–65.

Evers, Adalbert (2009): Bürgerschaftliches Engagement. Versuch, einem Allerweltsbegriff wieder Bedeutung zu geben. In: Ingo Bode, Adalbert Evers und Ansgar Klein (Hg.): Bürgergesellschaft als Projekt. Eine Bestandsaufnahme zu Entwicklung und Förderung zivilgesellschaftlicher Potenziale in Deutschland. Wiesbaden: VS Verlag für Sozialwissenschaften, S. 66–79.

Feltes, Thomas (2008): Kriminalprävention. In: Hans-Jürgen Lange (Hg.): Kriminalpolitik. Unter Mitarbeit von Matthias Gasch. 1. Aufl. Wiesbaden: VS Verlag für Sozialwissenschaften (Studien zur Inneren Sicherheit, Bd. 9), S. 251–266.

Feltes, Thomas (2009): Akteure der Inneren Sicherheit. Vom Öffentlichen zum Privaten. In: Hans-Jürgen Lange, H. Peter Ohly und Jo Reichertz (Hg.): Auf der Suche nach neuer Sicherheit. Fakten, Theorien und Folgen. 2. Aufl. Wiesbaden: VS Verlag für Sozialwissenschaften.

Fickenscher, Guido (2006): Polizeilicher Streifendienst mit Hoheitsbefugnissen. Rechtsfragen der freiwilligen Polizeidienste und Sicherheitswachten in Deutschland. Baden-Baden: Nomos.

Flick, Uwe; Kardoff, Ernst von; Steinke, Ines (2005): Was ist qualitative Forschung? Einleitung und Überblick. In: Uwe Flick, Ernst von Kardorff und Ines Steinke (Hg.): Qualitative Forschung. Ein Handbuch. 4. Aufl. Reinbek bei Hamburg: Rowohlt Taschenbuch Verlag, S. 13–29.

Floeting, Holger (2014): Ordnung und Sicherheit – Kommunales Engagement für sichere Städte. In: Jan Abt, Leon Hempel, Dietrich Henckel, Ricarda Pätzold und Gabriele Wendorf (Hg.): Dynamische Arrangements städtischer Sicherheit. Akteure, Kulturen, Bilder. Wiesbaden: Springer VS, S. 63–93.

Foucault, Michel (1984): Von der Freundschaft als Lebensweise. Michel Foucault im Gespräch. Berlin: Merve-Verlag.

Foucault, Michel (1993): About the beginnings of the hermeneutics of the self. Two lectures at Dartmouth. In: *Political Theory* 21 (2), S. 198–227.

Foucault, Michel (1994): Überwachen und Strafen. Die Geburt des Gefängnisses. Aus dem Französischen übersetzt von Walter Seitter. Frankfurt a. M.: Suhrkamp.

Foucault, Michel (2004): Vorlesung 4. Sitzung vom 1. Februar 1978. In: Michel Sennelart (Hg.): Geschichte der Gouvernementalität I. Sicherheit, Territorium, Bevölkerung. Vorlesung am Collège de France 1977-1978. Frankfurt a. M.: Suhrkamp, S. 134–172.

Frehsee, Detlev (1998): Politische Funktionen Kommunaler Kriminalprävention. In: Hans-Jörg Albrecht, Friedrich Dünkel und Hans-Jürgen Kerner (Hg.): Internationale Perspektiven in Kriminologie und Strafrecht. Festschrift für Günther Kaiser zum 70. Geburtstag. Berlin: Duncker und Humblot, S. 739–763.

Freie Hansestadt Bremen (o. J.): Kontaktpolizeibeamte. Online verfügbar unter: https://www.polizei.bremen.de/dienststellen/kontaktpolizeibeamte-7131#:~:text=Kontaktpolizisten%2C%20kurz%20%22KoPs%22%20genannt,und%20N%C3%B6te%20in%20ihren%20Bezirken, zuletzt geprüft am 04.11.2021.

Freise, Matthias (2012): Co-Producing Safety or Participative Windows Dressing? Regulation Partnerships in German Local Governance Arrangements. In: Victor Pestoff (Hg.): New Public Governance, the Third Sector, and Co-Production. New York, London: Routledge, S. 264–280.

Freise, Matthias (2016): Everybody‘s Darling? Zivilgesellschaft zwischen empirischer Faktizität und demokratischer Utopie. Kumuluseinführung. Kumulative Habilitation. Westfälische Wilhelms-Universität Münster, Münster.

Frevel, Bernhard (2007): Kooperative Sicherheitspolitik in Mittelstädten. Vergleichende Fallstudien zu den Grundlagen, der Gestaltung und den Wirkungen von Ordnungspartnerschaften und Kriminalpräventiven Räten. In: Bernhard Frevel (Hg.): Kooperative Sicherheitspolitik in Mittelstädten. Studien zu Ordnungspartnerschaften und Kriminalpräventiven Räten. Frankfurt a. M.: Verlag für Polizeiwissenschaft (Schriften zur empirischen Polizeiforschung, 7), S. 13–215.

Frevel, Bernhard (2012): Kriminalität und lokale Sicherheit. In: Frank Eckardt (Hg.): Handbuch Stadtsoziologie. Wiesbaden: VS Verlag für Sozialwissenschaften.

Frevel, Bernhard (2015): Pluralisation of Local Policing in Germany. Security Between the State‘s Monopoly of Force and the Market. In: *European Journal of Policing Studies* 2 (3), S. 267–284.

Frevel, Bernhard (2016): Sicherheit. Ein (un)stillbares Grundbedürfnis. 2. überarbeitete Auflage des Buchs „Sicherheit – ein (un-)stillbares Grundbedürfnis“, das als Band 26 der Centaurus Paper Apps erschienen ist. Wiesbaden: Springer VS (essentials).

Frevel, Bernhard (2018): Innere Sicherheit. Eine Einführung. Wiesbaden: Springer Fachmedien Wiesbaden.

Frevel, Bernhard; John, Tobias (2014): Kooperative Sicherheitspolitik als Konsequenz von Sekuritisation. In: Hans-Jürgen Lange, Michaela Wendekamm und Christian Endreß (Hg.): Dimensionen der Sicherheitskultur. Wiesbaden: Springer VS, S. 341–358.

Frevel, Bernhard; Kahl, Wolfgang; Kober, Marcus; Schreiber, Verena; van den Brink, Henning; Wurtzbacher, Jens (2009): Bürgerengagement in der kommunalen Kriminalprävention: Beiträge aus der aktuellen Forschung (Teil 1) zu Konzeption und Wirklichkeit. In: Erich Marks und Wiebke Steffen (Hg.): Engagierte Bürger-sichere Gesellschaft. Ausgewählte Beiträge des 13. Deutschen Präventionstages (2. und 3. Juni 2008 in Leipzig). Mönchengladbach: Forum Verlag Godesberg.

Frevel, Bernhard; Wendekamm, Michaela (Hg.) (2017): Sicherheitsproduktion zwischen Staat, Markt und Zivilgesellschaft. Wiesbaden: Springer VS (Studien zur Inneren Sicherheit, 22).

Frick, Marie-Luisa (2012): Krieg Aller gegen Alle. Zur menschenrechtlichen Legitimation staatlicher Gewalt. In: Paul Georg Ertl und Jodok Troy (Hg.): Vom „Krieg aller gegen alle“ zum staatlichen Gewaltmonopol und zurück? Herrschaftliche und private Gewalt in europäischer, internationaler und ideengeschichtlicher Perspektive. Frankfurt a. M. [u.a.]: Peter Lang, S. 17–37.

Frigelj, Kristian (2018): Wie Amerikas „Neighbourhood Watch“ Einzug in deutsche Viertel hält. In: *Die Welt* 2018, 13.01.2018. Online verfügbar unter: https://www.welt.de/vermischtes/plus172438799/Neighborhood-Watch-Nachbarn-wappnen-sich-gegen-Einbrecher.html, zuletzt geprüft am 02.08.2018.

Fuchs, Saskia (2020): Geltungsbereiche des sozialen Kapitals in Deutschland. Eine Prüfung der Messinvarianz, der Verteilung und der Auswirkung von sozialem Vertrauen, Reziprozität und formalen Netzwerken. Wiesbaden: Springer VS.

Funk, Albrecht (2002): Staatliches Gewaltmonopol und Kriminalpolitik. In: Wilhelm Heitmeyer und John Hagan (Hg.): Internationales Handbuch der Gewaltforschung. Wiesbaden: Westdeutscher Verlag, S. 1314–1338.

Fuß, Susanne; Karbach, Ute (2019): Grundlagen der Transkription. Eine praktische Einführung. 2. Aufl. Oplade, Toronto: Barbara Budrich.

Garland, David (1996): The Limits of the Sovereign State. Strategies of Crime Control in Contemporary Society. In: *The British Journal of Criminology* 36 (4), S. 445–471.

Garland, David (1997): 'Governmentality' and the Problem of Crime: Foucault, criminology, sociology. In: *Theoretical Criminology* 1 (2), S. 173–214.

Garland, David (2000): The Culture of High Crime Societies: Some Preconditions of Recent 'Law and Order' Policies. In: *The British Journal of Criminology* 40 (3), S. 347–375.

Garland, David (2001): The Culture of Control. Crime and Social Order in Contemporary Society. Oxford: Oxford University Press.

Gensing, Patrick (2015): Zschäpe war gestern. Während der NSU-Komplex haarklein untersucht wird, sind Nazis etabliert wie nie. In: *tageszeitung*, 18.07.2015, S. 11.

Gerhold, Lars (Hg.) (2020): Sicherheitsempfinden, Sicherheitskommunikation und Sicherheitsmaßnahmen. Ergebnisse aus dem Forschungsverbund WiSima. Freie Universität Berlin; Forschungsforum Öffentliche Sicherheit. Berlin: Freie Universität Berlin (Schriftenreihe Sicherheit des Forschungsforum Öffentliche Sicherheit, Nr. 27).

Gläser, Jochen; Laudel, Grit (2010): Experteninterviews und qualitative Inhaltsanalyse als Instrumente rekonstruierender Untersuchungen. 4. Aufl. Wiesbaden: VS Verlag für Sozialwissenschaften.

Goldig, Dennis; Hirschmann, Nathalie; John, Tobias; Kuperan, Keerthana; Pehle, Sigrid; Reichl, Frauke; Vogt, Lisa (2020): Forschungsmethoden im PluS-i Projekt. Westfälische Wilhelms-Universität Münster (PluS-i Working Paper, 9).

Göschl, Alexandra; Milanés, Alexander (1997): Sicherheit durch Wachsamkeit. Eine Ethnographie im Handlungsfeld ‚Innere Sicherheit'. In: *Kriminologisches Journal* 29 (4), S. 275–291.

Gosewinkel, Dieter (2003): Zivilgesellschaft - eine Erschließung des Themas von seinen Grenzen her. Wissenschaftszentrum Berlin für Sozialforschung (WZB). Berlin (WZB Discussion Paper, SP IV 2003-505).

Gosewinkel, Dieter; Reichardt, Sven (2003): Ambivalenzen der Zivilgesellschaft. Gegenbegriffe, Gewalt und Macht. Wissenschaftszentrum Berlin für Sozialforschung (WZB). Berlin (WZB Discussion Paper, SP IV 2004-501).

Gosewinkel, Dieter; Rucht, Dieter; van den Daele, Wolfgang; Kocka, Jürgen (2004): Einleitung. Zivilgesellschaft - national und transnational. In: Dieter Gosewinkel, Dieter Rucht, Wolfgang van den Daele und Jürgen Kocka (Hg.): Zivilgesellschaft - national und transnational. Berlin: Ed. Sigma (WZB-Jahrbuch, 2003), S. 11–26.

Grabosky, Peter N. (1992): Law enforcement and the citizen: Non-governmental participants in crime prevention and control. In: *Policing & Society: an international journal of research & policy* 2 (4), S. 249–271.

Gray, Lisa; Wong-Wylie, Gina; Rempel, Gwen; Cook, Karen (2020): Expanding Qualitative Research Interviewing Strategies: Zoom Video Communications. In: *The Qualitative Report* 25 (5), Artikel 8, S. 1292–1301.

Grimm, Dieter (2002): Das staatliche Gewaltmonopol. In: Wilhelm Heitmeyer und John Hagan (Hg.): Internationales Handbuch der Gewaltforschung. Wiesbaden: Westdeutscher Verlag, S. 1297–1313.

Grull, Lillith (2020): Rechte Terrorfantasien. In: *Die Zeit*, 26.03.2020 (14), S. 18.

Gusy, Christoph (2012): Freiheit und Sicherheit. Dossier Innere Sicherheit. Hg. v. Bundeszentrale für politische Bildung. Bonn. Online verfügbar unter: http://www.bpb.de/politik/innenpolitik/76651/freiheit-und-sicherheit, zuletzt geprüft am 20.04.2023.

Hahne, Michael; Hempel, Leon; Pelzer, Robert (2020): (Un-)Sicherheitsgefühle und subjektive Sicherheit im urbanen Raum. Berlin (Berliner Forum Gewaltprävention, 70) (2).

Haimann, Richard (2014): Die Hobbywächter; Die Zahl der Einbrüche steigt Jahr für Jahr. Vielen Bürgern reicht es. Sie nehmen ihre Sicherheit selbst in die Hand. In: *Welt am Sonntag*, 11.05.2014 (19), S. 85.

Hansestadt Stade (o. J.): Bürger im Dienst (FOSD). Online verfügbar unter:

https://www.stadt-stade.info/buergerservice/dienstleistungen/buerger-im-dienst-fosd--905000525-20390.html?myMedium=1, zuletzt geprüft am 16.06.2021.

Heinze, Rolf G.; Olk, Thomas (2001): Bürgerengagement in Deutschland. Zum Stand der wissenschaftlichen und politischen Diskussion. In: Rolf G. Heinze und Thomas Olk (Hg.): Bürgerengagement in Deutschland. Bestandsaufnahme und Perspektiven. Opladen: Leske + Budrich, S. 11–26.

Helfferich, Cornelia (2011): Die Qualität qualitativer Daten. Manual für die Durchführung qualitativer Interviews. 4. Aufl. Wiesbaden: VS Verlag für Sozialwissenschaften.

Hermann, Dieter (2009): Sozialkapital und Sicherheit. In: Erich Marks und Wiebkc Steffen (Hg.): Engagierte Bürger-sichere Gesellschaft. Ausgewählte Beiträge des 13. Deutschen Präventionstages (2. und 3. Juni 2008 in Leipzig). Mönchengladbach: Forum Verlag Godesberg, S. 181–200.

Herrmann, Goetz (2014): Ein Mehr an Freiheit durch ein Mehr an Sicherheit? Zur Organisation von Zirkulation in der Europäischen Union: Die Beispiele des Grenz- und Migrationsmanagements. In: Andreas Vasilache (Hg.): Gouvernementalität, Staat und Weltgesellschaft. Wiesbaden: Springer VS, S. 137–168.

Hess, Henner (2007): Einleitung. David Garlands ‚Culture of Control‘ und die deutsche Kritische Kriminologie. In: *Kriminologisches Journal* 39 (9. Beiheft: Kontrollkulturen. Texte zur Kriminalpolitik im Anschluss an David Garland), S. 6–22.

Hil, Richard (1998): Juvenile Crime and Autonomous Citizen Action. In: *Youth Studies Australia* 17 (3), S. 36–41.

Hirschmann, Nathalie (2015): Sicherheit als professionelle Dienstleistung und Mythos. Eine soziologische Analyse der gewerblichen Sicherheit. Wiesbaden: Springer VS.

Hirschmann, Nathalie; Groß, Hermann (2012): Polizierende Präsenz. Kommunale Sicherheitspolitik zwischen Polizei, Verwaltung, Privatwirtschaft und Bürgern. Frankfurt a. M.: Verlag für Polizeiwissenschaft (Kooperative Sicherheitspolitik in der Stadt).

Hirschmann, Nathalie; John, Tobias (2019): Projekt PluS-i: Forschungsgegenstand, Forschungsziele und Forschungskonzeption. 3. aktualisierte Auflage. Westfälische Wilhelms-Universität Münster (PluS-i Working Paper, 1).

Hirschmann, Nathalie; John, Tobias; Reichl, Frauke (2020): Qualitative leitfadengestützte Interviewforschung. In: Forschungsmethoden im PluS-i Projekt. Westfälische Wilhelms-Universität Münster (PluS-i Working Paper, 9), S. 23–50.

Hirtenlehner, Helmut; Sessar, Klaus (2017): Modernisierungsängste, lokale Verwerfungen und die Furcht vor dem Verbrechen. Beobachtungen aus Hamburg. In: Joachim Häfele, Fritz Sack, Volker Eick und Hergen Hillen (Hg.): Sicherheit und Kriminalprävention in urbanen Räumen. Aktuelle Tendenzen und Entwicklungen. Wiesbaden: Springer VS, S. 169–191.

Hitzler, Ronald (1993): Bürger machen mobil. Über die neue soziale Sicherheitsbewegung. In: *Forschungsjournal Neue Soziale Bewegungen* (3-4), S. 16–27.

Hitzler, Ronald (1996): Der in die Polizeiarbeit eingebundene Bürger. Zur symbolischen Politik mit der bayerischen Sicherheitswacht. In: Jo Reichertz und Norbert Schröer (Hg.): Qualitäten polizeilichen Handelns. Beiträge zu einer verstehenden Polizeiforschung. Opladen: Westdeutscher Verlag, S. 30–47.

Hobbes, Thomas (2013 [1651]): Leviathan oder die Materie, Form und Macht eines kirchlichen und staatlichen Gemeinwesens. Eine Auswahl. Hg. v. Jürgen Klein. Stuttgart: Reclam (Reclams Universal-Bibliothek, 18595).

Hoffmann, Anika (2019): Bürgerwehren und ihre Bedeutung im öffentlichen Raum. Abweichendes Verhalten als kriminologisch relevantes Phänomen. Wiesbaden: Springer.

Hohmeyer, Christine (2000): Wachsame Nachbarn. Lokale Gemeinschaften im Dienst der Sicherheit. In: *Bürgerrechte & Polizei/CILIP* (066).

Holt, Amanda (2010): Using the telephone for narrative interviewing: a research note. In: *Qualitative Research* 10 (1), S. 113–121.

Hopf, Christel (1978): Die Pseudo-Exploration — Überlegungen zur Technik qualitativer Interviews in der Sozialforschung. In: *Zeitschrift für Soziologie* 7 (2), S. 97–115.

Hopf, Christel (2005): Qualitative Interviews. Ein Überblick. In: Uwe Flick, Ernst von Kardorff und Ines Steinke (Hg.): Qualitative Forschung. Ein Handbuch. 4. Aufl. Reinbek bei Hamburg: Rowohlt Taschenbuch Verlag, S. 349–360.

Howe, Christiane (2016): Flanierende Polizeiarbeit im Quartier. In: *SIAK-Journal – Zeitschrift für Polizeiwissenschaft und polizeiliche Praxis* (4), S. 29–40.

Hummler, Alexander Josef (1998): Staatliches Gewaltmonopol und Notwehr. Grenzverschiebungen und Rechtsprechung und Literatur. Inaugural-Dissertation zur Erlangung der Doktorwürde der Juristischen Fakultät der Eberhard-Karls-Universität Tübingen. Villingen.

Isensee, Josef (1983): Das Grundrecht auf Sicherheit. Zu den Schutzpflichten des freiheitlichen Verfassungsstaates. Vortrag gehalten vor der Berliner Juristischen Gesellschaft am 24. November 1982 - Erweiterte Fassung. Berlin, New York: Walter de Gruyter (Schriftenreihe der Juristischen Gesellschaft e.V. Berlin, 79).

John, Tobias (2012): Interagency Policing. Sicherheitsstrukturen im Wandel. Hg. v. Bernhard Frevel. Verbundforschungsprojekt: Kooperative Sicherheitspolitik in der Stadt. Münster (Working Paper, 8).

John, Tobias (2013): Pluralisierte Sicherheitsproduktion, staatliche Sicherheitsgewährleistung, Gewaltmonopol und Folgen für die Polizei. In: *Polizei & Wissenschaft* (3), S. 18–26.

John, Tobias; Goldig, Dennis; Hirschmann, Nathalie (2018): Plurales Polizieren in deutschen Großstädten. Überblick und Fallauswahl für das Projekt PluS-i (PluS-i Working Paper, 2).

John, Tobias; Hirschmann, Nathalie (2020a): Modelle des pluralen Polizierens. Westfälische Wilhelms-Universität Münster (PluS-i Working Paper, 7).

John, Tobias; Hirschmann, Nathalie (2020b): Polizeiliches Handeln im Kontext pluralen Polizierens. Erkenntnisse aus dem Forschungsprojekt PluS-i. In: Daniela Hunold und Andreas Ruch (Hg.): Polizeiarbeit zwischen Praxishandeln und Rechtsordnung. Empirische Polizeiforschungen zur polizeipraktischen Ausgestaltung des Rechts. Wiesbaden: Springer (Edition Forschung und Entwicklung in der Strafrechtspflege), S. 255–278.

Johnson, David R.; Scheitle, Christopher P.; Ecklund, Elaine Howard (2021): Beyond the In-Person Interview? How Interview Quality Varies Across In-person, Telephone, and Skype Interviews. In: *Social Science Computer Review* 39 (6), S. 1142–1158.

Johnston, Les (1996): What is Vigilantism? In: *British Journal of Criminology* 36 (2), S. 220–236.

Johnston, Les (2001): Crime, Fear and Civil Policing. In: *Urban Studies* 38 (5-6), S. 959–976.

Jones, Trevor; Newburn, Tim (1998): Private security and public policing. Oxford: Clarendon Press (Clarendon studies in criminology).

Jones, Trevor; Newburn, Tim (2006): Understanding plural policing. In: Trevor Jones und Tim Newburn (Hg.): Plural Policing. A comparative perspective. London, New York: Routledge, S. 1–11.

Juhila, Kirsi; Raitakari, Suvi; Hansen Löfstrand, Cecilia (2017): Responsibilisation in governmentality literature. In: Kirsi Juhila, Suvi Raitakari und Christopher Hall (Hg.): Responsibilisation at the Margins of Welfare Services. London, New York: Routledge, S. 11–34.

Kammler, Clemens; Parr, Rolf; Schneider, Ulrich Johannes (Hg.) (2020): Foucault-Handbuch. Leben - Werk - Wirkung. 2. Aufl. Stuttgart: J.B. Metzler.

Kemper, Ulf (2015): Politische Legitimität und politischer Raum im Wandel. Eine historisch-systematische Studie zu einem Kontextverhältnis. Wiesbaden: Springer VS.

Kersting, Wolfgang (1994): Die politische Philosophie des Gesellschaftsvertrags. Darmstadt: Wissenschaftliche Buchgesellschaft.

Kersting, Wolfgang (1996): Vertrag, Souveränität, Repräsentation. Zu den Kapiteln 17 bis 22 des Leviathan. In: Wolfgang Kersting (Hg.): Thomas Hobbes. Leviathan oder Stoff, Form und Gewalt eines bürgerlichen und kirchlichen Staates. Berlin: Akademie Verlag (Klassiker auslegen, 5), S. 211–233.

Kirsch, Thomas G.; Grätz, Thilo (Hg.) (2010): Domesticating Vigilantism in Africa. Woodbridge, Suffolk, Rochester: James Curry.

Klein, Ansgar (2011): Zivilgesellschaft/Bürgergesellschaft. In: Thomas Olk und Birger Hartnuß (Hg.): Handbuch Bürgerschaftliches Engagement. Weinheim und Basel: Beltz Juventa, S. 29–38.

Klein, Ansgar; Rohde, Markus (2003): Editorial. Konturen der Zivilgesellschaft - Zur Profilierung eines Begriffs. In: *Forschungsjournal Neue Soziale Bewegungen* 16 (2), S. 2–6.

Klotter, Gerhard; Mayer, Andreas (2018): Evidenzorientierte Qualitätssicherung in der Polizeiarbeit – am Beispiel des Programms Polizeiliche Kriminalprävention der Länder und des Bundes. In: Maria Walsh, Benjamin Pniewski, Marcus Kober und Andreas Armborst (Hg.): Evidenzorientierte Kriminalprävention in Deutschland. Ein Leitfaden für Politik und Praxis. Wiesbaden: Springer VS, S. 113–128.

Knigge, Almuth (2017): Nachtwanderer. Wenn Ältere die Jungen im Nachtleben begleiten. In: *Deutschlandfunk Kultur*, 16.05.2017. Online verfügbar unter: https://www.deutschlandfunkkultur.de/nachtwanderer-wenn-aeltere-die-jungen-im-nachtleben.1001.de.html?dram:article_id=386315, zuletzt geprüft am 09.08.2019.

Kocka, Jürgen (2003): Zivilgesellschaft in historischer Perspektive. In: *Forschungsjournal Neue Soziale Bewegungen* 16 (2), S. 29–37.

Kowalewski, David (2002): Vigilantismus. In: Wilhelm Heitmeyer und John Hagan (Hg.): Internationales Handbuch der Gewaltforschung. Wiesbaden: Westdeutscher Verlag, S. 426–440.

Kranz, Rolf (1995): Gott - Heimat - Vaterland. Über das Selbstverständnis heutiger badischer Bürgerwehren. Dissertation. Friesenheim.

Krasmann, Susanne (1999): Regieren über Freiheit. Zur Analyse der Kontrollgesellschaft in foucaultscher Perspektive. In: *Kriminologisches Journal* 31 (2), S. 107–121.

Krasmann, Susanne (2003): Die Kriminalität der Gesellschaft. Zu Gouvernementalität der Gegenwart. Konstanz: UVK Verlagsgesellschaft.

Kreissl, Reinhard (1987): Die Simulation sozialer Ordnung. Gemeindenahe Kriminalitätsbekämpfung. In: *Kriminologisches Journal* 19 (4), S. 269–284.

Kreissl, Reinhard (2001): Die Konjunktur Innerer Sicherheit und die Transformation der gesellschaftlichen Semantik. In: Ronald Hitzler und Helge Peters (Hg.): Inszenierung: Innere Sicherheit. Daten und Diskurse. Wiesbaden: Springer Fachmedien, S. 155–169.

Kremming, Rolf (2016): Auf Nachtstreife mit der Bürgerwehr in Küstrin-Kiez. In: *Berliner Kurier* 2016, 10.04.2016.

Kreuzer, Arthur; Schneider, Hans (2002): Freiwilliger Polizeidienst in Hessen. Ergebnisse der wissenschaftlichen Begleitung des Pilotprojekts. Frankfurt a. M.: Verlag für Polizeiwissenschaft (Polizeiwissenschaftliche Analysen, 1).

Kriesi, Hanspeter (2007): Sozialkapital. Eine Einführung. In: Axel Franzen und Markus Freitag (Hg.): Sozialkapital. Grundlagen und Anwendungen. Kölner Zeitschrift für Soziologie und Sozialpsychologie (Sonderheft 47).

Kruse, Jan (2010): Einführung in die qualitative Interviewforschung. Reader. Version Oktober 2010. Freiburg.

Kruse, Jan (2015): Qualitative Interviewforschung. Ein integrativer Ansatz. 2., überarbeitete und ergänzte Aufl. Weinheim und Basel: Beltz Juventa.

Kuckartz, Udo (2007): Einführung in die computergestützte Analyse qualitativer Daten. [Lehrbuch]. 2., aktualisierte und erw. Aufl. Wiesbaden: VS Verlag für Sozialwissenschaften.

Kuckartz, Udo; Rädiker, Stefan (2020): Fokussierte Interviewanalyse mit MAXQDA. Schritt für Schritt. Wiesbaden: Springer VS.

Kunz, Karl-Ludwig; Singelnstein, Tobias (2016): Kriminologie. Eine Grundlegung. 7., grundlegend überarbeitete Auflage. Bern: Haupt Verlag, utb.

Kutscha, Martin (2004): Die freiwillige Polizei-Reserve in Berlin. In: Gisbert van Elsbergen (Hg.): Wachen, kontrollieren, patrouillieren. Kustodialisierung der Inneren Sicherheit. Wiesbaden: VS Verlag für Sozialwissenschaften, S. 225–234.

Land Brandenburg (2019): Förderung der Ausstattung von Sicherheitspartnern mit Lottomitteln. Online verfügbar unter: http://www.sicherheit-braucht-partner.brandenburg.de/sixcms/detail.php/bb1.c.507127.de, zuletzt aktualisiert am 10.04.2019, zuletzt geprüft am 19.07.2019.

Landtag Brandenburg (2015): Plenarprotokoll 6/7. 22.01.2015. Potsdam.

Landtag Nordrhein-Westfalen (2014): Ausschussprotokoll 16/459. Innenausschuss 32. Sitzung (öffentlich). 16. Wahlperiode.

Landtag von Baden-Württemberg (2016): Drucksache 16 / 664 (Beschlussempfehlungen und Berichte).

Lange, Hans-Jürgen; Gasch, Matthias (Hg.) (2006): Wörterbuch zur Inneren Sicherheit. 1. Aufl. Wiesbaden: VS Verlag für Sozialwissenschaften.

Langenscheidt Wörterbuch (2018): „Bürgerwehr“ Englisch Übersetzung. Online verfügbar unter: https://de.langenscheidt.com/deutsch-englisch/buergerwehr, zuletzt geprüft am 20.08.2018.

Latour, Bruno (2004): Why Has Critique Run out of Steam? From Matters of Fact to Matters of Concern. In: *Critical Inquiry* 30 (2), S. 225–248.

Lechuga, Vicente M. (2012): Exploring culture from a distance. The utility of telephone interviews in qualitative research. In: *International Journal of Qualitative Studies in Education* 25 (3), S. 251–268.

Leistner, Alexander (2011): Sozialfiguren des Protests und deren Bedeutung für die Entstehung und Stabilisierung sozialer Bewegungen. Das Beispiel der unabhängigen DDR-Friedensbewegung. In: *Forum Qualitative Sozialforschung* 12 (2), Art. 14.

Leistner, Alexander (2013): Die Selbststabilisierung sozialer Bewegungen. Das analytische und theoretische Potential des Schlüsselfigurenansatzes. In: *Forschungsjournal Soziale Bewegungen* 26 (4), S. 14–23.

Leistner, Alexander; Faust, Vera (2013): Anstifter, Strippenzieher, Urgesteine. Schlüsselfiguren in sozialen Bewegungen. Editorial. In: *Forschungsjournal Soziale Bewegungen* 26 (4), S. 3–5.

Lemke, Thomas (1997): Eine Kritik der politischen Vernunft. Foucaults Analyse der modernen Gouvernementalität. Hamburg/Berlin: Argument Verlag.

Lemke, Thomas (2000): Neoliberalismus, Staat und Selbsttechnologien. Ein kritischer Überblick über die governmentality studies. In: *Politische Vierteljahresschrift* 41, S. 31–47.

Lemke, Thomas (2007): Eine unverdauliche Mahlzeit? Staatlichkeit, Wissen und Analytik der Regierung. In: Susanne Krasmann und Michael Volkmer (Hg.): Michel Foucaults Geschichte der Gouvernementalität in den Sozialwissenschaften. Internationale Beiträge. Bielefeld: transcript Verlag, S. 47–73.

Lemke, Thomas (2020): Governmentality Studies. In: Clemens Kammler, Rolf Parr und Ulrich Johannes Schneider (Hg.): Foucault-Handbuch. Leben - Werk - Wirkung. 2. Aufl. Stuttgart: J.B. Metzler, S. 437–441.

Lemke, Thomas; Krasmann, Susanne; Bröckling, Ulrich (2015): Gouvernementalität, Neoliberalismus und Selbsttechnologien. Eine Einleitung. In: Ulrich Bröckling, Susanne Krasmann und Thomas Lemke (Hg.): Gouvernementalität der Gegenwart. Studien zur Ökonomisierung des Sozialen. 7. Aufl. Frankfurt a. M.: Suhrkamp Verlag (suhrkamp taschenbuch wissenschaft, 1490), S. 7–40.

Link, Christoph (1990): Staatszwecke im Verfassungsstaat - nach 40 Jahren Grundgesetz. In: Christoph Link und Georg Ress (Hg.): Staatszwecke im Verfassungsstaat - nach 40 Jahren Grundgesetz. Berichte und Diskussionen auf der Tagung der Vereinigung der Deutschen Staatsrechtslehrer in Hannover vom 4. bis 7. Oktober 1989. Berlin: De Gruyter (Veröffentlichungen der Vereinigung der Deutschen Staatsrechtslehrer, 48), S. 7–55.

Loader, Ian (2000): Plural policing and democratic governance. In: *Social & Legal Studies* 9 (3), S. 323–345.

Lub, Vasco (2018a): Neighbourhood Watch in a Digital Age. Between crime control and culture of control. Cham: Palgrave Macmillan (Crime Prevention and Security Management).

Lub, Vasco (2018b): Neighbourhood Watch: Mechanisms and Moral Implications. In: *The British Journal of Criminology* 58 (4), S. 906–924.

Lupton, Deborah (Hrsg.) (2021): Doing Fieldwork in a Pandemic. Online verfügbar unter: https://docs.google.com/document/d/1clGjGABB2h2qbduTgfqribHmog9B6P0NvMgVuiHZCl8/edit, zuletzt geprüft am 20.04.2023.

Mabragaña, Marina; Carballo-Diéguez, Alex; Giguere, Rebecca (2013): Young women's experience with using videoconferencing for the assessment of sexual behavior and microbicide use. In: *Telemedicine journal and e-health: the official journal of the American Telemedicine Association* 19 (11), S. 866–871.

Mahwah Police Department (o.J.): Home Security Survey. Online verfügbar unter: http://www.mahwahpd.org/documents/home_security_survey.pdf, zuletzt geprüft am 02.08.2018.

Marx, Gary T.; Archer, Dane (1976): Community Police Patrols and Vigilantism. In: H. Jon Rosenbaum und Peter C. Sederberg (Hg.): Vigilante Politics. Philadelphia: University of Pennsylvania Press, S. 129–157.

Maurer, Andrea (2004): Herrschaftssoziologie. Eine Einführung. Frankfurt a. M.: campus.

Maxwill, Peter (2018): Hass so explosiv wie Handgranaten. Urteil im Freital Prozess. In: *Spiegel Online*, 07.03.2018. Online verfügbar unter: http://www.spiegel.de/panorama/justiz/dresden-gruppe-freital-verurteilt-so-lief-der-letzte-prozesstag-a-1196692.html, zuletzt geprüft am 09.03.2018.

Mayring, Philipp (2015): Qualitative Inhaltsanalyse. Grundlagen und Techniken. 12., aktualisierte und überarb. Aufl. Weinheim [u.a.]: Beltz (Beltz Pädagogik).

Meisner, Matthias (2016): Wie Neonazis gegen Flüchtlinge hetzen. In: *Der Tagesspiegel online*, 01.01.2016. Online verfügbar unter:

http://www.tagesspiegel.de/politik/buergerwehren-in-ost-und-west-wie-neonazis-gegen-fluechtlinge-hetzen/12778640.html, zuletzt geprüft am 17.08.2017.

Melbin, Murray (1978): Night As Frontier. In: *American Sociological Review* 43 (1), S. 3–22.

Mergenthaler, Andreas; Micheel, Frank (2020): ‚Altes' und ‚neues' Ehrenamt nach dem Berufsleben. Aktuelle Befunde aus der TOP-Studie des BiB. In: *Bevölkerungsforschung aktuell* 41 (5), S. 3–7.

Merkens, Hans (2005): Auswahlverfahren, Sampling, Fallkonstruktion. In: Uwe Flick, Ernst von Kardorff und Ines Steinke (Hg.): Qualitative Forschung. Ein Handbuch. 4. Aufl. Reinbek bei Hamburg: Rowohlt Taschenbuch Verlag, S. 286–299.

Michel, Boris (2005): Stadt und Gouvernementalität. Münster: Westfälisches Dampfboot (Einstiege 15. Grundbegriffe der Sozialphilosophie und Gesellschaftstheorie).

Milbich, Marcel (2014): Nachtwanderer Öhringen. Weitere Beteiligte: Im Auftrag des Jugendreferats der Stadt Öhringen. Online verfügbar unter: https://www.youtube.com/watch?time_continue=1296&v=qNdWtbuqKrk&feature=emb_title, zuletzt geprüft am 20.04.2023.

Minister des Innern (11.10.1995): Sicherheit in den Städten und Gemeindes des Landes Brandenburg durch den Ausbau der konzertierten Aktion „Kommunale Kriminalitätsverhütung (KVV)". In: *Amtsblatt für Brandenburg* 75.

Ministerium des Innern und für Kommunales Brandenburg (01.06.2017): Sicherheitspartner des Landes Brandenburg im Rahmen der Kommunalen Kriminalprävention (KKP) - Erlass des Ministeriums des Innern und für Kommunales.

Moncada, Eduardo (2017): Varieties of vigilantism. Conceptual discord, meaning and strategies. In: *Global Crime* 18 (4), S. 403–423.

Müller, Doreen; Hameister, Nicole; Lux, Katharina (2017): Anstoß und Motive für das freiwillige Engagement. In: Julia Simonson, Claudia Vogel und Clemens Tesch-Römer (Hg.): Freiwilliges Engagement in Deutschland. Der Deutsche Freiwilligensurvey 2014. Wiesbaden: Springer VS (Empirische Studien zum bürgerschaftlichen Engagement), S. 413–435.

Müller, Hans-Peter (2007): Max Weber. Eine Einführung in sein Werk. Köln, Weimar, Wien: Böhlau Verlag UTB.

Münkler, Herfried; Krause, Skadi (2001): Der aktive Bürger. Eine Gestalt der politischen Theorie im Wandel. In: Claus Leggewie und Richard Münch (Hg.): Politik im 21. Jahrhundert. Frankfurt a. M.: Suhrkamp Verlag, S. 299–320.

Negnal, Dörte; Kiefer, Eva (2017): Polizeiliche Kriminalprävention – Zur Arbeit an und in Bündnissen. In: Bernhard Frevel und Michaela Wendekamm (Hg.): Sicherheitsproduktion zwischen Staat, Markt und Zivilgesellschaft. Wiesbaden: Springer VS (Studien zur Inneren Sicherheit, 22), S. 169–189.

Nehls, Anja (2016): Security im Villenviertel. Privater Schutz vor ungebetenen Gästen. In: *Deutschlandfunk*, 27.05.2016. Online verfügbar unter: https://www.deutschlandfunk.de/security-im-villenviertel-privater-schutz-vor-ungebetenen-100.html, zuletzt geprüft am 16.11.2021.

Neubacher, Frank (2020): Kriminologie. 4. Aufl. Baden-Baden: Nomos Verlag.

New York State Police (o.J.): Take A Stand Against Crime. Join a Neighbourhood Watch. Online verfügbar unter: https://troopers.ny.gov/Crime_Prevention/General_Safety/Neighborhood_Watch/.

Newiger, Griet (1995): Modellversuch „Sicherheitspartner“ in Brandenburg. Hilfssheriffs im „Bürgerdesign“? In: *Bürgerrechte & Polizei/CILIP* 51 (2).

Nhan, Johnny; Huey, Laura; Broll, Ryan (2017): Digilantism. An Analysis of Crowdsourcing and the Boston Marathon Bombings. In: *British Journal of Criminology* 57 (2), 341-361.

Nolte, Paul (2003): Zivilgesellschaft und soziale Ungleichheit. In: *Forschungsjournal Neue Soziale Bewegungen* 16 (2), S. 38–45.

Novick, Gina (2008): Is there a bias against telephone interviews in qualitative research? In: *Research in Nursing & Health* 31 (4), S. 391–398.

o.A. (2017): Nordhorner Bürger gehen für Bürger auf Streife. In: *Grafschafter Nachrichten*, 05.07.2017. Online verfügbar unter: https://www.gn-online.de/nordhorn/nordhorner-buerger-gehen-fuer-buerger-auf-streife-188836.html, zuletzt geprüft am 20.04.2023.

Olk, Thomas; Hartnuß, Birger (2011a): Bürgerschaftliches Engagement. In: Thomas Olk und Birger Hartnuß (Hg.): Handbuch Bürgerschaftliches Engagement. Weinheim und Basel: Beltz Juventa, S. 145–161.

Olk, Thomas; Hartnuß, Birger (Hg.) (2011b): Handbuch Bürgerschaftliches Engagement. Weinheim und Basel: Beltz Juventa.

O'Malley, Pat (1992): Risk, power and crime prevention. In: *Economy and Society* 21 (3), S. 252–275.

O'Malley, Pat (2004): Risk, Uncertainty and Government. London: Routledge.

O'Malley, Pat (2009): Responsibilization. In: Alison Wakefield und Jenny Fleming (Hg.): The Sage Dictionary of Policing. Los Angeles, London, New Dehli, Singapore, Washington D.C.: SAGE Publications, S. 276–278.

Oostlander, Jeannette; Güntert, Stefan T.; Wehner, Theo (2015): Motive für Freiwilligenarbeit – der funktionale Ansatz am Beispiel eines generationenübergreifenden Projekts. In: Theo Wehner und Stefan T. Güntert (Hg.): Psychologie der Freiwilligenarbeit. Motivation, Gestaltung, Organisation. Wiesbaden: Springer, S. 59–76.

Opdenacker, Raymond (2006): Advantages and Disadvanteges of Four Interview Techniques in Qualitative Research. In: *Forum Qualitative Sozialforschung/Forum Qualitative Social Research* 7 (4), Artikel 11.

OU Police Departement (2013): Operation I.D. Online verfügbar unter: http://www.ou.edu/police/crime/operation-i-d-, zuletzt geprüft am 02.08.2018.

Pitschas, Rainer (2004): Vom „neuen Rechtsstaat": Freiheit in Sicherheit durch gesellschaftliche Verantwortungspartnerschaft für den inneren Frieden. In: Rainer Pitschas und Harald Stolzlechner (Hg.): Auf dem Weg in einen „neuen Rechtsstaat". Zur künftigen Architektur der inneren Sicherheit in Deutschland und Österreich. Berlin: Duncker & Humblot (160).

Pitz, Tamara Verena (2013): Erfolgsmodell Sicherheitswacht?! Selbst- und Fremdwahrnehmung der bayerischen Sicherheitswacht am Beispiel der Stadt Kempten. Frankfurt a. M.: Verlag für Polizeiwissenschaft.

Polizei Bayern (2019a): Was darf die Sicherheitswacht? Die bayerische Sicherheitswacht ist keine Hilfspolizei, aber dennoch für die Polizei eine wertvolle Hilfe. Online verfügbar unter: https://www.polizei.bayern.de/wir/sicherheitswacht/index.html/295331, zuletzt aktualisiert am 09.04.2019, zuletzt geprüft am 18.07.2019.

Polizei Bayern (2019b): Was ist die Sicherheitswacht? Online verfügbar unter:

https://www.polizei.bayern.de/wir/sicherheitswacht/index.html/295283, zuletzt aktualisiert am 08.04.2019, zuletzt geprüft am 18.07.2019.

Polizei Bayern (2019c): Wie und woran erkennt man die Sicherheitswacht? Online verfügbar unter: https://www.polizei.bayern.de/wir/sicherheitswacht/index.html/295356, zuletzt aktualisiert am 09.04.2019, zuletzt geprüft am 18.07.2019.

Polizei Bayern (2019d): Die Sicherheitswacht ist keine Bürgerwehr. Online verfügbar unter: https://www.polizei.bayern.de/wir/sicherheitswacht/index.html/295383, zuletzt aktualisiert am 10.04.2019, zuletzt geprüft am 19.07.2019.

Polizei Hessen (2018): Freiwilliger Polizeidienst. Online verfügbar unter: http://k.polizei.hessen.de/190614376, zuletzt aktualisiert am 05.03.2018, zuletzt geprüft am 05.03.2018.

Polizei Sachsen (o.J.): Sächsische Sicherheitswacht. Online verfügbar unter: http://www.polizei.sachsen.de/de/3620.htm, zuletzt geprüft am 18.07.2019.

Polizeiliche Kriminalprävention der Länder und des Bundes (o.J.): Vorsicht! Wachsamer Nachbar! Online verfügbar unter: https://www.polizei-beratung.de/medienangebot/detail/109-vorsicht-wachsamer-nachbar/?type=101&cHash=a63251337ea2ac0c4750125db17ed6a2, zuletzt geprüft am 03.08.2018.

Polizeipräsidium Land Brandenburg (2017): Leitfaden für Sicherheitspartner.

Pollack, Detlef (2003): Zivilgesellschaft und Staat in der Demokratie. In: *Forschungsjournal Neue Soziale Bewegungen* 16 (2), S. 46–58.

PONS Wörterbuch (2018): Übersetzungen für „Bürgerwehr“ im Englisch » Deutsch-Wörterbuch. Online verfügbar unter: https://de.pons.com/%C3%BCbersetzung?q=B%C3%BCrgerwehr&l=deen&in=&lf=de, zuletzt geprüft am 20.08.2018.

Popitz, Heinrich (1992): Phänomene der Macht. 2., stark erweiterte Auflage. Tübingen: Mohr Siebeck.

Prätorius, Rainer (2000): Leitideen der institutionellen Ausdifferenzierung der Inneren Sicherheit. In: Hans-Jürgen Lange (Hg.): Staat, Demokratie und Innere Sicherheit in Deutschland. Opladen: Leske + Budrich (Studien zur Inneren Sicherheit, 1), S. 369–383.

Pratten, David; Sen, Atreyee (Hg.) (2005): Global Vigilantes. New York: Columbia University Press.

Preker, Alexander (2021): »Unser Dorffunk funktioniert bestens«. Coronafreier Hunsrückort Lieg. In: *Spiegel Online*, 15.04.2021. Online verfügbar unter: https://www.spiegel.de/panorama/gesellschaft/lieg-im-hunsrueck-ist-corona-frei-unser-dorffunk-funktioniert-bestens-a-d6de4bce-1730-4cc1-a767-4de9587d8ed4, zuletzt geprüft am 20.04.2023.

Pridmore, Jason; Mols, Anouk; Wang, Yijing; Holleman, Frank (2019): Keeping an eye on the neighbours. Police, citizens, and communication within mobile neighbourhood crime prevention groups. In: *Police Journal: Theory, Practice, Principles* 92 (2), S. 97–120.

Przyborski, Aglaja; Wohlrab-Sahr, Monika (2014): Qualitative Sozialfor schung. Ein Arbeitsbuch. 4., erweiterte Auflage. München: Oldenbourg Verlag (Lehr- und Handbücher der Soziologie).

Putnam, Robert (1993): Making Democracy Work. Civic Traditions in Modern Italy. Unter Mitarbeit von Robert Leonardi und Raffaella Y. Nanetti. Princeton: Princeton University Press.

Pütter, Norbert; Kant, Martina (2000): Ehrenamtliche PolizeihelferInnen. Polizeidienste, Sicherheitswachten und Sicherheitspartner. In: *Bürgerrechte & Polizei/CILIP* 066.

Quent, Matthias (2015): Neuer Vigilantismus in der alten Welt. Bürgerwehren, Gewalt gegen Flüchtlinge und die Ambivalenz des rechten Terrors. In: *Berliner Debatte Initial* 26 (4), S. 122–134.

Quent, Matthias (2016a): Bürgerwehren. Hilfssheriffs oder inszenierte Provokation? Amadeu Antonio Stiftung. Berlin.

Quent, Matthias (2016b): Vigilantismus - die Inszenierung rechter Bürgerwehren. In: Alexander Häusler und Fabian Virchow (Hg.): Neue soziale Bewegung von rechts? Zukunftsängste, Abstieg der Mitte, Ressentiments. Hamburg: VSA Verlag, S. 84–94.

Rädiker, Stefan; Kuckartz, Udo (2019): Analyse qualitativer Daten mit MAXQDA. Text, Audio, Video. Wiesbaden: Springer VS.

Rahtje, Jan (2014): Die Reichsbürger. Überzeugungen, Gefahren und Handlungsstrategien. Hg. v. Amadeu Antonio Stiftung. Amadeu Antonio Stiftung. Berlin.

Rawlings, Philip (2009): Policing before the police. In: Tim Newburn (Hg.): Handbook of Policing. Cullompton, Devon [u.a.]: Willan Publishing, S. 47–71.

Reichl, Frauke (2019a): From Vigilantism to Digilantism? In: Babak Akhgar, Petra Saskia Bayerl und George Leventakis (Hg.): Social Media Strategy in Policing. From Cultural Intelligence to Community Policing. Cham: Springer, S. 117–138.

Reichl, Frauke (2019b): Polizierende Bürgergruppen und deren theoretische Konzeptualisierung. In: *Kriminologie - Das Online-Journal* 1 (2), S. 217–230.

Reichl, Frauke (2022): Volunteer Police Services in Germany – Two Case Studies on Goals and Underlying Forms of Legitimacy. In: Nathalie Hirschmann, Tobias John, Frauke Reichl und Jacqueline Garand (Hg.): Plural Policing in the Global North. Insights into Concepts, Aspects and Practices. Wiesbaden: Springer.

Rogers, Colin (2017): Plural Policing - Theory and Practice. Bristol, Chicago: Policy Press (Key Themes in Policing).

Ronge, Birgitta (2017): Nachbarschaftswache per WhatsApp. In: *Westdeutsche Zeitung* 2017, 19.02.2017. Online verfügbar unter: http://www.wz.de/lokales/kreis-viersen/per-whatsapp-nachbarn-warnen-sich-gegenseitig-vor-einbrechern-1.2519247, zuletzt geprüft am 02.08.2018.

Rose, Nikolas; Miller, Peter (1992): Political Power beyond the State: Problematics of Government. In: *The British Journal of Sociology* 43 (2), S. 173–205.

Rosenbaum, Dennis P. (1987): The Theory and Research Behind Neighborhood Watch. Is it a Sound Fear and Crime Reduction Strategy? In: *Crime & Deliquency* 33 (1), S. 103–134.

Rosenbaum, H. Jon; Sederberg, Peter C. (1976a): Chapter One. Vigilantism: An Analysis of Establishment Violence. In: H. Jon Rosenbaum und Peter C. Sederberg (Hg.): Vigilante Politics. Philadelphia: University of Pennsylvania Press, S. 3–44.

Rosenbaum, H. Jon; Sederberg, Peter C. (Hg.) (1976b): Vigilante Politics. Philadelphia: University of Pennsylvania Press.

Roth, Roland (2000): Bürgerschaftliches Engagement. Formen, Bedingungen, Perspektiven. In: Annette Zimmer und Stefan Nährlich (Hg.): Engagierte Bürgerschaft. Traditionen und Perspektiven. Opladen: Leske + Budrich (Bürgerschaftliches Engagement und Non-Profit Sektor, 1), S. 25–48.

Roth, Roland (2003): Die dunklen Seiten der Zivilgesellschaft. Grenzen einer zivilgesellschaftlichen Fundierung von Demokratie. In: *Forschungsjournal Neue Soziale Bewegungen* 16 (2), S. 59–73.

Ruch, Andreas (2020): Juristische Betrachtung des pluralen Polizierens. Westfälische Wilhelms-Universität Münster (PluS-i Working Paper, 7).

Rudnitzki, Karina (2006): Perseveranz bei Einbrechern. Hamburg: Verlag Dr. Kovač (Studien zur Rechtswissenschaft, 176).

Ruhnau, Janina; Liebhart, Wibke H. (2019): „Wir gründen jetzt einen Zivilschutz!“ – eine Bürgerinitiative im ländlichen Raum Ostdeutschlands. In: *Wissen schafft Demokratie* (5), S. 100–109.

Saar, Martin (2007): Macht, Staat, Subjektivität. Foucaults Geschichte der Gouvernementalität im Werkkontext. In: Susanne Krasmann und Michael Volkmer (Hg.): Michel Foucaults Geschichte der Gouvernementalität in den Sozialwissenschaften. Internationale Beiträge. Bielefeld: transcript Verlag, S. 23–45.

Sachsen.de (o. J.): Polizei Sachsen. Aufgaben der Bürgerpolizisten. Online verfügbar unter: https://www.polizei.sachsen.de/de/21996.htm, zuletzt geprüft am 04.11.2021.

Sächsischer Landtag (1997): Öffentliche Anhörung „Gesetz zur Erprobung einer Sächsischen Sicherheitswacht (Sächsisches Sicherheitswachterprobungsgesetz). Drucksache 2/6146 (Innenausschuss).

Sächsisches Staatsministerium des Innern (1996): Drucksache 2/3678 (Kleine Anfrage).

Sachße, Christian (2011): Traditionslinien bürgerschaftlichen Engagements in Deutschland. In: Thomas Olk und Birger Hartnuß (Hg.): Handbuch Bürgerschaftliches Engagement. Weinheim und Basel: Beltz Juventa, S. 17–29.

Sagar, Tracey (2005): Street Watch: Concept and Practice. Civilian Participation in Street Prostitution Control. In: *British Journal of Criminology* 45 (1), S. 98–112.

Scharpf, Fritz (1999): Governing in Europe. Effective and Democratic? New York: Oxford University Press.

Schartau, Lara Katharina; Roy-Pogodzik, Christian; Gruß, Julia; Feltes, Thomas; Goeckenjan, Ingke; Hoven, Elisa et al. (2018): Die Angst vor dem Fremden. Stand der Forschung zu Kriminalitätsfurcht und Unsicherheitswahrnehmungen im Kontext von Migration und Flucht. Hg. v. Ruhr Universität Bochum und Universität zu Köln. Bochum/Köln (Arbeitspapier, 3).

Schewe, Christoph S. (2009): Das Sicherheitsgefühl und die Polizei. Darf die Polizei das Sicherheitsgefühl schützen? Berlin: Duncker & Humblot (Schriften zum Öffentlichen Recht, 1132).

Schleswig-Holsteinischer Landtag (2015): Plenarprotokoll 18/84. 18.03.2015.

Schmidt, Christiane (2005): Analyse von Leitfadeninterviews. In: Uwe Flick, Ernst von Kardorff und Ines Steinke (Hg.): Qualitative Forschung. Ein Handbuch. 4. Aufl. Reinbek bei Hamburg: Rowohlt Taschenbuch Verlag, S. 447–456.

Schmidt, Christin (2019): Das sind die Revierpolizisten der Region. In: *Märkische Allgemeine*, 28.06.2019. Online verfügbar unter: https://www.maz-online.de/Lokales/Havelland/Rathenow/Das-sind-die-Revierpolizisten-im-Westhavelland, zuletzt geprüft am 20.04.2023.

Schmidt, Jürgen (2007): Zivilgesellschaft. Bürgerschaftliches Engagement von der Antike bis zur Gegenwart. Texte und Kommentare. Hamburg: Rohwolt Taschenbuch Verlag.

Schmidt, Manfred G. (2010a): Demokratietheorien. Eine Einführung. 5. Aufl. Wiesbaden: VS Verlag.

Schmidt, Manfred G. (2010b): Wörterbuch zur Politik. 3., überarbeitete und aktualisierte Auflage. Stuttgart: Alfred Kröner Verlag.

Schmidt-Lux, Thomas (2012): Vigilantismus. Ein Phänomen der Grenze? In: *Kriminologisches Journal* 44 (2), S. 118–132.

Schmidt-Lux, Thomas (2013a): Jenseits von Batman. Schlüsselfiguren des Vigilantismus. In: *Forschungsjournal Soziale Bewegungen* 26 (4), S. 64–71.

Schmidt-Lux, Thomas (2013b): Vigilantismus als politische Gewalt. Eine Typologie. In: *BEHEMOTH A Journal on Civilisation* 6 (1), S. 98–117.

Schmidt-Lux, Thomas (2017a): Gerechte Strafe. Legitimationskonflikte um vigilante Gewalt. Weinheim und Basel: Beltz Juventa.

Schmidt-Lux, Thomas (2017b): Selbstgemachte Sicherheit? Bürgerwehren in Deutschland und Sachsen. In: Alexander Yendell, Gert Pickel und Karolin Dörner (Hg.): Innere Sicherheit in Sachsen. Beiträge zu einer kontroversen Debatte. Dresden, Leipzig: Seemann Henschel, S. 97–104.

Schmidt-Lux, Thomas (2018): Bürgerwehren als kollektive Akteure im Feld von Sicherheit und Recht. In: *Zeitschrift für Friedens- und Konfliktforschung* 7 (1), S. 131–163.

Schneider, Hans (2004): Freiwilliger Polizeidienst in Hessen – Evaluation eines Pilotprojektes. In: Gisbert van Elsbergen (Hg.): Wachen, kontrollieren, patrouillieren. Kustodialisierung der Inneren Sicherheit. Wiesbaden: VS Verlag für Sozialwissenschaften, S. 195–224.

Schneiker, Andrea; Joachim, Jutta (2018): Neoliberale Legitimationsdiskurse der Privatisierung von Sicherheit in Deutschland. In: *Zeitschrift für Friedens- und Konfliktforschung* 7 (1), S. 56–86.

Schreiber, Verena (2005): Regionalisierungen von Unsicherheit in der Kommunalen Kriminalprävention. In: Georg Glasze, Robert Pütz und Manfred Rolfes (Hg.): Diskurs - Stadt - Kriminalität - Städtische (Un-)Sicherheiten aus der Perspektive von Stadtforschung und Kritischer Kriminalgeographie. Bielefeld: transcript, S. 59–104.

Schreier, Margrit (2012): Qualitative content analysis in practice. London [u.a.]: SAGE Publications Ltd.

Schreier, Margrit (2014): Varianten qualitativer Inhaltsanalyse: Ein Wegweiser im Dickicht der Begrifflichkeiten. In: *Forum Qualitative Sozialforschung* 15 (1), Artikel 18.

Schreurs, Wendy (2019): Crossing lines together: how and why citizens participate in the police domain. Twente.

Schubert, Dirk (2017): „Open City" – From „Eyes on the Street" to „Zero Tolerance". Jane Jacobs' Visionen einer sichereren Stadt. In: Joachim Häfele, Fritz Sack, Volker Eick und Hergen Hillen (Hg.): Sicherheit und Kriminalprävention in urbanen Räumen. Aktuelle Tendenzen und Entwicklungen. Wiesbaden: Springer VS, S. 47–68.

Schüll, Peter (2004): Motive Ehrenamtlicher. Eine soziologische Studie zum freiwilligen Engagement in ausgewählten Ehrenamtsbereichen. Berlin: Wissenschaftlicher Verlag Berlin.

Schulte, Max (2015): Mehrfachengagierte und ihre Engagementkarrieren. Typen und Einflussfaktoren. Wiesbaden: Springer VS.

Schulte von Drach, Markus C. (2016): Sind Bürgerwehren eine Alternative zur Polizei? In: *sueddeutsche.de*. Online verfügbar unter:

http://www.sueddeutsche.de/panorama/nach-den-uebergriffen-in-koeln-koennen-buergerwehren-eine-alternative-zur-polizei-sein-1.2820461, zuletzt geprüft am 20.04.2023.

Schulz, Marlen; Ruddat, Michael (2012): "Let's talk about sex!". Über die Eignung von Telefoninterviews in der qualitativen Sozialforschung. In: *Forum Qualitative Sozialforschung* 13 (3), Artikel 2.

Schürmann, Lisa Katrin (2013): Motivation und Anerkennung im freiwilligen Engagement. Kampagnen und ihre Umsetzung in Internet und Social Media. Wiesbaden: Springer VS (Results).

Schwarz, Michael (2018): Streit in der Landesregierung: Freiwilliger Polizeidienst mit oder ohne Waffe? In: *Südkurier*, 22.04.2018. Online verfügbar unter: https://www.suedkurier.de/ueberregional/baden-wuerttemberg/Streit-in-der-Landesregierung-Freiwilliger-Polizeidienst-mit-oder-ohne-Waffe;art417930,9706616, zuletzt geprüft am 20.04.2023.

Sennelart, Michel (2004): Situierung der Vorlesung. In: Michel Sennelart (Hg.): Geschichte der Gouvernementalität I. Sicherheit, Territorium, Bevölkerung. Vorlesung am Collège de France 1977-1978. Frankfurt a. M.: Suhrkamp, S. 527–571.

Shearing, Clifford D.; Stenning, Philip C. (1983): Private Security. Implications for Social Control. In: *Social Problems* 30 (5), S. 493–506.

Speit, Andreas (2017): Warum rechte Publizisten zu Hamsterkäufen und Körperertüchtigung raten. In: *die tageszeitung*, 07.12.2017, S. 42.

Stachowitsch, Saskia; Binder, Clemens (2017): Kritische Sicherheitsforschung. Ein Überblick. Working Paper. Österreichisches Institut für Internationale Politik (96).

Steffen, Wiebke (2009): Gutachten zum 13. Deutschen Präventionstag: Engagierte Bürger– sichere Gesellschaft. Bürgerschaftliches Engagement in der Kriminalprävention. In: Erich Marks und Wiebke Steffen (Hg.): Engagierte Bürger-sichere Gesellschaft. Ausgewählte Beiträge des 13. Deutschen Präventionstages (2. und 3. Juni 2008 in Leipzig). Mönchengladbach: Forum Verlag Godesberg, S. 25–72.

Stenson, Kevin (2007a): Das Lokale regieren. In: Fabian Kessl und Hans-Uwe Otto (Hg.): Territorialisierung des Sozialen. Regieren über soziale Nahräume. Opladen & Farmingdon Hills: Barbara Budrich, S. 117–142.

Stenson, Kevin (2007b): Staatsmacht, Biopolitik und die lokale Regierung von Kriminalität in Großbritannien. In: Susanne Krasmann und Michael Volkmer (Hg.): Michel Foucaults Geschichte der Gouvernementalität in den Sozialwissenschaften. Internationale Beiträge. Bielefeld: transcript Verlag, S. 181–209.

Stienen, Ludger (2011): Privatisierung und Entstaatlichung der inneren Sicherheit - Erscheinungsformen, Prozesse und Entwicklungstendenzen. Eine empirische Untersuchung zur Transformation von Staatlichkeit am Beispiel der inneren Sicherheit in der Bundesrepublik Deutschland. Frankfurt a. M.: Verlag für Polizeiwissenschaft.

Strachwitz, Rupert Graf; Priller, Eckhard; Schreier, Christian (Hg.) (2020): Handbuch Zivilgesellschaft. Berlin/Boston: De Gruyter (Maecenata Schriften, 18).

Stricker, Michael (2011): Ehrenamt. In: Thomas Olk und Birger Hartnuß (Hg.): Handbuch Bürgerschaftliches Engagement. Weinheim und Basel: Beltz Juventa, S. 163–171.

Sturges, Judith E.; Hanrahan, Kathleen J. (2004): Comparing Telephone and Face-to-Face Qualitative Interviewing: a Research Note. In: *Qualitative Research* 4 (1), S. 107–118.

Tausendteufel, Helmut (2014): Zivilgesellschaftliches Handeln im Rahmen dynamischer Sicherheitsarrangements. In: Jan Abt, Leon Hempel, Dietrich Henckel, Ricarda Pätzold und Gabriele Wendorf (Hg.): Dynamische Arrangements städtischer Sicherheit. Akteure, Kulturen, Bilder. Wiesbaden: Springer VS, S. 119–142.

Tausendteufel, Helmut; Abt, Jan (2014): Die Spezifik lokaler Sicherheitsprobleme und städtische Sicherheitspolitik. Die Schwierigkeit einer rationalen Kriminalpolitik unter den Bedingungen dynamischer Sicherheitsarrangements. In: Jan Abt, Leon Hempel, Dietrich Henckel, Ricarda Pätzold und Gabriele Wendorf (Hg.): Dynamische Arrangements städtischer Sicherheit. Akteure, Kulturen, Bilder. Wiesbaden: Springer VS, S. 27–62.

Thor, Marta (2014): Ähnliche Tatmuster, doch keine Fahndungserfolge; STATISTIK Zahl der Einbrüche nimmt wieder zu / Polizei rät, wachsam zu sein. In: *Allgemeine Zeitung*, 10.12.2014.

Thurm, Frida (2016): Herr Philipp passt auf. Gegen Mitternacht zieht Wolfram Philipp in seinem Dorf in Brandenburg los. Zwischen Scheunen und Carports halten er und sein Mitstreiter Ausschau nach verdächtigen Bewegungen. Was passiert, wenn Bürgerwehren versuchen, den Staat zu ersetzen? In: *Die Zeit*, 11.02.2016 (7), S. 58–59.

Trotha, Trutz von (1997): Zur Soziologie der Gewalt. In: Trutz von Trotha (Hg.): Soziologie der Gewalt. Kölner Zeitschrift für Soziologie und Sozialpsychologie (37). Wiesbaden: Westdeutscher Verlag, S. 9–56.

Trottier, Daniel (2017): Digital Vigilantism as Weaponisation of Visibility. In: *Philosophy & Technology* 30 (1), S. 55–72.

van den Brink, Henning; Kaiser, André (2007): Kommunale Sicherheitspolitik zwischen Expansion, Delegation und Kooperation. In: *Aus Politik und Zeitgeschichte* (12), S. 4–11.

van der Land, Marco (2014): Citizens policing citizens: are citizen watches manifestations of contemporary responsible citizenship? In: *Citizenship Studies* 18 (3-4), S. 423–434.

van Elsbergen, Gisbert (2004a): Auf der Suche nach der Sicherheitswacht. Bayern und sein Konzept zur Inneren Sicherheit. In: Gisbert van Elsbergen (Hg.): Wachen, kontrollieren, patrouillieren. Kustodialisierung der Inneren Sicherheit. Wiesbaden: VS Verlag für Sozialwissenschaften, S. 195–206.

van Elsbergen, Gisbert (2004b): Das Konzept der Kustodialisierung. Innere Sicherheit zwischen staatlicher Kontrolle und Privatisierung. In: Gisbert van Elsbergen (Hg.): Wachen, kontrollieren, patrouillieren. Kustodialisierung der Inneren Sicherheit. Wiesbaden: VS Verlag für Sozialwissenschaften, S. 13–29.

van Elsbergen, Gisbert (Hg.) (2004c): Wachen, kontrollieren, patrouillieren. Kustodialisierung der Inneren Sicherheit. Wiesbaden: VS Verlag für Sozialwissenschaften.

van Steden, Ronald; Mehlbaum, Shanna (2022): Do-it-yourself surveillance: The practices and effects of WhatsApp Neighbourhood Crime Prevention groups. In: *Crime, Media, Culture* 18 (4), S. 543–560.

van Steden, Ronald; van Caem, Barbara; Boutellier, Hans (2011): The 'hidden strength' of active citizenship: The involvement of local residents in public safety projects. In: *Criminology & Criminal Justice* 11 (5), S. 433–450.

Vasilache, Andreas (2014): Einleitung: Gouvernementalität, Staat und internationale Politik. In: Andreas Vasilache (Hg.): Gouvernementalität, Staat und Weltgesellschaft. Wiesbaden: Springer VS, S. 1–17.

Vogt, Oliver (2015): „Wir schützen unsere Dörfer" - Immer mehr Bürgerwehren. In: *Lübecker Nachrichten online* 2015, 29.03.2015. Online verfügbar unter: http://www.ln-online.de/Nachrichten/Norddeutschland/Wir-schuetzen-unsere-Doerfer-Immer-mehr-Buergerwehren, zuletzt geprüft am 24.10.2019.

Vollert, Michael P. (2014): Für Ruhe und Ordnung. Einsätze des Militärs im Innern (1820-1918). Preußen - Westfalen - Rheinprovinz. Bonn: Dietz Verlag.

Wagner, Bernd (Hg.) (2000): Ehrenamt, Freiwilligenarbeit und bürgerschaftliches Engagement in der Kultur: Dokumentation eines Forschungsprojektes. Kulturpolitische Gesellschaft. Essen: Klartext Verlag.

Walzer, Michael (1996): Zivile Gesellschaft und amerikanische Demokratie. Frankfurt a. M.: Fischer Wissenschaft.

Weber, Max (1985 [1922]): Wirtschaft und Gesellschaft. Grundriss der verstehenden Soziologie. 5. Aufl. Tübingen: J.C.B. Mohr.

Weller, Susie (2015): The potentials and pitfalls of using Skype for qualitative (longitudinal) interviews. Nationale Centre for Research Methods (Working Paper, 4).

Westall, Adam John (2019): Volunteer Street Patrols. An Ethnographic Study of Three Manchester Volunteer Street Patrols and their Role in Community Safety and the Policing Family. Manchester.

Williams, Kate (2005): 'Caught Between a Rock and a Hard Place': Police Experience with the Legitimacy of Street Watch Partnerships. In: *The Howard Journal* 44 (5), S. 527–537.

Wurtzbacher, Jens (2004): Sicherheit durch Gemeinschaft? Bürgerschaftliches Engagement für öffentliche Sicherheit. Opladen: Leske + Budrich.

Wurtzbacher, Jens (2005): Gemeinschaftliche Formen der Sicherheitsgewährleistung zur Ergänzung staatlicher Kontrollpolitik. In: *Österreichische Zeitschrift für Soziologie* 33 (5/6), S. 65–90.

Zedner, Lucia (2006): Policing Before and After the Police. In: *The British Journal of Criminology* 46 (1), S. 78–96.

Zedner, Lucia (2009): Security. London: Routledge.

Zimmer, Annette (2003): Rahmenbedingungen der Zivilgesellschaft. Die unterschätzte Rolle des Staates. In: *Forschungsjournal Neue Soziale Bewegungen* 16 (2), S. 74–86.

Zimmer, Annette (2007): Vom Ehrenamt zum Bürgerschaftlichen Engagement. Einführung in den Stand der Debatte. In: Lilian Schwalb und Heike Walk (Hg.): Local Governance. Mehr Transparenz und Bürgernähe? Wiesbaden: VS Verlag für Sozialwissenschaften (Bürgergesellschaft und Demokratie, 24), S. 95–108.

Zimmer, Annette; Nährlich, Stefan (2000): Zur Standortbestimmung bürgerschaftlichen Engagements. In: Annette Zimmer und Stefan Nährlich (Hg.): Engagierte Bürgerschaft. Traditionen und Perspektiven. Opladen: Leske + Budrich (Bürgerschaftliches Engagement und Non-Profit Sektor, 1), S. 9–22.

Zimmer, Annette; Vilain, Michael (2005): Bürgerschaftliches Engagement heute. Ibbenbüren: Ibbenbürener Vereinsdruckerei (Schriftenreihe der Stiftung Westfalen-Initiative, 10).

Tabellen- & Abbildungsverzeichnis

Leitfaden für die Interviews mit Gruppenmitgliedern

Leitfaden: Zentrale Themen		
Themenblock	**Inhaltliche Aspekte**	**Ausreichend angesprochen?**
1. Gruppe/Praxis Erzählen Sie doch zunächst einmal, wie ein typischer Rundgang so abläuft.	- Praxis des Polizierens - Sicherheitsverständnis - Gewaltreflexion - Aufbau (Formales) - Normative Ausrichtung - Wirksamkeitsperzeption - Ziele - Aushandlung ihrer Rolle	
2. Digitale/soziale Medien Inwieweit nutzen Sie digitale oder soziale Medien in Ihrer Gruppe?	- Nutzung sozialer Medien	
3. Motivation Was macht Ihnen Freude bei ihrer Arbeit in //*Gruppe*//?	- Motivation - Funktionen des Engagements - Plausibilisierung der Gruppe - Normative Ausrichtung	
4. Gründungsmotive Zur Gründungsphase: Wenn Sie nochmals eine //*Gruppe*// gründen würden/sich anschließen würden, würden Sie es genauso machen? (Was würden Sie anders machen?) Oder: Was wissen Sie über die Gründung der //*Gruppe*//?	- Plausibilisierung der Gruppe - Aushandlung ihrer Rolle - Entwicklungsphasen - Normative Ausrichtung	
5. Ort Dann vielleicht nochmals zu //*Ort*// allgemein. Wie würden Sie den Ort für mich als Außenstehende beschreiben? (Seit wann leben Sie hier?)	- Ortsbeschreibung - Plausibilisierung der Gruppe - Gruppe als Substitut? - Öffentlichkeitsarbeit	
6. Verhältnis zur Polizei Wie stehen Sie mit der Polizei im Austausch?	- Anbindung an Polizei - Weitere Aktivitäten Wünsche - Kooperationen - Aushandlung ihrer Rolle	
7. Kritik Wenn Sie sich vorstellen, dass neue Nachbarn hierhin ziehen.	- Gewaltreflexion - Kritik - Plausibilisierung der Gruppe	

<table>
<tr><td>Wie würden Sie diese davon überzeugen, bei der //Gruppe// mitzumachen?</td><td>- Normative Ausrichtung</td><td></td></tr>
</table>

<table>
<tr><td colspan="2">1. Gruppe/Praxis

Erzählen Sie doch zunächst einmal, wie ein typischer Rundgang so abläuft.</td></tr>
<tr><td>Nachfragen</td><td>Aufrechterhaltungsfragen</td></tr>
<tr><td rowspan="3">a) Wenn ich jetzt mitkommen würde, worauf müsste ich achten?

- Verdächtiges? (Was muss man dann machen? / Was sind Dinge, die durch ihr Auftreten verhindert werden sollen?)

- Eigene Unsicherheit/Bedrohung? (Sprechen Sie manchmal in der Gruppe darüber? / Gibt es Mitglieder, die sich unsicher fühlen?)

- Ausstattung? (Ist das ausreichend? Würden Sie sich noch etwas wünschen?)

- Entscheidung Polizei rufen? (Schon mal gerufen?)

- Leute ansprechen? (Anwohner, hinsichtlich Einbruchssicherheit bspw.?)

- Selbst angesprochen werden? (Bekanntheit/Akzeptanz?)

- Routenfestlegung?

- War eine //solche// Ausrichtung der Gruppe immer klar oder gab es zu Beginn oder zwischendurch Diskussionen?

b) Welche Erlebnisse sind Ihnen in Erinnerung geblieben?

c) Was ist denn für Sie ein gelungener Rundgang/Rundfahrt?
- Gab es auch schon //Gänge//, wo Sie gesagt haben, das war heute nichts?

d) Backup Fragen (evtl. am Ende stellen): Wie häufig werden die Rundgänge gemacht?

- Wie viele Leute: Rundgänge/ //Gruppe// insgesamt
- Uhrzeiten? Schichtplan?
- Zu Fuß, Auto, Fahrrad?
- Absprache?
- Treffen der Mitglieder?
- Informeller Zusammenschluss/eingetragener Verein?
- Mitgliederstruktur? (Wer macht mit? Alter?)</td><td>Woran machen Sie das fest?

Fällt Ihnen sonst noch was ein?

Was meinen Sie damit?

Können Sie das noch genauer ausführen?

Und wie ging es dann weiter?</td></tr>
<tr><td>Inhaltliche Aspekte</td></tr>
<tr><td>• Praxis des Polizierens
• Sicherheitsverständnis
• Gewaltreflexion
• Aufbau (formales)
• Normative Ausrichtung
• Wirksamkeitsperzeption
• Ziele
• Aushandlung ihrer Rolle</td></tr>
</table>

<table>
<tr><td colspan="2">2. Digitale/soziale Medien

Inwieweit nutzen Sie digitale oder soziale Medien in Ihrer Gruppe?</td></tr>
<tr><td>Nachfragen</td><td>Aufrechterhaltungsfragen</td></tr>
<tr><td rowspan="3">WhatsApp
a) Wie nutzen Sie die WhatsApp Gruppe?
- Was wird dort reingeschrieben?
- Themen?
- Worüber wird diskutiert?
- Was wird dort geteilt?
- Was wären Themen, die dort nicht besprochen werden sollen?
- Schreiben Sie auch manchmal während der //Gänge// in die Gruppe? (Was?)
- Wird das auch moderiert? (Gibt es eine:n Moderator:in?/Aufgabe?)
-
b) Inwieweit dient die WhatsApp Gruppe der Organisation?
- Organisation der //Gänge// oder auch Aktivitäten/Ansprechbarkeit?

c) Ist die Polizei hier (auch) eingebunden? (Ist bspw. jemand von der Polizei in der Gruppe?)

d) Was würden Sie sagen, welche Auswirkungen hat die App auf die Sicherheit in //Ort//?

Back-up/Faktenfragen
- Wie viele Nachrichten pro Tag?
- Wie groß ist die Gruppe? Anzahl Personen?
- Sind alle Personen da drin, die auch //Gänge// machen? (Kann man Mitglied werden, auch wenn man keine //Gänge// macht?)
- Kennen sich alle Leute, die in der Gruppe sind, auch persönlich?
<hr>Andere Apps/andere soziale Medien:
a) Wie nutzen Sie die App/soziales Medium?
- Wie unterstützt das Ihre //Gänge//?
- Wie funktioniert das?
- Können Sie einmal beschreiben, wie Sie die App nutzen, wie sie funktioniert?
b) Wer aus der Gruppe nutzt die App?
- Alle?
- Wie ist die Bedienbarkeit?
- Haben alle das sofort angenommen?
c) Was würden Sie sagen, welche Auswirkungen hat die App auf die Sicherheit in xy?</td><td>Können Sie mir das vielleicht an einem Beispiel erklären?

Können Sie das für mich nochmals genauer erläutern?</td></tr>
<tr><td>Inhaltliche Aspekte</td></tr>
<tr><td>• Nutzung sozialer Medien</td></tr>
</table>

<table>
<tr><td colspan="2">3. Motivation

Was macht Ihnen Freude bei ihrer Arbeit in //Gruppe//?</td></tr>
<tr><td>Nachfragen</td><td>Aufrechterhaltungsfragen</td></tr>
<tr><td rowspan="3">a) Was sind für Sie die wichtigsten Aspekte bei Ihrem Engagement bei //Gruppe//?
- Warum ist Ihnen das wichtig?
(Was bedeutet es für Sie, Menschen zu helfen? Wie genau helfen Sie mit der Gruppe?)

b) Was motiviert am meisten?
- (Ist das anders als zu Beginn?)

(Mögliche Überleitung Gründung: Was war der ursprüngliche Anlass für Sie persönlich zu sagen, ich mache mit?)</td><td>Können Sie das näher beschreiben?

Was bedeutet das für Sie?

Und was noch?</td></tr>
<tr><td>Inhaltliche Aspekte</td></tr>
<tr><td>• Motivation
• Funktionen des Engagements
• Plausibilisierung der Gruppe
• Normative Ausrichtung</td></tr>
</table>

<table>
<tr><td colspan="2">4. Gründungsmotive

Zur Gründungsphase: Wenn Sie nochmals die //Gruppe// gründen würden/sich anschließen würden, würden Sie es genauso machen? (Was würden Sie anders machen?)

Oder:

Was wissen Sie über die Gründung der //Gruppe//?</td></tr>
<tr><td>Nachfragen</td><td>Aufrechterhaltungsfragen</td></tr>
<tr><td rowspan="3">a) Wenn ich jetzt auch eine solche Gruppe gründen würde, was würden Sie mir mitgeben an Tipps?

- Erfolgsrezept? (In anderen Orten gibt es auch immer mal Bestrebungen, aber dann scheitert es an der Teilnahme oder weil die Polizei dem Ganzen kritisch gegenübersteht.)
- Und was waren Herausforderungen bei der Gründung?
- Was ist das Erfolgsrezept, dass es die //Gruppe// schon so lange gibt? (Es gibt ja auch Gruppen, die sich schnell wieder auflösen?)

b) Woran haben Sie sich orientiert? / Gab es Vorbilder (bspw. in einem Nachbarort)?

c) Wer war alles daran beteiligt?

d) Und wie ging es dann weiter?</td><td>Was wäre da noch wichtig?

Welche Bedenken gab es da?

Und wie ging es dann weiter?</td></tr>
<tr><td>Inhaltliche Aspekte</td></tr>
<tr><td>• Plausibilisierung der Gruppe
• Aushandlung ihrer Rolle
• Entwicklungsphasen
• Normative Ausrichtung</td></tr>
</table>

<table>
<tr><td colspan="2">5. Ort

Dann vielleicht nochmals zu //Ort// allgemein. Wie würden Sie den Ort für mich als Außenstehende beschreiben? (Seit wann leben Sie hier?)</td></tr>
<tr><td>Nachfragen</td><td>Aufrechterhaltungsfragen</td></tr>
<tr><td rowspan="3">a) Warum leben Sie hier gerne?
- Wer lebt hier?

b) Wie informieren Sie Ihre Nachbarn über die //Gruppe//?

c) Was hat sich mit Gründung der //Gruppe// im Ort geändert?
- Kriminalität/Unordnung besser?
- (SuSi durch Gruppe?)

d) Was müsste hier gegeben sein, damit Sie sagen, jetzt ist die Arbeit bei der //Gruppe// nicht mehr notwendig?</td><td>Inwieweit?</td></tr>
<tr><td>Inhaltliche Aspekte</td></tr>
<tr><td>• Ortsbeschreibung
• Plausibilisierung der Nachbarschaftswache
• Gruppe als Substitut?
• Öffentlichkeitsarbeit</td></tr>
</table>

<table>
<tr><td colspan="2">6. Verhältnis zur Polizei

Wie stehen Sie mit der Polizei im Austausch?</td></tr>
<tr><td>Nachfragen</td><td>Aufrechterhaltungsfragen</td></tr>
<tr><td rowspan="3">a) Wenn die Polizei Sie einladen würde, welche Vorschläge hätten Sie? / Was tragen Sie an die Polizei für Vorschläge hinsichtlich der Sicherheit heran?

- Regelmäßige/unregelmäßige Treffen?
- Gemeinsame Veranstaltungen?
- Veränderungen? (mal mehr/mal weniger Austausch?)
- (Weitere Aktivitäten neben Streifengängen?)
- Wie sähe idealer Austausch mit Polizei aus?

b) Was wären Ihrer Ansicht nach die dringlichsten Probleme, die derzeit behandelt werden müssten?</td><td></td></tr>
<tr><td>Inhaltliche Aspekte</td></tr>
<tr><td>• Anbindung an Polizei
• Weitere Aktivitäten
• Wünsche
• Kooperationen
• Aushandlung ihrer Rolle</td></tr>
</table>

<table>
<tr><td colspan="2">7. Kritik

Wenn Sie sich vorstellen, dass neue Nachbarn hierhin ziehen. Wie würden Sie diese davon überzeugen, bei der //Gruppe// mitzumachen?</td></tr>
<tr><td>Nachfragen</td><td>Aufrechterhaltungsfragen</td></tr>
<tr><td rowspan="3">a) Und wenn die partout nicht wollen, weil sie nicht überzeugt sind, dass eine solche Gruppe was bringt, oder das allgemein nicht gut finden?

b) Gibt es tatsächlich Nachbarn, die nicht mitmachen wollen?
- (Finden alle Nachbarn die //Gruppe// gut?)

c) Es gibt ja immer auch mal wieder Berichte zu Bürgerweh-</td><td>Und warum?

Inwieweit?</td></tr>
<tr><td>Inhaltliche Aspekte</td></tr>
<tr><td>• Gewaltreflexion
• Kritik
• Plausibilisierung der Gruppe</td></tr>
</table>

ren. Was sind die Unterschiede zwischen der *//Gruppe//* und einer Bürgerwehr? - (Anders gefragt: Sie nennen sich nicht Bürgerwehr. Warum nicht?) **d) Andererseits gibt es ja auch sowas wie Freiwillige Polizeidienste oder Sicherheitswachten in anderen Bundesländern. Wäre das für *//Ortsname//* auch eine Option?**	• Normative Ausrichtung

8. Abschluss
Ja, von meiner Seite aus wär's das nun. Möchten Sie noch irgendetwas erzählen, was Ihnen wichtig ist oder was Sie ergänzen möchten, weil es hier in unserem Gespräch noch nicht zur Sprache gekommen ist? [Offene Ausstiegsfrage]

Leitfaden für die Interviews mit den polizeilichen Ansprechpartner:innen

Leitfaden: Zentrale Themen		
Themenblock	**Inhaltliche Aspekte**	**Ausreichend angesprochen?**
1. Einstieg/Alltag Zunächst würde mich interessieren, wie Ihr Alltag als *//Berufsbezeichnung//* bei der Polizei aussieht.	- Einstieg - Aufgaben - Praxis des Polizierens	
2. Gruppe allgemein Kommen wir zu der *//Gruppe//*. Wie würden Sie für jemand Außenstehendes die Gruppe beschreiben?	- Austausch - Verhältnis zur Polizei - Einfluss - Plausibilisierung der Gruppe - Grenze	
3. Strukturelles Als Sie Ihre derzeitige Tätigkeit bei der Polizei aufgenommen haben, hatten Sie da eine Vorstellung davon, dass solch eine Gruppe in Ihrem Zuständigkeitsbereich aktiv ist und was diese tun?	- Verhältnis zur Polizei - Eigene Ansicht - Umgang mit der Gruppe	
4. Gruppe Außenbetrachtung Was, würden Sie sagen, hat dazu beigetragen, dass die *//Gruppe//* über die vielen Jahre dabeigeblieben ist?	- Plausibilisierung der Gruppe - Normative Ausrichtung - Entwicklungsphasen - Etablierung - Praxis des Polizierens	
5. Abgrenzung Andererseits gibt es ja auch Berichte zu Bürgerwehren: Was sind die Unterschiede zwischen der *//Gruppe//* und einer Bürgerwehr?	- Erwünschtes vs. unerwünschtes bürgerschaftliches Engagement	

<table>
<tr><td colspan="2">1. Einstieg/Alltag

Zunächst würde mich interessieren, wie Ihr Alltag als //Berufsbezeichnung// bei der Polizei aussieht.</td></tr>
<tr><td>Nachfragen</td><td>Aufrechterhaltungsfragen</td></tr>
<tr><td rowspan="3">- Was sind allgemein Ihre Aufgaben?
- Wo sehen Sie Ihre zentrale Aufgabe?
- Wie sind Sie in diese Position gekommen?
- Wie lange sind Sie schon //Berufsbezeichnung//?
- Was schätzen Sie an Ihrer Tätigkeit?</td><td>Inwieweit?
Wie kann ich mir das genau vorstellen?</td></tr>
<tr><td>Inhaltliche Aspekte</td></tr>
<tr><td>• Einstieg
• Aufgaben
• Praxis des Polizierens</td></tr>
</table>

<table>
<tr><td colspan="2">2. Gruppe allgemein
Kommen wir zu der //Gruppe//. Wie würden Sie für jemand Außenstehendes die //Gruppe// beschreiben?</td></tr>
<tr><td>Nachfragen</td><td>Aufrechterhaltungsfragen</td></tr>
<tr><td rowspan="3">2.1 Was sind die Aktivitäten der //Gruppe//?
- Wer macht da mit?

2.2 Und was sind Ihre Aufgaben in Bezug auf die //Gruppe//?
- Wie sehen Sie da Ihre Rolle?

2.1 Wie genau stehen Sie mit der //Gruppe// im Austausch?

- Wie häufig haben Sie Kontakt / Treffen mit der //Gruppe//? (Regelmäßigkeit, Institutionalisierung des Kontaktes)

- Welche Themen besprechen Sie mit der //Gruppe//?

- Wie bereiten Sie sich auf die Treffen mit der //Gruppe// vor?

- Was erfahren Sie von dieser //Gruppe//, erhalten Sie Informationen von der //Gruppe//?

- Was geben Sie der //Gruppe//mit (an Tipps)?

o Also, was wäre zum Beispiel etwas Verdächtiges, auf das die //Gruppe// achten soll?

o Wann sollen sie die Polizei rufen?

o Gibt es etwas, was Sie der //Gruppe// jedes Mal wieder mitgeben?

- Was ist Ihnen da besonders wichtig?
- Gibt es auch Aspekte, wo sie die //Gruppe// erst überzeugen müssen oder mussten, etwas zu tun oder zu lassen?
- Was ist Ihnen in der Kommunikation mit der //Gruppe// besonders wichtig?</td><td>Können Sie mir das vielleicht an einem Beispiel erklären?

Können Sie das für mich nochmals genauer erläutern?</td></tr>
<tr><td>Inhaltliche Aspekte</td></tr>
<tr><td>• Austausch
• Verhältnis zur Polizei
• Einfluss
• Plausibilisierung der Gruppe
• Grenze</td></tr>
</table>

- Welche Herausforderungen gibt es für Sie im Umgang mit der *//Gruppe//*?
    - Für Sie?
    - Für die *//Gruppe//*selbst?
    - War das von Anfang an so?

2.3 Und was bekommen Sie an Rückmeldungen von der //Gruppe//?

- Allgemein: was sind wichtige Themen, die an die Polizei rückgemeldet werden?
- Wie nehmen Sie Anliegen auf? / Wie gehen Sie auf Anliegen ein?

2.4 Bewertung

- Wie bewerten Sie das Engagement der *//Gruppe//*?
- Ist die Zusammenarbeit erfolgreich?
- Wo liegen Herausforderungen in der Existenz der *//Gruppe//* / in der Zusammenarbeit mit der *//Gruppe//*?
- Hat die Existenz der *//Gruppe//* einen Mehrwert für die Sicherheit und ihre Arbeit?
  (Oder erzeugen diese eher einen unnötigen Mehraufwand?)
- Gab es bestimmte Erlebnisse mit der *//Gruppe//*, die Ihnen in Erinnerung geblieben sind?
- Tauschen Sie und [Kolleg:in als Kontaktpolizist:innen] sich manchmal aus über den Umgang mit der *//Gruppe//*?

2.5 Hat es in der Zeit Veränderungen in Bezug auf die *//Gruppe//* gegeben?

- Seit wann sind Sie zuständig für die *//Gruppe//*? (Vorgänger? Was hat er Ihnen an Tipps mitgegeben?)
- Wie war das ‚Kennenlernen'? (Wie, würden Sie sagen, hat die Gruppe auf Sie reagiert?)
- (Gibt es Unterschiede zwischen den Gruppen in deren Tätigkeiten?)

2.6 Können Sie einmal *//Ort//* beschreiben, in denen die *//Gruppe//* unterwegs ist?

2.7 Was macht für Sie *//ein gutes Gruppenmitglied//* aus?

(Eventuell: Häufigkeit/Form der Treffen)

<table>
<tr><td colspan="2">3. Strukturelles

Als Sie Ihre derzeitige Tätigkeit bei der Polizei aufgenommen haben, hatten Sie da eine Vorstellung davon, dass solch eine Gruppe in Ihrem Zuständigkeitsbereich aktiv ist und was diese tun?</td></tr>
<tr><td>Nachfragen</td><td>Aufrechterhaltungsfragen</td></tr>
<tr><td rowspan="3">- Kannten Sie solche Gruppen schon aus vorheriger polizeilicher Tätigkeit?
- Sind Ihnen allgemein weitere solcher Gruppen bekannt?
- Gibt es Vorgaben, wie mit der //Gruppe// umzugehen ist? (Gibt es auch formale Abläufe, die eingehalten werden, bspw. ein polizeiliches Führungszeugnis o. Ä.?)
- Welche Unterlagen/Informationen haben Sie von/über die //Gruppe//? (Namen, Routenpläne?)</td><td>Können Sie das näher beschreiben?

Was bedeutet das für Sie?

Und was noch?</td></tr>
<tr><td>Inhaltliche Aspekte</td></tr>
<tr><td>• Verhältnis zur Polizei
• Eigene Ansicht
• Umgang mit der Gruppe</td></tr>
</table>

<table>
<tr><td colspan="2">4. Gruppe Außenbetrachtung

Was, würden Sie sagen, hat dazu beigetragen, dass die //Gruppe// über die vielen Jahre dabeigeblieben ist?</td></tr>
<tr><td>Nachfragen</td><td>Aufrechterhaltungsfragen</td></tr>
<tr><td rowspan="3">- Was hat dazu beigetragen, dass sie sich etablieren konnten? (In anderen Orten gibt es auch immer mal Bestrebungen, aber dann scheitert es an der Teilnahme oder weil die Polizei dem Ganzen kritisch gegenübersteht.)
- Haben sich in Ihrem Zuständigkeitsgebiet auch Gruppen aufgelöst? (Warum?)
- Gibt es auch manchmal Kritik an der //Gruppe//?
Von Seiten der Polizei?
Von Seiten der Bewohner?
In der Zeitung?
- Wenn ich jetzt auch eine Gruppe gründen würde, was würden Sie mir aus polizeilicher Sicht mitgeben an Tipps?</td><td>Was wäre da noch wichtig?

Welche Bedenken gab es da?

Und wie ging es dann weiter?</td></tr>
<tr><td>Inhaltliche Aspekte</td></tr>
<tr><td>• Plausibilisierung der Gruppe
• Normative Ausrichtung
• Entwicklungsphasen
• Etablierung
• Praxis des Polizierens</td></tr>
</table>

5. Abgrenzung **Es gibt ja auch immer mal wieder Berichte zu Bürgerwehren. Wo verläuft die Grenze, an der Sie sagen, hier hört wünschenswertes Bürgerengagement auf und es fängt unerwünschtes Auftreten an?**	
Nachfragen	Aufrechterhaltungsfragen
- Anders gefragt: Wann würden Sie sagen, wäre die *//Gruppe//* nicht mehr im Bereich bürgerschaftlichen Engagements zu verorten? - (Wann würden Sie es nicht mehr als wünschenswert betrachten, dass die *//Gruppe//* aktiv ist?) - Wie grenzt sich die *//Gruppe//* von Bürgerwehren ab? - War das von Anfang an so? - **Es gibt in anderen Bundesländern ja auch Freiwillige Polizeidienste. Wäre das für Ihre Region auch eine Option?** - Denken Sie, es sollte mehr Möglichkeiten zur Einbindung von Bürgerinnen und Bürgern im Bereich von Sicherheit und Ordnung geben? - (Abschließend evtl.: Zukünftige Herausforderungen?)	Inwieweit? Inhaltliche Aspekte • Erwünschtes vs. unerwünschtes bürgerschaftliches Engagement

6. Abschluss **Ja, von meiner Seite aus wär's das nun. Möchten Sie noch irgendetwas erzählen, was Ihnen wichtig ist oder was Sie ergänzen möchten, weil es hier in unserem Gespräch noch nicht zur Sprache gekommen ist? [Offene Ausstiegsfrage]**